蕭麗芬 —— 著

莊子思想的
生命教育與
價值實踐

五南圖書出版公司 印行

推薦序

—— 生命的價值是什麼？

人生百年，夜闌人靜，我們最想問：「生命的價值是什麼」？

蕭麗芬老師的《莊子思想的生命教育與價值實踐》一書，根據《莊子》文本的解讀與詮釋，對此問題給一個系統完整的答案，是值得肯定的。

一、我有價值嗎？我活得有意義嗎？

我們的生命的基本需求，即是衣食溫飽，工作安定，心靈充實，平平安安渡過一生。

但是，生命「活」的三大動力，我們要問的是[1]：

（一）我是誰？（Who I am?）或我為何存在（即我從何處來，或我是如何產生的——探討生命的來源）？就是探討宇宙第一根源。

（二）我有價值嗎？（Am I worth it?）就是我受肯定的地方在哪裡？即是探討人生的意義與價值。

（三）我活得有意義嗎？（Do I live meaningfully?）是指存在意義何在？即是探討生命「活」的意義與價值。

綜言之，主要探討的是「生命的價值是什麼」？

什麼是「生命」？什麼是「價值」？

「生命」，主要是指蛋白質與核酸的複合體系存在方式：一種特殊的、高級的、複雜的物質存在[2]。生命教育，則為對生命物質層面外，探索生命的精神內涵之根本課題：包括人生目標與人生意義的探尋、美好價值的思辨分析與內容的追求、自我的認知與價值的提升、靈性的覺醒與人格的統合等。藉此引領我們在生命實踐上的知行合一，追求幸福人生與真善美聖的境界。

---

[1] 參見陳怡安著，《積極自我的開拓・人生領域的架構：我為什麼？》（臺北：財團法人洪建全教育文化基金會附設書評書目出版社，1985 年 3 月），頁 5。

[2] 參見馮契主編，《哲學大辭典》（上海：上海辭書出版社，1992 年 10 月），「生命」條，頁 386。

　　「價值」，是與功利聯繫在一起，指能夠帶給人們某種實際功效或利益稱之[3]。

　　在希臘時代，亞里斯多德（Aristoteles，前 384- 前 322）首先把價值分為兩種：第一，是物的效用，稱為使用價值。第二，是物的交換能力，稱為交換價值[4]。現多用交換價值。

　　由 Allport G,Vernon P. 與 Lindzey G. 於 1960 年所修訂的價值量表，以 Sprang 的理論為基礎，將價值觀區分為六個領域，分別是：理論的（重視真理的追求和問題，作理性的處理）；經濟的（強調有用的、實際的價值）；唯美的（注重生活中的美學及藝術層面）；社會的（以博愛、無私的精神協助他人）；政治的（重視權力與名聲，但不僅限於從事政治）；宗教的（重視對宇宙存在與生命意義的探討）[5]。

　　這六個領域的價值，分量等同，不分大小。

　　前臺灣大學校長孫震（1934-）則在《孔子新傳——尋找世界發展的新模式》中，對「價值」有一周延的論證：「所謂價值，是可以直接滿足我們內心需要，讓我們感到幸福的東西，主要為倫理、財富，以及社會地位與名聲；由於可以直接滿足我們內心的需要，所以叫作『內在價值（inrrinsic value）』，也是人生追求的『最終目的（ultimate end）』。」[6]

　　以上充分說明「生命價值」，泛指有助於促進或提升人生的意義與功能之事或抽象概念。具體而言，就是「主要為倫理、財富，以及社會地位與名聲」。

　　然而，人生三大恐懼是什麼[7]？

---

[3]　參見馮契主編，《哲學大辭典》（上海：上海辭書出版社，1992 年 10 月），「價值」條，頁 581。

[4]　參見「中華百科全書」（http://ap6.pccu.edu.tw/Encyclopedia/data.asp?id=7144），「價值」條。

[5]　引見鄔昆如等著，《大學入門——我為什麼而活》（臺北：遠流出版社，1998 年 8 月），第九章，頁 376-377。

[6]　參見孫震著，《孔子新傳——尋找世界發展的新模式》（臺北：遠見天下文化出版股份有限公司，2021 年 4 月），第六章，頁 355。

[7]　參見陳怡安著，《積極自我的開拓‧人生領域的架構：我為什麼？》，頁 6。

一是怕我不存在（I don't exist.）。

二是怕生活沒有意義（Fear life is meaningless.）。

三是怕沒有價值（Afraid of no value.）。

可見「生命」沒有「價值」與「不存在」的「死亡」同列，是多麼的恐懼。

雖然如此：

「在這世界中，那些把我們摔入塵埃的力量，一直在拼命地設法統制我們：例如——對於未來的『恐懼』，對於目前那些『所有物』的焦勞『執著（attachment）』，面臨可怕的『可能發生事物』時的「關切（care）」。相反的，人們也可能在面對死亡的時候獲得一種『自信（confidence）』，這種『自信』使他能在最極端、最難解、而且最無意義的情境中去安詳就死」[8]。

死不可怕，在於能夠使自身達到「自信」，主體內心達到圓滿充盈，沒有任何恐懼，「仰不愧於天，俯不怍（指慚愧）於人」[9]，「自反而縮（指正直），雖千萬人，吾往矣」[10]的浩然氣勢，了悟「生命」的「意義」與「價值」。死又何懼之有！例如南宋・文天祥（1236-1283）從容就義、明・史可法（1602-1645）慷慨赴義等，真是「人生自古誰無死，留取丹青照汗青」[11]。

「生命價值」的向上提升，在於德國大哲學家・康德（Immanuel Kant，1724-1804）認為哲學主要問題，也是其主張哲學的任務，以及「理性」的興趣。即是其就三個問題闡明其思想的結構：

（一）**我能知道什麼**——What can I know（Was Kann ich wissen）（《純粹理性批判》〔*Kritik der reinen Vernunft*〕[12]）？

8　參見雅斯培（Karl Theodor Jaspers）著，周行之譯，《智慧之路》（*Way To Wisdom*）（臺北：志文出版社，1969 年 6 月），頁 81。

9　參見《孟子・盡心上》，引見朱熹《四書章句集注・孟子集注》（臺北：大安出版社，1986 年 11 月），卷十三，頁 497。

10　參見《孟子・盡心上》，引見朱熹《四書章句集注・孟子集注》，卷三，頁 318。

11　參見文天祥〈過零丁洋〉，引見上海古籍出版社主編《古詩觀止・南宋》（臺北：臺灣古籍出版社有限公司，1997 年 2 月），頁 755。

12　《純粹理性批判》，康德著於 1781 年，此書其深思 12 年，執筆不及 5 月而成書。鄔昆如說：「此書為其犧牲形上學，以建立物理學的警世之作。……（在先驗方法論）此部分寫出：理性的興趣有三，問及：我能知道什麼？我應該做什麼？我可以希望什麼？」參見鄔昆如，〈評述康德生平及著作〉，引見《哲學與文化》（臺北：哲學與文化月刊雜誌社，2004 年 2 月），第 31 卷第 2 期（357 期），頁 7-8。

　　此探討「真」。即是從「質料」如何達成「形式」。「這個問題是純理論性的，而且在《純粹理性批判》（Kritik der reinen Vernunft）中已有答案。對於上帝和來世，我們必然仍無知識」[13]。

　　此問題主要討論的是知識。即是知識論的研究。

　　知識論，就本義言，是指知識的道理；就狹義言，即知識的批判研究。進言之，即探討人我知識是否具客觀有效性，亦即指對客體的有效性加以驗證。另一方面，有效地認識存有物就是真理，而知悉真理就是確切性。故知識論的範圍，就是對人我知識的真實與確切性提出問題。

　　哲學專家黃慶明表示：知識的成立，是由於我們的知性概念或範疇，把直觀的素材加以組織鎔鑄而成的[14]。

　　《純粹理性批判》，始終未被超越。它仍然是哲學的基本典籍。對於當前的這一代而言，它也是思想的標準與課題[15]。

（二）**我應該做什麼**——What should I do（Was soll ich tun）（《實踐理性批判》〔Kritik der praktischen Vernunft〕）？

　　此探討「善」。即是從「形式」到「質料」。「這個問題是純實踐性的，而且由它在一門出於純粹理性的道德學中的答案，推不出關於上帝和不死的結論來」[16]。

　　此問題是討論道德。

　　在全書的結論中，寫下了日後墓誌銘所用的語句：「群星穹蒼在我上，道德法則存我心」的名言[17]，意義是何等的生動與深刻。

---

[13] 參見德·漢斯·米夏爾·包姆嘉特納（Hans Michael Baumgartner，1933-）著，李明輝譯，《康德《純粹理性批判》導讀》（臺北：聯經出版事業股份有限公司，2003 年 5 月），頁 135。

[14] 參見黃慶明著，《形上學講義》（臺北：洪葉文化事業有限公司，2000 年 9 月），第三章，頁 36。

[15] 參見德·漢斯·米夏爾·包姆嘉特納著，李明輝譯，《康德《純粹理性批判》導讀》，頁 154-155。

[16] 參見德·漢斯·米夏爾·包姆嘉特納著，李明輝譯，《康德《純粹理性批判》導讀》，頁 135。

[17] 參見鄔昆如〈評述康德生平及著作〉，引見《哲學與文化》，第 31 卷第 2 期（357 期），頁 9。

（三）我能希望什麼——What may I hope（Was darf ich hoffen）（《實踐理性批判》與《判斷力批判》〔Kritik der Urteilskraft〕）？

此探討「美」，「希望」的對象是「幸福」，應用對象是：自然、藝術、自由[18]，即是此問題是討論藝術。

書中在美學上的貢獻是：一來指出人是審美的主體，二是把美分成「優美（das Schõne）」與「壯美（das Erhabene）」[19]。

道德與幸福有任何關聯嗎？「因為依康德之見，道德不外乎表示：如此行為，以使我們成為配得幸福者。因此，其結果是：行為合乎道德的人（亦即使自己配得幸福人），大概可以期望分享幸福」[20]。

康德的三個問題，追求知識的真，真實不妄；道德的善，至善無私；藝術的美，美麗無邊。以臻於幸福的獲得，「生命價值」的體證。

因此，真善美的生命，是理智與感性的相融，道德與知識的合一。

二、莊子的生命價值，在於「知道」、「體道」、「得道」

本書以莊子（約前 369- 前 286）思想，論證「生命教育與價值實踐」。我們要問莊子的「生命價值」為何？

就是求「道」。

他可以放棄一切，包括富貴名利、錦衣玉食等。但是，對於「道」的追求，堅持到底，「造次必於是，顛沛必於是」。

莊子對「道」的追求，可分為「知道」—「體道」—「得道」三個層次。此三個層次，彼此相連相扣，逐層向上提升。

先就「知道」言：即是「what」。「道」是什麼？就是發生力及界定力。即是討論的主題是什麼？就是要把握問題本質。

---

[18] 參見鄔昆如〈評述康德生平及著作〉，引見《哲學與文化》，第 31 卷第 2 期（357 期），頁 9。

[19] 參見鄔昆如〈評述康德生平及著作〉，引見《哲學與文化》，第 31 卷第 2 期（357 期），頁 10。

[20] 參見德・漢斯・米夏爾・包姆嘉特納著，李明輝譯《康德《純粹理性批判》導讀》，頁 136。

　　我們首先要問何謂「道」？「道」即是指超越一切可經驗事物的不可經驗之第一根元或始元稱之，也就是探索「存有者的存有（the Being of beings）」[21]。換言之，「道」是指宇宙的本源，為宇宙運行變化過程之本；引申為事物普遍規律和本質，可從本體論及宇宙論來剖析莊子「道」的內涵。

　　就本體論來說，主要研究存有者的存有之探討有關的理論[22]。亦即宇宙本性的研究，其探求對世界任何都有效的關係與區別。質言之，就個人言，本體論探討的是個人本質存在的根據。莊子就說：「夫道有情（指真實）有信（指信驗），無為無形；可傳（指心傳）而不可受（同授。指口授），可得（指心得）而不可見（指目見）。自本自根，未有天地，自古以固存（指本來就已經存在）；神（指生）鬼神帝，生天生地。在太極（指天地未形之前，陰陽未分之元氣）之先而不為高，在六極（指六合，上下四方）之下而不為深（指「道」是超越空間的。空間，是指物質存在的廣延性和伸張性；特點是具有長度、寬度和高度。這種現實的空間叫做三維〔維，指法度〕空間[23]），先天地生而不為久（指不算久），長於上古而不為老（指不算老。此即說明「道」是超越時間，指物質活動的持續性和順序性。特點是一維性，即是一去不復返）[24]（《莊子‧大宗師》）。」[25]

　　此「道」是我們本質存在的根據，自本自根，真實存在，確鑿可信。

　　就宇宙論來說，主要研究宇宙的起源、結構、永恆性、有機性或機械性規律，時間、空間、因果性等性質，即探求宇宙的化生過程。「夫道，覆載萬物者也（《莊子‧天地》）」[26]、「且道者，萬物之所由（此指依循之規律）也（《莊子‧漁父》）」等[27]，充分說明「道」是宇宙萬有化生之源，是萬物產生之所由。

---

[21] 參見沈清松（1949-2018）著，《物理之後──形上學的發展》（臺北：牛頓出版股份有限公司，1991 年 11 月），第一章，頁 13。

[22] 同上，頁 21。

[23] 參見周金榜等編，《哲學基本手冊》（北京：語文出版社，1990 年 8 月），第二章，頁 36。

[24] 同上，頁 36。

[25] 參見〈大宗師〉，引見清‧郭慶藩（1844-1896）《莊子集釋》（臺北：河洛圖書出版社，1974 年 3 月），卷三上，頁 246-247。

[26] 參見〈天地〉，引見清‧郭慶藩《莊子集釋》，卷五上，頁 406。

[27] 參見〈漁父〉，引見清‧郭慶藩《莊子集釋》，卷十上，頁 1035。

　　由於「道」是萬物之所由，宇宙萬有的第一根元，具有永恆性、至上性、絕對性，是我們最高追求和探索的價值所在。同時，「道」更具有普遍性，是無所不在的。莊子非常清楚地說明：「東郭子問於莊子曰：『所謂道惡（音烏。指如何）乎在？』莊子曰：『無所不在。』東郭子曰：『期（指清楚指明）而後可。』莊子曰：『在螻蟻。』曰：『何其下（指卑下）耶？』曰：『在稊稗（此指含米之小草）。』曰：『何其愈下耶？』曰：『在瓦甓（音譬。指磚）。』曰：『何其愈甚耶？』曰：『在屎溺。』（《莊子・知北遊》）」[28]。即是「以道觀之，物無貴賤（《莊子・秋水》）。」[29]充分說明「道」的普遍性，無所不在，無分貴賤。

　　次就「體道」言：即是「how」，如何實踐及達到「道」？也就是實踐力及解決力，即是如何落實主題內涵，亦即是如何存在以及存在的目的及價值。

　　「體道」，就是「修道」，即是實踐「道」的方法和工夫。莊子在此方面特重內心的修養與提升，內心意識的鍛鍊和淨化。他強調：「至人之用心若鏡，不將（指送）不迎，應（指自然反應）而不藏（指隱藏），故勝物（指勝過萬物，支配外物，而不為外物支配）而不傷（指不被物所損傷，亦即自我無所拘繫）（《莊子・應帝王》）。」[30]此即是接觸萬物，吾心要如同明鏡一樣，自然反應，來者不迎，去者不送，過而不流，無為而化，方能「勝物而不傷」。

　　此段話寓含三層意義：一是要心如明鏡，虛而不實，明而不濁，順應自然，不懷私意，去除各種內外的阻滯和障礙，方能如實地反映外在客觀的景象，如實地反映民心的意向。反之，若鏡不明，心不虛，則有私意在其中，就無法完全反映現象，觀照自我了。

　　二是要勝物，就是不為外物誘惑，而受到外物支配。進言之，即是自覺心不陷溺於外在事物，自為主宰，不作工具，使心靈自由，自主自立，臻於「樞始得其環中（樞，指門軸。此指合乎道樞，才得入環的中心），以應無窮（此指以因應無窮的流變）（《莊子・齊物論》）」[31]的境界。

28　參見〈知北遊〉，引見清・郭慶藩《莊子集釋》，卷七下，頁 749-750。
29　參見〈秋水〉，引見清・郭慶藩《莊子集釋》，卷六下，頁 577。
30　參見〈應帝王〉，引見清・郭慶藩《莊子集釋》，卷三下，頁 307。
31　參見〈齊物論〉，引見清・郭慶藩《莊子集釋》，卷一下，頁 66。

　　三是要不傷，就是自我不受任何的拘限與束縛。如何能達成？就要如「庖丁解牛」一樣，「以神遇（指精神感應），不以目視。官知止（指停止）而神欲行，依乎天理（本指牛肉自然肌理。此指自然之道），批（指砍）大郤（指縫隙），導（指引導）大窾（指骨節間空隙之處），因其固然（本指牛體原有空隙之處。此指自然之道）（《莊子·養生主》）」[32]。這般依順自然之理，配合自然之道，方能達到「可以保身，可以全生（此指保全天性），可以養親，可以盡年（此指享盡壽命）（《莊子·養生主》）」[33]。生命不傷，全生盡年。

　　最後就「得道」言：即是「why」，為什麼要追求「道」？也就是原因力。即是主題為什麼要表達此意義？就是認識問題的存在方式。

　　「得道」就是內心意識功能的鍛鍊與淨化的成果之驗收，即是莊子所稱讚的「坐忘（此指靜坐的姿態，「忘」的狀態，它應該是一種用身心印證實有的生命狀態，不是一種自我陶醉或麻醉。坐忘者，因存想〔此指存想「道」〕而得、因存想而忘也）」[34]和「心齋（此指一種排除思慮和欲望的精神修養方法）」[35]，是一種內向性的修養方法和工夫。從內心的虛靜、神凝，產生忘我境界，達到精神上的絕對放鬆與自由，進入神遇和冥合的境界。這樣就與「道通為一」[36]，也就「得道」了。因此，所謂「得道」，是我們運用人體意識力的一種自我鍛鍊之進化現象，更是人體生理、心理、人格和道德上的昇華。達到此境界，亦即莊子所稱的「神人」、「至人」、「真人」。

　　「得道」的最佳描述之形象，就是〈逍遙遊〉所嚮往的「藐姑射山之神人」。莊子詳盡說明其「得道」後之功效，「藐姑射之山（藐，指遙遠。姑射之山，此指神話傳說之山），有神人居焉，肌膚若冰雪，淖約（淖，音錯。此指輕盈柔美）若處子。不食五穀，吸風飲露。乘雲氣，御飛龍，而遊乎四海之外。其神凝（此指精神專一），使物不疵癘（此指農作物的疾害）而年穀熟」[37]。

---

[32] 參見〈養生主〉，引見清·郭慶藩《莊子集釋》，卷二上，頁119。

[33] 參見〈養生主〉，引見清·郭慶藩《莊子集釋》，卷二上，頁115。

[34] 參見〈大宗師〉，引見清·郭慶藩《莊子集釋》，卷三上，頁284。

[35] 參見〈人間世〉，引見清·郭慶藩《莊子集釋》，卷二中，頁147。

[36] 參見〈齊物論〉，引見清·郭慶藩《莊子集釋》，卷一下，頁70。

[37] 參見〈逍遙遊〉，引見清·郭慶藩《莊子集釋》，卷一上，頁28。

此「神人」的外在特徵，肌膚如同冰雪般潔白無瑕，容貌有如處女般柔美婉約。其生命養分汲取，不吃五穀，而是吸取清風，吐故納新；飲用露水，滌清腸胃。而其身心活動，則在於乘坐雲氣，駕御飛龍，自由自在地遨遊在四海之外。而他最突出的地方，即是臻於精神凝聚，專一不二，致使萬物不受傷害，穀物豐登。

同時，「藐姑射山神人」，其德其能其功其業，更是非凡人所能及。即是「之人也，之德也，將旁礡（此指混同）萬物以為一，世蘄乎亂（蘄，同祈。亂，治。此指求取天下的治理），孰弊弊（此指自我忙碌）焉以天下為事！之人也，物莫之傷，大浸稽天（浸，水。稽，至。此指大水滔天）而不溺，大旱金石流，土山焦而不熱。是其塵垢秕糠（指秕子和米糠。喻無用之物），將猶陶鑄（指造就）堯舜者也，孰肯以物為事（指以俗物為務）」[38]！「藐姑射山神人」，其德，廣被萬有；其能，不受外物傷害；其功，陶鑄（指造就）堯舜；其業，「至人無（指不執著，非指沒有）己，神人無功，聖人無名」[39]。

具體言之，莊子心目中「得道」之「神人」，是「獨（指獨自）與天地精神往來而不敖倪（此指鄙視）萬物，不譴（指責備）是非，以與世俗處（《莊子·天下》）」[40]。就是精神絕對的自主自由又自在自快，忘掉一切煩憂，不管人間是非。這樣才能「上與造物者遊，而下與外生死無終始者為友（《莊子·天下》）」[41]。即是突破人間世的桎梏，突破時間與空間的束縛，而達到時間永恆，空間無限，與造物者──「道」的合一之境界。這就是莊子所歆慕的生命價值，一生永恆追求的理想標的。

三、勤學戮力，剛健認真：內容扎實，條理井然：詮釋創造，值得肯定

蕭麗芬老師，是一位勤學戮力、剛健認真、好學不厭、誨人不倦的學術研究者。《莊子思想的生命教育與價值實踐》一書，是她近年研究的成果，內容紮實，架構井然，見解新穎，值得肯定。

---

38 參見〈逍遙遊〉，引見清‧郭慶藩《莊子集釋》，卷一上，頁 30-31。

39 參見〈逍遙遊〉，引見清‧郭慶藩《莊子集釋》，卷一上，頁 17。

40 參見〈天下〉，引見清‧郭慶藩《莊子集釋》，卷十下，頁 1098-1099。

41 參見〈天下〉，引見清‧郭慶藩《莊子集釋》，卷十下，頁 1099。

本書具有的特色如下：

其一是生命價值的論證，充滿正能量，予人無盡的希望

生命的意義，是一個解釋人類存在目的與意義的問題。法國哲學家阿爾貝‧卡繆（Albert Camus，1913-1960）指出，作為一個存在的人，人類用生命的價值和意義來說服自己：人的存在不是荒誕的[42]。奧地利著名心理學家弗蘭克（Viktor Emil Frankl，1905-1997）提出「意義治療學」來探索「生命的意義」。是指協助患者從生活中領悟自己生命的意義，藉以改變其人生觀，進而面對現實，積極樂觀的活下去，努力追求生命的意義。關於此「意義治療」之「意義」，當代新儒哲學家曾昭旭（1943-）先生分析指出：「原來所謂意義，就是永恆感的體驗，也就是無限性地掌握。所以，當人能親切體知人生的意義之時，他人性中永恆無限的需求就得到安頓了。」[43] 作者此文，即是論述「生命教育與價值實踐」，重在「生命意義與價值」的剖析，從體到用，由理論到實踐，建立縝密體系，充滿正能量[44]，給予我們無限的希望。誠如弗蘭克一再強調的：「人就這麼奇特，他必須瞻望永恆（sub specieaeter nitatis），才能夠活下去。這也是人在處境極困阨時的一線生機，即使有時候必須勉強自己，也一樣。」[45] 本此，這是本書第一個優點。

其二是開顯意義，以「價值」為導向，條理井然，清晰明白

全文除了緒論及第六章的結論外，主要內容分為五章：「價值」、「教育」、「生命教育」、「關係」及「存在」五個面向加以論述「莊子思想的

---

[42] 參見「維基百科」網頁，「生命意義」條，http://zh.wikipedia.org/wiki/%E7%94%9F%E5%91%BD%E7%9A%84%E6%84%8F%E7%BE%A9，2013 年 9 月 14 日。

[43] 參見曾昭旭（1943-）著，《良心教與人文教：論儒學的宗教面相》（臺北：臺灣商務印書館，2003 年 8 月），頁 153

[44] 根據美國心理健康資訊網站 Verywell Mind，「正能量」一詞，通常用來描述樂觀或積極的生活態度，創造和保持正能量可大幅提升幸福健康的感受。參見「正能量是什麼？正能量思維 6 方法，10 句正向人生語錄 - 康健」網頁，https://www.commonhealth.com.tw/article/87637，2023 年 8 月 1 日。

[45] 參見奧‧弗蘭克（Viktor E. Frankl，1905-1997）著，趙可式（1948-）、沈錦惠（1956-2015）合譯，《活出意義來—從集中營說到存在主義》，第一部〈集中營歷劫‧超越當前的困境〉（臺中：光啟出版社，2001 年），頁 95。

生命教育與價值實踐」（頁 336 第 5 行起）；並以「價值」貫穿全文，彰顯其立意宗旨。全文條理井然，清晰明白。誠如德國詮釋學大家海德格（Martin Heidegger，1889-1976）開啟的真理觀，真理不在於存在與思維這對立兩極的相符，而是存在本身向理智的開顯。「辨證的詮釋學則開放自己，讓事物的存有來質詢，因此事物能就其存有而開顯自己。德‧高達美（即是詮釋學集大成的伽達默爾。Hans-Georg Gadamer 1900-2002）更論證道，由於人類的理解是語言性的，以及存有本身終究也是語言性的，所以這個目的是可能達成的」[46]。進言之，「顯明性（Evidentia）」，就是所有「實體」（「存有」落實下來的「具體存在」），都是「清晰明瞭」的，沒有模糊不清之處[47]。此即說明，論證最重要的目標，不是玄之又玄，不知所云；而是「開顯」意義，明白清楚。簡而言之，就是將自身反思的語言文字創意，經由「視域融合」，條理井然、清晰明白地表達和顯示出來。作者此文，已達到了詮釋學真理的標準。根此，這是本書第二個優點。

　　其三是建立新義新境，創造詮釋，推陳出新，形成嶄新視域

　　學術論證，即是一種理解與解釋的詮釋。在詮釋的過程中，建立新義新境，形成創造詮釋。誠如哲學專家成中英（1935-）所說：「『詮釋』是就已有的文化與語言的意義系統作出具有新義新境的說明與理解，它是意義的推陳出新，是以人為中心，結合新的時空環境與主觀感知發展出來的理解、認知與評價。它可以面對歷史、面對現在、面對未來，作出陳述與發言。表現詮釋者心靈的創造力，並啟發他人的想像力，體會新義，此即為理解。事實上，詮釋自身即可被看為宇宙不息創造的實現。」[48]析言之，在詮釋時，根據文本，加上自身的「前理解」，結合時代性的「效果歷史」，共同形成嶄新的「視域融合」，創建出新的意義與價值。作者在這方面的論證極多，展現了對文本

---

[46] 參見美‧帕瑪（Richard E. Palmer，1933-）著，嚴平譯，《詮釋學》（臺北：桂冠圖書股份有限公司，1997 年 9 月），第十一章，頁 193。

[47] 參見鄔昆如（1933-2015）著，《形上學》（臺北：五南圖書，2004 年 3 月），第二部分第 1 章，頁 240。

[48] 參見成中英（1935-）主編，《本體與詮釋‧從真理與方法到本體與詮釋》（北京：生活‧讀書‧新知三聯書店，2002 年 1 月），第二輯，頁 6。

解讀的推陳出新之特色，這是作者精闢深刻的論述。例如關於本文的核心概念「道」與「德」的詮釋中，即清晰明白地指出：「在道之豐富內涵中，人性並不需要外加任何的規範儀則，一面只需體會「道無所不在」（〈知北遊〉）的生命之道，一面要將人性在社會化過程中，逐漸恢復被扭曲的真我、消解被形塑的自我而已」（頁 118 第 7 行起）。將「道」與「德」的意義融會貫通，獲得真我，內化於心，外化於物，使人生與萬合而為一。詩人葉維廉（1937-）指出：「text（本文、文辭、文依、作品）……永遠不是一個意義明確、自身具足、自現自明的封閉的單元，而是一個不斷變化的活動，其間滲透著彷彿彷似海市蜃樓般，帶著無盡『印跡』的別的 texts，別的文辭、作品的迴響。」[49] 明白表示，文本是不斷變化創新的，「其間滲透著彷彿彷似海市蜃樓般，帶著無盡『印跡』的別的 texts，別的文辭、作品的迴響」。綜此，這是本書第三個優點。

　　在我們生命裡，永遠有一首歌！

　　這首歌沒有名字，沒有曲調，也沒有固定的內容；但是，它有豐富的底蘊，不滅的理想，在胸中鼓盪，永不停止，永遠向前！

　　它的內容，經由時空的轉化，不斷地改變與增長，益發充盈，綻放無盡的光彩，無窮的希望！

　　不知從何時起，它就一直跟隨著我們，無論是山巔水湄，天涯海角。悲傷時，它鼓舞我們，「我將再起」，重新賦予新的意義與內涵。快樂時，我們哼著它，歡歡喜喜地重新開機，一朝風月，涵蓋乾坤！

輔仁大學中國文學系兼任教授　趙中偉　撰

2023 年 8 月 2 日

---

[49] 參見葉維廉（1937-）著，《歷史、傳譯與美學》（臺北：東大圖書股份有限公司，1988 年 3 月），頁 10。

序

—— 生命的教育

　　一路走來，「生命」讓我遇見了自己。十七歲暑假時，父親在家門口發生重大火車事故，在現場血肉模糊中，驚覺生命的脆弱，當下像被撞擊般地吶喊著：「生命到底是什麼？」

　　在出口貿易暢旺的九○年代，選擇了國際貿易科系，一面服膺於勤能補拙，獲得好評，一面想像自己四十歲的樣子，實在不願如此過了一生。在內心時常的翻滾中，決定選擇重新開始，插班大學進入中國文學系。到了大三又突興「要讓生命更好」，那麼就繼續讀下去吧！但在滿是傳統人文知識的基礎建構中，常令自身喘不過氣來，看見自己的淺陋，是永遠無法成為有才情的文人；生命有限，更難以將悠久的歷史文化消化完成。往往只能望洋興嘆，愈加哀憐。

　　大學時老師說著「先秦思想」是根基，後代思想只能再闡述而無法出乎其外。一道靈光乍現，似乎照見可以讓自己生命更好的起始點。學海無涯，天資魯鈍，先鎖定「先秦」；想要自由自在，就從「老莊」開始，就這麼的從原本有如天書之「不可道」的混沌中，至今能略微領會天道自然的無限美好。

　　家境貧窮，因父母不識字而無法給我知識上的指導，卻讓我擁有充分探索的機會；如今父母親雖已離世，從他們的身教中，使我體會生命無須透過外在物質與文字符號，他們一直以生命力來愛我直到如今。大學、碩士班及博士班的所有中文系師長們，尤其是我的指導老師　趙中偉教授，啟我以信任及陪伴，使我得以完成博士學業；持續關心我的　董金裕教授，以生命智慧活出人文學者的美好姿態，均指引著我一路往前。原來父母及師長們，早已實現了生命的自然美好。

　　近年任教的法鼓文理學院，學生們上課時充分流露出渴望認識生命的眼神，不斷地促使自己在一次次的覺察體驗中，發現了更深刻的老子與莊子。透過111年度校內專案研究計畫之執行，有機會將近年教學實踐及研究的體會，加以整理書寫與讀者分享。因為老莊的自然思想，讓我真正發現了「生命本

質」。生命本身是自由的，可以是世人看似一無所有，但卻是豐富無比；只要接受並隨順自身的天真本性，就能自然而不用費力，自足而無有匱乏，在自然且自足的自信中，活出自己的樣子，實現自己的獨特性，並且能夠安頓於有限的形體而活出永恆的價值。

何等的美好！感謝老子莊子及父母師長的引領，讓我認識了真正的自己：信任並尊重自己的獨一無二，更尊重及信任所有生命的獨一無二。「生命只有不同，沒有對不對」，沒有標準，就不再評價，就沒有得失；不必控制，就不會干擾，就不會受傷。一切生命都可以做自己，沒有誰要為誰負責，只有好好活出自己而然的生命樣態。

最後，感謝一路陪伴我的夫婿、姐姐，以及兩個貼心的兒子，每週總有一兩次的心靈對話，讓我在繁忙之餘，感受到彼此生命正在不斷往前中。

CONTENTS

CONTENTS

緒　論

　　長期以來，道家思想在教育哲學上缺席，更何況是近二十年來因教育改革而提倡的「生命教育」領域。儒釋道三家思想的特質為「生命的學問」與「實踐的智慧」，莊子內化老子的宇宙根源之道，而以「人」為主體，內蘊著生命價值的實踐精神，將價值根源上溯於天道自然，使一切的存在價值不至落空；因為當人們提升生命境界時，便能擴大生活的範圍而不再以「自我」為中心，才能對真正的價值有清明的思辨能力，此時便能感通於天地萬物，與自然造化合而為一，進而作正確的價值判斷與選擇，達到天人物我的和諧關係。

　　本書以生命的「價值實踐」為目的，主要藉由莊子思想，輔以老子思想，將老莊思想運用於「教育」──尤其是「生命教育」的領域上。開發屬於莊子思想的生命教育哲學，為現代社會及教育亂象，有一覺察、反省的可能性；並透過「文本分析」的研究方法及「覺察體驗」的實踐精神，以生命感通互動的創造性詮釋，運用在「生命」的教育學習上，以解決目前人類的存在困境，實踐生命的真正價值與意義。

　　在論述脈絡上，以存在感受為始，當主體生命能夠挺立時，生活便能逐漸往外開展，使生命得到轉化的機會，最後達到超越的理想境界。研究成果在於以傳統智慧莊子思想為範圍，建構中國文化特色的生命教育內容及教育哲學理論，復興傳統中國之人文精神，更恢復了莊子思想深刻豐富的「生命」及「實踐」特色。

第一節　書寫動機

一、時代性的意義

　　第二次世界大戰後是「憂慮的年代」，而現在則是「憂鬱的時代」。「憂鬱」的產生有種種原因，若就「教育」而言，在大學教育普及化的同時，「生命」的價值似乎被遺忘了，大學校園自殺事件接連不斷地發生，讓人不禁要問：我們的社會到底發生了什麼事？年輕族群的「自殺」問題是一個世界性的共同挑戰，雖然是多重因素造成的悲劇結果，其中有個最關鍵的因素就是「精

神疾病」[1]。馬斯洛（Abraham Harold Maslow，1908-1970）曾言，所有精神疾病是長期不正確的思維方式所造成，一個人如何看待生命的意義與價值，乃決定一個人要放棄生命與繼續奮鬥的最根本性因素。馬斯洛在「基本需求層次理論」外提出「高級需求理論」，指出高級需求並不像基本需求容易察覺，反而常會混淆出錯。基本需求很難有深刻的幸福感，只有高級需求能夠達到這樣的效果，一個人如果能真正了解自己的高級需求，知道自己真正想要什麼，那是一項重要的心理成就[2]。

貝克（Aaron Temkin Beck,1921-2021）提出的「認知偏差理論」，以為憂鬱症患者常有負面的認知架構，因其思考方式和對現在／未來是消極、負面及悲觀的想法，所以產生了認知上的錯誤。然而，長期以來，孩子在整個社會化的過程中，並沒有被引導認識自己的生命。一面被社會經濟發展的「美名」需要，人從一位「使用者（user）」，透過現今社群平臺的大數據分析「產品」模式，成為廠商賣給廣告商的「產品」，被操控成一種無意識的消費模式，目的在刺激更多的消費，讓人成為澈底的「消費人」，完全受制於物的「工具人」；另一方面也因大人對世界的錯誤認知，將學習成就功利化，為了滿足未來的「基本需求」或「消費需求」，誤解所有的一切都可以從消費中獲得。於是，在人的意識不斷被誘惑及填塞中，自我無法獨立思想，逐漸喪失反省的能力，不知不覺也引導我們的孩子走向不知道生命意義與價值為何的死胡同。

是以，當人們所有努力都在尋求外在人、事、物的認同時，人和自己的內在生命是疏離的，若得不到外在認同時，便再也找不到自己存在的價值與意義。孩子並不知道當他有勇氣決定自殺時，同時完全有足夠能力憑著這股勇氣去探索自己生命的意義與價值；在孩子的成長與教育的過程中，身為大人的我們是否忘了告訴孩子什麼？孔子言「德性之學」，以「學」為「覺」[3]，透過「學習」而有內在「覺悟」的機會，也就是將知識內化於生命，而轉化為生命德性

1 廖士程著，〈校園精神健康促進與自殺防治〉，引見「109 年度全國大專校院學生事務工作研討會報告摘要」（2020 年）。

2 劉燁著，《你馬斯洛系的？跟著馬斯洛看自我實現》（臺北：崧燁文化，2019年），頁 29。

3 牟宗三著，《中國哲學的特質》（臺北：臺灣學生書局，1990 年），頁 35。

啟發的可能性。然而，長期以來，儒家思想雖然成為教育目標的基本教材，但考試制度背後的功利性操作思維，使其內在的深刻意涵隱而不顯。孔子言「下學而上達」（〈憲問〉），德性之學雖從日常生活的實踐經驗著手，但更是以上達天德為最終目標。所謂「遙契天道」[4]之終極境界，乃是創造一個人的精神生命有無限開展之可能性。

二、中國哲學對生命教育的重要性

對「生命」本身產生疑惑，是中西哲學的會通點，蘇格拉底以「認識自己」開啟了西方哲學；牟宗三以為中國哲學的特質是「生命」的學問。哲學（philosophy）是一門「愛智慧」之學，便是在認識及理解自己或生命中，能夠過一種有智慧的生活。哲學家無不殫精竭慮為具有反省意識、理性思考及自由選擇的「萬物之靈」，試圖尋找「人之所以為人」的意義，使人能澈底實踐人的價值，而有別於其他物種。哲學家的用心，不僅在解決自己身為人的問題，也在處理共同的人類問題。西方人文精神以希伯來信仰及希臘哲學思想為其生命之寄託，中國傳統文化以「儒家」為文化主流，但在歷代帝王為維護權力及社會秩序下，反而運用了「陽儒陰法」的操作方式扭曲了儒家的原始精神。除了原始儒家思想不彰，老莊所主張的「自然無為」思想，更是遭受到嚴重的曲解。

《老子‧第一章》揭示「道可道，非常道」，老子以為對於「道」的認識並無法透過文字來表達其無限性與永恆性。因為老子深知當若「刻意」地主張、指涉甚至宣導時，必定會帶來人類的執取與固著，在此過程中，可能無意或故意地扭曲理論，進而使此理論被誤用而造成在實踐運用上的傷害。老子勉強提出五千言，以「遮詮式」的文字要人們高度覺知，時時覺察、檢視、反思自己所呈現的一切作為。然而，當老子以「無」、「不」、「絕」、「棄」、「反」等強烈批判式的文字表述時，卻造成長期以來對道家思想的誤解，直接定義其思想為「消極」、「頹廢」、「逃避」；將「自然無為」轉化為政治權力的「陰謀」策略，至於養生者則以「真人」、「神人」的修煉來追求「肉

---

[4] 牟宗三著，《中國哲學的特質》，頁45。

體不死」之道，這種種原因使得老莊智慧無法發揮更大的影響力。但應當理解的是，傳統士人在實踐生命的過程中，雖然以儒家思想作為經世濟民之用，卻又常運用老莊思想作為轉化生命困境的智慧，由此可以確知其思想之深刻豐富內涵。王邦雄在《21 世紀的儒道：儒道兩家思想的現代出路》言「孔孟擔當萬物，以生命情意來貞定萬物；老莊則超離萬物，讓萬物回歸萬物之自己」、「道家的道，不走人文化成自然的路，而是取消人文回歸自然的路」[5]。程發軔《六十年來之國學》[6]以為莊子之學迄於近世而不衰，形成中華思想的主流，在於「莊文本身具有不可磨滅之價值，實為主因」。仔細分析中國哲學是「生命的學問」與「實踐的智慧」[7]，莊子智慧亦必具「認識生命意義」、「轉化生命困境」及「完成生命價值」的思想特色，吳怡提出「現代生活中因整體生命的被撕裂，而形成生命的四種陷落，即物欲追求的不安，知識膨脹的歧路，精神旺盛的疲殆，及價值錯亂的迷失」，認為老莊提出四種紓解的方法，即「生理的回歸自然，智慧的轉化知識，精神的以德性為基礎，及超意識的價值提升。」[8]，均可見中國哲學對生命教育的重要性。

三、莊子思想對生命教育的重要性

　　春秋戰國時代是一個「君不君、臣不臣」禮樂崩解的時代。孔子以「仁道」之實踐，透過「攝禮歸仁」的主張，使流於形式的禮樂制度能夠重新被活化。老子言「失道而後德，失德而後仁，失仁而後義，失義而後禮」（〈第三十八章〉），老子並不在意是否要保留禮樂制度的傳承，他更想提出根本性解決時代困境的妙方，其透過不斷批判反省已經建構的制度，要直接回歸到人的生命本身。老子將「聖人之道」寄託於能「得一以為天下貞」（〈第三十九章〉）的君王，企圖解決時代亂象所產生的百姓痛苦問題；並且主張「聖人」需要透過「為道日損」的工夫，讓出「以自己為中心」的修養，開展自然的心

---

[5]　王邦雄著，《21 世紀的儒道：儒道兩家思想的現代出路》（臺北：立緒文化事業有限公司，1999 年），頁 6-7。

[6]　程發軔著，《六十年來之國學》（新北：正中書局，1972-1975 年）

[7]　牟宗三著，《中國哲學的特質》，頁 10。

[8]　吳怡著，《生命的哲學》（臺北：三民書局，2004 年），頁 3。

靈境界，使天地萬物都能夠「自化」（〈第三十七章〉、〈第五十七章〉）、「自生」（〈第七章〉）、「自定」（〈第三十七章〉）。而莊子雖然繼承老子思想，卻展現不一樣的學說特色：老子期待君王是一位體悟天道自然的聖人，能夠以天道對待天地萬物的方式來對待百姓，如此才能為天下人帶來福祉；莊子所在的時代環境更加惡劣，他不再將希望寄托在君王身上，而是將老子觀察天道宇宙的智慧，直接運用在每一個人身上，以生命為主體，啟發人們透過「心」的修煉，開展心靈的美好境界，以獲致幸福的人生，使人能夠不被社會環境之複雜所限制，而達到自由逍遙的境界。所謂「知其不可奈何而安之若命」（〈人間世〉），看似一種「宿命」之觀點，然而，更大的啟示在於，莊子欲使人「知命」以接受生命之「不可奈何」（〈人間世〉、〈德充符〉），如此才能不作無謂的對抗而浪費生命；並且在認識命運之限制下，進而珍惜生命，發揮正確的價值判斷並抉擇，能夠在任何的境遇中超越二元對立價值，展開生涯的歷程以創造生命的意義，成就精神生命的無限價值，達到「安身立命」的終極目標。

　　教育部從 2000 年設立了「生命教育專案小組」，並宣布 2001 年為「生命教育年」，臺灣大學孫效智教授積極提倡將「生命教育」融入教育現場，後有「臺灣生命教育學會」（2005）及臺灣大學「生命教育研發育成中心」（2008）的設立，說明了當今「生命教育」的重要性。然而，其所遭遇的困難有二，一是定義「生命教育」內涵之困難：孫效智教授指出生命教育的內涵，不該是靜態的、現成的，而是仍在發展中，同時提倡生命教育者間應該有更多的對話討論與補充修正。二是「生命教育」的教材內容不易掌握[9]：丘愛鈴根據張淑美、林思伶對國中、高級中學之調查研究[10]均發現，在生命教育的課程上，面臨了「教材與參考資料不足」的困難。因此提出建議，應當結合有能力、有意願的專業人才，有系統地開發各階段學生適用的生命教育教材[11]。顯

9　何福田、吳榮鎮、鄭石岩、孫效智、陳浙雲、丘愛鈴等著，《生命教育》（臺北：心理出版社，2006 年），頁 61。

10　孫效智等著，林思伶主編，《生命教育的理論與實務：生命教育——教改不能遺漏的一環》（臺北：寰宇出版社，2000 年。）

11　何福田、吳榮鎮、鄭石岩、孫效智、陳浙雲、丘愛鈴等著，《生命教育》，頁102。

然的，在推行「生命教育」的理念上，尤其在生命教育的「內涵」及「教材」上需要更多的研究及開發。

　　回頭看看如此豐富的中國哲學，怎麼能夠缺席？中國哲學的特質是「生命的學問」、「實踐的智慧」，是否有機會研究發展出「中國哲學式」的生命教育？是以，如何完整的理解傳統思想？如何與生命教育的內涵會通融合？如何建構有系統的中國文化傳統特色之生命教育哲學理論？孫效智提到生命教育的目標乃是在「啟發生命智慧」、「深化價值反省」與「整合知情意行」[12]，以筆者長期在老莊思想的研究教學及生活實踐中，基於以下五點理由，不揣己之固陋，以「莊子思想的生命教育與價值實踐」一書拋磚引玉：

　　1. 生命教育的提倡乃是基於「西方哲學」的啟發，東西方宗教如基督教、佛教也都以自身的信仰，發展出具有宗教內涵的生命教育。而「儒家思想」長期以來是中國文化的基本教材，也自然成為生命教育的教材；道家思想則顯然在生命教育的教材內容上缺席。筆者欲藉中國哲學的特質，以莊子思想為教材，補充生命教育的教材與參考資料的不足，呼應「啟發生命智慧」的生命教育目標。

　　2. 莊子內化老子的「道」，並不直接說理論道，乃是以「寓言十九，藉外論之」（〈寓言〉）的故事筆法，運用文學的想像力，創造價值思辨的空間。筆者以生命價值實踐為脈絡，目的在建構莊子思想的生命教育哲學，提供生命教育目標在「深化價值反省」的可能性。

　　3. 莊子思想藉由萬物與「道」的關係，表達了對生命本身的形上認識，確立了生命價值，依此價值作正確的判斷與選擇。並且在天地造化、宇宙萬物中，能夠感通一體，達到內外、物我的自然和諧關係，完成生命真正的意義與責任，正是達成了「整合知情意行」的生命教育目標。

　　4. 生命教育的對象不僅是學生，更是教師本身的生命教育。在教師以莊子思想為教材的學習下，若能藉由教師之豐富歷練，理解並實踐莊子的生命智慧，轉化過往的經驗限制而為生命智慧的開啟，那麼教師本身便能先行受益，成為體現莊子生命教育思想的典範。

---

[12] 孫效智等著，林思伶主編，《生命教育的理論與實務：生命教育——教改不能遺漏的一環》，頁5。

　　5.莊子思想雖為兩千三百年前的作品，因具有經典價值而留傳至今，然而如何能夠不僅只知其為經典而已？若能活化運用莊子思想，使其智慧發揮最大的影響力，將有機會解決現代人的生命困境，這是筆者有感於時代的困境，所能貢獻一己之力的地方，亦為目前的當務之急。

第二節　研究現況

一、莊子思想與生命

　　牟宗三著有《中國哲學十九講》[13]、《中國哲學的特質》、《才性與玄理》[14]、《莊子齊物論義理演析》[15] 等書，提到中國思想的「生命」與「存在」特色，以為儒釋道三家都重視「主體性」，也就是生命直接在「當下」的「實踐狀態」中，能夠以主體「存在」的方式，活動於生活當中，這是一種真切的人生。牟宗三以「玄理」來定義道家思想的「性格」，道家展現一種「玄智理境」，老子以「無」來定義「道」，由「無」開展出「自然」與「無為」的概念。「無為」否定生命的虛偽造作、依賴他者及外在形式的扭曲變形；「自然」則期盼人們在生活中能夠活出「自己如此」、「無所依靠」、「自由自在」的狀態。「無為」是生命的消極工夫，「自然」是生命的積極作為。莊子在真切的人生中有一種「存在的呼應」，他從生命的現象看見「生命的悲涼相」，試圖在經驗世間發現「生命的真宰」，進而解決生命存在所必須面對的問題。牟宗三提到莊子是就老子從客觀面論述天地萬物的背後（道）「翻上來」，而「收進來」從主體境界來說，亦即莊子將老子體悟的天道自然內在化於人的天真本性之德。當生命主體能夠體悟道的境界時，生命便能夠自足無待，這就是逍遙的境界，是自然的境界，更是道的境界。牟宗三指出道之境界的「道」並非是一個客體實有，乃是一種「境界形態的形上學」，也就是當一個人完全發揮內在心靈的力量時，便可以達到的精神境界；至於「自然」的境界，則是一種對生命本身

---

[13] 牟宗三著，《中國哲學十九講》（臺北：臺灣學生書局，1993 年。）

[14] 牟宗三著，《才性與玄理》（臺北：臺灣學生書局，1993 年。）

[15] 牟宗三著，《莊子齊物論義理演析》（臺北：書林出版有限公司，1999 年。）

「自己而然」的體會，它代表的是每一個生命的「圓滿具足」。道家思想不斷強調「無為」，不是不作為，而是要化解掉人們在「為」當中的刻意造作、控制預想，以致造成對生命的種種戕害；主張「自然」，是為了肯定生命能夠透過實踐修養，而提升至無限妙用的心靈境界，這是一種「真人」的生命境界，所謂「真人」就是一個真實不假的人，在「無為」中才能活出「自然」生命的人，才是一個真正的人。莊子承於老子思想，並且對老子思想有更多的詮釋與創造，當然也更印證了牟宗三所謂「生命」學問與實踐智慧的中國哲學特質。

　　唐君毅《中國哲學原論・原道篇・卷一：中國哲學中之「道」之建立及其發展》[16] 中，提到「莊子的心」。說明中國思想的發展乃是澈底以「人」為中心，把一切東西消納到人的身上，再從人的身上，向外展開；莊子是從老子的宇宙論意義，漸漸向內收，成為人生一種內在的精神境界，這論點與牟宗三相同；他更說明老子乃是從「變動」的現象中，找到一個「常道」，要人對於「變」需要保持一種距離，以策安全；莊子突破老子「距離」的不澈底、不可能，主張縱身於「萬變之流」中「與變冥合」，以求得身心的大自由與大自在。王淮《老子探義》提及「老子之思想顯然是有『重點』而有所『取』的，此與莊子之思想善於運用『雙遮』而遊於『中』的智慧不同」[17]。徐復觀《中國人性論史：先秦篇》[18]、《中國藝術精神》[19]，說明「心」的本性是虛是靜，與形上之「道」、內在之「德」合體的，但人們反而掩沒其本性。是以莊子的主要工夫，在於使人的心能夠照物而不隨物遷流，回到原本的位置，原來的本性；心也是「精」，精與道本是一個東西，由心之精所發出的活動，則是「神」，合而言之即是「精神」。莊子思想即是對精神自由的祈嚮，是一種自己決定自己的「自然」、「自己」、「自取」、「獨」的狀態，而且不與外物相對立，是無對待的絕對自由、澈底和諧的精神境界，是一種「無己」的境界，乃是透過修煉工夫的「忘」與「化」之一連串自覺工夫過程才能達到的。是以，莊子之

16 唐君毅著，《中國哲學原論・原道篇・卷一：中國哲學中之「道」之建立及其發展》（臺北：臺灣學生書局，1992 年。）
17 王淮著，《老子探義》（臺北：臺灣商務印書館，1990 年），頁 160。
18 徐復觀著，《中國人性論史：先秦篇》（臺北：臺灣商務印書印書館，1994 年。）
19 徐復觀著，《中國藝術精神》（臺北：臺灣學生書局，2013 年。）

學自始自終乃是一「為人之道」，歸於成為「至人神人真人」之道。徐復觀對「莊子的再發現」提出「中國藝術精神主體之呈現」，說明透過「心齋」的虛靜與知覺的活動，使心的主客能夠合一，以達到精神的自由解放，就是「遊」的境界；遊於物之初的道境，在「個別生命」言「無用」，於「群際關係」談「和諧」，就是「道」的全幅開展。以個別生命為軸心，達整體宇宙和諧的最高目標，這是一種藝術化生命的展現，由藝術的共感、想像，最後以美的欣賞角度「觀人生」、「觀宇宙」、「觀生死」、「觀政治」，是莊子生命思想展現之全體大用。

王邦雄《中國哲學論集》[20]、《道家經典文論：當代新道家的生命進路》[21]提到現代人的問題，在於能否於時代的困境中提出一個精神的化解之道，而道家學說就是一個透過「有」而「無」的精神過濾、淨化、昇華、提升下，讓生命有無限可能性的機會。尤其莊子思想直接彰顯生命本身，使其自由地顯發它自己，莊子雖然承接老子所開出的「形上之道的價值根源」和「政治人生回歸自然無為的理想歸趨」，但莊子並沒有在「形上系統」和「政治哲學」有進一步的發揮，反而將注意力放在「生命價值」的深切反省，並且將生命的方向定在人格修養上；〈逍遙遊〉是生命的超拔提升，〈齊物論〉是物我的同體肯定，〈大宗師〉為天人的契合圓融。莊子思想試圖從人的自身，以至與天地萬物的關係，提出一種解決生命困境、達到精神自由理想境界的路徑。莊子以「形上思想」詮釋「生命的理境」，說明「道」與「生命」的關係，道乃是內化為天人、至人、神人、聖人、真人之虛靜觀照，並從主體生命之「修養工夫」開顯臨現「天道」之可能；莊子與老子強調「道生德養」的生成作用不同，莊子走的是一條「生命實踐」的進路。

闡述莊子思想以「生命」為書名者，如葉海煙《莊子的生命哲學》[22]，認為莊子哲學的中心論題在於「生命意義的探討」與「生命問題的解決」，以現代哲學的創造性詮釋，企圖建構莊子哲學的三大部門：生命的形上學、生命的

---

20 王邦雄著，《中國哲學論集》（臺北：臺灣學生書局，1983 年。）

21 王邦雄著，《道家經典文論：當代新道家的生命進路》（新北：立緒文化事業有限公司，2013 年。）

22 葉海煙著，《莊子的生命哲學》（臺北：東大圖書股份有限公司，1999 年。）

宇宙論及生命的倫理學。王志楣《莊子生命情調的哲學詮釋》[23]，從《莊子》之「情」、「欲」、「悲」、「樂」、「愛」、「用」、「和」七種生命情調來建構莊子的生命哲學。孫吉志《《莊子》的生命體驗與倫理實踐》[24]，從莊子思想的「道」開展，以進行生命的轉化與應用於生活上的實踐工夫，分析「道的修養進路」、「生命體認與工夫轉化」及「生命現存的落實與開展」。

二、莊子思想與教育

　　以「莊子思想」命題，並非表示莊子思想沒有哲學，而是為了突顯中國傳統思想家之立論，並非以定義概念、設立判準及建構哲學系統的方式而論述其思想內容；反而突顯莊子思想是從日常生活中的實踐，以當下真實的生命所體悟出的生命成全之道。至於中國傳統思想是不是哲學？牟宗三[25]提到只要人性活動之所及，並以理智及觀念加以反省說明的，便是哲學；而中國有數千年歷史文化，當中有悠久的人性活動與創造，所以當然有哲學，只是中國哲學沒有西方式的哲學而已。

　　「哲學」的英文是 Philosophy，是 Philia 與 Sophia 兩個字的結合，Philia 為「愛」，Sophia 為「智」，由字源來解釋，哲學是「愛智」（love of wisdom），乃是「愛好智慧之學」。歐陽教在《教育哲學》[26]一書中提出，若以「愛智」為哲學的本質來說，則將推論出「一切哲學是有教育實踐價值的」，然而，若「教育」的定義是以「教人成為好人的方法與過程」而言，則需要重新思考「哲學」是否全部能夠成為「教育」的課程內容。其舉出「道家學說」是「崇尚反文化的蒙昧主義，認同回返到太古的初民社會『小國寡民』」，所以「是一種澈底的反教育理論」，他質疑道家的哲學理論「要辦正式的學校教育或社會教育來說行嗎？」最後推論出只有「有些哲學是有教育價值的」。是以，若對老莊思想無法有一個全面或客觀的理解時，那麼老莊思想

---

[23] 王志楣著，《莊子生命情調的哲學詮釋》（臺北：里仁書局，2008 年。）
[24] 孫吉志著，《《莊子》的生命體驗與倫理實踐》（新北：花木蘭文化事業有限公司，2012 年。）
[25] 牟宗三著，《中國哲學的特質》，頁 7。
[26] 歐陽教著，《教育哲學》（高雄：麗文文化事業機構，1999 年。）

便已經失去了在教育哲學理論的運用機會。雖然，錢穆也提到「《莊子》，衰世之書也。故治莊而著者，亦莫不在衰世」[27]，劉笑敢更提出「莊子哲學的內在矛盾」，說明「莊子的理論學說中，有不少錯誤的論點，有明顯的消極傾向，因此長期以來，莊子哲學基本上是被全盤否定的」[28]。因此，在普遍對「自然」思想的無法理解下，以為「無為」就是一種「不希聖」、「不羨壽」、「不愛名」的沒有任何作為的生命狀態，以為「逍遙」就是一種「頹廢」[29]。上述論點是從「社會價值」面向來看待老莊思想，顯然其思想似乎無用於社會或教育；然而，若是從以「人」為本質的教育內涵，那麼如何使人超越社會價值，甚至是功利價值的框限，反而是老莊思想能夠成為生命教育的重要價值。因為藉由學習莊子思想，一面可以解構讀者「分析的習慣思維方式」，一面更可以加強讀者「直覺的或總體性的心力功能」[30]；因為每一種文化或社會都需要以解構的方式來自我批判，透過自我質問的方式，並與自身保持距離，才能在異己中以開放性導向適當的位置，在發展中使主體能夠復活與肯定[31]。

老莊思想雖然有重要的價值意義，但其所論述的天道自然卻不易理解，《老子》在〈第一章〉即已明確表明「道可道，非常道」。王淮指出《莊子》一書難讀的原因有二，一是作者思想義趣太高，表達方式恢詭譎怪；二者作者文辭變化漫衍，遣詞造句興之所之[32]；而且時距兩千年，要正確把握莊子思想本來就是一件不容易的事。若以為莊子思想「矛盾」、「錯誤」，其實泰半是後人智慧無法對莊子思想有一個合適的詮釋。楊儒賓提到莊子的語言並沒有艱澀到難辨雌雄而阻礙其思想之表達，相反地，「這些語言反而使得莊子的論述更加強而有力地呈現出來」[33]。是以，在無法正確把握莊子的智慧前，當然不應

---

[27] 錢穆著，《莊子纂箋》（臺北：東大圖書股份有限公司，1993 年），序目，頁 7。

[28] 劉笑敢著，《莊子哲學及其演變》（北京：中國人民大學，2016 年），前言，頁 1-2。

[29] 吳怡著，《新譯莊子內篇解義》（臺北：三民書局，2019 年），頁 24。

[30] 美·愛蓮心著、周熾成譯，《嚮往心靈轉化的莊子：內篇分析》（南京：江蘇人民出版社，2004 年），頁 2。

[31] 吳靖國著，《教育理論》（臺北：師大書苑，1990 年），頁 187。

[32] 王淮著，《郭象之莊學：儒釋道之相與詧應》（新北：印刻文學，2012 年），頁 7。

[33] 楊儒賓著，《儒門內的莊子》（臺北：聯經出版公司，2016 年），頁 29。

該放棄其在教育哲學的可能性貢獻之研究，不妨從目前以為的「錯誤」和「矛盾」中，嘗試能否試圖發現其內蘊的深刻智慧？王邦雄提到「自然之道」是「屬於最高的生命境界」，是「通過自己心靈境界修養所開顯的那個自然化境」[34]；「自然」思維並非反對文明進步，更非要人退化到野蠻時期，而是更深刻提醒人們「在這文化中所推崇的許多事物是虛妄的」[35]。「自然」乃是老子透過對天地萬物的觀察和體悟，發現宇宙造化變化運行的規律，是一種「自然之道」。而人是天地宇宙的一份子，理應順應自然之道成長發展，「自然」乃是一種對生命的探索發現與體驗成長才是，朱維煥言「老子《道德經》所申述者，則教人善於『超然而掌握變化之樞機』」[36]。杜威（J. Dewey，1859-1952）曾提出「教育無目的論」，強調一種「教育即是生長」、「教育本身就是一種生活的歷程」，因為教育過程本身就是一種目的，並不需要「另立目的」來規範教育活動的發展，而這不啻與「自然」思維相通？是以，若能真正理解道家「自然」內涵，就能敬佩其中的大智慧。它除了是解決先秦時代禮壞樂崩的藥方，更可為現代科技文明進步帶來種種的破壞，提供另一種新視野。至於人如何順應「自然之道」？則需要透過高度的覺察修煉並實踐，反省目前狀態及系統組織，在不斷放下各種「中心」的思維制約時，尊重天地萬物之自然如此，才能重新與其連結並合而為一，巴斯卡（Blaise Pascal，1623-1662）言「部分如何認識全體呢？……世界萬物的每一部分都與其他部分互相連結，我相信如果不知其他部分，不知整體，就不能認知單獨的一部分」[37]，是以，人類如何能夠以自我為中心，認為天道運行、天地萬物要以「人類為中心」來行動呢？「自然之道」是一種修煉至極所能達到的心靈境界，是生命必須窮極一生才能達到的自然化境，因為「老子之『自然』不是生物界的『規律』，而是包括大自然在內的整個宇宙的規律；不是人的『本能』，而是建立在本能基礎上的『自律』」[38]，此「自律」是與形上「天道律則」合而為一的內在「自然律則」，

---

[34] 王邦雄著，《中國哲學論集》，頁 186。

[35] 卡西勒著，孟祥森譯，《盧梭康德與歌德》（臺北：龍田出版社，1978 年），頁 28。

[36] 朱維煥著，《新老子道德經闡釋》（臺北：臺灣學生書局，2019 年），頁 7。

[37] 巴斯卡原著，孟祥森譯，《沉思錄》（臺北：水牛出版社，1987 年），頁 27。

[38] 林光華著，《《老子》之道及其當代詮釋》（北京：中國人民大學出版社，2015

而非社會化要求所養成的「自律」。老莊思想絕非是常人以為放棄、消極、厭世之本能式躺平思想，那都只是小看了老莊思想可以運用於教育的可能性。

　　「教育」一詞的英文、法文及西班文均是 Education，德文則為 Erziehung，第一個字母都是「E」，有「引出」（elicit）的意思，杜威言「教育就是引出」，「教育」能夠「引導人類共同的本質」（Van Cleve Morris，1995）；西方哲學家以為人在出生以前，早已稟賦了很多觀念，主張「回憶」說，希望透過「教育」的過程，把遺忘的先天觀念回憶起來。教育也是「引導人們充分去體悟人生的意義」（J.Donald Walters，1986），是「教人成為好人的方法與過程」[39]；杜威更言教育是「一種重組和改造的歷程」，且「教育就是人類全面用以改善現狀的特有活動」[40]。教育具有「引出」、「改造」、「善的價值」等內涵，然而，教育本身卻不可能提供個體完整的知識，知識只能由個體自身的建構來完成，教育只能引導學生對生命世界進行理解、詮釋與建構[41]。是以，教育應是透過整個教學活動，在積極方面引導學生洞見未來，作價值觀的思辨判斷，以完成生命終極價值的實踐；在消極方面能夠防止可能走向價值混亂的預防。林玉体提到「教育」的兩面意義，一是在「事實」面或「實然」意義上，教育在於發展個人潛能、適應社會環境，並傳遞保存累積人類文化；一是在「價值」面或「應然」意義上，教育在發展人類有用的潛能，改善社會環境，並創造新文化[42]。然而，老莊提倡「自然」是一種自己而然，可以說是一種生命本身「本然」之意義創造，不以社會文明為前提，純然的以生命本身為起始點，而重新對生命有真正的認識與實踐，如同余德慧提出的「野地精神」，「意味著人必須在生死之間搏鬥，它是行動的處所，人必須小心翼翼地求生存，機敏地保護自己，並且尋求活下去的力量」[43]，若教育能夠以「生命本

　　　年），頁 172。

[39] 歐陽教著，《教育哲學》，頁 9。

[40] 林玉体著，《教育概論》（臺北：師大書苑，1998 年），頁 90。

[41] 吳靖國著，《教育理論》，頁 11。

[42] 林玉体著，《教育概論》，頁 91。

[43] 余德慧著，《中國人的生命轉化——契機與開悟》（臺北：張老師文化，1992 年），頁 49-50。

身」為基底，開展學子「活下去」並「活得好」的力量，那麼才是教育，或是真正的生命教育。

至於，如何能夠達到「教育」的目的，則需要對教育理論和教育現象有一種認知的分析和價值的判斷，謂之「教育哲學」[44]。杜威提到「哲學是教育的指導原理，教育是哲學的實驗室」，「教育哲學」若以「哲學主題導向」為內涵則可以分成：形上學、心靈論、知識（認識）論、價值論；若以「教育主題導向」為內涵則大致包含：教育本質論、教育目的論、教育內容論、教育方法論、教育機構論、師生關係論等[45]。然而，筆者想要更深刻的反思：為什麼要學習？要如何學習？要學習什麼？怎麼學習才能完成教育的本質？教育是一種只有「人類」才有的活動，而教育的對象是「人」，是以教育的本質應是以「人」為主體的教育，而以「人為主體」的本質，是指人之所以為人並與動物不同的特質。於是在結合「教育」與「哲學」的「教育本質」上，可以從教育的根源談「形上學」，以培養學生體認宇宙根源之「道」，注重精神的永恆價值，目的在建立學生生命的意義價值；其次，教育要使學生有正確的價值判斷能力，教育活動不只注重「實然」更強調「應然」，有「價值論」的價值思辨，目的在建立生命能力以面對任何抉擇；教育在啟發學生之主體美感而有「心靈論」、「人生論」或「美學論」的價值引導，目的在與他者、天地宇宙達到和諧關係。

在結合「教育」與「哲學」的「教育本質」上，就東西方都各具特色的文明傳統而言，中國思想亦有能夠與西方哲學相對的範疇，並能與之相通的教育哲學理論。林秀珍在《老子哲學與教育》裡提到「『教育哲學』並非西方所獨有」，提出「國內的教育哲學研究大量引介西方哲學而發展，有其時代的迫切性與需求性，但是以自家文化為主體的建構與傳承，總是不能遺棄或偏廢」[46]。然而，搜尋目前將中國儒釋道三家思想，以「教育」為題的學術專書寫作，雖然有「儒家」和「佛教」或其比較，但仍然是少數，另有儒道教育思想之比

---

[44] 歐陽教著，《教育哲學》，頁 11。
[45] 歐陽教著，《教育哲學》，頁 25。
[46] 林秀珍著，《老子哲學與教育》（臺北：師大書苑，2015 年），頁 11。

較，如張峻源《老子《道德經》與《論語》教育思想之比較》[47]。至於道家思想，其中以《老子》為教育相關主題專書者三本，如余書麟編《老子的教育觀》[48]、李美燕《《老子》人本思想的教育意義》[49]、林秀珍《老子哲學與教育》。而以《莊子》為「教育」主題之專書者，則付之闕如；若有提及《莊子》的教育思想者，僅從「中國教育史」略窺一二。

有老莊合論者，一者有對道家之教育意義持否定態度：胡美琦在《中國教育史》提到老莊因為是「思想」、「哲學」，所以不得不論，但並非「教育」；說到道家思想「主要在使人消極退後」，提到莊子是「反教育」、「反知識」、「反讀書」、「反文明」、「反道德」等[50]，雖然提到道家思想對教育有一種反面的啟發作用，也有極高的人生意境，而且對成年人有它一番意義，但卻不適於向幼兒與年輕人灌輸，並強調這是儒道兩家論教育一個重大分歧點。二者對道家之教育意義持部分肯定態度：毛禮銳、邵鶴亭、瞿菊農在《中國教育史》上將道家和法家的教育思想合併，說明道家思想雖然反對教育，但對中國古代文化和教育卻有重大的影響，其中分別論述了老子與莊子的教育思想，以為老子之「自然思想」、「辨證思想」，對古代教育發生積極影響，其「唯心主義」和「直觀主義」對我國封建教育也發生了較大的影響。也提出莊子的思想就其本質論，是與重視教育的思想相反的，指出莊子是反對教育的思想，也包含了反對文化教育上的壓迫，認為莊子對中國教育影響最大的，不是自然思想，而是人生觀[51]。三者對道家之教育意義有較肯定的態度：如陳谷嘉、朱漢民在《中國德育思想研究》裡，將老莊思想合併說明「老莊的德育思想」，分為三部分「道德教育的理論基礎及價值目標」、「道德原則及

---

[47] 張峻源著，《老子《道德經》與《論語》教育思想之比較》（新北：花木蘭文化事業有限公司，2011 年。）

[48] 余書麟著，《老子的教育觀》（臺北：復旦出版社，1953 年。）

[49] 李美燕著，《《老子》人本思想的教育意義》（屏東市：國立屏東師範學院，2000 年。）

[50] 胡美琦著，《中國教育史》（臺北：三民書局，1978 年），頁 110。

[51] 毛禮銳、邵鶴亭、瞿菊農合著，《中國教育史》（臺北：五南圖書，1989 年），頁 110。

要求」、「道德教育方法與修養之道」，亦相通於「形上學」、「倫理學」、「人生論」等，將老莊思想運用於教育以「哲學」為主題的論述[52]。

　　有只提老子教育而忽略莊子教育者，藍海正、劉彩梅的《中國教育史》[53]將道家和法家的教育思想放在一起，從「教育作用論」提到要順應教育對象的自然本性，從「教育目的論」說明老子的聖人思想，但卻未見任何的教育目的，在「教學原則與修養方法」上列了七點內容，亦是僅能部分將老子思想運用於教學原則或修養上，全書內容近三百頁，道家思想不到三頁，而且對莊子思想隻字未提，實為可惜。畢誠、程方平《中國教育史》[54]提到「老子『道法自然』的教育思想」，肯定老子是中國古代傑出的哲學家、政治家和教育家，說明老子自然教育思想的核心，是透過教育使人符合「天道」，並且在強調對教育對象進行觀察和了解，去輔助萬物的自然發展，肯定老子思想在否定傳統教育下，尊重人的自然發展，在當時是很可貴的，而且也是對中國古代教育思想的豐富和充實起了重要的修正和補充作用。然而，以上二書顯然將莊子思想完全排除在中國教育史之外。

　　綜上所述，莊子思想的教育哲學在「中國教育史」的論述上，顯然被貼上「反教育」的標籤，林秀珍指出「當前我國教育哲學研究以西方為主流」，提出「教育哲學本土化的必要性」[55]，更加正視老子哲學的教育價值。說明孔子的教育思想雖然為中國教育史的主流，即使老子思想並未針對教育建立一套清楚的論述體系，但老子「後設思考」的生成原理，表現出「淑世情懷」與「人文覺醒」的特質，可作為人間美好的實現原理，亦可視為教育哲學的反映。若老子思想能夠對教育有正面的影響性，同樣的，莊子思想是老子思想的繼承與發揚者，莊子將老子之道內化為人之生命，體現道之無限性，正是能夠以「生命教育」為中心，開展「靈性教育」、「環境教育」、「倫理教育」、「生死教

---

[52] 陳谷嘉、朱漢民合著，《中國德育思想研究》（杭州：浙江教育出版社，1998年），頁63-91。

[53] 藍海正、劉彩梅合著，《中國教育史》（臺北：崧博出版事業有限公司，2018年。）

[54] 畢誠、程方平合著，《中國教育史》（臺北：文津出版社，1996年。）

[55] 林秀珍著，《老子哲學與教育》，頁8-18。

育」等之最佳素材與理論基礎。「好的教育哲學，應該建立在哲學與教育的有機互動、互補校正」[56]，莊子思想之生命教育哲學建構，其功能在於調整教育活動，使「教育」能夠適時回到教育的本質與價值上，因為莊子思想以「生命自然」和「實踐和諧」為特質的內涵，足以符合教育本質之以「人」為主體，開發「人性自然」，實現「人性理想」的最佳教育哲學內容。長期以來未有莊子思想相關的「教育」專書，而且從 1987 年有莊子教育思想研究的學位論文寫作，僅有一本是「博士論文」，廖宣怡《《莊子》至德之人的教育觀》[57]，論文中以「道」為教育的依據及人的創造力實踐，論述「價值教育觀」、「人格教育觀」、「全人教育觀」。綜合以上莊子思想與教育的相關研究，不僅未有任何莊子思想之教育主題專書研究，而且在學位論文研究僅有一本博士論文。是以，未來在莊子思想的教育主題研究上，應有更全面、更深入研究的必要性。

三、生命教育

1.「生命教育」的發展背景

從隋代（567）開始的「科舉考試」，是一種不論身分地位，可以透過考試合格以選拔賢德入仕的政治制度。然而，此制度所造成的影響，使人對於孔子的成己、成人之學，有思維上的澈底大翻轉；學習的核心價值不再是生活上的「學而時習之樂」，也不是生命的「成德之學」，更不是在「內聖」後，所欲成就的「外王」事功；反而，學習是為了「入仕」，流於狹隘的立功立名，使學習漸漸朝向「工具性」及「功利化」的方向。

科舉考試至 1905 年廢除，其間有一千三百多年之久，至今已逾一百年未有科舉制度，然而，上至國家公務人員的產生，下至孩子從七歲入小學，以至大學研究所，甚至各種證照制度，其間的「認可」方式，仍是以「考試」的量化成績分數為標準。而一種制度能不斷被重複使用，必然有其可行性，要問的是如何使考試標準有更多元豐富的認定？如何在「考試」的過程中，以「人」為本位，使人避免「標準」之害？傳統儒家的「大人之學」，學習的目的在於

---

[56] 歐陽教著，《教育哲學》，頁 19。

[57] 廖宣怡著，《《莊子》至德之人的教育觀》（中國文化大學文學院哲學系，博士論文，2014 年。）

使人能夠成為一個「仁且智」的「聖人」，也就是在「人格上能完美的人」，於是學習期間所需要的引導、思考、啟發、體會、連結、實踐等，是需要長期持續與不斷累積的成全過程。一百年來的教育制度，除了以量化成績考試為檢核標準外，更深受影響的是科技文明在飛速進步下，產生「世俗化」、「物質化」及「速成化」的教育內涵，重視實用技術，輕視生命價值理想的啟發，早已完全成為教育及學習的主流，當然更可見的是趨使人們朝向「學習是為了滿足基本需求」；孫效智提到「人們重視與吃飯相關的實用知識，學校當然也必須重視經濟與科技，才能回應人們的需要」[58]。是以，若學習只是功利性的目的時，便將忽略學習的核心精神與終極價值。

1987 年臺灣解嚴，思想漸趨多元開放；1990 年以來，臺灣教育史上興起一連串改革措施，1994 年也開始推動廣設高中大學與教育現代化等實行，滿足了更普及的受教機會。但與潮流結合的教育方向，使得教育的核心精神無法釐清，在教育的主體性被遺忘的同時，造成人文的通俗化，學生在學習的過程中，不斷被「空虛」、「無奈」、「無聊」、「重覆」，甚至是「無價值」的感受所襲擊，失去自己而找不到生命的價值與方向。1979 年在澳洲雪梨成立「生命教育中心」（Life Educational Cener，LEC），目的在防制藥物濫用、暴力與愛滋病，雖然此問題在臺灣並未如此嚴重，但現實生活中小至自卑沮喪、言語霸凌、關係失和，大至心理憂鬱、欺騙行搶、暴力相待、自我傷害等，其所造成種種的社會亂象，如道德價值低落、家庭功能不彰、社會不公不義等，都是人們對自己生命價值的無知與誤解所導致。當然，這不僅忽略「人之所以為人」的價值與意義，更是使整個社會國家走向「淺碟化」之「近視短利」、「欠缺涵養」、「容挫力低」等現象。「人」是國家的主體，如何引導並培養人的「深度」與「溫度」？如何使人發揮生命的「獨特」與「完整」？如何使人完成生命真正的「意義」與「幸福」？維克多‧弗蘭克（V.E.Frankl，1905-1997）提到「生命一旦有了意義，就能健康的生活下去」。人需要活得有意義，有意義才能活得好，這是學習與教育的核心目標，更是國家未來能夠永續的關鍵因素。

58　孫效智撰，〈生命教育的哲學基礎〉「教育部生命教育全球資訊網」https://life.edu.tw/zhTW2/node/435（2019 年），頁 2。

　　教育改革為了調整逐漸偏差的教育目標，修補已然扭曲的學習內涵，也開始在 1996 年推動以「人」為中心的教育改革方向，有所謂「生命教育」（life education）的提倡。1997 年底實施中等學校的生命教育計畫，是生命教育全面進入學校教育的開始；教育部也在 2000 年設立「生命教育專案小組」，並宣布 2001 年為「生命教育年」，目的在將生命教育的理念逐步完整地納入小學至大學十六年之學校教育體系，於是「生命教育」從此成為臺灣教育改革的主軸之一[59]。近二十年來「生命教育」也成為臺灣新興的教育學習領域，在大學教育中更是有相關「生命教育」系所的設立，如 2004 年國立臺北教育大學教育學系設「生命教育碩士班」、2005 年國立高雄師範大學教育學系設「生命教育碩士班」、2011 年南華大學將「哲學系所」更名為「哲學與生命教育學系所」、2014 年法鼓文理學院人文社會學群設「生命教育碩士學位學程」等，亦有多所學校加強了「生命教育學分學程」的設立。

2.「生命教育」的內涵及範疇

　　傳統學習加上科舉考試，雖然使原本的「成人之學」有所改變，但其學習內容上仍是以「人品培育」為核心；至於從工業時代、資本主義、科學文明的進步，現代社會特別強調課程的「專業化」與「應用化」，結果導致學習知識的「單一」、「片面」，在「功利性」與「工具化」的趨勢下扭轉了教育的意義。大學「通識教育」的提倡乃是一種反響，1982 年在臺灣大學成立「通才教育工作小組」，1984 年教育部發布《大學通識教育選修科目實施要點》，「通識教育」一指通才教育，二是指全人教育（Holistic Education）。目的在培養學生獨立思考，並能將不同學科知識融會貫通，內化為人文素養，最終目的在培養出完全、完整的人。另外，「通識」的內涵上又有「博雅教育」（Liberal arts）的實行，「liber」指「自由人」，為使人能夠從無知、傲慢、偏見、狹窄中解放出來[60]。其實「通識教育」和「生命教育」一樣均是在回應當代教育的問題，然而，在講究快速成效的價值觀下，通識教育仍多被視為不及專業科目重要的「營養學分」。至於「通識教育」與「生命教育」所欲實踐

---

[59] 孫效智撰，〈生命教育的哲學基礎〉，頁 3。

[60] 孫效智等著，林思伶主編，《生命教育的理論與實務：生命教育——教改不能遺漏的一環》，頁 52。

的教育目標，廣義來說可以是相同的，但立基點不同。「通識教育」著重在不同學科知識的整合與貫通，「生命教育」著重在生命意義價值的挺立與開展；在實行面上，「通識教育」從大學教育開始，獨立於專業系所以外的學院，「生命教育」則從中等教育著手，有融入各科實行的生命教育內涵，或後來設立生命教育學分等，又有推廣至小學和大學教育，甚至有生命教育科系設立，都表明了對「人」實行「生命」教育的重要。鄭石岩提出「就廣義來看，所有的教育都是生命教育」[61]，教育主體是「人」，以「人的生命」為中心的教育就是「生命教育」，其內涵包括如何肯定生命的價值？發揮生命的活力？開拓生命的成長？活出生命的興致？實踐生命的意義？實現生命的倫理？發揮生命的影響力？最後達到人與宇宙萬物的共存共榮的狀態。

3. 生命教育與靈性發展

塞利格曼（Martin E. P. Seligman）在《真實的快樂》[62] 提到過去心理學只關心心理與精神疾病，忽略找出生命的快樂和意義。馬斯洛提出「需求理論」，又在「自我實現的需求」外補充了「自我超越的需求」，強調人如果缺乏超越性及超個人的層面，人會生病。所以人類需要一種「比自身更偉大」的超越目標，成為人一生奉獻的價值核心，而超越此層面需求的就是「靈性」的修養與提升。在「生命教育」的實行中，其中最深層的目的乃是「靈性」的覺醒，不論「生命的意義與價值」、「倫理的思考與批判」、「知情意行的人格統整」等，都離不開人類生命包含「身、心、靈」之「靈性」面向。靈性（spirituality）是氣、呼的意思，強調生命力的精華、朝氣和活力，是人最深層的終極需求，是人主動參與並活出意義的動力。中國哲學的特質是「生命的學問」，儒家「仁」的不安、道家「德」的真實，與佛家的「本來面目」，都是在於「靈性」的自覺與覺醒，余德慧提出「覺醒是意識的轉換，以不同於往昔的心情重新注視未來的世界」[63]，在靈性的開展中，能使人自覺生命的價值，而得以作正確的思考、判斷及選擇，當人在覺醒的狀態中能夠轉化知識理論

---

[61] 何福田、吳榮鎮、鄭石岩、孫效智、陳浙雲、丘愛鈴等著，《生命教育》，頁23。

[62] 塞利格曼（Martin E. P. Seligman）著、洪蘭譯，《真實的快樂》（臺北：遠流出版社，2011 年。）

[63] 余德慧著，《觀山觀雲觀生死》（臺北：張老師文化，2010 年），頁31。

為實踐行動，完成知行合一，達到身心、與他人，甚至與天地萬物和諧的境界。John P. Miller 在推動「生命教育」的理論與實務上[64]，主張一種「靈性的復興」，亦即察覺生命的神聖性，並以自身之神聖性與其他生命神聖性聯繫的甦醒。而「通識教育」所欲達成的「全人」、「素養」概念，也是彰顯人之所以與其他物種不同的獨特性，亦即「靈性」的培養，如此方能呈現人之所以為人的價值意義。

　　人的生命要素有「身體」、「心理」、「靈性」三面向，依此也呈現出生命不同的境界。身體追求生存需求，是「本能的生命」；心理追求生活層面，是「文化的生命」；靈性追求生命層次，是「自覺的生命」[65]。「自覺的生命」先從了解開始，接著省察、肯定、成長，至覺悟，自覺覺他，最後能夠化解小我而成就大成之消融。其中蘊涵著生命具有奧祕性、潛能性、轉化性、超越性、感受性、創造性，以及覺悟性等，生命是一完全值得以尊重與敬虔的態度來對待的。「靈性」又有不同稱呼，或謂「神性」、「覺性」、「佛性」、「道性」等，或心理學謂之「超個人心理」，或現代常以「真我」、「內心深處」等，都是對內在最深刻的靈性的不同別名。John P. Miller 將身、心、靈三者以「自我（Ego）」、「靈魂（Soul）」、「靈性（Spirit）」區分其不同，在空間上，「自我」視物體為個別分開，「靈魂」視物體具有多樣性和整體性，「靈性」則視物體為整體外還具有「關聯性」；在時間上，「自我」是客觀的時間，「靈魂」為主觀的時間，「靈性」為「超時間」；在目標上，「自我」在於控制，「靈魂」在於愛，「靈性」在於合而為一。是以，所謂內在靈性的修養，乃是超越時間與空間的限制，達到物我界限消融至主客連結一體的境界；一面消解自己的「物性」，提升「人性」以至「神性」，另一面能夠消解他者之「物性」，而連結其內在的「神性」，進而達到「物我合一」的境界，莊子大量的寓言說明人能夠與植物、動物完成合一的境界，如「梓

---

[64] John P. Miller 原著，張淑美主譯，《生命教育：推動學校的靈性課程》（臺北：心理出版社，2011 年。）

[65] 吳靖國著，《生命教育：視域交融的自覺與實踐》（臺北：五南圖書，2006 年），頁 6。

慶削木」（〈達生〉）、「庖丁解牛」（〈養生主〉）、「痀僂承蜩」（〈達生〉）、「知魚之樂」（〈秋水〉）等，說明的就是這種靈性的運用與實踐。

　　然而，人的生命乃是活生生的實在，狄爾泰（Wilhelm Dilthey，1833-1911）提到「生命永遠是它自己的證明」、「生命乃是一切知識的起點和終點」，唯有透過生命歷程的實踐，才能夠實現生命的價值意義。老子言「天下萬物生於有，有生於無」（〈第四十章〉），王淮言「『有』並不直接等於萬物，而為造化萬物之原料，是故『無』為先驗的形而上之道、『有』為經驗的，形而下之器，道是『原理』，器為『原質』，原理加上原質，然後方可分別造化萬物」[66]。人為天下萬物的一分子，也須透過有形的事物，方能使生命有立基點，透過「有」的過程，發揮生命知情意行的內在整合，展現生命無形的價值意義，即實現「道」之「無」，最後完成與天下萬物的和諧統一。因此，靈性教育需要透過「身」、「心」的和諧，才能發揮無限妙用，否則人就是被分裂而且不完整的，它不僅是一種自身內外的平衡整合，更是自身與人、與天地萬物自然平衡的基礎。

四、莊子思想與生命教育

　　教育的主體是「人」，而「生命教育」尤其是以「人」為主體的教育；曾志朗曾提出「教育政策不能只著眼於制度與技術面的改造，而更該重視價值理念的提升」[67]；「生命教育」是「提點生命意義」、「統整情意與知行」，及「對人及對生命的尊重」，這正是作為教育改革的一環。從對自己生命價值的肯定，由內而外能統整知情意行，方能尊重一切生命的狀態，以達到和諧關係。莊子思想是生命智慧的學問，在其敏銳的自省自覺時，對生命有深刻體悟後，產生一種內在的核心價值，而表現在知情意行之生活中。孫效智提到「生命智慧」與「生命教育」，生命教育即是在使生命有一種智慧的修煉養成，至於生命智慧是「深刻的生命體悟、敏銳的自省自覺、內化的價值理論以及能夠統整

66　王淮著，《老子探義》，頁 164。

67　孫效智等著，林思伶主編，《生命教育的理論與實務：生命教育──教改不能遺漏的一環》，頁 2。

知情意行」[68]。若要實行生命教育則「需要知其所以然的理論分析與基礎」，才能夠有能力提供學生以適切的引導，而且生命教育幾乎包涵了「倫理、哲學、心理學、社會學的領域」，更涵蓋了「人際關係、環境教育、宗教教育及所謂的人文教育等範疇」。莊子思想不僅是一種「教育哲學」，具有反省教育現象和理論的功能；其以「生命」為內容的特質，更是足以能夠成為一種「生命的教育哲學」。

　　然而，如前所言，至今還缺乏以莊子思想之「教育」為題的專書。至於將莊子思想運用於「生命教育」研究之專書者，在學位論文上，大部分將莊子思想運用於對「生命教育」的啟發上，又有特別運用於「幼兒」及「國小教育」、「教學實踐」、「情緒管理」，或運用於生命教育的「例證」及「議題」。在二十二筆學位論文中，有二十一本為碩士論文，僅有一本博士論文，即楊智惠《《莊子》的生命哲學與生命教育》[69]，提出《莊子》生命教育的特色在於「靈性發展」，最後得出《莊子》生命教育的落實之道在於「適性教育」、「環境生態教育」、「生死教育」、「道德教育」、「技藝教育」，建構了生命教育的範疇，並得出了「天和、天樂的教育態度」、「道德教育特色的零度教育」及「五感教育」的生命教育內涵；作者以自身為教育工作者，在理解詮釋莊子哲學思想中，運用自己的實務經驗並加以深入研究，將莊子思想落實於生命教育的課程，建構屬於中國思想式的「生命教育」範疇與重要內涵，也為「莊子的生命哲學」開展了積極的時代性意義，更為現代民主社會提供一種尊重差異的實踐途徑。

　　以上除此一本博士論文將「莊子思想」深入運用於「生命教育」的研究外，明顯看到未來在投入莊子生命教育哲學的研究上，需要有更多深入且多元的必要性，方得以呼應時代的需要。是以，能否從莊子思想中，將生命教育所需之「知其所以然」的各項主題中，提供理論與實踐的可能性，從莊子思想啟發生命智慧的理想，落實、貫徹於學校教育體系之中，以期引導現代人對於生命教

---

[68] 孫效智等著，林思伶主編，《生命教育的理論與實務：生命教育——教改不能遺漏的一環》，頁 5。

[69] 楊智惠著，《《莊子》的生命哲學與生命教育》（中國文化大學文學院哲學系，博士論文，2015 年。）

育之重視，是為本著作《莊子思想的生命教育與價值實踐》所欲達成的。進而
彌補莊子思想在中國教育史上的缺席，重新正視莊子思想在教育史上的地位，
運用莊子思想在現代教育的反思及調整的可能性。

第三節　研究說明

一、問題焦點：價值實踐

　　一般將文化分成「物質文化」、「制度文化」和「精神文化」三個層面，
而現代新儒家以為「文化的價值」集中體現在「精神文化」層面。牟宗三曾
提到今日中國的問題，最內在的本質是一個「文化的問題」，也就是精神文
化的價值結構問題，是形而上的價值領域問題。孫效智提到生命教育的目標
乃是在「啟發生命智慧」、「深化價值智慧」與「整合知情意行」[70]，仔細分析
生命教育的焦點，也是在於「人的精神價值領域」問題。是以，文化價值、
生命價值的真正體現，關鍵在於人的「精神價值」。西方哲學家尼采（F. W.
Nietzsche，1844-1900）一生的奮鬥目標就是「重估一切價值」，他以「生命
強力」構成了生命價值，生命的「強力意志」推動著生命的發展而得以提高
「生命價值」[71]。意志通常表現在自由的選擇上，人在面臨選擇時需要衡量得
失，進而形成一種價值觀的判斷，是以對生命而言，什麼是真正的價值？而且
是永恆、無限的價值？若人們對於生命價值有清楚的認知，當面臨選擇時就能
夠有一個正確的價值判斷與選擇，產生行動，進而實踐生命的價值。「實踐」
具有個體自主行動的意涵，在透過學習過程的理解與轉化後，產生一種自由意
志的行動，成為一個能夠發揮主體性、自覺、自律並自決的個體。本書《莊子
思想的生命教育與價值實踐》以「價值實踐」為論述脈絡，透過莊子生命思想
論述社會價值僵化、澄清價值輕重、選擇正確價值，以及提升價值境界等，目
的在完成生命教育中「生命價值的實踐」目標。

---

[70] 孫效智等著，林思伶主編，《生命教育的理論與實務：生命教育──教改不能遺漏
的一環》，頁 5。

[71] 杜麗燕著，《尼采：重估一切價值的哲學家》（新北：水星文化事業出版社，2002
年），頁 192-195。

　　「價值」有何重要性？人作為一個智慧的存在物，不只要思考外在世界的存在問題，更是要思考自身如何存在的問題：人是什麼？人與其他萬物有何不同？人的存在意義是什麼？人在面對與世界的關係中，這些問題必然會出現。而人存在的內在價值觀點，賦予了一切萬物之價值高低；是以，對人類內在價值的重新釐清與定位，將是人如何正確回應對象世界之價值活動的重要關鍵。林玉体在《教育價值論》提到「人的教育活動或學習行為，必須指向價值追求」[72]，而價值不必根源於事實。有些事實有價值，有些則否，有些具有價值的未必是事實，「事實領域」是真假問題，屬科學領域，較有客觀的結果；「價值領域」是善惡問題，屬哲學領域，常因時空及認知經驗而有差異。教育是以「人」的學習為中心，教育的理論建構則需以「人」為「主體」。是以，人如何透過「教育」來釐清、分辨及保存真正的價值，進而創造最高的價值，是教育的最重要價值。《說文解字》釋「教」為「上所施，下所效」，「育」是「養子使作善也」，「善」是人生目標，也是最高價值，「善」以「真」和「美」為基礎，教育的活動是「價值的活動」，而教育的價值研究就是教育哲學。

　　何謂「價值」？「價值」是以「人」為主體，在面對客觀世界對象時，「對象」之於「人」所產生意義與作用之高低。此對象謂之「價值對象」，「價值需要一個攜帶者」、「這種需要也註定了價值『寄生式的』存在」[73]。「價值」是指對象所擁有的獨特屬性和性質，在主體與客體互動後，主體因為在認知上的差異將產生不同的價值感受，因此，價值的感受與主體的觀點有密切的關係[74]。主體的觀點源於人的「認知模式」，人因為天生特質、經驗及從不斷學習中形塑認知模式而產生了「價值觀點」；人因為價值觀點的不同，所產生「價值標準」的差異，在面對客觀對象所產生的「價值結果」也會不同。哲學是一門愛智的學問，哲學家無不竭力地去探索思考人與動物不同、人之所以為人之最有價值的存在方式到底是什麼樣子？於是形成所謂的「價值論」，研究

---

[72]　林玉体著，《教育價值論》（臺北：文景書局，1993 年），頁 1。

[73]　方迪啟（Fisieri Frondizi）等著，黃藿譯，《價值是什麼？》（臺北：聯經出版公司，1984 年），頁 4。

[74]　吳靖國著，《教育理論》，頁 3。

價值現象的共同本質和一般規律[75]。「價值論」興起於西方的十九世紀末期，然而，西方哲學從關心自然世界的本質，到發現精神或心理的現象[76]；中國思想則從天人之際轉向人性自覺[77]，對於「價值」問題的思考，不論在西方或東方都由來已久，因為只要有「思考」能力的人，便需要面對一切，作進一步的「價值」分析與判斷才能進行行動。「價值論」就是以「人」為主體下，在人的生存與發展的需求上，去回應人面對世界時應該是什麼、應該要如何的一種哲學思考理論。是以，人對客觀世界現象的認知模式，決定著人的價值標準與選擇，當然更關係到選擇後的結果；若要有正確的結果，則在於當人面對客觀世界時，能否有正確的價值分辨判斷與選擇行動的能力。

　　趙馥潔在《中國傳統哲學價值論》[78]提到「價值論」基本上包括「價值原理」及「價值規範」，「價值原理」探討價值的本質，「價值規範」研究人應該追求什麼樣的價值。至於中國哲學價值論的核心價值，若以「真、善、美」三者價值內涵來看，儒家崇尚「道德」之「善」的價值，道家則遵遁「自然」之「真」與「美」的價值，其他尚有墨家的「功利」價值與法家的「法治」價值。大部分之「價值論」，以「主觀論」為主，即是價值的存在、意義和有效性，乃是基於以「人」為主體的感覺和態度，所謂的「價值」是對人的價值；然而，更有所謂的「客觀價值論」，即是價值的存在和本質都與主體無關[79]。儒家的「道德」思想，先以人的主體價值為主，在仁性之發揮中遙契天道，乃是「把主體性復加以特殊的規定，而成為『內在道德性』，即成為道德的主體性」[80]；至於道家的「自然」思想乃是「道生德畜」（〈第五十一章〉）、「物得以生，謂之德」（〈天地〉），強調「道」內在於人之性為「德」，在掌握形上的價值根源理念中，提升人的存在價值。兩者都講「道德」，儒家為「仁

---

[75] W.D. 拉蒙特著，馬俊峰等譯，《價值判斷》（北京：中國人民大學出版社，1992年），頁13。

[76] 方迪啟（Fisieri Frondizi）等著，黃藿譯，《價值是什麼？》，頁2。

[77] 余英時著，《論天人之際：中國古代思想起源試探》（臺北：聯經出版公司，2014年），頁123。

[78] 趙馥潔著，《中國傳統哲學價值論》（北京：人民出版社，2009年），頁6。

[79] 方迪啟（Fisieri Frondizi）等著，黃藿譯，《價值是什麼？》，頁4。

[80] 牟宗三著，《中國哲學的特質》，頁8。

道之德性」，是人際往來共同的人性內涵；道家為「天道之德性」，是人天物我合而為一的自然本質。在《說文解字》中「德」為「升也」，從彳，悳声；「德」由「雙人旁」、「十」、「目」、「一」及「心」的組成，乃描述人向前行動而眼睛直視的一種狀態，「『德』的本義就是登上祭壇時的那一莊嚴而神祕的外在儀態和心理狀態」，而後發展至「表示登升、蒞臨乃至征伐之義」，進而發展為「具有道德意義的行為義」，最後更是「表示內心道德本質之名詞」[81]；然而，人卻多與「道」之根源斷裂而無法「體道」，莊子言「道隱於小成」（〈齊物論〉），人只有消解以「自我」為唯一「價值」中心的框架，使真正的價值透過真心顯示，才能恢復「道生」之價值高度，當轉化「價值」為「道之價值」時，就是將價值的「主觀論」提升至天道生成天地萬物皆有其價值的「客觀論」；老子言「天地不仁」（〈第五章〉），就是肯定每一宇宙萬物的存在價值，便是價值客觀論的最佳詮釋，亦即價值的掌握雖然由人所掌握，然而真正的價值，乃是在價值概念之前早已存在。

　　W.D. 拉蒙特在《價值判斷》中提到「價值既是客觀的又是主觀的，或者說不是客觀的又不是主觀的」[82]。若從宇宙根源天道觀之，價值之主觀與客觀界限將被打破，人以「自我」為中心之二元對立價值定論，喜好「福祿壽喜」、討厭「禍夭苦死」等思維將獲得重新疏通與理解。在莊子的生命教育思想中，若透過內在價值之「德」的恢復，人類便能不再以「自我」為價值的根源，而是彰顯「天道」的價值根源；並且在人性與天道之價值根源合一之際，使天地萬物的價值能夠重新回歸其原有定位，一切萬物皆具有宇宙性的存在價值。而在人的價值認知轉化中，才有可能展開正確的價值判斷，並在不斷地價值澄清中，開展天地萬物存在的一切價值，彼此達到一種宇宙和諧共存的關係。

二、莊子與老子、孔子

　　以史書、中國思想史及《莊子》一書理解莊子及其與老子甚至孔子的關係；透過對莊子的認識，更能正確詮釋《莊子》的思想內容。

---

[81] 正正著，《先秦儒家工夫論研究》（北京：知識產權，2015 年），頁 27。
[82] W.D. 拉蒙特著，馬俊峰等譯，《價值判斷》，頁 8。

1.莊子本人

崔大華[83] 根據晚近學者對於莊子的生卒年代，以三種方式歸納出三種年代，一是根據《史記》所提及的三位君王線索，《史記・老莊申韓列傳》言：「莊子者，蒙人也，名周。周嘗為蒙漆園吏，與梁惠王、齊宣王同時」、「楚威王聞莊周賢，使使厚幣迎之，許以為相」，得出莊子的生卒年代約在前375至前300年。二是根據《莊子》書中所記述有關人物、事件的年代來考證，得出莊子生當在前368年或稍後，卒在前268年或稍後。三是根據以上線索外，推論當時君王年代，得出莊子應當是宋王偃前328至前286時人。以上所得知的莊子生卒年僅是確定一大略範圍，卻無法具體考證。學者推論莊子與孟子之生卒年時，二人的著作中卻未提及彼此。有學者以為孟子所批判的「楊朱」就是「莊子」，錢穆[84] 提到「近人疑其為一人，以莊楊疊韻、朱周雙聲說也」；或有以為二人的理論並不相同，各唱其調，但二人不一定互不相知。莊子為蒙人，「蒙」為戰國時宋國之地，莊子則為戰國時宋之蒙人也；是「蒙漆園吏」之小官，莊子不願受聘（〈秋水〉、〈列禦寇〉），過著「借貸」（〈外物〉）、「補衣」（〈山木〉）等清貧的生活。莊子雖為宋人，但《莊子》書中運用楚語，具有原始「昆崙」神話之想像，發揮《山海經》「混沌」等思維，明顯地與南方楚國文化有淵源關係，崔大華推論出莊子可能是「流落到宋國的楚國公族後裔」[85]。至於莊子是一個什麼樣的人？黃錦鋐舉熊廷柱分析莊子，說明「他不是實用主義的哲學家，也不是虛無主義者。他具有藝術的超然靜觀的態度，而復兼有哲學的理智，宗教家的汎神，社會學家的汎愛，為他藝術生活的基礎」[86]，定義莊子是一個「藝術家」。從莊子的時代及地域，可稍微理解莊子思想的精神特色。

---

[83] 崔大華著，《莊學研究》（北京：人民出版社，1992年），頁2。

[84] 錢穆著，《莊子纂箋》，頁7。

[85] 崔大華著，《莊學研究》，頁29。

[86] 程發軔著，《六十年來之國學・第四冊子學之部）（臺北：正中書局，1977年），頁169。

2.莊子與老子

先秦諸子之起源，劉歆、班固以後，至近儒章太炎均持「先秦諸子出於官學」，一直到胡適撰〈諸子不出於王官論〉一文，認為「諸子之學，皆春秋戰國之時勢世變所產生」。牟宗三在《中國哲學十九講》[87]提到周文在周朝時粲然完備，周文發展到春秋時代，漸漸失效，所謂「周文疲弊」，而當時諸子思想的出現，就是為了應付這個問題，因為那些貴族的生命腐敗墮落，不能承擔這套禮樂制度。儒家提出「仁」試圖使周文「活化」、「生命化」；墨家從功利主義否定周文；道家把周文看成是一套外在化形式，因為這套虛文常使人的心境無法自由自在。道家看似否定周文，但基本精神卻不是從「實有層」來否定周文，乃是透過從「作用層」的「絕棄」來否定對於周文建構時之聖智仁義提倡，所帶來「刻意有為」形塑的人為桎梏。成玄英疏云「夫善惡二途，皆由聖智者也」[88]，是以道家思想在於以一種「絕棄」的高度的修養工夫，主張當人在主觀心境提高後，將使所面對的一切外在境界都能向上提升，是心靈的自然境界。

《史記・老莊申韓列傳》提到莊子之學「無所不窺，然其要本歸於老子之言」。老子和莊子必然有著共同、共通之處，如對「道」本體的認識，「自然」內涵的領悟，對「虛靜」工夫的持守，對「無為」應事的推崇等等。宋人釋德清直接說「莊子一書，乃老子之注疏」、「老子之有莊，如孔之有孟」，莊子思想乃是對老子思想的發揚光大，也可說是老子思想的最佳詮釋者。然而，老子和莊子思想的切入面向不同，老子好言形上之道，莊子則內化形上之道而為德，「德」是超越善惡之淳樸本然之性；老子以君王為對象，「好政治言，莊子無之」，莊子則以個人為對象，章太炎言「莊子多超人語，老子則罕言」[89]。莊子雖傳承老子思想，但卻多有發揮，蔡仁厚提到道家思想，先有老子之「常（不變）」之「立」，而後乃有莊子之「化（變化）」[90]；莊子在老子「無

---

[87] 牟宗三著，《中國哲學十九講》，頁 60。

[88] 清・郭慶藩著，《莊子集釋》（新北：頂淵文化事業有限公司，2005 年），頁 348。

[89] 章太炎著，《國學概論》（臺北：五南圖書，2014 年），頁 581。

[90] 章念馳編訂，《章太炎演講集》（上海：上海人民出版社，2011 年），頁 199。

為」思想的影響下，充分拓展了老子的「無為」思想，更開展了與道同遊之「遊心」、「遊世」的理論特色，目的在面對愈加複雜的社會結構中，能夠以更高「道」的層次，呈現出一種藝術審美的態度來觀照一切，使人能保持人格的獨立與心靈的自由。劉笑敢提到「莊子是道家巨擘」，如果沒有莊子，「道家便難以成為一個能與儒家相抗衡並共存的思想流派」[91]。

3. 莊子與孔子

老子以「分解方式」表達，莊子則採「描述方式」[92]，在《莊子》一書中大量運用「寓言」、「重言」，章太炎在《國學概論》曾提到「孔子再傳顏回，再傳至莊子」[93]。唐君毅以《莊子·內篇》中常常以顏回、孔子為託，可見莊子在「儒家之旨初有所承」，其「重人之心知生命即近儒」；至於莊子與儒家的不同之處在於莊子的「心知非一道德心性」，而是言生命乃是恆常超出身體形骸而具有「宇宙的意義觀」[94]。楊儒賓指出明末清初方以智、王夫子等人主張《莊子》具有《中庸》、《易傳》的靈魂，共同奠定儒家的形上基礎。但是對後世的影響而言，這樣的莊子詮釋路線，在儒家道德哲學的後設反省中萎縮了，他提到「莊子儒門說」是股不容忽視的詮釋路線；楊儒賓更提到莊子以「形氣主體」所創造的「遊化意識」是心理合一、與世共在衍化的哲學，在「遊」的狀態中，「主客融合，全身參與，與周遭的事物都是遊戲之場的有機因素」，並相信莊子對人文精神的貢獻，並不遜於孟子的道德意識、荀子的文史意識，都是很根源的「人文精神」之基礎，主張「莊孔同參」有成說之處，並且期盼能「透過莊子眼光重新辨識出的儒家精神，有可能可以幫助儒家爾後在歷史哲學與美學上，開闢出另一片天地」，更「豐富儒家原本該具勝場的文化理論」[95]。程發軔在《六十年來之國學》直接提及「儒者則以莊生為孔氏後人，與孟軻同源」[96]。

---

[91] 劉笑敢著，《莊子哲學及其演變》（北京：中國人民大學，2016 年。），頁 1。

[92] 蔡仁厚著，《中國哲學史》上冊（臺北：臺灣學生書局，2011 年），頁 200。

[93] 章太炎著，《國學概論》，頁 68。

[94] 唐君毅著，《中國哲學原論·原道篇·卷一：中國哲學中之「道」之建立及其發展》，頁 404。

[95] 楊儒賓著，《儒門內的莊子》，頁 60。

[96] 程發軔著，《六十年來之國學·第四冊子學之部）》，頁 165。

　　楊儒賓分析《莊子》內七篇所呈現的孔子形象，具備了三樣特性：一是孔子「體現了無形的化而不化之軸」；二是孔子「與世同在的人格化日生」；三是孔子「具足圓轉的整體性視野而又能照應到人間世中對立的雙方之相生相成」，「活像是一只運轉的陶均」，發現孔子就是「『混沌』的人物顯像」[97]。劉笑敢也舉出在《莊子》書中，大約有四十則描述孔子，但多處於「被貶損」地位[98]。內七篇中就有四篇內容提及孔子，統計約有九至十則；連其弟子及儒家人物計算，故事更高達二十則。《莊子》中的孔子總是以三種不同面目出現，一是誨人，孔子以莊子人生哲學的宣揚者；二是自貶者，孔子是莊子或道家的崇拜者；三是被輕蔑者，孔子只是世俗的儒者。然而，不論莊子是否淵源於孔子儒門，莊子既以孔子等人為立論主角，莊子對於儒家之核心思想，及儒家面臨時代所產生的理論實踐困境，應該是具有深切理解的。

三、理論與實踐

1.《莊子》文本

　　《莊子》在未被歸化為學派之前，是在孔老之後、秦漢之前的戰國中期階段的思想史位置；在秦漢以後的史家才加以分門分派，將莊子思想列到「道家」名下[99]。《漢書·藝文志》著錄「《莊子》五十二篇」，唐陸德明《經典釋文·序錄》也提到他當時所了解的各家《莊子注》，其中有司馬彪、孟氏注《莊子》五十二篇，但後來注家以為此版本無法代表莊子思想，所以各以己意去之，其中有二十七篇、三十篇、三十三篇本，但現存的《莊子》是三十三篇。今本《莊子》為三十三篇，分〈內篇〉七篇、〈外篇〉十五篇、〈雜篇〉十一篇，這和晉代郭象的《莊子注》本完全相同，可見古本《莊子》應為五十二篇，郭象注本的三十三篇應是修訂本，其中遺失十九篇，刪裁十分之三而成。

　　至於《莊子》一書的作者，在宋代以前，學者一般皆以為是莊子所著，只是對劃分篇目的標準有不同看法，但宋代之後開始從內外雜篇的名物制度、語

---

[97] 楊儒賓著，《儒門內的莊子》，頁41。

[98] 劉笑敢著，《莊子哲學及其演變》。

[99] 楊儒賓著，《儒門內的莊子》，頁15。

言風格、思想旨趣等不同，而提出〈內篇〉是莊子自著、〈外篇〉、〈雜篇〉則是莊子後學所作。劉笑敢曾歸納《莊子》一書作者的四種不同觀點，一是認為〈內篇〉早於〈外篇〉、〈雜篇〉，肯定〈內篇〉為莊子所作，自王夫之以來學者持之；二是認為〈內篇〉晚於〈外篇〉、〈雜篇〉，〈外篇〉、〈雜篇〉是莊子所作，以任繼愈為代表；三是認為應以〈逍遙遊〉、〈齊物論〉為研究莊子的依據，打破內外雜篇的界限，以馮友蘭為代表；四是認為《莊子》一書基本上是莊周的著作，不必區分內外雜篇[100]。劉笑敢最後歸納出兩點：一是《莊子》是「先秦道家思想匯集」，《莊子》內篇是莊子所著或是莊子思想，而外雜篇是莊子後學和別派學者所作。二是「《莊子》是先秦莊子學派著述匯集」，以莊子本人的思想是源、是中心，著作在先；莊子後學的思想是流、是發展，述作在後。本書之研究範圍以三十三篇為範疇，不作分別內篇、外篇、雜篇之真偽與否的論述，而是以《莊子》三十三篇內容加以理解、詮釋、歸納、分析，以完成莊子思想的生命教育與價值實踐之書寫。

　　王淮提到，《莊子》一書歷代以來被認為是一部難讀的書[101]；楊儒賓提到《莊子》文本幽默滑稽、圓融無礙，莊子是第一等操弄文字的大詩人[102]。是以，運用前人的注疏，作為一種過渡性的跳板是必要的，一面要能夠不被前人注疏所局限，一面又能正確運用前人注疏而加以理解。錢穆在《莊子纂箋》之序目「采摭諸家」[103]，程發軔《六十年來之國學》有〈六十年來之莊子學〉和方勇《莊學史略》[104]從「戰國秦漢莊子學」到「清代莊子學」說明歷代以來注解莊子思想的特色。

　　陳鼓應曾提出中國歷代注莊常有「以佛解莊」、「以《莊》解莊」、「以儒解莊」，及「以《易》解莊」，楊儒賓提到「絕大部分的注家恐怕都是自認為想『表莊周之旨趣』，亦即他們都自認為自己是『以《莊》解莊』者」，其

---

[100] 劉笑敢著，《莊子哲學及其演變》，頁 25。

[101] 王淮著，《郭象之莊學：儒釋道之相與詶應》，頁 7。

[102] 楊儒賓著，《儒門內的莊子》，頁 28。

[103] 錢穆著，《莊子纂箋》，頁 1。

[104] 方勇著，《莊學史略》（四川：巴蜀書社，2008 年。）

中僅能分辨有效或無效的「以《莊》解莊」而已[105]。然而，就《莊子》之歷代注疏來講，均可為筆者參考運用的疏解本；其實可以參考的古今注疏有數百家，唐成玄英云：「自古高士、晉漢、逸人，皆莫不翫，為之義訓」（〈莊子序〉），其中郭象的《莊子注》確立了注《莊子》的地位，後來唐代陸德明、成玄英，都是以郭象注本為本，其他也多是以郭象注為本，所謂「惟子玄所注，特會莊子之旨，故為世所貴」（〈莊子敍錄〉），雖然郭象注本不是唯一理解莊子的憑藉，但必然也是最主要的依據。

2.詮釋與實踐

陳榮華提到「詮釋者不是神，他只能發現作品的真理，如實地說出它」，因為「詮釋不是一個獨斷固執己見的過程，而是不斷被作品修正的過程」[106]。是以，一者筆者應透過《莊子》原典及歷代注家的詮釋，當竭力開展《莊子》之所以為經典的內容，傅偉勳提出「實謂」（思想家實際上說了什麼？）、「意謂」（思想家想要說什麼？）、「蘊謂」（思想家可能想要說什麼？）、「當謂」（思想家應當說什麼？）、「必謂（思想家必須說出什麼？）」[107]之五個創造性的詮釋方法；二者筆者應當保持開放的態度，王淮提出了研讀《莊子》的方法，乃是「原則上憑藉莊子，方法上當注『意』於原文，用『心』於莊子」[108]。筆者將以《莊子》原典為憑藉，及歷代注家為參考，以虛靜用心的態度，在感應互通莊子文本中，印證所謂「真在內者，神動於外」（〈漁父〉）的精神，進而發現莊子之「道」的無限價值，體會「技進於道」（〈養生主〉）的境界，使自己在詮釋中悠遊於莊子思想的可能性。

三者筆者主要以老莊思想為教學內容，開發「老莊思想與生命反思專題」課程，目的在透過「老莊思想」的內容為「生命反思」的素材，以多元詮釋與理解老莊的生命思想內容下，引導學生與自己的生命故事及生活經驗聯結。過

---

[105] 楊儒賓著，《儒門內的莊子》，頁 18。

[106] 陳榮華著，《高達美詮釋學：《真理與方法》導讀》（臺北：三民書局，2011 年），頁 3。

[107] 傅偉勳著，《從創造性的詮釋學到大乘佛學》（臺北：東大圖書股份有限公司，1990 年），頁 10。

[108] 王淮著，《郭象之莊學：儒釋道之相與晉應》，頁 9。

去所開發的課程專題有「意義」、「關係」、「孤獨」、「死亡」等相關主題，目的在使學生能在內化老莊思想之「道」的思維時，透過一種新的視野，以不同的方式看世界。使人超越單一的觀點，並重新詮釋過往的生命經歷，產生一種生命智慧，轉化過往或目前的生命困境，在即知即行中，真正實踐中國哲學之「生命的學問」與「實踐的智慧」的特質。

其實，人是存在者自己，當存在者透過理解過程在世界中開展自己時，存在者自身的條件就是詮釋的起點，透過不斷地詮釋中，進而更認識自己，使存在者在世存有能更加開顯[109]；而此過程在使人的內心態度發生改變，謂之「心靈轉化」[110]。是以，在筆者本身對老莊思想的理解並實踐下，逐漸體會「自然」思想的深刻性；當理解認知天道自然時，開始相信宇宙萬物之自然，產生對生命之自己如此的信任，在尊重並順應生命自然律則中，發現「道生」天地萬物，在「生」的生命裡能夠產生積極的動能，在此體會出老莊的「自然」思想，絕對不是消極與悲觀的學說。本書《莊子思想的生命教育與價值實踐》，以理論及實踐合一的施行步驟如下：

1. 在文本之認知理解中，筆者本身同時在生活中親自驗證莊子思想。

2. 筆者將自己親身經歷的實踐方式與過程，更具體而微地在課程中分享，使學生不以莊子思想只是一傳統知識的理解，乃是能夠活生生地運用在生活中。

3. 在莊子思想透過實證的方式運用時，施行分享討論以連結學生的生命經驗，使莊子思想更進一步地與學生有交流，達到更深刻的理解。

4. 筆者在每週設計的課後功課，要求學生覺察生活經驗，將所習得的莊子智慧運用於生活中時，加強莊子思想的實用性。

5. 透過實踐後的分享對話，印證莊子思想的深刻豐富。

高達美（Hans-Georg Gadamer 1900-2002）提到「視域融合」，就是一種「詮釋者視域」與「文本視域」的融合[111]，本書將「文本」、「教師」、「學

---

[109] 吳靖國著，《教育理論》，頁153-154。

[110] 美‧愛蓮心著、周熾成譯，《嚮往心靈轉化的莊子：內篇分析》，頁3。

[111] 陳榮華著，《高達美詮釋學：《真理與方法》導讀》（臺北：三民書局，2011年），頁15。

生」和「生活」四者融合為一種「生命體驗的學問」。林安梧在《中國人文詮釋學》提到中國人文詮釋的方法乃是一種「生命的感通互動」，也就是「好好尊重我們要去研究的對象，把它當成一個生命一樣地交往」[112]，進而使自己在與人事物的相遇過程中，能夠逐漸獲得對莊子思想的理解與詮釋。因此，本書於第二章後每節均設計有「覺察體驗」的問題反思，將使莊子思想有活化及生活化的可能性，而能真正完成生命教育的價值與意義。

---

[112] 林安梧著，《中國人文詮釋學》（臺北：臺灣學生書局，2009 年），頁 33。

Chapter ①
價值的框限與實踐

　　人類與其他物種相異之處在於有「意識」，人類意識到自己與其他物種不同、意識到存在於世界有何意義、意識到要如何活得更好、意識到死亡要何去何從，進而從意識的分別判斷中，去定義價值的高下。人類因為有了意識而能夠做各種努力，發揮想像力、創造力與理性的能力等，而文明的發展與科技的進步，無疑的是為了解決人類對意識的扣問，以展開價值意義的追尋。

　　在回應自我的問題意識時，人類從看得見的「有形身體」為出發點。為保全此有形的存在，竭盡心知所能加以維護：如何才能一直活下去？如何才能活得更舒服？如何取得別人的認同？為了獲得更多的存活資糧，人類充分意識到「形體」的重要性，並以「形體」存活為建構的起點，就此開展出與「他人」及與「環境」的關係。然而當人類以「形體」為起始點，發展出種種的生活樣貌，並從中形塑出價值高下，以建立起人類如何存在的標準時，對整體人類之整體且長遠而言，是否是唯一的路徑？

　　人類形體本能在先天上相較其他物種之不足與限制下，若是以「形體」滿足為價值標準，終將淪為心知欲望的無限追求，產生無法滿足的無底洞；反而將人性與物性不同的「想像」、「思考」和「創造」等獨特價值，完全服膺於「形體」的存在，並且透過對外在物質及環境之占有、控制甚至毀壞，以滿足形體的安全需要。心知欲望的無限追求，就此將導致以「人類」或「自我」為中心的思維。榮格（Carl Gustav Jung，1875-1961）認為「現代人的心理疾病就是人失去與最高價值和最大力量的聯繫」，若要治療現代人的心靈困境，則要「找回與內在無意識自我的聯繫，重建個人內在靈魂的位置」[1]。是以，當一面以他人及外物為對象時，將失去與天地萬物合一的滋養與支持，形成與他者的斷裂；一面喪失內在心靈的導引，將使真正的自我迷失，形成與自身人性本質的疏離，最後終將迷航於天地宇宙間，導致人類「流離失所」與「無家可歸」的存在困境，憨山註〈逍遙遊・第一〉云「世人不得逍遙者，只被一個『我』字拘礙。只為自己一身上求功求名。自古及今，舉世之人，無不被此

---

[1]　卡爾・榮格著，韓翔中譯，《榮格論心理學與宗教》（臺北：商周出版，2020年），頁5。

三件事，苦了一生，何曾有一息之快活哉」[2]，說明「自我」、「求功」及「立名」，是人類遭受遮蔽及陷入迷途的關鍵。

　　人類因為有意識，而活出與其他物種不同之生活樣態，但卻又意識並且質疑此種生活樣態之價值意義何在？莊子在〈齊物論〉及〈田子方〉兩處，似乎都發出對生命的大哉問，其獨自對這場人生大戲發出探問：是否茫昧就是人的本質？是否有人是不茫昧？然而，要知道當莊子提出茫昧的人類現象時，就表示茫昧並非人類的本質，人類原本是清醒的，只是需要被喚醒而已。若是不知道自己是茫昧的人，就永遠沒有被喚醒的可能，在此顯示出莊子具有高度覺醒的人性本質。

　　　一受其成形，不亡以待盡。與物相刃相靡，其行盡如馳，而莫之能止，不
　　　亦悲乎！終身役役而不見其成功，苶然疲役而不知其所歸，可不哀邪！人
　　　謂之不死，奚益？其形化，其心與之然，可不謂大哀乎？人之生也，固若
　　　是芒乎！其我獨芒，而人亦有不芒者乎！（〈齊物論〉）

　　莊子提到人性中的「真心」是無形無相寄託於形體之中，並不會亡失，但總是隨著形體的逐漸耗盡直至終了。在人們以「形體」為生活核心下，終其一生不斷與外在事物相對抗衡，有如馬匹奔馳而無法停止；被外物所奴役卻看不到成功，疲累不堪也不知道要歸向何處；即使人們自以為的活著，到底又有什麼意義呢？當形體不斷老去，若內在真心也隨著形體一樣老死的話，就是生命最大的悲哀。文中莊子提出三次的悲哀，目的在打破以形體為最高價值的自我設限，試圖提出不化、不亡且不忘的「真心」，〈知北遊〉言「外化而內不化」、〈田子方〉言「吾有不忘者存」；莊子覺察人類日復一日的生活、行盡如馳的一生，在所有一切都會「（變）化」、「亡（失）」且「（遺）忘」的現象世界中，到底有什麼是不會「變化」、「失去」，而且被「遺忘」的呢？王淮言「中國聖人之智慧是在『物質』生命之外之上，發現了『德性』生命之

2　明・憨山大師著，《老子道德經憨山註：莊子內篇憨山註》（臺北：新文豐出版公
　　司，2004 年），頁 155。

不朽與『精神』生命之永恆」[3]；莊子有這樣的體悟，無疑要喚醒人類，重新釐清生命的價值意義，以「真心」取代「形體」思維，以恢復並守護「真心」為最高的價值實踐。

　　人們若仍是以「形體」為價值思維之核心，那麼就會像「求馬於唐肆」（〈田子方〉），在空市場中找馬匹一般，終究空無一物。可悲的是，人們並不敢面對空市場沒有馬匹的事實，卻只是不斷地以社會價值觀點，告訴自己一定找得到馬，至於是否是自己想要的那一匹馬，則無從判斷。是以，當人們以社會二元價值觀點所制約下之形體為價值核心時，在身心內外所引起的對立與失衡，則是現實世界的普遍現象。以下將從社會價值是非論的僵化系統為起點，提出以天道為根源的價值深化。若以「道通為一」化解「價值是非」之對立衝突時，便能以「萬物皆然可」作為一切現象之價值肯定，使萬物本身之價值獲得澄清與理解的可能性。如此人們才有能力作正確的「價值輕重判斷」，完成真正的價值選擇，在價值提升中才有「終極價值實踐」的理想。天地萬物均將融入天道宇宙的大化之流中，而不再陷入以「人類中心」或「自我中心」的價值觀衝突，所導致人與自己、與他人，甚至與天地宇宙的混亂失衡。

第一節　價值的僵化：是非論

　　「價值僵化」指的是在價值觀念上無法調整及其所造成的限制。「價值」是人類在評估一切現象後所產生的結果高下，然而此價值的高下，又來自於人們有一套認知高下的觀念，謂之「價值觀」。價值觀的形成來自於長期以來，人類發揮自身特質時所逐漸產生一套比較好壞、是非善惡的「價值標準」，使人們得以遵循並傳承此價值標準而省去摸索的時間；並依此價值標準來衡量外在一切事物時，逐漸形成更大的「價值系統」，使人類世界愈發成長。然而，人們的「價值觀」如何建構？尤其華人世界的價值觀是如何形塑而成的？人們因此既定的價值觀點，是否反而受此價值系統的制約，產生更大的生命困境？若因原有的價值系統定型，無法接受因時空的轉變而適時調整改變時，那麼原

---

[3]　王淮著，《老子探義》，頁 136。

本的價值觀點在引導人性本質趨向時，都將成為限制人性發揮的最大障礙。本節從華人文化之「仁道價值的確立」，提出老莊思想對「仁道價值的質疑」，藉由論述莊子的「是非論」以說明「價值的僵化」。

一、仁道價值的確立

作為華人文化的主流思想，無庸置疑的首選是「儒家思想」。其以君臣、父子、夫妻、朋友之親疏遠近及上下關係，以實踐人們活在現實社會中的自我安頓與關係上的和諧。這一套價值系統完全是切實可行的，在世界歷史文明都以「宗教」為其底蘊時，華人世界卻未有如同國教之宗教產生，儒家思想影響華人之大，可謂功不可沒。儒家原為一套思想觀念，甚者會逕以「儒教」稱之。儒家思想在帝王及知識分子的推波助瀾下，孔子被塑造成「至聖先師」的典範，其思想言論主張也定於一尊，牢不可破。

1.攝禮樂以歸仁

孔子思想是先秦諸子之一。上溯先秦諸子思想，形成於春秋戰國時期因「禮壞樂崩」而造成天下大亂，百姓痛苦不堪。智慧者總是會提出自己的觀察以作為解決天下人困境的處方，先秦諸子所採取的對策也各不相同。孔子服膺周公的禮樂制度，以為此制度只需要「活化」，其主張「攝禮歸仁」、「攝樂歸仁」，以「仁」為「道」而欲建構起一套活化制度的思想主張。「人而不仁，如禮何？人而不仁，如樂何？」（〈八佾〉），孔子試圖要從禮樂中喚醒人性中的「醒覺之性」，不再只是茫茫然於禮樂的形式化；更深刻的是要人們從禮樂的規範中去貼近自身的「不安」（〈陽貨〉）之感。孔子企圖啟發宰我對於「服父母三年之喪」的質疑，說明人在幼年時期需花費三年才能「免於父母之懷」，為了安頓自己對父母的感念之情，應當對父母的死亡服「三年之喪」的通禮。孔子以「仁」為「愛人」（〈顏淵〉），仁是「二人」，仁的主要目的就是以自覺不安之心，滿足人類有「分享給予」與「需求接受」的情感交流必要性，目的在使每個人都能在人際社會互動往來中建立合適且和諧的關係。孔子更言「克己復禮為仁」（〈顏淵〉），說的是如何實現自己或節制自己，使個人在人我關係中，透過遵守禮儀規範，達到一種人性發揮至善的可能。以上說明孔子透過人性內在共同之「仁」道真實情感的發揮，使人們能夠在往來互動中建立合宜關係。

2.仁道之以好惡

　　然而，此「仁」之真實情感為何？孔子言「唯仁者能好人，能惡人。」（〈里仁〉），因為要達到人際彼此之「善」，勢必要有一個共同「好」與「惡」的標準。杜維明言「儒家倫理學是建立在人所共有的情感」[4]，「仁」是立基於人類共同的內在情感，是以，此「好惡之仁」也應是人類內在絕對的價值認同才是。至於「禮樂」是「仁」的外在表達呈現，必然會制定一套儀則為人們所遵守，使人們在服從此儀則中體會到人我情感的交流感通，以達到合適情感表達的一套策略。然而，當「仁」之內在共同情感，以有形的「禮樂文化」成為一套表達模組時，是否能夠表達內在之仁的真實情感？或此仁的真實情感是否能夠完全以禮樂文化來概括？而由「仁」至「禮」的過程，合乎生活往來之共同儀則是否非得如此制定？其實答案是未定的。是以，當宰我在提出服父母一年之喪亦「安」時，孔子直斥其為「不仁也」，正如孟子言「非人也」（〈公孫丑上〉），可以看出孔子以「三年為通喪」時，只要提出質疑並無法心安於「三年」之父母喪期者，必遭受「不仁」之非議。研究發現從內在之「仁性」要推論至「禮樂」的遵守，其合理性顯然是不足的；而且在「仁」為人類內在共同情感，並作為價值理想之實踐時，孔子亦無法直接定義其內涵，只能在不同場域與各個弟子的日常生活中，間接驗證「仁」的內涵。

　　若實踐仁道的人稱為「仁者」，孔子言「唯仁者能好人，能惡人」（〈里仁〉），看來真正的好惡之情只能專屬於「仁者」，因為其超越小我之好惡，而予人以正確的好惡。然而，孔子又言「若聖與仁，則吾豈敢？」至於「聖與仁」是一種「為之不厭，誨人不倦」（〈述而〉）的持續狀態或累積過程，是以可見的是，首先，當孔子亦不敢承認自身為仁者時，在現實世界中是否已經具備了仁者可以作好惡的價值定義與價值判斷？其次，仁者若是一種生命的進行式，那麼仁者能否展現真正的「好」與「惡」？再其次，若以上皆非，那麼誰來定義「好」與「惡」的標準？在未能有仁者能定義真正的好惡標準時，那麼形諸於「禮樂」的一套制度是否能完全符應所有人的共同情感？是否具有絕對的價值意義？最後，若非如此，硬是將周公以「貴族」為核心所制定的「禮

4　杜維明著，《儒家思想——以創造轉化為自我認同》（臺北：東大圖書股份有限公司，2020年），頁22。

樂文化」，是否能夠在孔子讚嘆其「郁郁乎文哉！吾從周」（〈八佾〉）中，將「仁」之人類共同情感融入禮樂文化，而以「禮樂制度」是所有人所應當遵守的禮儀規範呢？

二、仁道價值的質疑

　　每個文明都有其價值系統，儒家之仁愛好惡情感所制定的禮樂制度，並非適用於全地域的所有人類，或從古至今的人類都可以遵循的。因此，若人們無法思索或發展出更具普遍性或絕對性的價值理念，或無法調整既定的價值標準，那麼人類將受限於長期形塑之價值系統，而在其形成的僵化價值中受其制約與宰制。老子言「天下皆知美之為美，斯惡已。皆知善之為善，斯不善已」（〈第二章〉），王淮說明「美醜善惡之名立，則同異於是乎辨，是非因之而彰矣。同異辨、是非彰，而競爭起，變詐興矣」[5]，當天下人高舉何者為「美」與「善」時，正有「惡」與「不善」的遭受貶抑。試想天地萬物有誰願意被定義為「惡」或「不善」，或者要問的是「美」與「善」要由誰來定義，由有權者或多數人嗎？那麼無權者或少數人是否同意此「美」與「善」的定義？此「美」與「善」是否具有絕對性？若無權者或少數人不同意，是否亦是有權者與多數人的權益凌駕其上，而犧牲無權者及少數人？

1. 天地不仁以芻狗

　　老子言「不尚賢，使民不爭；不貴難得之貨，使民不為盜；不見可欲，使心不亂」（〈第三章〉），王淮言「不尚賢」有二義，「其一為在主觀上反對有為賢之『心』，其二為在客觀上反對立賢者之『名』」[6]，老子切知當崇尚「聖賢人格」、追求「難得財貨」及發展「欲望滿足」時，上行下效，必然促使人們趨向於單一封閉的方向發展；更有推論天道宇宙匱乏與人性內涵貧乏的假設，反而造成人與人彼此之間產生爭奪盜取及心思混亂的苦難。老子言「天地不仁，以萬物為芻狗；聖人不仁，以百姓為芻狗。天地之間，其猶橐籥乎？虛而不屈，動而愈出」（〈第二章〉），天地宇宙之間就像大風箱讓出所有的空

5　王淮著，《老子探義》，頁 10。
6　王淮著，《老子探義》，頁 14。

間，藉由源源不絕的氣化生成以供應萬物之所有需求，從來不曾中斷或枯竭，使生存於天地宇宙之間的萬物都能夠同等享受其孕育，王淮言「天地之道與聖人之德在內容意義上是大『公』無『私』，在表現形式上則是『普遍』而非『特殊』，如此則其仁非私愛，亦非特殊具體之仁，故似若不仁」[7]。人類以自我角度看待天道生成時，反而在參贊化育中造成更大的災難，所謂「天之道，其猶張弓與？高者抑之，下者舉之；有餘者損之，不足者補之」（〈第七十七章〉），天道運行如張弓，過高則壓低，過低則舉高，其實「天地場域有一自發的和諧性調節力量」[8]，對有餘者加以減損，不足者則加以補給，其中並無殘忍或偏私。天道運行有一不變的自然律則，乃是在變化之生生不息中，使天地宇宙達到一種平衡與和諧。

「天地之間的一切事物都參與了生長和凋謝的過程。不僅人類、動物和植物是如此，非有機的事物也是如此，例如，四時、天氣和石頭。簡言之，從這個角度來看，任何事物都在『成為』、『變化』或者『被產生』。……整個宇宙是一個生生不息的過程。……如果天地間的一切事物都持守其位，與自然變化的節奏保持一致，那麼，宇宙之生生不息將會是和諧的」[9]。如此看來，人類不必以自我的角度揣測天道運行是任意妄為與殘忍無愛，在調整中有不變之律加以施行，在不仁中有自然之信心與信任。是以，一者在天道宇宙不變的規律中，天地宇宙生生不息，原本已提供無限的供應，那麼何來的資源不足而需要競爭呢？又何需給予特定之物而以其為不足呢？一者在萬物自然生成的狀態中，均是天道運行之整體顯現，那麼何來美與惡、善與不善呢？又何需偏愛於特定之物？「天地不仁」一面闡明了天道運行生成之豐富，無有虧欠；一面開啟了天地萬物成長之自然，無需他然，一切萬物乃「自樸」、「自富」、「自定」及「自化」（〈第五十七章〉），並且能夠在「自愛」（〈第七十二章〉）及「自知」中觀照天道生成，那麼當人類能夠「自勝」（〈第三十三章〉），

---

[7] 王淮著，《老子探義》，頁 25。

[8] 林安梧著，《新道家與治療學——老子的智慧》（臺北：臺灣商務印書館，2010年），頁 15。

[9] 德‧漢斯—格奧爾格‧梅勒著、劉增光譯，《東西之道：《道德經》與西方哲學》，頁 36-37。

亦即放下「主張」、「崇尚」及「立場」之自我價值時，才有可能脫離人類所造成自身及環境的陷溺，而找到一條解決之道。

　　當人類一面以自身作為萬物價值高下的估定者，一面更是萬物價值的創造者時，在此好惡的價值判斷中，將形成一套主流的價值標準。此標準易流於歷代帝王作為控制百姓的工具，更成為現代資本主義國家掌握社會經濟進步發展的幫凶；其次，主流成為唯一的路徑，人類只能服從而不必費心探索生命往前，失去多元價值的可能性；最後，若非主流價值者，易成為被犧牲或被歧視者。馬庫色（Herbert Marcuse，1898-1979）提到在資本主義下的生活關係，「生產者反而受控在『客觀』的經濟市場及社會政治的規律之下，成為社會裡受控制及支配的『物件』」，造成「人性的割裂，生命的貶值，是人類生活現實的扭曲與失落」[10]。在好惡的價值觀中，人們以自身主觀認知去界定所對應之外在事物高下，由此創造了萬物的價值。因價值高下的比較差異，產生人類與其他物類間的不平等，其至人類內部不同種族的不平等，造成人我及與環境更大的衝突。

2. 爾之自多於水

　　孔子以「仁」為「覺」為「愛」，無疑就是為了消弭人類的衝突與困境，使人們獲得真正的幸福。若是人們以「好惡」為標準，成為人際往來應當遵循的規範時，長久以來卻造成人們更大的衝突與傷害；莊子提出人類要理解任何萬物都有其限制，到底要以何者為標準而定義好惡呢？

　　　秋水時至，百川灌河，涇流之大，兩涘渚崖之間，不辯牛馬。於是焉河伯欣然自喜，以天下之美為盡在己。順流而東行，至於北海，東面而視，不見水端，於是焉河伯始旋其面目，望洋向若而嘆，曰：「野語有之曰『聞道百，以為莫己若』者，我之謂也。且夫我嘗聞少仲尼之聞而輕伯夷之義者，始吾弗信，今我睹子之難窮也，吾非至於子之門則殆矣，吾長見笑於大方之家。」（〈秋水〉）

---

[10] 史文鴻著，《馬庫色——馬庫色及其批判理論》（臺北：東大圖書股份有限公司，1992 年），頁 19-20。

　　當河伯看見秋天大水瀰漫兩邊河岸而無法分辨時，突然興起一股自得意滿的感受，認為天下美景都盡收在自己的眼底了，而且再也沒有比此時此刻更美好的狀態。不久河伯順流而東到了北海邊，仔細一看，卻發現根本看不見北海的邊際，這時才驚覺自己的孤陋寡聞。河伯回想自己曾聽過「孔子的博學多聞為少、伯夷的德行操守為輕」之主張，當時覺得不可思議而不敢相信，因為這樣的言論完全不是自己能夠認同的價值標準；但當自己來到北海時才體悟到，自己是如此自以為是，根本無知於在自身主觀標準以外的世界。若從能夠將「道」體現在己身之人來看，當其在實現生命的獨特美好時，根本不能被一種價值標準所框限。因此，自身以一種價值認知為標準時，會以為當所有的現象發生，都能夠以一種標準來定義高下，也誤以為此標準是唯一的標準，使一切的現象都能在自己的掌控當中，並且將不再有任何的可能性；所以把除此之外的可能性定義為「非」、「惡」，一面想除之後快，一面更造成與現象或他人的衝突。慶幸的是，河伯能夠發現自己價值觀點的局限而不被制約，此時北海若才能與河伯有對話且連結的可能。

> 北海若曰：「井蛙不可以語於海者，拘於虛也；夏蟲不可以語於冰者，篤於時也；曲士不可以語於道者，束於教也。今爾出於崖涘，觀於大海，乃知爾醜，爾將可與語大理矣。天下之水，莫大於海，萬川歸之，不知何時止而不盈；尾閭泄之，不知何時已而不虛；春秋不變，水旱不知。此其過江河之流，不可為量數。而吾未嘗以此自多者，自以比形於天地而受氣於陰陽，吾在天地之間，猶小石小木之在大山也，方存乎見少，又奚以自多！……號物之數謂之萬，人處一焉；……此其比萬物也，不似豪末之在於馬體乎？五帝之所連，三王之所爭，仁人之所憂，任士之所勞，盡此矣。伯夷辭之以為名，仲尼語之以為博，此其自多也，不似爾向之自多於水乎？」（〈秋水〉）

　　因為河伯不被價值標準所僵化，北海若才能與其「語海」、「語冰」，甚至「語道」。亦可看見當放下既定的價值標準時，才發現自己的無知與無限開展的機會。北海若以萬川會歸大海卻不會滿溢，大海流向萬川卻不會流盡，即使春秋雨量多寡不一，水位並不會改變；水災旱災，也不會對大海造成影響。

大海之水不盈不虛而無可計量，其本身卻不曾自滿，就像是天地萬物受陰陽之氣而立足於天地之間一樣，是如此的渺小，因而又怎麼會自以為是，認為自己已經達到標準，甚至認為自己是廣大的呢？要理解「物」是以「萬」稱之，名之為「萬物」，而「人」只是萬物中之一；若以人類的標準來看待天地萬物，那麼就像是馬體上的毫毛，是不成比例的。至於自古以來的傳承、帝王的爭替、仁者的憂心、志者的勞苦，都是因為以自我為中心來看待外在的現象而定義是非好惡；就像伯夷以辭讓獲得清高名聲，仲尼以教導成為博學多聞，使得後人都以這種價值標準作為一生努力的目標，這不就是如同河伯一樣自以為天下美景盡收眼底的淺陋嗎？人們反而失去實現多元價值的無限可能。當有一個價值標準，甚至僵化的價值標準時，就會有以「標準」所帶來的「比較高下」；因為有標準就有「達到」的自是自滿，與「達不到」的自卑自傷。相反的，若沒有價值標準比較，就能夠安然於自身的價值實現，不再陷入無止盡的追逐與失落了。因為，當人們以自身認知肯定的稱之為「是」，以自身認知所否定的稱之為「非」，由此判斷選擇以實現主觀所認知為「是」的一切價值；但人們卻因為有各種不同的價值認知，往往以自己所肯定的價值，否定他人所肯定的價值；以自己所否定的價值，肯定他人所否定的價值。人們均固著於自己之價值標準中，使得人與人之間無法彼此理解，產生與他人的疏離；在自己所形成的認知價值系統中，亦往往產生外在價值與自身內在價值的疏離，這反而是人類社會最大痛苦的來源。

> 物無非彼，物無非是。自彼則不見，自知則知之。故曰：彼出於是，是亦因彼。彼是，方生之說也。雖然，方生方死，方死方生；方可方不可，方不可方可；因是因非，因非因是。是以聖人不由，而照之于天，亦因是也。是亦彼也，彼亦是也。彼亦一是非，此亦一是非。果且有彼是乎哉？果且無彼是乎哉？彼是莫得其偶，謂之道樞。樞始得其環中，以應無窮。是亦一無窮，非亦一無窮也。故曰「莫若以明」。（〈齊物論〉）

「物無非彼，物無非是」的「是」就是「此」。莊子指出所有萬物都存在於相對的概念中，自稱為「此」而稱對方為「彼」。如果從「彼」的對方觀點，則往往看不到「此」的這一面；從「此」的自家觀點，才可以看到「此」的這

一面。所以說，「彼」與「此」是相對的概念。有「彼」是因為有「此」，而「此」也是出於「彼」；「彼」與「此」兩個概念是「同時並生」而且「相互依存」，王邦雄言「『方』是現在進行式的觀念」[11]，就如同「生」與「死」、「可」與「不可」一樣，都是因為對方才得以成立。而「彼」與「此」、「生」與「死」、「可」與「不可」之並生依存的概念，原本沒有任何價值意涵的判斷，卻因人們心知的介入，而將「彼」與「此」轉換為「是」與「非」的價值定義，也就是將原本「彼」與「此」二者不同之中性、相對概念，轉換為「彼」為「非」、「此」為「是」的價值高下。於是，在「彼非」、「此是」的價值判斷下，作「是其所非，非其所是」（〈齊物論〉）的爭論，產生了對立與衝突。莊子主張聖人要「照之以天」，成玄英疏云「天，自然也」，王先謙云「照，明也，但明之於自然之天，無所用其是非」[12]，聖人以天道自然的超越視野來觀照，順著「彼」與「此」的各自不同，以彼之所是而是之，以彼之所非而非之；因為「此」也是「彼」，「彼」也是「此」，只是角度不同，並沒有「是」與「非」的價值差異，憨山註云「聖人不由世人之是非，而獨照明於天然之大道，故是為真是，不似世人以固執我見為是，而妄以人為非也」[13]。是以，若是能夠將「是與非」之價值判斷，還原至「彼與此」相對之純粹中性概念時，便能將「彼」與「此」二者安置於「道」之一體呈現。當全視角 360 度以「道」觀之時，那麼每一個觀點都在「道」中，而且涵攝在「道」的每一個觀點中，亦都能夠觀照「道」的全視角，所謂「莫若以明」，王先謙云「言莫若即以本然之明照也」[14]。若是能夠如此，才能真正回應人類世界無窮無盡的價值主張，而不至陷於一隅，所謂「同則無好也，化則無常也」（〈大宗師〉），萬物雖有不同，卻同為天道生成萬物的整體之一，如此根本無須再有好惡是非；而在模糊及化解二元分別界線後，將不再局限於何者為「是」的「正常」標準，成玄英疏云「既同於大道，則無是非好惡，冥於變化，故

[11] 王邦雄著，《莊子內七篇·外秋水雜天下的現代解讀》（臺北：遠流出版社，2019年），頁 87。

[12] 清·王先謙著，《莊子集解》（臺北：三民書局，1999年），頁 9。

[13] 明·憨山大師著，《老子道德經憨山註：莊子內篇憨山註》，頁 219。

[14] 清·王先謙著，《莊子集解》，頁 9。

不執滯守常也」[15]，是以，天地萬物的本質即是變化的狀態，若是變化何者能為「常」呢？

老子言「民之飢，以其上食稅之多，是以飢。……民之輕死，以其求生之厚。」（〈第七十五章〉）、「民不畏死，奈何以死懼之？」（〈第七十四章〉）老子感受到這些苦難並不是因為百姓自己造成的，而是上位者樹立某種價值標準。上位者為了天下國家的備戰討伐而增加人民稅收，為了經濟發展要擴張消費而集中於財貨追求，甚至為了服從上位者而要人民付出生命等；天下國家、經濟發展、服從上位，都是在一套價值標準中被認定為是「好」的、「善」的，因為天下國家及經濟發展相較於個人生命是有價值的，服從君上相較於個人生命是有意義的；這一切似乎忘了天下國家、經濟發展及上位者的治理都應當是為了讓生活在此的所有人民能夠蒙受其利才是，但後來百姓卻只能被看似美好的價值標準——犧牲小我（個人生命發揮）、完成大我（成就天下國家）所操控。當知在以好惡的價值標準要百姓去遵循時，其中往往包裹著更多權力者的欲望擴張，豈不令人心寒。是以，社會價值標準長期以來是形塑於少數人的權力掌握，或符合多數人民利益，而後者只能說此價值標準僅較具普遍性而已，但卻不具有絕對性。若是絕對的價值標準，應是具有多元差異性以成就每一存在價值才是，而非以單一標準為依據，因為單一標準根本無法符應所有天地萬物之差異性，勢必造成有些生命的折損與犧牲。

人們從一出生便有既定的普遍價值標準，整個生命的成長施以所謂「社會化」的過程，當然也逐漸形成一套固定且不能改變的價值標準，而此標準也往往形成了僵化的認知思維，更以為是理所當然，甚至是唯一的真理，而不容許有任何獨特且差異性的可能。有人努力順服此價值標準，有人卻無法適應此價值標準；判逆者放棄服膺此套僵化系統，消失在主流社會價值系統，順服者努力遵從此套價值標準，卻感受不到生命的真正價值，反而在不知不覺中壓抑自身，總是以各種精神上的衝突呈現出心理上的種種疾病，如各式成癮的症狀。從顯性的成癮如酒精、菸草、藥物等，到隱性的成癮如食物、財貨、權勢、名位等，形式雖然不盡相同，但都是將成癮的「對象物」作為逃離自己內在的無

---

[15] 清・郭慶藩著，《莊子集釋》，頁 285。

價值感受、扭曲自己生命本身的替代物。莊子說「天下盡殉也」，因為「小人則以身殉利，士則以身殉名，大夫則以身殉家，聖人則以身殉天下」（〈駢拇〉）；王淮言「所謂『殉』者，以身從物之謂也」[16]，一般人為了自身利益、讀書人為了獲得美名、地方官員為了家族邦國、國家領導者則為了天下百姓，除了一般人迷戀有形財貨外，其他都以「犧牲自己以成全他人」作為偉大的價值標準在過活。但要問的是此「犧牲」是否只是一種以「人類」為標準來訂立，相較於天地萬物而言根本無有價值？或是一種以「自我」為標準來訂立，相較於他人而言根本也是毫無價值的作為？甚至對天地萬物或是他人來說，只是感受到一種看似美好價值的壓迫與殘害？在目前「自然環境的破壞」與「人我間的價值衝突」，已經造成人們種種的痛苦來源，而莊子試著要解構主流的社會價值標準，為的就是打破長期以來二元價值的僵化系統，反而要去探問每一個人生命真正的價值意義是什麼？莊子思想就如同當頭棒喝般的要喚醒人們：我真的認識生命價值嗎？我怎麼會活成這個樣子？我可以活得更好嗎？這些對生命的叩問，如同大海中的波浪往外擴散，一直迴盪至今。

第二節　價值的復原：天道論

人類世界才有「價值」的判定，天地萬物各有其存在的必然性，並且自己而然，不必經由一套「標準」來定義或認同其是否有存在的價值。老子言「希言自然」（〈第二十三章〉），「希言」就是「無言」、「不言」，天道運行本身是從自身而來、自己如此，而未有任何言說；因為有「言說」就會形成「方向性」、「指涉性」，代表的是一種「無形的命令」，更是趨向一套「標準」的形成。〈秋水〉提到「河伯欣然自喜」，以為「天下之美為盡在己」；因為河伯竊喜，想必先有美的標準，河伯才得以自認為已經獲得眼前河水的美好，而且若依照此種標準去看待天地萬物，也是直接判斷天下之美不過如此。於是，當以為自己盡得此美時，必將有「對象物」之為美而可以獲得；若此價值標準的形成乃依賴於向外觀看的對象物，而對象物乃變化無常，又要如何訂

---

[16] 王淮著，《老子探義》，頁181。

一「標準」定義此對象物的價值高下呢？況且，在以「標準」來對待一切萬物時，若是在標準以外或無法訂出標準下的生命，亦終將失落本身的存在價值。

是以，唯有回歸天道自然，才能真正恢復天地每一萬物本身的價值。此價值並非標準下的相對價值，而是生命本身無有標準的「原初價值」、「絕對價值」，是每一個存在本身之獨一無二的價值。生命存在完全無法以外在的相對標準加以定義，因為天道運行從來不以自己為標準，反而讓萬物依自然的本性來定義自身的存在樣貌，王邦雄言「自然即指生命的本質，我存全自己真實的生命，而不被外在所牽引所決定的。道家講自然，是價值的意義」[17]；「價值」是人類的思維，天道只是運行不已，並沒有萬物價值高下的判斷，只能任由萬物「自己」而「然」其自己，由自己生發自身之獨一的絕對價值而已。老子言「生而不有，為而不恃，長而不宰」（〈第五十一章〉），天道藉由不變的運行規律變化，而得以「生成萬物」、「擔負萬物」及「長養萬物」，當然天道更沒有在價值標準中去占有、依賴及控制萬物，而是完全尊重萬物原始存在的必然性，任由其發展及實現獨特的絕對價值。然而，人類世界卻走向完全不同的路徑。本節從「原初價值的割裂」，試著提出老莊思想之「原初價值的連結」，藉由論述莊子的「天道論」以說明「價值的復原」。

一、原初價值的割裂

所謂「生而美者，人與之鑑，不告則不知其美於人也」（〈則陽〉），「美」是一種價值的判斷，生來就是美的人，若不以「對照組」加以比較，便不會知道自己比他人美麗。

1.原天地之美

「樸素而天下莫能與之爭美」（〈天道〉）、「德將為汝美」（〈知北遊〉），「美」就是內在天性本德的樸素自然，不添加任何外在的價值標準高下，是每一萬物存在的唯一性與獨特性所形成的狀態為「美」。

---

[17] 王邦雄著，《老子的哲學》（臺北：東大書局，1999 年），頁 15。

> 天地有大美而不言，四時有明法而不議，萬物有成理而不說。聖人者，原
> 天地之美而達萬物之理。是故至人無爲，大聖不作，觀於天地之謂也。
>
> （〈知北遊〉）

「美」是一種社會標準所形成的相對價值，大美是天地萬物因自身的「唯一」與「獨特」，而形成自身的絕對價值。天道運行使萬物依著四時成長變化而得以生生不息，尊重萬物本身之生成，而不以言語、議論及主張加以干擾。然而，人類在符號文字的運用與傳承後，社會文化制度得以形成，由此產生一套人類符號的封閉系統，建立了相對的價值標準，早已看不到生命存在本身的原初狀態。老子提出「聖人」要回歸並復原萬物存在本身的絕對價值，因為天道內在於萬物之天真本德，在天道自然中便有萬物之「美」與「理」了；然而，人類總是對天道生成萬物的信心不夠，尤其儒家認為「天地無心成化」，所以聖人總是要抱憾擔心的是「萬物生育之不得其所」[18]；但老子對天道之自然生成則充滿信心，根本不需以社會價值之他然規範加以控制，所謂「信不足，焉有不信焉」（〈第十七章〉），說的就是當不相信天地萬物能夠「自然」以活出自己的樣子時，那麼對萬物本身就不會有信任感；在對生命本身不具信心中，勢必需要以刻意作為來控制萬物，而造成生命彼此間的干擾。是以，一位悟道的領導者——聖人，能夠透過「虛靜」的工夫，觀察照見天地萬物的天性自然，於是便能成全萬物本身之唯一且獨特之美。所謂「理想的統治者會效法道的『無規則』而行動。他們只是讓事物自由地、自然地展開」[19]。老子言「功成而弗居」（〈第二章〉）、莊子言「功成之美，無一其跡矣」（〈漁父〉），天道運行使萬物完成實現自身的價值內涵，謂之「功成」，然而天道卻不自居此功之完成，更不會以此功成加以標準化，而要求其他萬物加以複製；因為若有功成之傳承軌跡，則必將限制其他萬物發揮自己如此的可能性。

---

18 牟宗三著，《中國哲學的特質》，頁 16。

19 德・漢斯—格奧爾格・梅勒著、劉增光譯，《東西之道：《道德經》與西方哲學》，頁 68。

2.道術將爲天下裂

莊子深刻的提出質疑儒家高舉「仁義是非」之價值爲人際往來的判斷標準，反而失去了生命本身的原始存在價值。是以，當人類世界不定「標準」時，就不會彼此加以比較，作價值高下的判斷，當然更不會因此標準而使自身遭受犧牲與被傷害。

> 天下大亂，賢聖不明，道德不一，天下多得一察焉以自好。譬如耳目鼻口，皆有所明，不能相通。猶百家眾技也，皆有所長，時有所用。雖然，不該不遍，一曲之士也。判天地之美，析萬物之理，……悲夫！百家往而不反，必不合矣。後世之學者，不幸不見天地之純，古人之大體，道術將爲天下裂。（〈天下〉）

老子言「始制有名」（〈第三十二章〉），一切制度形成於人類藉由「文字符號」對萬物加以定義其名稱，使得天地萬物成爲人類可以掌握並擁有之物，王淮言「所謂『始制有名』者，謂渾樸之自然既失守，於是乎『人文』斯作，『教化』乃立」、「始制有名（人文教化、分官立職）是方便權假」[20]；然而，此「既有」若不以「道之無」加以化解「名之有」而「知止」的話，那麼整個「有」必將演變爲「殆」。〈天下〉提到「天下大亂」、「賢聖不明」、「道德不一」，天下人均以自己所「有」的心知見解，以管窺天，如同耳目鼻口雖然各有自身的功能，卻不能理解彼此都只是身體的一小部分。就像各種主張都有其特色及效用，但都只是以一方之見立其學說，成玄英疏云「一曲之人，各執偏僻，雖著方術，不能會道，故分散兩儀淳和之美，離析萬物虛通之理也」[21]，若以此來分析判定天地宇宙的本質原理，並要求所有人來遵循，忘了需要回過頭反思一己偏見時，那麼勢必將和其他學說造成分裂而無法融合。如此發展，將使得後代人無法看到天地中最純粹樸素的美好，更無法體驗古人容納整體的精神，而天道原有的和諧狀態將遭受最嚴重的裂解。

---

[20] 王淮著，《老子探義》，頁130。
[21] 清・郭慶藩著，《莊子集釋》，頁1071。

　　老子言「大道廢，有仁義」（〈第十六章〉），王邦雄言「『有仁義』不是『大道廢』原因」，而是迫使人們重新反思，當有仁義出現的時候，需要覺察到「大道廢棄的失落」[22]。雖然在此強調「大道」與「仁義」不具有因果關係，然而，老子言「故失道而後德，失德而後仁，失仁而後義，失義而後禮。夫禮者，忠信之薄，而亂之首」（〈第三十八章〉），指出人類原本承自於「道生德畜」（〈第五十一章〉）的天真本德已然消失了，才有後來孔子主張「仁道」以建構其思想體系，除了立論於人類內在的共同情感「仁」，更藉由孟子「仁義禮智」四端之心的提倡，進而實現人際關係應該如何相處之道。老子言「上仁為之而無以為」（〈第三十八章〉），林安梧說明「德」是「內在的本性」、「仁」是「彼此的感動」、「義」是「客觀的法則」、「禮」是「具體的規範」[23]，老子批評「仁」的主張似乎是從「無以為」的人類內在共同情感出發，但卻是「為之」的刻意強調作為；雖然可以稱為「上仁」，但要知道，若一旦失去原初從自身內在情感產生之「仁」時，便會開始要求人與人間應該如何的情感道義；而應該合宜之「義」也失去時，就要透過社會價值所形成的一套「禮節儀則」作為人際往來的遵守方式。

　　如此，若有一套禮儀規範成為眾人「應該」服從的準則時，亦是顯現以「他人」為律則的方式，已然超過「自身自發主動」的人性共同情感。老子直言這是人們「忠信薄弱」的象徵，當然也是天下混亂的原因，因為人類已經無法實現原有的人性之美，卻需要藉由制度化的無形準則而不得不為。老子言「飄風不終朝，驟雨不終日」（〈第二十三章〉），說的是刻意有為的「他然」、非自然的方式，終非長久之道；由「仁」而後「義」，由「義」而後「禮」，當「禮」亦無法安置人與人之往來時，最終必將由「法」而代之，最直接的例子便是歷代君王總是以「陽儒陰法」作為原則及治理的策略。老子顯然發現儒家思想以「人心」之「仁」來解決當時禮樂崩解的方式，勢必在未來產生更大的流弊。若只是以「人」為核心，建構一套「人際和諧關係」的理論，卻也是「一曲之士」之「一察」的觀點，當然無法解決人類真正的問題，直至現今更無法解決自然環境遭受無窮迫害的困境。在人性殊異於其他物類而

---

[22] 王邦雄著，《老子道德經的現代解讀》（臺北：遠流出版社，2011 年），頁 92。
[23] 林安梧著，《新道家與治療學──老子的智慧》，頁 8。

看似成為天地萬物的主宰者時，卻需反思人類亦是天地萬物的一分子，必然無法逃離天道運行的變化規律，若人類無法開展全宇宙的視野，必將割裂所有萬物原初本然的美好自在，更將陷溺於人我之間而忽略與天地宇宙的關係；在失去本性又脫離根源的困境下，人們只能迷失在有限價值的盲目追尋中，這是人類的一大悲哀。

二、原初根源的連結

　　人們在形成一套社會價值標準後，便開始以此標準作為必然且唯一的價值指引，如同自動導航般大量複製地形成一套日常模式。於是，社會生活逐漸失去反省與批判的能力，也在不知不覺中成為社會發展中一個被設定的角色，或國家組織中小螺絲釘的定位。當然在失去自主、自發及主動的生命特質中，談「生命自由」是何其困難？莊子一面反對人類對萬物的征服宰制，欲將人類的視野拉高至「道」的觀點，要人類回歸至「物之初」（〈田子方〉），取代以「自我」或「人類」為價值中心；一面反對人類被自身所塑造的價值觀點宰制的現象，所謂「天下盡殉也」（〈駢拇〉），而要恢復「道生德畜」（〈第五十一章〉）之天真本性。人是萬物之一員，前者要人不得無限擴張「自以為是」的價值觀點；後者要人重新恢復在天地宇宙的唯一與獨特價值；因為只有人人回歸天地宇宙，才能認識自身存在的真正價值。老子言「道者萬物之奧」（〈第六十二章〉），王弼注云「奧猶曖也，可得庇蔭之辭」[24]，王淮言「道為萬物之至尊貴者」[25]，若能夠認識不變的天道運行變化規律，才能夠得其覆庇以理解天地萬物本身，亦指人類只有連結天地宇宙的根源，才能真正肯定生命的價值。

1.道玄之無有

　　老子提到「道」具有雙重的內涵，說明道與天地萬物的原初關係。

---

[24] 魏・王弼著，《老子註》（臺北：藝文印書館，1996 年），頁 129。
[25] 王淮著，《老子探義》，頁 244。

> 道可道，非常道。名可名，非常名。無名天地之始；有名萬物之母。故常
> 無欲，以觀其妙；常有欲，以觀其徼。此兩者，同出而異名，同謂之玄。
> 玄之又玄，眾妙之門。（〈第一章〉）

老子藉由「道」與「名」的關係展開其學說。老子在〈第一章〉即提醒讀者，當人們透過他所論述的「道」，去理解其所體會的天地宇宙根源之道時，是無法真正理解他所體會的；若是人們又再藉由「道」之名來理解其所論述的那個「道」時，則更無法理解他所真正體會的。王淮以「道」為「真理」，以「名」為「概念」，認為「凡可論謂之真理，皆非絕對，亦非究竟之真理；凡可稱謂之概念，皆非絕對，亦非究竟之概念」[26]，因為「道不會稱它本身為道」、「道是絕對沉默的」，所以「我們所作出的任何描述都是假的。任何描述都牽涉到主客二分，所以，我們對道說的任何描述都是假的」[27]。老子提到「道」可能的面向有四種：一是天地宇宙根源之道，是難以完全被人所理解的；二是老子所體會的天地宇宙根源之道；三是老子所論述的天地宇宙根源之道；四是老子以「道」之名所定義的天地宇宙之道。要知道當老子試圖要論述「道」之義及稱呼「道」之名，以展開其所觀察的天地宇宙運行之規律時，因擔心人的心知執著，於是在〈第一章〉之始，就不斷提醒人們「常道」與「可道」、「常名」與「可名」之間所存在的距離。亦即當老子將其所體會的道「強為之名」（〈第二十五章〉）時，便需要不斷來回其中、回返檢視「常道」與「名道」的落差，方得以不落入「虛無」與「實有」之一邊，才能對「道」有較真實且同理的理解。雖然無法真正的體道，但也不致落入「割裂」、「斷解」道術的始作俑者。老子明白人們因為「心知」而產生無窮的執溺負累，所以，當他體悟天道具備了「無」與「有」雙重內涵才得以永恆無限時，便將「道法自然」作為自身思想的核心，欲藉由道之「無」與「有」概念來化解人們的迷誤，以作為根本性解決時代困境的對策。

老子所體會的「道」，一者是天地之根源為「無」，因「視之不見」、「聽之不聞」、「搏之不得」（〈第十四章〉）為無形、無聲、無味；莊子亦

---

26 王淮著，《老子探義》，頁 2。

27 美·愛蓮心著、周熾成譯，《嚮往心靈轉化的莊子：內篇分析》，頁 171。

言「有情有信，無為無形；可傳而不可受，可得而不可見」（〈大宗師〉），老莊從觀察天地宇宙萬物的生生不息中，發現有天道的運行規律，是自然無為無形，而且只能透過體驗感受卻無法獲得什麼，可以心領神會卻無法看見其形迹。一者是萬物之生成為「有」，因根源之道不可見而可得，但卻需藉由天地萬物的存在而顯現，「所謂道，惡乎在？」道乃「無所不在」（〈知北遊〉），是以，若非有萬物生成變化循環不止，則不知有天道運行之不變規律。老子言若內在心靈虛靜觀照，那麼便可以體悟「道無」的無限美好，亦可體驗「道有」的多元顯現。是以，不論是「無」或「有」都是「道」的內涵，謂之「玄」；道是「無」，但若要從「道有」中體會「道無」的無限美好，則需以「無」作為工夫的著力點，以化解「有」可能造成的滯陷，才能開啟一切現象之「有」的深刻本質，作為體悟天地宇宙根源之道的可能。老子言「孔德之容，唯道是從」（〈第二十一章〉），說明能夠將內在德性發揮至極者，乃是以天道為依止而作為觀照天地萬象的起點，亦即將「天道」視為生命滿足及安頓之所在，並依此掌握所有事物的原理。因此，人們需藉由「無」之消解工夫以化解心知執著之「有」，方得連結「道」之無限可能性，方知每一萬物存在之原初價值，不致遭致割裂而在生命的成長中迷茫，失去每一價值存在的肯定。然而，從文明社會長期以來所建立的相對二元價值觀，人們以「需求」為基礎，加上「自我價值」的無窮擴張，使得整個人類成長的發展歷程中已然遭致太多苦難；毫無例外的，一生總是向外競爭戰鬥，藉由不斷索求奪取來獲得滿足，於是，不得不使老子質疑主張此種相對價值的合理性。老莊意識到此相對價值建立雖易於掌握實行，但也將生發出種種災難，因而希冀從天地宇宙的整體合一視野來定位人性的價值，用以鬆動僵化的相對價值所造成人們對「人性的無知」與「自我的傲慢」。因為人若無知於人類亦為天地宇宙一分子，乃含畜「道」之原初價值；或自絕於天地宇宙之外，而傲慢於自以為可以宰制萬物時，那麼勢必與所自來處的天地宇宙呈現疏離的關係。在裂解的狀態時，人便無法連結根源之道的原初價值，當然也失去了天地宇宙的豐富供應與覆庇保護，而墮入一黑暗的深淵中。

2.天和以天樂

老子在極力論述「道」與「萬物」的關係中，試圖要人類重新回到天地宇宙的整體視野來觀照自身，若能夠發揮原初之人性價值，方得以使人類重新恢復原本自有的價值意義，莊子謂之「天樂」。

> 夫虛靜恬淡，寂漠無為者，天地之平而道德之至，故帝王聖人休焉。……夫明白於天地之德者，此之謂大本大宗，與天和者也；所以均調天下，與人和者也。與人和者，謂之人樂；與天和者，謂之天樂。（〈天道〉）

「道生之，德畜之」（〈第五十一章〉），老子體悟使天地宇宙萬物生生不息的形上根源為「道」，「道」乃內在於天地萬物的「德」中，也就是每一物都有一物的本質或本性。莊子繼承老子對「道德」的體會，以為「虛靜恬淡」及「寂漠無為」是讓天地和諧的原因，再者更是「道德」完全發揮至極致的境界。是以，一位悟道的聖人放下對天地萬物的刻意作為，而以「無事」來治理天下。因為當人們能夠體悟天道本質時，就能夠以自然無為來對待一切萬物，在放下刻意作為與操弄控制，而能與天地萬物形成和諧關係，更何況是人際間的和諧呢？可見老子解決人類苦難的生命智慧，是從觀照天地萬物的和諧，溯源至天道運行規律之永恆無限，乃因「生而不有，為而不恃，長而不宰」（〈第十章〉）；天道在生成、作為及長養之「有」中，體現不占有、不依賴及不宰制之「無」的工夫，謂之「玄德」，「玄」乃在道之「無」而「有」中展現天道「不生之生」的生成萬物，又在「有」而「無」中化掉生成萬物之跡，而為「生之不生」的釋放萬物。因為道之「無」的工夫，所以使天地萬物都能自發生長，展現生命各自的無限可能；不僅「道」無心無為於「萬物」，萬物彼此間亦無心無為於彼此，在各自無心無為中達到整體和諧的狀態。其中並非有一和諧的目的為萬物所追求，而是彼此自發成長所自然呈現的狀態而已。莊子從中體悟老子的和諧之道，發現人際的和諧是人間最大的滿足安樂，而天地萬物的和諧，則是天地宇宙間的最大滿足安樂。

是以，恢復人類與宇宙根源之道的連結，才能重新定位人類生命的終極價值。莊子將人們所以為的「自我價值」提高至「天道」的價值觀點，試圖溯源

至萬物所出的根源，目的在深化萬物生命的價值意義，其中特別突顯人類生命的價值，因為「人類」能夠在「道法自然」的體悟中，主動去選擇是否要「法自然」？若是人類能夠師法自然，便可以和「天」、「地」並列為「大」（〈第二十五章〉），王弼注云「人不違地乃得全安，法地也；地不違天乃得全載，法天也；天不違道乃得全覆，法道也。道不違自然，乃得其性」[28]，人在「法自然」中能夠活出天道自然所內在於本性的一切豐富美好。在此，莊子欲將相對二元的社會價值觀點，導向整體的大道觀點，因為一者社會價值觀點乃是隨著人事時地物而轉變，不具有持久性；二者社會價值觀點需要依賴有形物質和感官而存在，不具有獨立性；三者社會價值觀點往往僅有相對性，不具有完整性或絕對性；四者社會價值觀點在不同對象時便有不同的觀點，不具有根本性、本質性或普遍性。

總而言之，老莊為了深化人類的價值觀點，試圖恢復生命之所自來處，將生命價值上溯於形上根源之道，要化解理所當然之社會價值所形塑之對人類的控制與奴隸，目的在找到人性的本質、實踐人性的價值意義，使人不至流於短暫、依賴、分歧與量化之社會價值標準，產生假性滿足的幸福感。而當人們能夠理解生命本身乃是源於「道生」、「德畜」時，便能夠意識到生命本身的「責任性」；在「物形」及「勢成」中，便能夠意識到每個生命的「獨特性」與「唯一性」，因為「獨特性和唯一性是人類生命意義的基本構成要素」[29]。因為唯有在生命意義賦予中，體會生命的責任，才能產生價值感受，如此才有真正的幸福滿足。

第三節　價值的澄清：然可論

社會由人群組成，是文化的個人所組成，社會組織是由社會、個人、文化形成，其中有共同的規則謂之制度，制度代表一套價值觀的取向。人們在這一

---

[28] 魏・王弼著，《老子註》，頁 53。

[29] 奧・弗蘭克（Viktor E. Frankl，1905-1997）著，趙可式（1948-）、沈錦惠（1956-2015）合譯，《活出意義來——從集中營說到存在主義》（臺中：光啟出版社，2001 年），頁 83、91。

套制度中透過二分法的社會價值建立，形成一種合於國家形成及發展的社會關係。人類不似其他物種具有強大的生理本能，所以需要最悠久的依賴時期，但人類又具萬物之靈的特殊稟賦，可以透過學習運用語文能力，形成共同的價值理念，以群體社會和諧為目標。是以，為了讓人們融入組織化、制度化的價值系統，人在一出生時便施以「社會化」來加強教導，灌輸主流社會價值觀點，目的在完成社會秩序的塑造，卻往往無法滿足個別化的天真本性需求。雖然在社會化的過程中，一面可以發揮個人潛能，但另一面也被控制了思想言行，而無法好好發揮個體化的可能。因為人們會以為社會標準是一套天經地義、理所當然的價值、態度以及規範，若在沒有任何反省與批判的前提下，便不知不覺的將其內化為每一個人的人格，使人逐漸失去探索多元價值的可能。是以，若能澄清並驗證何謂真正的價值，最後才能定義出何謂真正的價值。本節試著從「澄清真正的價值」，以開展出「驗證真正的價值」，藉由論述莊子的「然可論」以作「價值的澄清」。

一、澄清真正的價值

在人生成長過程中，人們透過社會文化系統以認定自身的存在價值，而「社會化」是人類從初始狀態邁向社會組織中的一員之重要馴化過程，孔子言「質勝文則野，文勝質則史。文質彬彬，然後君子」（〈雍也〉）。儒家思想希冀人們一面內在保持樸質，不失人性原有之仁義善端；一面外顯教化儀則，使內在善性能夠充分的表現出來，在人之內外平衡中，達到與他人有一種和諧的關係。儒家學說特別強調並建構人與人間的相處之道，所謂「君子之道」就是一套如何「成己」並「成人」的方法，「成己」一面使自己成為完好的人，一面更是幫助他人成為完善的人，甚至「成己」的目的及理想在於「成人」，即所謂「內聖」、「外王」。儒家從人際關係中開展其學說的特色，更以能否得到「他人」的認同與肯定作為人們一生價值的所在，所謂「不知禮，無以立也」（〈堯曰〉），當人們不知如何透過禮儀往來時，便無法在人群中立足，說明的是人們是從人我道德規範的遵守中建構起自身的價值意義。

1.軒冕之物爲寄

在「成人」的思想主張中，以「得志」成為人們一生追求的目標。常人定義「得志」為「得到他人的寵愛」、「失意」為「受到他人的屈辱」，以他人所形成的社會價值觀來定義自己的存在價值，所以，人們竭力一生去追求「得寵」，耗盡心力要避免「受辱」。然而，老子卻澄清「寵」與「驚」之真正內涵，直言「寵辱若驚」（〈第十三章〉）；因為在人們以「他人」來觀看自己時，自身便成為被觀看者，長期以來自己也習慣常以他人來觀看、定義及肯定自己，時時要謹慎小心，甚至恐懼以對；當自己不符合他人或社會價值的標準時，便開始有「得志」與「失意」的價值判斷。以他人所形塑的標準觀點來觀看自己時，往往不敵標準的無形控制，使內心由此產生「驚嚇」、「驚恐」與「驚慌」的錯亂失序，更不免成為人們從古至今的生活日常。

> 樂全之謂得志。古之所謂得志者，非軒冕之謂也，謂其無以益其樂而已矣。今之所謂得志者，軒冕之謂也。軒冕在身，非性命也，物之儻來，寄者也。寄之，其來不可圉，其去不可止。故不爲軒冕肆志，不爲窮約趨俗，其樂彼與此同，故無憂而已矣。今寄去則不樂，由是觀之，雖樂，未嘗不荒也。故曰：喪己於物，失性於俗者，謂之倒置之民。（〈繕性〉）

「樂全之謂得志」，王先謙云「樂全其性，即是得志」[30]，莊子重新定義「得志」的真諦實義，絕非是在「得寵」後的「得軒冕」，「軒冕」是他人所給予的財富與權勢，其實並非自己生命所本有，只是偶然暫時得之；不只何時來到無法掌握，何時失去更是不可阻止的。所以，人們不應當以獲得軒冕為得志的標竿，更不可因為遭遇困窘而趨炎附勢，無論獲得軒冕或是遭遇困窘，喜悅快樂的狀態應該都是一樣的才對。「無憂」絕對不是因為受到他人的肯定而由此獲得快樂，真正的喜悅快樂乃是完全取決於如何認識及實現自身的生命本身或天真本性。郭象注「無以益其樂而已」云「全其內而足」[31]，莊子言「常因自然而不益生也」（〈德充符〉），若是肯定原初生命是天道生成，那生命

---

[30] 清·王先謙著，《莊子集解》，頁90。
[31] 清·郭慶藩著，《莊子集釋》，頁558。

必然是自然完整，於是就不必再增添生命中沒有必要的；王淮言「『益生』，謂違反自然之生理，所作之過分養生之活動」[32]。如此，喜悅快樂完全是操之在己，不必求之於外在的不確定性與暫時性，這才是「樂全」，亦即喜悅快樂是完整而無有所缺的，是一種永恆、無窮、安頓與自在；而真正的「得志」就是「樂全」，乃是無以復加的快樂，是一種完全取決於對生命本身的認識、理解與肯定。

2.善惡無若何

是以，當能夠澄清生命的真正價值時，社會價值的「寵辱」就不會再侵犯到自身的生命價值。老子言「絕學無憂」（〈第二十章〉），在「為學日益」中需要透過「為道日損」（〈第四十八章〉）的工夫，以化解在學習社會價值中所形成的分別對立。只有在「其樂彼與此同」中，才能真正的「無憂」，所謂「唯之與阿，相去幾何？善之與惡，相去若何？」（〈第二十章〉）其實「好」與「不好」、「善」與「惡」，從本質而言並沒有分別，都是以他人為標準的「寄託者」；雖然有時會獲得快樂，但人們若以「寄託」、「暫時」之價值判斷作為生命認同的根基，那麼也可以看出生命底蘊的薄弱與經常動盪，更可突顯人們因為世俗及外物而扭曲喪失生命本身的可悲。因為「相對價值可以由其它的東西來替代：但那超乎一切相對價值之上的東西，卻沒有替代品」[33]。而在「其樂彼與此同」的「無憂」中，才能真正肯定生命本身的獨特性，所謂「眾人皆有餘」、「眾人皆有以」，而「我獨若遺」、「我獨頑似鄙」（〈第二十章〉），老子言眾人都累積還有膽餘，而我卻像是什麼都不足夠，眾人都很精明有目的，而我卻是愚昧笨拙。可見世人所認定追求的社會價值，老子將其打破而不再受其逼迫，勇於展現自己的與眾不同，並肯定自己的獨特樣貌，王淮言「大抵從事修道之真人，其所富有者唯是內在之德性」[34]，卡西勒亦提出「人之所以具有尊嚴，唯因其能夠具有德性使然」[35]；萬物彼此沒有好不好，只有在大道合一與整體中之個別呈現不同而已。要理解老子之所以能夠澄

---

[32] 王淮著，《老子探義》，頁223。

[33] 卡西勒著，孟祥森譯，《盧梭康德與歌德》，頁29。

[34] 王淮著，《老子探義》，頁85。

[35] 卡西勒著，孟祥森譯，《盧梭康德與歌德》，頁29。

清真正的價值進而掌握生命的核心價值，其與一般人最大的差別，完全是在「食母」（〈第二十章〉），莊子言「受食於天，又惡用人」（〈德充符〉），「母」即「天」，亦即「道」，老莊認為天地萬物既然具備天道自然德性的原初價值，即是生命的終極價值，那麼又何必以「外在」的、「人為」的「軒冕」加以錦上添花呢？王淮言「食母者何，修道是也。世人舍本逐末，我獨反本復始。世人殉『物』，我獨求『道』」[36]，在老莊以「道」作為驗證一切主張的試金石時，由此才能認識真正的價值所在。

二、驗證真正的價值

　　當有所立論時，老子一面想到沒有立論的被壓迫，如「天下皆知美之為美，斯惡已。皆知善之為善，斯不善已」（〈第二章〉），質疑當主張何者為「美」、何者為「善」時，就有「不美」與「不善」的被突顯；然而，天地萬物何者要被定義為「不美」或「不善」，王弼注云「善惡猶喜怒也，善不善猶是非也。喜怒同根，是非同門」[37]，此將帶來生命的殘害、限制與對立。另一面想到立論時的可能扭曲，所以提醒「道可道非常道，名可名非常名」（〈第一章〉），在立道、立名後要立即「化掉」，才能避免以假亂真之將「可道之道」視為「常道」、「可名之名」視為「常名」。雖然常道不加以論述時，人們便無法理解常道，常名不加以定名時，人們更無法掌握其實質；但老子要提醒在「不得不」的論述主張中，如何使人依然能夠保有純粹自然之「道」？

1. 上德不德而有德

　　就如同孔子主張「德」與「仁」時，應如何使其有最佳的詮釋與實踐？所謂「上德不德，是以有德；下德不失德，是以無德。上德無為而無以為；下德為之而有以為」（〈第十三章〉），王弼注云「德者得也，常得而無喪，利而無害，故以得為名焉，何以得德？由乎道也。……上德之人唯道是用，不德其德，無執無用，故能有德」[38]，「上德」因「不德」、「無為而無以為」，在不刻意為德中所以有德，其德乃自然為之，亦即「有而不有」為「無」（道

---

[36] 王淮著，《老子探義》，頁 87。

[37] 魏・王弼著，《老子註》，頁 8。

[38] 魏・王弼著，《老子註》，頁 76-77。

無），無即道，上德是道根德本，即「玄德」；因為天道自然已具備於萬物內在的天真本德，而非有一德要去獲得，是以「上德」方為「有德」。若非上德即是無（沒有）德，下德乃是在刻意有為中往特定的方向或目標前行，已然非其本有的天真本性；是以，人們在高舉「美德標準」中，欲使人們能夠保持此「不失德」的標準，卻反而是無德。以上雖以「德」為美，但卻有不同的展現，一者以社會價值為標準的「德行」，反而是下德、無德；一者以內在含畜之本質「德性」，才是上德、有德，其中差別甚大。莊子在〈應帝王〉提到的「渾沌之德」，乃是「上德」、「有德」，成玄英疏云「夫混沌者，無分別之謂也」[39]，只有如同混沌待人以無心無為之內在德性時，才是真正的「善」。

> 南海之帝為儵，北海之帝為忽，中央之帝為混沌。儵與忽時相與遇於渾沌之地，渾沌待之甚善。儵與忽謀報渾沌之德，曰：「人皆有七竅，以視聽食息，此獨無有，嘗試鑿之。」日鑿一竅，七日而渾沌死。（〈應帝王〉）

南海之帝與北海之帝因中央之帝混沌待之以「德」，而感受到混沌之「善」；在想要回報混沌時，發現混沌沒有七竅，所以每天為混沌開一竅，在七竅全部開鑿完成後，混沌就死亡了。〈大宗師〉中女偊提到「見獨」，獨即「獨立不改」（〈第二十五章〉）之道，「見獨」即「見道」，「獨」即「道」；「此獨無有」乃以「獨」來呈現道已內在於中央之帝混沌的德性裡，混沌因內在的天真本德，使二帝感悟到「善」。亦即中央之帝混沌全然以天真本德來對待二帝，非因與二帝相遇而刻意有為待之，其乃無心無為，所以二帝感受到中央之帝混沌的「善」，此善乃無心無為之天真本德的呈現。然而，二帝無法理解混沌之善是因為未有七竅，所以才能保有天真本德以待之，使其感受到善。但二帝卻運用世俗的方式來對待混沌，以孔竅開鑿為報答混沌的方式，愛之適足以害之，在混沌被開鑿七竅後死亡。老子言「五色令人目盲；五音令人耳聾；五味令人口爽；馳騁田獵，令人心發狂；難得之貨，令人行妨」（〈第十二章〉）。五色、五味、馳騁田獵及難得之貨，其實並不會令人

---

[39] 清・郭慶藩著，《莊子集釋》，頁 438。

目盲、耳聾、心發狂及行妨；而是人們常會因感官的向外攀緣，透過自我心知執著於對象，使得內在心靈麻木死亡，聽不到內在心靈的呼喚，更使內在心靈失去靈敏感受，最後造成行為舉止的偏差。是以，中央之帝混沌被開鑿，就如同人的自然本性被遮蔽一般，意味著原來天真樸素的心靈已然丟失，所以是「死」的，如同〈田子方〉說「哀莫大於心死，而人死亦次之」，「混沌之死」即是「心死」，是內在心靈無法發揮功用，也就在感官七竅開鑿後，王弼言「為目者以物役己」[40]，於向外追求中亡失掉本有的天真本性，這是比形體死亡更為嚴重的。莊子主張「自然」，不以外在刻意有為取代原初的天真本性，因為若失去生命的本質，即使再崇高的目的，都是必須被厭棄的，如同伯樂治馬一樣。

> 馬，蹄可以踐霜雪，毛可以禦風寒，齕草飲水，翹足而陸。此馬之真性也。雖有義臺、路寢，無所用之。及至伯樂，曰：「我善治馬。」燒之剔之，刻之雒之，連之以羈馽，編之以皁棧，馬之死者十二三矣；飢之渴之，馳之驟之，整之齊之，前有橛飾之患，而後有鞭筴之威，而馬之死者已過半矣。……然且世世稱之曰：「伯樂善治馬……。」此亦治天下者之過也。（〈馬蹄〉）

這裡提到馬的真實本性是馬蹄可以踩在霜雪上，皮毛可以抵擋風寒，吃草喝水、抬腳走路，即使有高臺大殿也沒有什麼用途。當伯樂出現，說自己對管理馬匹很有一套時，就開始用鐵燒牠、剪牠的毛、削牠的蹄、用印烙牠，再以馬絡首和絆馬索將牠套住，將馬匹編入馬槽中，這時死掉的馬有十分之二、三；接下來再讓牠飢餓、口渴，驅趕牠讓牠奔跑，訓練牠使牠改變，前面掛有裝飾品在馬銜兩端，後面有皮鞭竹筴的威嚇，這時死掉的馬已經超過一半了，要問的是這難道是馬的原來本性嗎？然而，世世代代一直在稱許伯樂會訓練馬匹，這也正和治理天下的人一樣，都犯了相同的過錯。郭象注云「世以任自然而不加巧為不善於治也，揉曲為直，屬駕習驥，能為規矩以矯拂其性，使死而

40　魏‧王弼著，《老子註》，頁23。

後已，乃謂之善治也，不亦過乎」[41]，以改變馬匹的自然本性為「善治」，完全是錯誤的方向。這裡可以看到莊子思想提出要如何驗證真正的價值，馬匹的存在並不是為了人或需要為人所用，而是馬匹本身即有其存在的價值意義；若失去馬匹的自然本性，再美好的目的都是枉然徒勞而已。因為馬匹絕非只是為了被伯樂訓練、臣服於人們的工具價值，且馬匹在被訓練而尚未能夠為人所使用時，往往已先行犧牲了。在此可以發現，莊子所強調的真正價值乃在每個萬物的生命本身，沒有一物應該被他人所利用，而失去本身存在的價值，即便是人類以外的其他萬物亦是，充分展現對天地萬物的一視同仁與尊重。

2.物固有所然可

　　因為真正的價值無法澄清，在既定的社會價值給予人的一套觀念中，常常使得人們的生活產生無窮困境，〈胠篋〉提到「天下每每大亂，罪在於好知」，「知」是一套價值觀的形成，在社會價值的趨使下，人人向外追求累積，無法看見真正的價值乃是原有的天真本德，以其「天下皆知求其所不知而莫知求其所已知者，皆知非其所不善而莫知非其所已善者」，天下人都知道向外追求自身所不知道的，也知道要否定不善的，但卻不知道要恢復原初已經得知的，更不知道要否定自我心知所認定是善的。是以，什麼是原本已經具有的？什麼是自我所認定是善的？莊子以為天真本德是原本所得且已知的，所以要去恢復；自我心知是已經認定的相對價值，所以要去化解已知或固著的善。老子〈第四十五章〉言「大成」、「大盈」、「大直」、「大巧」、「大辯」都是天真本德的原初狀態，「大」是一種無分所區別，是一種「混一」；社會價值總是以「成」、「盈」、「直」、「巧」、「辯」的單邊性，作為生命努力的方向，然而，若是要回到原始之「混一之大」，就要化解單邊的執溺，在「成」、「盈」、「直」、「巧」及「辯」的同時即是「缺」、「沖（虛）」、「屈」、「拙」及「訥」，兩邊一體呈現才能「大」，大則無所不包，才能「方而不割，廉而不劌，直而不肆，光而不燿」（〈第五十八章〉），不會造成對他人或他物的割裂、傷害、壓迫與干擾。真正的價值乃是一體和諧的狀態，而沒有任何他人或他物可以被犧牲或傷害；莊子不願意接受社會價值二分法的合

---

[41] 清・郭慶藩著，《莊子集釋》，頁334。

理性，反而主張「無物不然，無物不可」（〈齊物論〉）之超越原有社會價值觀點，主張人人都能夠在「各是其所是」（〈徐無鬼〉）的姿態中展現美好的一生。

> 可乎可，不可乎不可。道行之而成，物謂之而然。惡乎然？然於然。惡乎不然？不然於不然。物固有所然，物固有所可。無物不然，無物不可。故爲是舉莛與楹，厲與西施，恢恑憰怪，道通爲一。（〈齊物論〉）

如前所言萬物存在於相對的概念中，沒有不被指稱為「彼」的，也沒有不自稱為「此」的。不論是彼或此，若是「可以」一定有「可以」的理由，「不可以」也一定有「不可以」的理由。因為萬物都根源於天道自然的生成而有其存在價值，都憑藉著對萬物相狀的差異而有其實踐價值。何以如此？老子言「萬物得一以生」（〈第三十九章〉），天地萬物都因得「道一」，而有內在於自身的本性之德，所以有其生命之存在價值。「然」（是）與「可」來自於內在本質的完全肯定，所以，「是」的價值論定來自「是」的價值內涵；「不是」的價值論定來自「不是」的價值內涵。因為道生德畜，萬物本來就有存在的合理性，本來就有實踐的可能性；所以，沒有哪一物的存在是「不是」的，沒有哪一物的存在是「不可」的。萬物存在以各種不同的樣貌，是以，如何能夠訂出一套標準而將萬象納入其中，以訂其是非、善惡、美醜、高下呢？即是像小草那麼小與梁柱那麼大，厲的醜陋和西施的美好，雖然各有不同，但若從世界萬象之寬大、奇變、矯詐和妖異的差異中，都將回歸至道體的一體無別。

> 有自也而可，有自也而不可；有自也而然，有自也而不然。……物固有所然，物固有所可，無物不然，無物不可。非卮言日出，和以天倪，孰得其久！萬物皆種也，以不同形相禪，始卒若環，莫得其倫，是謂天均。天均者，天倪也。（〈寓言〉）

如前所言萬物有其「可以」的原因，有其「不可以」的原因，萬物的「是」有其是的原因，「不是」有其不是的原因。就萬物之彼此差異而言，萬物對照他物而言，均其有不可或不然的理由；但就萬物本身而言，萬物本來就有它

「是」的原因，也有他「可以」的原因，所有萬物都有其存在的合理性，更有其成長的實踐性，這一切都是天道自然生成。是以，若非無心的言論以合乎天道無心無為，那麼是不可能維持長久的，所謂「希言自然，故飄風不終朝，驟雨不終日。為此者？天地。天地尚不能久，而況於人乎？」（〈第二十三章〉）自然無心之為才能夠天長地久，即使天地之氣造成飄風暴雨的造作、不自然，也無法長久，又何況是人的不自然作為呢？因為萬物是天道所生，所謂「萬物皆出於機，皆入於機」（〈至樂〉），機是「樞紐」、「靈活」，更是「生命體」，成玄英疏云「機者發動，所謂造化也。造化者，無物也。人既從無生有，又反入歸無也」[42]，萬物生成之「始」與「終」為「機」、「造化」，無有例外，萬物於「始」與「終」之存在過程，皆有其「然」與「可」的價值內涵；爾後並以各種不同物形接續，始終循環不已，雖然不知其所以然，但卻在天地宇宙間生生不息。憨山註云「天鈞，謂天然均等，絕無是非之地也」、「兩行者，謂是者可行，而非者亦可行；但以道均調，則是非無不可者」[43]，「可行」、「是非無不可」，一切都是自然而然，所以是均平齊一而沒有任何價值高下的評斷。

可見，莊子不從人群社會所形塑的社會價值來定標準，而是從每一個事物的自然本性來肯定其原有的存在價值。因為「價值」從來就沒有一定的標準，在「無物不然，無物不可」的前提下，已經打破了既有價值的認知與評價，及由此產生的是非二元之道德價值分別。於是，日常所謂的階級高低、權力大小的界線將變得模糊，人們習慣於「從眾」的社會價值標準也將被解放。人人開始能夠回歸至生命本身加以探索，接受外在現象的一切變化，而沒有任何的社會價值、權威價值要被遵守，而只能靠著生命本身，在每天的生活日常，去體驗並賦予自身生命的價值意義。在「物皆然可」的價值觀中，每一物皆具有獨特性、個體性、變動性及多元性，與社會價值系統之標準化、同類化、確定性及封閉性完全不同；前者生命充滿自由與創新，後者生命則是限制與虛無感。

42　清・郭慶藩著，《莊子集釋》，頁 629。
43　明・憨山大師著，《老子道德經憨山註；莊子內篇憨山註》，頁 228。

第四節　價值的選擇：輕重論

　　何謂真正的價值？不同的思想產生不同理想的價值實踐。而其理想價值的實踐又因人性內涵的不同而有不同的主張。孔子以「仁」為其實踐價值之道，孟子以仁為「心」，將其內涵擴展為仁義禮智「四端之心」（〈公孫丑上〉），為「人之所以異於禽於獸者幾希」（〈離婁下〉）者，由此主張人性之「善」；因「幾希」所以要「存心養性」（〈盡心上〉）並「擴而充之」（〈離婁下〉）。荀子主張人之「性惡」（〈性惡〉），所以強調「學習」及「禮義法度」的重要。至於老子並不言人性善惡，主張「道法自然」，「道」乃內在於人之德性，「德」指萬物之性的總名，若就各別之物則言「性」，一物即有一物之性；道即自然，人性亦以「自然」為其本性之德。就此而言，老莊以「人性自然」為價值實踐的根源，並非以人心是否能發揮四端來定其善惡，自然之性本無「善」、「惡」之別，郭象注云「人皆自修而不治天下，則天下治矣，故善之也」[44]，若要言善惡，乃以無心無為實現「自然之性」則為善，否則為惡而已矣。

　　儒家透過人類之共同情感為根源，有「惻隱」為仁之端、「羞惡」為義之端、「辭讓」為禮之端，與「是非」為智之端；其將人類生活安置在人際關係中，透過仁義禮智的實踐，以促進人我之和諧。然而，此四端之「善」，不僅只是善之「端點」，更是「幾希」，在四端之性以外者皆是與禽獸無有差異的本能之性；是以，若順著物類之性則將流於「惡」矣。由此可見，在關係中實踐此性善之價值內涵，是多麼不容易的事，所以，要「立志」此「仁義之道」的實踐，而這也成為君子的「終生之憂」（〈離婁下〉）。由此看來，基於儒家的善惡之性與道家的自然之性之不同，其終極價值的實踐亦展現不同的特色，儒家透過「仁義之道」，將生命的真正價值建構在人我關係中的和諧共存；道家則透過「自然之道」，將生命的真正價值安頓在天地宇宙中，於自我生命的實現滿足中取得天人物我的大和諧。本節從「真正價值的保有」，提出「真正價值的選擇」，藉由論述莊子的「輕重論」以說明「價值的選擇」。

44　清‧郭慶藩著，《莊子集釋》，頁 381。

一、真正價值的保有

　　天道生成萬物，雖有多元不同之差異，但在一體無別中，卻都涵概在天道宇宙之整體中，無有一物沒有其存在之必然性與重要性，更無有價值高下之分別，其中蘊含著萬物「齊等」、「均平」的價值意涵。但人們總以人類為天地宇宙之中心，而立之為「正」，所謂「正色」（〈逍遙遊〉）、「正處」、「正味」、「正色」（〈齊物論〉），而欲將天地萬物加以「正之」；然而，老子卻言「孰知其極？其無正。正復為奇」（〈第五十八章〉）。是以，人類如何能夠以自身為中心的思維來揣想天道宇宙運行規律的變化之道，畢竟人類受限自身之存在於時空中，何能知道其變化之無有窮盡呢？人類如何能夠以自己為標準而定義天地萬物何者為「正」呢？這只是突顯人類自外於天地宇宙之外，而以自身之「無知」與「傲慢」立足於天地宇宙的中心，其實根本沒有以人類為中心的「正常之道」，只有不變的天道運行之自發、調節與和諧的無窮變化而已。因為不論是「正」與「奇」，或「正」與「反」都只是現象「正復為奇」、「奇復為正」的循環變化軌迹而已。

1.不失性命之情為正

　　不再以與「反」相對的「正」為「正」，而是回到每一萬物生命本身，才是「至正」，也就是以獨一、絕對之「正」化解相對之「正」，才是「正正」，真正的「正」乃「不失其性命之情」。

> 駢拇枝指，出乎性哉！而侈於德。……枝於仁者，擢德塞性以收名聲，使天下簧鼓以奉不及之法非乎？而曾、史是已。……故此皆多駢旁枝之道，非天下之至正也。彼正正者，不失其性命之情。故合者不為駢，而枝者不為跂；長者不為有餘，短者不為不足。是故鳧脛雖短，續之則憂；鶴脛雖長，斷之則悲。故性長非所斷，性短非所續，無所去憂也。意仁義其非人情乎！彼仁人何其多憂也？……今世之仁人，蒿目而憂世之患；不仁之人，決性命之情而饕富貴。故意仁義其非人情乎！自三代以下者，天下何其囂囂也？（〈駢拇〉）

　　這裡提到「仁義之道」、「是非之別」，都是超乎自然本性之德的多餘主張，如「駢拇」、「枝指」一般。因為仁義是非的主張，往往疏離了大道生於內在的天真本德，也蔽塞了原有的自然本性；在人人失去「道生」之「德性」時，便開始樹立仁義是非之人際往來的道德標準，並遵守著難以實踐的禮儀法則，使天下人陷入爭相比較之中，因為仁義並非本性自然，因此孔子總是要人「志於仁」、「志於道」（〈里仁〉），主張「立志」努力於仁義是非之道的實踐以「知人」、「勝人」，老子提出此種作為乃「強行者有志」（〈第三十三章〉），是一種要堅定志向勉強力行才能完成之事，以其人我的仁義之道乃「出性侈德」，均非天道所生成的自然本性之德，郭象注「人有能遊」與「人而不能遊」（〈外物〉）云「性之所能，不得不為也；性所不能，不得強為」[45]，說明天性之能者，方得以自然為之，無有勉強。甚至孔子言「志士仁人，無求生以害仁，有殺身以成仁」（〈衛靈公〉），在志於仁義之道的實踐中，要將生死置之度外，並且在堅持「仁義」的價值時，是可以犧牲「形體」的。然而，莊子卻以為此「仁義」既非天性本然，而是外加多餘之物，所以根本不是「至正」，非絕對究竟之「正」，他認為真正的正，乃是不能亡失性命本然之性，所以天地萬物即使有各種不同的呈現或狀態，如合者、多者、長者、短者，都不能是外加多餘或減少除去的，天性本然都是其原有之獨特，不必憂愁悲傷。這裡提出「仁義是非」並非人性本真之情，所以仁人志士才會對天下國家如此憂慮，充滿憂患意識以悲天憫人成為終生之志；至於非仁者則是決棄天然本性而貪戀財富名位。由此看到，不論是仁人或非仁者，都讓天下紛亂喧囂不已，所謂「仁義非人情」。

　　仁義既非人之原有情性，所以會「憂悲」，更要「立志」；莊子以「自然」之天真本德作為學說的立基點，因為在人我關係中看似以「仁義」之共同情感為起始，但卻是因「關係」而形成一遵守之共同規範，若人要活在關係中，何能不遵守此「道德仁義」之道？當孟子以未能遵守而直言其為「妄人」、「禽獸」（〈離婁離下〉），或「非人」（〈公孫丑上〉）時，直指若無法遵行此「仁義之道」者，就已經封閉式的被定義為無價值之人或動物，然而，是否能

---

[45] 清・郭慶藩著，《莊子集釋》，頁937。

以此來定義人與人之間的高下？能否以此來區分人類與其他物種之高下？孟子用詞之強烈，可想而知，原本要成為人我和諧的相處之道，反而演生出更多的對立與衝突。老子言「弱其志」（〈第三章〉），若是能夠順應本然之德性，何需「立志」與「強行」？若是本然天性，只要順應自己而然之道，毫無勉強用力，此「志」乃是每一生命內在自然之性的自發主動而已；在「物皆然可」的價值澄清中，只有生命本身才是應當被選擇的終極價值，然而人們卻常常麻痺自我因而感受不到生命本身的呼喚，無法透過生命去創造價值。總像俘虜般的屈服於現實生活中，以被塑造成的角色在進行一種對社會有益的任務。

2.抱一無離無疵

老子要問的是人們能否保有原初天道內在於人之性的天真本德？

> 載營魄抱一，能無離乎？專氣致柔，能嬰兒乎？滌除玄覽，能無疵乎？愛民治國，能無知乎？天門開闔，能為雌乎？明白四達，能無知乎？生之、畜之，生而不有，為而不恃，長而不宰，是謂玄德。（〈第十章〉）

王弼注「抱一」云「一，人之真也」，郭象注「衛生之經，能抱一乎？」（〈庚桑楚〉）云「不離其性」[46]，作為承載生命的魂魄之體，能否抱守真實之道而不會遠離？能否使生命之氣專一柔弱如嬰兒一般？能否洗淨心知雜染，使內心如明鏡照物如實呈現？能否不以心知執著偏見去理國治民？能否在天下變動之際有母生柔韌之德？能否在四通八達的開展中消解心知成見？老子以六個子題要領導者作真正有價值的堅守持續。前三者在「與己關係」中下工夫去保有真正的價值，後三者在「與人關係」中下工夫去保有真正的價值。不是不要魂魄，而是要守住天真本性；不是要停止生命之氣，而是要如初生之嬰孩般柔軟；不是無有自我心知，而是不被遮蔽染雜，才能進而去治國愛民，開展功業事蹟，承擔天下大事，如天道之生成萬物、培育萬物、長養萬物，但卻放下社會應然之是非心知，讓予萬物依自己本性以活出自己，不占有、不居功、不宰制，以母慈守護著天地萬物。無論是天道，或是領導者，更是天地萬物，其真

---

[46] 清・郭慶藩著，《莊子集釋》，頁786。

正的價值就是「天道自然之天真本性」之守護、開展與實現，至於其他都只是居於其次以協助之，完全不得本末錯置、顧彼失此。

二、真正價值的選擇

老子曾言「名與身孰親？身與貨孰多？得與亡孰病？」（〈第四十四章〉）就是要人們能正確思考明辨「名位」和「生命」哪一個和自己比較親近？「生命」和「財貨」哪一個比較多？「得到名位財貨」和「失去生命本身」哪一個損失比較大？王淮言「老莊貴生之思想在先秦為一大發明，貴生思想之精義；在視生命本身為一『目的』，且為一絕對之『主體』，具有絕對之『價值』，凡無益於生之身外之物，皆不值得重視」[47]。是以，若是人們對於真正的價值無法辨別時，那麼便會產生對於價值的判斷混亂不清，當然在價值對象的取捨上就會出現錯誤的選擇。因為就歷史演變來看，大至戰爭的發生，小至煩惱的出現，就是人們在價值判斷及選擇上出現了盲點，總是追求最沒有價值的身外之物，以取代最有價值的生命本身；以其人們定義的「福」與「禍」，乃是得到與失去有形的身外物為標準。然而，蘇東坡直言人們總是想要「求福辭禍」，卻反倒是「求禍辭福」（〈超然臺記〉），人們總是以得到沒有價值的有形之物為福，卻失去了有價值的無形生命本身，其實才是真正的禍；以失去沒有價值的有形之物為禍，卻往往獲得最有價值的無形生命本身，其實才是真正的福，人們乃錯置了「福」與「禍」的真正內涵，作一逆反的追求與嚮往。老子言「禍兮福之所倚，福兮禍之所伏」（〈第五十八章〉），福與禍兩者乃是一共生依存的關係，但更深層的內涵是，莊子以「道通為一」之「物」或「物論」齊一的視野，化解「福」與「禍」的價值分別，是以，何來福禍之有？其差異只是現象之不同與變化而已。

1.道之真以治身

若是人們對於「價值」有所思辨、澄清時，才能作出真正的判斷選擇，那麼生命將有機會活出身為人的真正價值意義。莊子試著協助人們重新將「價值」的選擇，作一次序的輕重安排，要人知道生命的優先順序，孰重孰輕？

---

[47] 王淮著，《老子探義》，頁 181。

> 道之眞以治身，其緒餘以爲國家，其土苴以治天下。由此觀之，帝王之功，聖人之餘事也，非所以完身養生也。今世俗之君子，多危身棄生以殉物，豈不悲哉！凡聖人之動作也，必察其所以之，與其所以爲。今且有人於此，以隨侯之珠彈千仞之雀，世必笑之。是何也？則其所用者重而所要者輕也。夫生者，豈特隨侯之重哉！（〈讓王〉）

　　莊子首先指明「道」乃內在於人的天眞本德，而生命最重要的價值在於修養自身，心有餘力才是治理國家，最後才是治理天下，成玄英疏云「用眞道以持身者，必以國家為殘餘之事，將天下同於草土者也」[48]。莊子重新釐清人類生命的終極價值，即使是一個悟道聖人也是以體道悟道為核心，因為帝王功業的建立並無法使生命得到最佳的實現價值，所以只是修養自身的膾餘之事而已。然而，現今世俗君子最悲哀的是，幾乎都是為了外在物質財貨名位而傷害身體的完整，更犧牲了生命的本質。聖人是一個悟道的領導者，在做任何事時一定會仔細觀察緣由以及所造成的結果；但反觀一般人，卻似乎拿著最珍貴的隨侯寶珠去射殺在千仞高山的麻雀，也就是說人們使用非常貴重的寶物來求得輕賤的鳥雀，這是非常愚昧的事，若不被世人恥笑才怪。莊子要反問的是，難道生命本身就只有隨侯寶珠的貴重而已？其指出唯有生命價值才是一切的終極價值，是不能以任何外在事物取而代之的，哀駘它就是寶愛其內在生命之「德」，以致產生了莫大的影響力。

> 魯哀公問於仲尼曰：「衛有惡人焉，曰哀駘它。丈夫與之處者，思而不能去也。婦人見之，請於父母曰『與為人妻，寧為夫子妾』者，十數而未止也。未嘗有聞其唱者也，常和而已矣。無君人之位以濟乎人之死，無聚祿以望人之腹。又以惡駭天下，和而不唱，知不出乎四域，且而雌雄合乎前。……」仲尼曰：「丘也，嘗使於楚矣，適見独子食於其死母者，少焉昫若，皆棄之而走。不見己焉爾，不得類焉爾。所愛其母者，非愛其形也，愛使其形者也。……今哀駘它未言而信，無功而親，使人授己國，唯

48　清‧郭慶藩著，《莊子集釋》，頁 972。

恐其不受也，是必才全而德不形者也。」……哀公異日以告閔子曰：「始也，吾以南面而君天下，執民之紀，而憂其死，吾自以爲至通矣。今吾聞至人之言，恐吾無其實，輕用吾身而亡其國。」（〈德充符〉）

　　莊子透過魯哀公向孔子提問，說出當一個人選擇生命真正的價值時，就會如同哀駘它一樣，雖然有「惡人」的長相，但卻吸引了眾多的男性想和他同處，甚至眾多女性要成為他的妻子。哀駘它並沒有知識學問，也沒有錢財名位，他以「和而不唱」的生命調性，沒有任何主張倡議，僅是以附和隨應的方式對待來到他面前的人，憨山註云「一向隨人，自無專能」[49]。哀駘它沒有任何的言論引導，卻使人能夠相信他；也沒有建立任何的事業功蹟，卻使人想要親近他，甚至連魯哀公自己也想要把君主的位置授予給他。哀駘它到底是什麼樣的人？孔子舉出狋子食於狋母的故事，說明哀駘它乃是「才全德不形」的人。如同狋子會吸吮狋母之乳汁，以其能感受到狋母的生命氣息，但當狋母死亡時，狋子漸漸無法感受到狋母的生命之氣時，即使外形依然是狋母，狋子依然是會放棄狋母而走開的；說明狋子寶愛狋母，是因為狋子心愛於狋母內在的生命本性，成玄英疏云「使其形者，精神也」[50]，而非僅僅是珍愛狋母的形體而已。如同哀駘它雖然是其貌不揚的「惡人」相狀，但來到他面前的人都會忘掉他形體上的醜惡，而被他內在的生命本性顯現所召喚而感動，莊子謂之「才全」。「才全」是內在天真本德的全然發揮實現，也就是「至德」、「德全」，宣穎云「德全則有本」[51]；而且此「德」並不會顯現於外在，而造成對他人的壓迫以及傷害，謂之「德不形」，所謂「上德不德，是以有德」（〈第三十八章〉），在「光而不燿」（〈第五十八章〉）之德中，能夠化解內在德性的外顯相狀，才能讓眾人願意來到哀駘它面前與他相遇。而且連魯哀公也感受到他的無窮魅力，說明以前認為自己已經掌握了治民之法，在憂心天下人的安危中，以為自己就是一位通達的領導者；但如今卻發現自己根本沒有真實的

---

[49] 明・憨山大師著，《老子道德經憨山註：莊子內篇憨山註》，頁355。

[50] 清・王先謙著，《莊子集解》，頁33。

[51] 清・王先謙著，《莊子集解》，頁33。

本事，反而輕忽了生命本身的美好天真本性，差一點就失去了國家人民。這時魯哀公發現了只有內在的天生本德，才是與人對應的最佳方式。

是以，真正的價值乃是萬物自身內在的天真本性，它具有「唯一性」與「獨特性」，一個人若能以實現內在本性為生命的真正價值所在，那麼人們所需要的肯定及認同，便能夠完全來自於自身。當人們能夠無求於外在者，便不會迷失在他人的價值標準，使生命流失於漂泊不定當中。再者，與自己所接觸的他人，便能不被自己因價值迷失而成為被操控宰制的對象，使來到自己面前的人，都能夠如實表現其原本的天性自然，而能夠回到真實自在的狀態。來到哀駘它面前的人，並沒有標準要遵循，也沒有目標要達成，不必受指責，更不需要被要求，哀駘它使人人都能夠做自己，依自己的本性而成為自己想要成為的樣子。哀駘它只是「和」而已，至於「唱」即主張、唱議，在「此是彼非」中，將使人彼此分別而產生對立。「和」而使人放下自我的主張而產生連結，在連結中認識彼此的差異，在尊重差異中產生一種人性的感通共融，達到人我間的和諧共處。使他人充分感受到一種「被理解」或「被同理」的感受，而得以「被肯定」、「被認同」及「被接受」，以獲得最大的安全感，而彼此都能夠安頓在此交流往來之中，沒有任何負擔而能真正的活出自我生命價值。

天地萬物生生不息，沒有只生不死，也沒有只死不生，生死是必然的生命復歸與再起。因為生命並非靜止不動，所以人們必須在有限的生命中，做真正的價值選擇。在老子啟發人們要將真正的價值回到自己生命本身後，要人們做真正的價值選擇，因為在「為道日損」之「致虛守靜」的工夫實踐後，發現天地萬物都在「歸根」中「復命」（〈第二十八章〉）。就天地宇宙運行的規律而言，人類是天地宇宙的一分子，必然要依順此天道自然的規律運行，始終循環不已，而回到最原初之根源所在，所謂「歸根」；就所有萬物的生命本身而言，各有其生命之「機」所展現的任何可能性，不容他人加以控制操作。其他物類就其本能總是依其性而長成，但人們卻面臨著選擇與否的可能；就人類而言，只能再度、還原或回復萬物本性天然之初始，方能不消耗生命的價值意義。老子言「歸根復命」是天道之正常與必然，如果能明白了這個道理就是「明」，老子言「知常曰明」（〈第五十五章〉），若能夠觀照天地宇宙之「歸根」與萬物本性之「復命」，就是一個清明通達的人。

2.知通為一而寓諸庸

人們若能一者見「天道自然」，一者知「天真本德」，在天道自然中實現天真本德者，就是「天道之常」。這是天地萬物存在的真正價值所在，亦是所謂「體道」、「悟道」之謂，而在「道通為一」中，乃無物不然、無物不可，而得以寄寓萬物之生命本身。

> 物固有所然，物固有所可。無物不然，無物不可。故為是舉莛與楹，厲與西施，恢恑憰怪，道通為一。其分也，成也；其成也，毀也。凡物無成與毀，復通為一。唯達者知通為一，為是不用而寓諸庸。庸也者，用也；用也者，通也。（〈齊物論〉）

莊子提出所有的萬物都有其「然可」，亦即有其存在的價值，與實現的可能，沒有一物要被限制或剝奪而有不然（不是）及不可；然而，若以人類的價值判斷，則區分為小草的無用性與梁柱的可用性，會嫌惡「厲」的醜陋與欣羨「西施」的美好。若是從世界萬象的寬大、奇變、狡詐和妖異的不同差異中，只能說萬物各有其不同，卻沒有價值高下的差別；就宇宙的整體而言，天地萬物終將回歸至道體的一體無別。因為人們總是以為價值的貴賤高下是萬物原始的存在狀態，卻不知是在人類以名言符號的發明，與價值標準的訂立下，才割裂了天道自然的一體渾同，這時人類在不斷分別中有所趨向而有所認同成全，但卻也造成相對面的嫌惡毀棄，但這並非萬物自身所本有，是因為人類的價值認定所造成的判斷分別。於是，人類帶來是非生死的價值對立與關係失衡，成為人類無止境的困境與痛苦。莊子提出「凡物無成與毀，復通為一」，要人們化解「成」與「毀」的對立，再度回復到天地宇宙初始的整體合一狀態。「唯達者知通為一」，「知」是「生命的覺醒」[52]，「聖人的『心』不受約束，所以對每一個『然』（事物的每一方面）都是完全開放的；因為，聖人要領會的，是事物的本來面目，是其『自然』，好比風吹萬物會發出不同的聲響。因此，我們不是要透過確定客體來認識事物，而是要意識到事物內在性的根源」[53]。王

---

[52] 王邦雄著，《莊子內七篇・外秋水雜天下的現代解讀》，頁 95。

[53] 法・弗朗索瓦・于連著、閻素偉譯，《聖人無意：或哲學的他者》（北京：商務印書館，2006 年），頁 3。

先謙云「唯達道者，能一視之，為是不用己見，而寓諸尋常之理」[54]；是以，唯有通達的人在虛靜明覺中，才能體悟天道宇宙的整體性，不將生命的重心放在社會價值標準的有用或無用上面，而是以天地萬物生命本身以言「用」，若是能夠讓每一個生命發揮本身之大用者，才能真正復歸「道通為一」的整體和諧。但復歸卻是不容易的，在〈知北遊〉問「無為謂」、「狂屈」及「黃帝」後，提出「大人」能夠實踐「無思無慮始知道，無處無服始安道，無從無道始得道」的復歸之法。

> 黃帝曰：「……夫知者不言，言者不知，故聖人行不言之教。道不可致，德不可至。仁可爲也，義可虧也，禮相僞也。故曰：『失道而後德，失德而後仁，失仁而後義，失義而後禮。禮者，道之華而亂之首也。』故曰：『爲道者日損，損之又損之，以至於無爲，無爲而無不爲也。』今已爲物也，欲復歸根，不亦難乎！其易也，其唯大人乎！生也死之徒，死也生之始，孰知其紀！人之生，氣之聚也，聚則爲生，散則爲死。若死生爲徒，吾又何患！故萬物一也，……。故曰：『通天下一氣耳。』聖人故貴一。」（〈知北遊〉）

老子說明在「失道」後，有「仁」、「義」及「禮」的提倡，但那終究並非生命之真正價值所在，因為仁愛往往流於刻意有為、義行常有虧欠耗損，至於禮儀也會受制於形式規矩。天道自然乃在無形無聲中生成萬物內在之德，不能以「言語文字」說明表達，也無法透過「知識系統」論述理解；一個領導者具有自然的影響力，更要以「日損」、「無為」的工夫，消解對「言」與「知」的執著。因為在道生德畜萬物而以物形的過程中，人類往往受限於對「形體」的認知執著，以致產生種種的偏見，所謂「貴大患若身」（〈第十三章〉），造成復命歸根的困難重重，王淮言「一般人但知外在之禍患可畏，不知我主觀之身體乃一切禍患之根本，故釜底抽薪之道，常在忘身也」[55]。至於聖人、大人明白了有生命是因為氣的聚合，失去生命乃是氣的散滅，而且「生」與「死」

54　清・王先謙著，《莊子集解》，頁 10。

55　王淮著，《老子探義》，頁 53。

兩者並非是絕對的界線對立，反而是「並生共存」的現象。在「生命」中蘊含著「死亡」，在「死亡」中含藏著「生命」，於「生命」結束後接續著「死亡」，在「死亡」結束後接續著「生命」，死與生的現象乃一直都在循環往復，根本無有價值好壞是非之別，進而放下對身體的執著。

　　悟道者完全掌握了「道通為一」的核心價值，體悟到萬物都是天地宇宙大化一氣的變化無窮，所以，不會陷入「生」與「死」的現象執著，當然也就不會有任何的負擔累贅，而能夠將真正的價值定位在「天真本德」的實踐上。老子言在「常德不離」中「復歸於嬰兒」，在「常德乃足」中「復歸於樸」（〈第二十八章〉），亦即萬物最重要且真正的價值，就是保持在「常德」的滿足與安頓中，如同「嬰兒」之毫無任何人為造作或刻意有為，王淮言「赤子與嬰兒為道家之理想——修道養生者所嚮往之一種人格形態。……嬰兒之生命柔弱，精神純粹，血氣飽滿而生機旺盛」[56]。「復歸」是恢復與歸回自然而然、本有完好的狀態，並不需外求，更不需費盡心力；所謂「強行者有志」（〈第三十三章〉），在天道已行於內在本性中，絕對不必立志以勉強而行，成玄英疏云「天然之道已自行焉，故忘其生有之德也」[57]，只要回歸自然，就是一種完整圓滿的狀態。「大制不割」意指天道宇宙運行變化乃自然而然地成為一圓滿自足的生機系統，並不會割裂及危害彼此的生命實現，更不會破壞關係的和諧共榮，一切都是天道宇宙運行的持續變化而言，如同「道」之運行，乃在「獨立不改」的變化中「周行而不殆」（〈第二十五章〉）於天地萬物之間，以實現萬物之自然生成。

第五節　價值的提升：道一論

　　在集體社會形成後，組織系統的力量非常龐大，人亦因生物性的需求而成為結構制度的一員；雖然人類多於其他物類具有「自我選擇」的能力，但卻又不斷遭受人類社會價值的形塑，讓人們誤以為那是原有的生命狀態。於是，在

---

[56] 王淮著，《老子探義》，頁 219-220。

[57] 清・郭慶藩著，《莊子集釋》，頁 771。

不知不覺的生命成長中，人們完全放棄內在心靈的吶喊與奮鬥，往往忘記生命本身可以採取自由的方式與態度來面對一切的環境。自身擁有可以改變及選擇與既定價值標準不同的可能性，還可以在眾多的特殊性中付諸行動，並以豐富的生命力量來創造全新的價值。雖然遺忘了，但在人的內在生命裡，總是會持續叩問著生命的價值意義，而呼喚著人們去思考要如何活著，也就是要怎樣活著，才是有價值意義的。余德慧提到「活著」是指「在遭逢他人時，自身引發出來的力量」[58]，至於要如何活著，則必然要去確認自己所認同的「價值」為何？是否人們所以為的價值並非真正的價值，誤以為那是唯一的價值或正確的價值？於是，在一般人茫然遵從社會多數的價值時，提升人們對於真正的價值認識，才有機會活出一個真正有價值的人生。本節從「價值開展的啟程」以至「價值高度的提升」，藉由論述莊子的「道一論」以說明「價值的提升」。

一、價值開展的啟程

儒家思想將生命的價值意義放在人我關係中，人們透過在社會生活中的交流情形，藉此找到生命價值與定義的認同。然而，依此也容易使人陷溺於以社會或他人的價值判斷來定義自身生命價值的高下，產生無價值性或挫折感受。是以，人們在社會價值的認同系統中，往往無法開展自己生命的真正價值，使人一生陷入無止境的漂泊與流盪中。老子看到生命迷失於價值錯亂中，欲將人類生命安放在天地宇宙之間，重新找到定位，試圖為人們找到生命價值之所在。老子提出「孔德之容，唯道是從」（〈第二十一章〉），說明「道」內在於萬物的本性，道即自然，大德者完全是以「天道自然」作為引導生活與體現生命的關鍵。是以，價值開展的啟程，乃是將生命回歸於道體的生成作用中，所謂「執大象，天下往」（〈第三十五章〉），此「執」為持守，但卻非自我中心的心知執著，而是讓生命本身回歸並恢復至天地宇宙之中。在與天地萬物沒有任何疏離時，才能真正走進天下，不受天下人的干擾與傷害，而得以自得自在。

---

[58] 余德慧著，《中國人的生命轉化——契機與開悟》，頁 80-82。

1.人生之忽然

「執大象，天下往。往而不害，安平大。樂與餌，過客止。道之出口，淡乎其無味，視之不足見，聽之不足聞，用之不足既」（〈第三十五章〉）。「道」的本身無形無聲無味，但卻能夠讓人體驗而無有窮盡，使人「往而不害，安平太」；至於感官之滿足雖然能夠得到人們的關注，但卻是非生命之真正安頓所在。是以回到生命本身之「道」作價值的開展，一方面是容易的，因為只要依著生命自然本性的引導，就能夠回到內在真實以「自知」、「自愛」；一方面也是困難的，因為要以「自勝」來化解心知的刻意造作是不容易的，甚至要化解自我的表現及以自我為高貴，而不要「自見」與「自貴」。因為「自」有兩者，一是真實的自我，一是心知的自我。人們要認識、珍愛的是「真實自我」，而要化解「心知自我」的刻意表現及以此為高貴，才能安頓在真實自我的滿足上，才是真正的價值所在，所謂「知足者富」（〈第三十三章〉）。是以，以天道自然內在於自己本性之德，作為價值開展的啟程，才是最核心且終極的價值。莊子提到整個生命存在於世，只是「忽然」而已，亦即人們需要回到道生德畜的原始關係中，才能啟程於真正的價值實踐。

> 人生天地之間，若白駒之過郤，忽然而已。注然勃然，莫不出焉；油然漻然，莫不入焉。已化而生，又化而死，生物哀之，人類悲之。解其天弢，墮其天袠，紛乎宛乎，魂魄將往，乃身從之，乃大歸乎！（〈知北遊〉）

這裡提到生命的現象，在天地間如同陽光掠過空隙，只是一下子而已。萬物蓬勃沒有不生成的，變化衰萎沒有不死去的；已經變化而有生命，後又再變化而有死亡，使得活著的人們感受到哀戚。要知道整個變化推移乃是精氣的消散、肉體的消逝，最後返回天地宇宙，這完全是必然的變化現象。要知道此天地之始乃是「無」，老子言「無名天地之始，有名萬物之母」（〈第一章〉），天地萬物的生成為「有」，而天地萬物的根源為「無」，「無」是天道運行本身之無形無聲，也是天道運行及其變化之無限豐富，更是藉「無」之作為工夫修養，而要無掉或消解一切在生成之有中的執著。所以，解開消融自

然變化所造成的束縛桎梏，而不執著於生死的自然變化現象，才能展開新的價值追尋。

2.不以人心捐助天道

從「無」至「有」的生命價值啟程，乃是以「無」為內涵。如同莊子體會妻子的死亡，應證了天道運行的規律，而能從原本之「概然」之情，而為「鼓盆而歌」。因為天道運行之始，本來是沒有萬物的「生命」，也沒有「形體」，更沒有「氣息」（〈至樂〉）；「天道」乃是「自本自根，未有天地，自古以固存」（〈大宗師〉），也就是在沒有天地宇宙萬物以前，就有天道的存在，而所有的天地宇宙之萬物，乃是不變常道運行的變化生成現象。是以，若是能夠理解「天道」，那麼就能夠在生命之價值啟程後，從是非生死價值的二元對立中解脫出來。

> 古之真人，不知說生，不知惡死；其出不訢，其入不距；翛然而往，翛然而來而已矣。不忘其所始，不求其所終；受而喜之，忘而復之。是之謂不以心捐道，不以人助天。是之謂真人。（〈大宗師〉）

莊子提到真人因為不會忘記生命從何而來，所以知道要回歸源頭，亦不會求死後要何去何從；於是對於「生」與「死」並不會作價值判斷，也不會呈現出對擁有生命而歡喜欣悅，更不會對失去生命產生厭惡抗拒。對於生死，都能夠自在的來，也能夠無負累的去；至於從「生」至「死」的整個過程，只是體會生命本身的喜悅，專注於生命自然的實現，並不以自我心知來取代天道自然，更不會以人為造作來助長天道自然。是以，在生命價值的啟程，若能以「道無」忘卻化解對生死價值的對立分別，所謂「生也死之徒，死也生之始」（〈知北遊〉），理解生命的開始即是邁向死亡，死亡就是生命的啟航，就能徹底認識「生」與「死」乃是「無始無終」（〈知北遊〉），生死乃是「接續並存」，並且「變化無盡」。如此，方能無心無為而不執著於生死的分別，才能夠「善始善終」、「善生善死」（〈大宗師〉），而體會並開展生命價值的無限可能。

二、價值高度的提升

　　當生命價值的開展以「道無」為起點時，那麼便能不受制於社會價值所形成的框架與制約，才能擴展出生命價值的廣度。老子言「道可道，非常道」（〈第一章〉），雖然老子從天地宇宙觀察有一運行的規律，其以「道」之文字來論述稱謂，但卻要提醒人們不要被他所論述的內容，也不要被他所稱謂的方式，局限住每一個人對於天道的體會。因為只要有「言」和「名」，必將趨使人們往其所言名的方向前進，而造成另一種限制。老子雖然不知道要如何來稱呼他所體會的，只好以「道」為「字」作為他所體會的運行規律；但人們總會小看了天道運行，所以又推出其名為「大」，而整個生命價值的擴展，亦是「逝」、「遠」及「反」（〈第二十五章〉）的前往與回返的動態過程；因為天道運行乃是一往前行、無遠弗屆，最後總是能夠回歸自己，所謂「反者道之動」（〈第四十章〉），天道運行的模式是在持續前往至極而再回歸自己的過程。莊子提到「反其真」（〈大宗師〉、〈秋水〉），不要「以人滅天」、「以故滅命」（〈秋水〉），亦即不要以人為造作來傷害原初之自然本德，而要回歸人的天真本性；〈繕性〉也提到在「德衰」後則「無以反其性情而復其初」。

1.萬物皆一也

　　〈天地〉提出只有在「同」於道一的視野來觀照一切現象，才能回到「初」。

> 泰初有無，無有無名，一之所起，有一而未形。物得以生，謂之德；未形者有分，且然無間，謂之命；留動而生物，物成生理，謂之形；形體保神，各有儀則，謂之性。性修反德，德至同於初。同乃虛，虛乃大。合喙鳴，喙鳴合，與天地為合。其合緡緡，若愚若昏，是謂玄德，同乎大順。（〈天地〉）

　　這裡提到「太初」，即天地之始以前，根本沒有任何萬物的存在及名稱，其中只有天道的運行不已，還沒有形成萬物，「道不是先於世界的宇宙法則或原理，不像在行動之前所制定的計畫或在建設大廈之前規劃的藍圖。道是事物

發展過程的內在調理。」[59]。後來萬物卻因而得以涵具了本性，宣穎云「物得此未形之一以生，則性中各有一太極，故謂之德」[60]，就是天道內在於萬物的天真本德；而在未有形體時都有其定分，沒有一物例外，萬物都有其限定之時命，在氣動之聚合時而有形體的產生，有形體就有其律則，要在形體中護守天道本德之心神，而萬物各有其本性，最重要的是要化解心思情意的紛擾，回歸至天真本德的質地，才能以原初之德與天道合一，宣穎云「性修，則復其所得於未形之一」[61]，因為「道通為一」，當「知通為一」時，要「復通為一」（〈齊物論〉）。亦即在知天地萬物都在天道自然之同一中，便能化解自我心知的高下分別執著；在擴展生命的廣度中，每一個生命就像和鳥一同齊鳴為合，進而能與天地宇宙合而為一。

　　卡爾・羅哲斯（Carl Ransom Rogers，1902-1987）提到「當他已經能夠準確地聽取自己內在的感覺，心變得較能不以評價的眼光來看待自己、較能接受自己時，他也更能朝自我的合一而邁進。……可以自由自在地朝向自然人的樣子去變化和成長」[62]。此合一乃是無有分別，消解以人為中心的聰愚明昏之分，而是不智若愚、不明若昏，這是一種在「有」與「無」之間，顯現道「有」之多元呈現。當能夠以「無」來化解此現象的工夫修養時，則謂之「玄德」，亦即內在於人之內的天真本德，絕非如一般人以為的善惡之別的美德而有一套固定模式；至於本德之性乃如同天道般無限豐富，因為透過「道有」以彰顯「道無」之無限性，又以「道無」來消解「道有」的可能限制。是以，從「道無」而「道有」的過程中，乃是「同而不同」；在「道有」以回歸「道無」的過程中，乃是「不同而同」，〈齊物論〉中不論是「齊『物』論」，還是「齊『物論』」，「齊」是齊一，亦是以「齊一而同」的方式，達到合一之「道」的境界。於是，在以「道」化解彼此的差異分別，便能隨順接受的任何現象，而生

---

[59] 德・漢斯—格奧爾格・梅勒著、劉增光譯，《東西之道：《道德經》與西方哲學》，頁 67。

[60] 清・王先謙著，《莊子集解》，頁 67。

[61] 清・王先謙著，《莊子集解》，頁 67。

[62] 卡爾・羅哲斯著，宋文里譯，《成為一個人 —— 一個治療者對心理治療的觀點》（臺北：左岸文化，2018 年），頁 74。

成一種天地和諧。而此能「同」的原因，完全是因同得於「道一」，老子言「昔之得一者：天得一以清、地得一以寧、神得一以靈、谷得一以盈、萬物得一以生、侯王得一以為天下貞」（〈第三十九章〉），指出天地得道一而得以清寧，神明得道一而得以微妙，山谷得道一而得以盈滿，萬物得道一而得以生生不息，君王得道一而得以貞定天下人。是以，老莊思想最重要的核心價值在於回歸「道一」的可能，莊子透過老聃說明「得一」即能「同」，能同則無足以患心。

> 子曰：「請問遊是。」老聃曰：「夫得是，至美至樂也。得至美而遊乎至樂，謂之至人。」孔子曰：「願聞其方。」曰：「草食之獸不疾易藪，水生之蟲不疾易水，行小變而不失其大常也，喜怒哀樂不入於胸次。夫天下也者，萬物之所一也。得其所一而同焉，則四支百體將為塵垢，而死生終始將為晝夜而莫之能滑，而況得喪禍福之所介乎！棄隸者若棄泥塗，知身貴於隸也，貴在於我而不失於變。且萬化而未始有極也，夫孰足以患心！已為道者解乎此。」（〈田子方〉）

這裡藉由老聃提到自己遊於「道一」的境界，乃是本身體會了「至美至樂」的境界，然而此美樂並非二元價值對立所形塑，而是天下萬物都有其共通性。如同草食性動物不怕變換草澤，水生性蟲類也不怕變換池沼，他們都知道在萬象中一定有天道之生生不息，即使在變化中卻不失去原有的不變常道；若是能理解變中之不變，那麼就不會受到喜怒哀樂的情緒起伏而傷害到自己的內心。是以，若是能夠掌握到「道一」的整體共通性，那麼在看待天地宇宙千差萬別的現象物時，就能同等看待。於是，四肢百骸就如同塵垢一般，至於死生終始的事情就如同白天夜晚一樣，內心就不會再受生死大事的擾亂，更何況是得失禍福的來臨或介入呢？由以上推而言之，要捨棄人們受制於對得失禍福的迷失，要將其視同如捨棄泥土一般，因為生命本身遠超乎得失禍福之可貴；可貴之因在於是我所能掌握的生命本身，是不會因為萬象的變化而受影響的。況且萬物的千變萬化是沒有窮盡的，如此看來，怎麼能夠讓它來困擾自己的內心呢？而且只有已經在修道的人才能明白這個道理。是以，只有真正體道的人，

才能將自己的生命安置在「道一」的整體之「同」中，當然也才能產生安定的力量，而生發出無限的影響力，就如同王駘一樣。

> 魯有兀者王駘，從之遊者，與仲尼相若。常季問於仲尼曰：「王駘，兀者也，從之遊者，與夫子中分魯。立不教，坐不議，虛而往，實而歸。固有不言之教，無形而心成者邪？是何人也？」……仲尼曰：「死生亦大矣，而不得與之變，雖天地覆墜，亦將不與之遺。審乎無假，而不與物遷，命物之化，而守其宗也。」常季曰：「何謂也？」仲尼曰：「自其異者視之，肝膽楚越也；自其同者視之，萬物皆一也。夫若然者，且不知耳目之所宜，而游心於德之和，物視其所一，而不見其所喪，視喪其足，猶遺土也。」（〈德充符〉）

這裡提到魯國的王駘只有一隻腳，但跟隨他的人卻和跟隨孔子的人差不多人數，成玄英疏云「王駘遊行，外忘形骸，內德充實」、「王駘是體道聖人」[63]。常季很好奇的問孔子說，王駘和老師平分魯國的學生，然而王駘卻是沒有教導什麼，也沒有議論什麼，但只要來的人都能感受到自己是空空的來，卻是滿滿的回去。難道有不需要藉由言語教導，也沒有任何的教導形式，而只要以內在真心來完成學習的過程嗎？宣穎云「默化也」[64]。常季問這到底是什麼人？莊子透過孔子來呈現王駘的形象，說明王駘即使生死大事在他面前也不會受到影響，天崩地裂在此刻發生也不會讓他感受到失落。王駘的一切判斷只以天道真實為核心價值，所以他的內在非常安定，完全不會隨著外物的變化而受到影響，反而能夠順應著萬物的變化，堅持守住不變的運行規律。常季又再問這是什麼意思？孔子說若就萬象的不同來看，身體內臟的肝和膽和地理位置的楚國和越國，是千差萬別的；但就共通性而言，這些不同的現象，都是天地宇宙現象的整體，是天道整體如常所運行的規律現象，只有不同的現象而沒有價值卑賤高下的分別。若是如此，感官耳目的向外「聽」與「看」，就不會以此為認知作判斷而產生執著，情緒因此受到影響。

---

63 清・郭慶藩著，《莊子集釋》，頁 188。
64 清・王先謙著，《莊子集解》，頁 30。

　　郭象注「游心於德之和」言「放心於道德之閒，蕩然無不當，而曠然無不適也」[65]，王駘乃悠遊於天真本德與天道合一的最和諧狀態，是一種「無不當」、「無不適」的狀態。當他以「道」的整體視野看待天地萬象時，根本不會覺得自己的一隻腳與別人的兩隻腳有何差別，他看待自己沒有的一隻腳，就如同土塊掉落到土地之自然而已，憨山註〈德充符第五〉云「德充實於內者，心能遊於形骸之外」[66]。當然，因為無有分別判斷，所以使得來到王駘面前的任何一個人，都不會遭受到任何的教導或指正。在這個場域當中，沒有老師和學生的分別，也沒有任何教學內容或教學策略，完全是以無心無為的方式吸引了一群人來到他面前；王駘讓自己呈現最真實的狀態，在成為自己當中，也讓所有的人能呈現最真實的狀態，最後每個人都能夠成為他們自己想要成為的樣子。這是一種最自然、自在且舒服的狀態，也就是回到天道自然的場域中，讓所有萬物自由自在的成長生發。吳光明提出「在這富有生命的大自然裡，我們遇到事物，我們順應它們，這世界是『界場』性的，不是規則的。我們本身跟它們一起變化，跟它們互相順應，我們的『規則』隨而改變」[67]，是以王駘能夠與孔子平分天下的學生，如同聖人以「輔萬物之自然」（〈第六十四章〉）的方式發揮其自然而然的影響力，沒有任何的壓迫、干擾或限制，在這個場域中的每一個人，都能被尊重，並且被包容，這是一種最美好的關係狀態。所謂「太上，不知有之」（〈第十七章〉），王駘如同天道般生成天地萬物，卻「生而不有、為而不恃、長而不宰」（〈第五十一章〉），他以容讓開放的生命調性或境界，讓萬物都能活出真實的樣子，因此，每個人都非常樂意且喜歡來到他的面前，與他生活在一起，過一種寬大且自在富足的生活，如同天道生成萬物一般之豐富美好。

　　　夫子曰：「夫道，覆載萬物者也，洋洋乎大哉！君子不可以不刳心焉。無為為之之謂天，無為言之之謂德，愛人利物之謂仁，不同同之之謂大，行不崖異之謂寬，有萬不同之謂富。故執德之謂紀，德成之謂立，循於道之

---

[65] 清・郭慶藩著，《莊子集釋》，頁 192。
[66] 明・憨山大師著，《老子道德經憨山註；莊子內篇憨山註》，頁 340。
[67] 吳光明著，《莊子》（臺北：東大圖書股份有限公司，2015 年），頁 91。

謂備，不以物挫志之謂完。君子明於此十者，則韜乎其事心之大也，沛乎
其為萬物逝也。若然者，藏金於山，藏珠於淵；不利貨財，不近貴富；不
樂壽，不哀夭；不榮通，不醜窮；壽夭俱忘，窮通不足言矣。不拘一世之
利以為己私分，不以王天下為己處顯。顯則明，萬物一府，死生同狀。」
（〈天地〉）

　　老莊的核心思想在於「天道」的體悟。天道乃覆庇承載萬物，浩瀚廣大，
而只有化解心知的執著偏見，才能理解天道。這裡提出十種天道所呈現的特質
能夠作為體道的路徑。一者以無為的態度行動是「天道」，二者以無為的態度
表達是「德性」，三者無所偏私對待萬物是「仁愛」，四者從不同的差異中看
見天道之整體共通是「偉大」，五者在行動作為上不特別標舉是「寬厚」，六
者發現萬物各具備不同的特質是「富足」。以上六點，乃是持守內在之德性為
原則，另外其他四點則是在依循天道的運行中，以實現德性的完滿而為全備，
如此在實現本性自然的心志中，便不會受到外在事物的傷害而為完全。是以，
如果能夠明白天道使萬物充分變化運行的原因，就能涵養內心的豐富偉大，當
然就能使生命價值的廣度得以開展。於是，就會把常人所在乎的珍寶各自歸還
於天地宇宙之間，讓黃金藏於深山，珍珠藏於淵澤；不視財貨為利益，也不因
富貴而親近；不以長壽為樂，也不以短命為悲；不將得志視為榮耀，也不會視
窮困為羞恥。總而言之，對於生命的長短及命運的窮達完全可以突破化解，而
不會有任何的分別議論。當然更不會將世俗的利益占為己有，更不會稱王於天
下想要彰顯自己。因為彰顯就是突顯，總是使人以此為標準而執著，其實萬物
都是一體的，死生同樣的都是現象產生而已，人們實在不需要為此糾結不已，
而造成自己的無窮苦難。

　　人們在價值廣度擴展後，才能將生命價值的高度提升，提升代表的是一種
「化」，變化、化解或轉化的過程。若由此高度來對待天地萬物各個不同的生
命狀態，那麼在尊重自身生命之化時，亦能讓天地萬物自身依據自己的生命本
性或樣態，產生成長變化，而長成自己的樣子。如此，便是將生命自身的責任
回歸至每一個萬物的本身，不必再擔負彼此的生命重擔而形成的負累。老子言
「不可為也，為者敗之，執者失之」，王弼注云「萬物以自然為性，故可因而
不可為也，可通而不可執也。物有常性，而造為之故必敗也；物有往來，而執

之故必失矣」[68]，當體道的君王若能夠體悟「天道」，那麼就能夠順任天地萬物的自然本性，而讓其各自依循自身的自然之性以成長實現，使每一個存在生命都能夠實現自身的價值意義。此意義並無有價值高下之分，卻只有生命本身的價值實踐。

> 道常無爲而無不爲。侯王若能守之，萬物將自化。化而欲作，吾將鎮之以無名之樸。無名之樸，夫亦將無欲。不欲以靜，天下將自定。（〈第三十七章〉）
>
> 故聖人云：我無爲，而民自化；我好靜，而民自正；我無事，而民自富；我無欲，而民自樸。（〈第五十七章〉）

　　老子提到天道本身乃是無心自然的為，但卻能無不成全成就。若君王能持守天道的自然無為，那麼將使天下百姓都能在天道自然無為的生成作用中得以自生自長，王弼云「不塞其原，則物自生」、「不禁其性，則物自濟」[69]。然而在百姓自生自長的過程中，勢必有人為造作的發生，於是君王要以無名之樸的天道來安定在此生成變化中的人為造作，如同「道」在「有」中需要以「無」的工夫來修養化解對「有」之「形」與「名」的限定，如此便能使生命回歸到自然素樸中，不再受到人為造作欲望的桎梏，而能以平靜來回應一切的現象變化，使得天下人的生命能夠自在自定。在君王能夠無為、無事、好靜及無欲中，天下人都能使自己在生長中得以變化、在調整中得以端正，在探索中得以富足，在回歸中得以樸實，讓天下人的生命都能依循天道自然，重新選擇以生命本身為終極價值。

2. 大而化之以安

　　要如何才能開展價值的實現呢？莊子以為只有願意放下對外在認同的執著，將生命的重心轉回到「生命」的內在，去面對情緒的懷疑矛盾，過程的孤獨堅持，未來的不確定性，才有可能邁向一種生命的新境界。其在首篇〈逍遙

---

[68] 魏・王弼著，《老子註》，頁 60-61。
[69] 魏・王弼著，《老子註》，頁 21。

遊〉便展示一種生命價值提升至無限的視野，而且在提高生命境界時，才有可能化解社會價值二元對立所形成的狹隘和限制。

> 北冥有魚，其名爲鯤。鯤之大，不知其幾千里也。化而爲鳥，其名爲鵬。鵬之背，不知其幾千里也；怒而飛，其翼若垂天之雲。是鳥也，海運則將徙於南冥。南冥者，天池也。齊諧者，志怪者也。諧之言曰：「鵬之徙於南冥也，水擊三千里，摶扶搖而上者九萬里，去以六月息者也。」野馬也，塵埃也，生物之以息相吹也。天之蒼蒼，其正色邪？其遠而無所至極邪？其視下也亦若是，則已矣。（〈逍遙遊〉）

莊子以寓言論述，北海有一隻巨大的魚，名為「鯤」。鯤魚應該是極小的，但莊子卻說鯤魚之大有幾千里。一面要人超越既有的認知思維，一面也說明此鯤魚心志廣大而不同於一般魚類；在此以「大」示現此鯤魚能夠從海裡的習慣領域，選擇不受限於魚類本能所實現不同價值的方式。可想而知，鯤魚必將失去得到他物的認同，脫離習慣環境的支持，以及獨自面對未知領域的不安恐懼。所以，鯤魚心志廣大，能夠以內在動能由海裡衝出，轉化為一隻大鵬鳥而向天空飛躍；大鵬鳥也是一樣有幾千里之大，在此意謂著生命自我轉化的完成。「鯤化為鵬」從鯤魚本身物種由小轉變為「大」，再由魚變形為不同物種的大鵬鳥為「化」；呈現出從平面之大海至立體之天空、由物類群體之眾魚至個體化之大鵬鳥，開展出一種生命價值之自主、自發、自動之超越與提升的意象。

大鵬鳥要能飛翔，需在鯤魚化為大鵬鳥時，努力嘗試身體變形後的適應，伸展不甚熟練的翅膀，在海面上不斷練習拍擊水面，以激起三千里的浪花，在蘊積足夠的能量後方能向上飛騰。當大鵬鳥振翅飛翔時，他的翅膀張開就如同整個天邊被雲朵遮蓋一樣，這時由下往上聚集大量風力而飛向九萬里的高空。尤其在六月海上風動時，大鵬鳥就順勢從北海飛向南海，以南海之天然池子為最終目的地。這是一段沒有同伴的孤獨旅程，但此時大鵬鳥卻是在天地宇宙的相伴中，觀察海風變化的動向，在借力使力中順應整個風象態勢而飛翔。由「北」向「南」是大鵬鳥由蒙昧持續奮進到光明的歷程，「南海」意味著生命由本能、潛能，以至轉化實現生命的完成。「天池」者，意味著回到原本自在

美好為「天道自然」，「池」者是回到生命在天地宇宙中原有的位置，以實現生命價值；王邦雄說「天池」代表的是一種「原始的自然」，但在「主體的大化與天地的大化同體流行所證成體現之最高理境的開顯」中，「天池」更是一種「境界的自然」[70]。是以，天池並非只是普遍的池子而已，更是一種生命的境界，生命唯有回到在天地宇宙中應實現的價值意義，方能獲得美好自在。

漢書揚雄傳注「息，出入氣也，言物之微者，亦任天而遊，入此義，見物無大小，皆任天而動」[71]。要知道大鵬鳥在高空所見，不論是水澤上漂浮的遊氣，或是空氣中流動的塵埃，都是一股同樣的生命氣息之聚合散滅，都是「任天而動」。是以，人們平時眼中的蒼藍天空，難道是天空的本來顏色嗎？它看來總是讓人有無遠弗屆的感覺。同樣的，若是從九萬里高空往下看時，應該也是蒼藍顏色、無遠弗屆的感覺吧！大鵬鳥飛至高空，拉高視野觀照時，體悟到感官認知對現象二元的差異分別，在這個時候都已經模糊不清了。當生命境界提升時，再回觀所見到的萬般現象時，並不再以為那是原本所以為的真實唯一，此時便能鬆脫社會所形塑二元價值所造成自身的單一限制。因為自己可以與他人或他物不同，而開始扣問自己要活出什麼樣的生命境界？莊子提出在「化」中才能「處物而不傷物」，當然「物亦不能傷也」。

> 顏淵問乎仲尼曰：「回嘗聞諸夫子曰：『無有所將，無有所迎。』回敢問其遊。」仲尼曰：「古之人，外化而內不化；今之人，內化而外不化。與物化者，一不化者也。安化安不化，安與之相靡，必與之莫多。……君子之人，若儒、墨者師，故以是非相䪠也，而況今之人乎！聖人處物不傷物。不傷物者，物亦不能傷也。唯無所傷者，為能與人相將、迎。山林與！皋壤與！使我欣欣然而樂與！樂未畢也，哀又繼之。哀樂之來，吾不能禦，其去弗能止。悲夫！世人直為物逆旅耳！夫知遇而不知所不遇，知能能而不能所不能。無知無能者，固人之所不免也。夫務免乎人之所不免者，豈不亦悲哉！至言去言，至為去為。齊知之所知，則淺矣。」（〈知北遊〉）

---

[70] 王邦雄著，《莊子內七篇‧外秋水雜天下的現代解讀》，頁31。
[71] 清‧王先謙著，《莊子集解》，頁1。

　　這裡藉由顏回與孔子的對話，提出如何才能無心無為而自在於人際往來之事。孔子說，古人是內心以天道為核心，但作為卻是能隨著外在的態勢而作調整改變；至於一般人卻是相反，乃是內心遊移不定，在作為上卻無法隨著外在的態勢而調整改變。古人能夠隨著外在的態勢而改變稱為「物化」或「外化」，內在卻能夠體悟天地宇宙運行規律的不變之道，謂之「內不化」。要知道不論是變化或不變化，就是參與並安然於其中，而不必再增加自我的價值判斷而加以執著。若是君子一類的人，就像是儒墨的指導老師一樣，總是要以各自的是非來攻擊對方，更何況是現代人陷入是非的無法化解當中。老子言「聖人去甚去奢去泰」（〈第二十九章〉），王弼注云「聖人達自然之至，暢萬物之情。故因而不為，順而不施，除其所以迷，去其所以惑，故心不亂而物性自得之也」[72]，悟道的聖人「因順自然，除去迷惑」，在彼此「暢達自然之性」且「物性自得」中，才能與人有正常並正確的送往迎來，能夠與他人相處卻不會傷害到對方，他人也不能傷害到自己。是以，不論是山林或原野都是天地宇宙的現象，不必因為執著而欣然歡喜，因為天道宇宙是一永恆的運行規律，外在現象總是無時無刻都在推移流動，若是人們內心不斷因其變化而受到影響，那麼生命便將遭遇奴役與控制，往往是在快樂還未消失時，痛苦悲傷就已經跟著來了。在自己不能抵抗也不能阻止之下，將陷入無止盡的快樂和悲傷的情緒中，造成人類生命的無窮悲哀，因為世人反而失去生命主體性，而成了萬物的旅舍而已。要理解現象所形成的認知觀點，世人只能一知半解，只能理解所遇到的，卻無法理解還沒有遇到的；做到能夠做到的，卻不能做到做不到的。然而，也要知道人們有所不理解的和不能做到的，本來就是人類生命所不可避免的，若是一直追求不可避免的不理解和不能做到的，那麼不是非常可悲嗎？因為真正的表達並不會刻意地去表達，真正的作為更不會刻意地有所作為。若是想要將自己的認知強加在他人的認知上，而要求他人和自己相同時，那是非常淺陋的觀點，且將造成無盡的痛苦。

　　是以，要問的是如何掌握「一不化」之道，要下何等的實踐工夫呢？老子言「上士聞道，勤而行之；中士聞道，若存若亡；下士聞道，大笑之。不笑不

---

[72] 魏‧王弼著，《老子註》，頁 61。

足以為道」（〈第四十一章〉）。一般人將「道」視為玄虛，生命境界高一點
者則在「體道」與「無道」中擺盪；至於能夠將「體道」、「悟道」視為生命
終極價值的，才能從認識真正的價值，以至擴展價值視野，展開對價值境界的
提升，這是一個「勤而行之」的努力過程，乃是在不斷「理解詮釋」與「身
體力行」中往來互動的進行過程。如同道以「逝」、「遠」及「反」（〈第
四十一章〉），作為天道運行規律的狀態，乃是運行至遠處而後回返的歷程，
而人們對於「體道」的工夫亦應當如此，在不斷竭盡所能的實踐中，以至回返
至自己的生命本身。此中並無有結束、結果的可能，乃是一直持續並回返的循
環交流過程。天道雖然自然無為，但在人類文明社會化歷程已經持之已久的情
況下，人類早已無法直接以原初之天真本德作為生命實現的可能，反而需要不
斷下工夫練習放下自我心知執著。如同庖丁之能夠「解牛」，開展出使文惠君
對養生之道（〈養生主〉）的體悟一般，在經過「三年」或多年的實踐工夫，
才能不再受到「全牛」之自我心知執著的限制，爾後才能夠達到「遊刃必有餘
地」的境界。這是一套由練習「覺察」心知限制之「技」，以恢復至「道」法
自然的過程，目的是為了回歸原初之「道」，真正理解「天道」是一「善貸
且成」（〈第四十一章〉）之天地宇宙的自然場域，王淮言「貸，佈施潤澤之
意，言道善於佈施萬物、潤澤萬物、生之、養之、長而成之。此道之所以為天
地始與萬物母也」[73]，天道在無心無為中，使萬物都能在此自然場域中成全各自
的生命。然而，在現代教育中，以知識的教導與學習為主軸下，往往無法釐清
及理解人生最重要並且必須習得的部分，以其生命只能在不斷探索與實踐中才
能被發現。是以，從第二章開始，將透過一些「覺察練習」的「提問」方式，
使人能夠以莊子文本來刺激思考，創造認知思維的反思批判性及多元可能性，
在日常生活中身體力行以「體證」內化，最後形成自己的價值論述，逐漸清楚
明白自己的生活脈絡，以形成自己獨有的生命意義軸線。

---

[73] 王淮著，《老子探義》，頁 174。

教育的省思與可能

　　教育的本質在充分發揮人性價值，引導學生成為一個真正的人。但為了培育最優質的人才以促進社會進步、經濟繁榮及國家發展之需要，學校教育也往往成為價值觀的培育基地；在教材內容的選擇，教學體制的建構，以及教學策略的運用上，也多是以國家社會之整體目的所帶來之功利結果為任務導向。然而，學校教育是否已經完全被社會功利結果所綁架，遺失了將學生視為一個「人」的基本價值，犧牲了以「生命」為主體之教育終極價值？

　　所謂「教育是生命與生命之間的真實互動，不能等同於物質性的物理現象，『教人成人』涉及心靈陶冶與生命品質的超拔轉化，必須有很好的生命哲學與人生智慧作為支撐」[1]，省思目前的教育現象，能否做到「生命與生命之間的真實互動」？教師與學生已經被課程及分數填塞，在視每個課程為專業基礎而必要學習的前提下，學習內容充斥著假設學生所需要的基礎或進階認知，學習時間不僅限於白天八個小時，放學後可能還需要三至四小時來補充及提升學習成效。試想學習時間將近十二小時，早已超越一般工時，成人況且難以接受，更遑論莘莘學子呢？可悲的是，擁有話語權的大人們卻以「讀書學習」、「未來成就」之美名包裝常人無法接受的生活模式。孩子們以讀書作為生命的唯一目標，雖然講究「五育均衡」，但整個教育型態卻以「智育」為主，一面教育目標與實踐方向成為一種悖離，教師無法擔負起知行合一的身教典範；一面學生不必用心於人際往來互動，不必在乎做事能力培養，更不必好好的過生活，當問起興趣與目標時，卻只能支吾以對。是以，師生之間亦往往流於成績所衍生的關係，而以此定義「好老師」與「好學生」。要反問的是社會、國家、經濟及教育的主體何在？若整個社會環境的建構是為了人們可以過更好的生活，那麼社會國家經濟的發展及教育政策的施行，亦應是以「人」為主體，而不容以國家經濟的發展妨害到人們的存在方式，更不得因教育政策要符應發展目標而犧牲了學子生命，抹殺可以無限創造及發揮的機會。

　　再者，整個教育的目的能否達到「心靈陶冶與生命品質的超拔轉化」？其實在學習的過程中，較著更知識量的多寡而不在乎學生想要學習什麼或學習到什麼？在乎的是學生能否準時上課而不在乎學生的心理狀態如何？在乎的是學

---

[1]　林秀珍著，《老子哲學與教育》，頁31。

生能否考好成績而不在乎學生喜愛什麼？在乎的是學生是否乖乖聽話而不在乎學生能否解決問題以面對將來的生活困境？在乎的是學生未來能否有好的工作而不在乎學生是否能夠掌握真正的幸福？在一代一代的傳承下，大人們或教育專者們，將內在的焦慮與恐懼，投射至學生身上，要求他們去預備自己還無法想像的未來人生，所以，不必實現自己獨特的生命價值，只要照本宣科去做；不必探索生命的無限可能性，只要聽話服從即可。在學生尚未踏出社會以前，每個人早已背負著沉重的壓力在踽踽前行；是以，我們的學生能否不必再帶著驚恐邁入社會，而是在充滿勇氣與希望中探索生命的價值與意義？不必再依循著前人的路徑出發，而是能夠在摸索與挫敗中走出自己生命的道路？能否不再設限學生一定非得如此？

　　尤其在華人文化長期接受上下尊卑，遵循五倫規範敬愛之學習模式，在推己及人以致國家制度系統的鞏固上，長期以來儒家思想的傳承乃功不可沒。「尊卑上下」、「服從長上」，成為華人的集體潛意識，任何美好的理想均可被上位者包裹，而要人們加以遵從，下位者只能順服、聽話，甚至是犧牲。在鼓勵犧牲自我的觀念中，百姓要為經濟發展犧牲、軍人要為國家富強犧牲、父親要為家庭犧牲、母親要為孩子犧牲，在犧牲中所有的人都與自己悖離，於迷失自己中也將別人推開，而與他人及其他萬物產生斷裂。若是如此，人人都犧牲了，那麼到底有誰得益？只能發現在「犧牲」的前提下，人與人間產生了更多的彼此傷害與怨懟。是以，能否回歸教育本身，以人性為真正的主體價值？能否使學生都能找回自己，好好成為自己想要的樣子？透過莊子思想正好可以提供人們重新省思目前教育方向的盲點，試著建構出真正的「教育」內涵。以下將呈現教育現象的「功利結果」，論述「教育的人性基礎」及「課程的多元價值」，並試著說明「教育的本質意義」與「教師的人文素養」五個面向。

第一節　教育的功利結果：殉身論

　　英國哲學家邊沁（Jeremy Bentham，1748-1832）提出「效益主義」，又名「功利主義」，主張快樂並非個人的事情，而是要在公平的社會結構下追求最大多數人的最大幸福；而此多數人的最大幸福，亦往往成為社會發展的方向

與目標。然而，首先要問的是「人類的真正幸福」是什麼？其次「最大多數人的幸福」是人類本身的「幸福」嗎？最後「最大多數人的幸福」是否也遺漏了「最少數人的幸福」？試問若我們搞錯真正的幸福是什麼，是否有人願意自己的幸福被遺漏？若這些提問無法解決的話，我們怎能繼續下去並且從善如流？本節從「天下人以物易性」，開展「天性自然的探索」，藉由論述莊子「殉身論」以說明「教育的功利結果」。

一、天下人以物易性

　　莊子早在二千多年前就已經觀察到全天下普遍的現象，就是在社會文明的發展脈絡下，人們全都在追求社會所形塑的價值系統，以致於犧牲生命的本質天性。他說「天下盡殉也」（〈駢拇〉），莊子覺悟到全天下人多是為了根本不需要或不想要的社會價值而自我犧牲，成就看似最大多數人的最大幸福，因為人們普遍過著伴隨恐懼與無感，如同行屍走肉的生活方式，即所謂「心死」（〈田子方〉）的狀態；榮格提到「絕大多數受過教育的人都只不過是片面人格，他們擁有的是一大堆替代品，而不是真實的善」[2]。「教育」是國家社會的良心與根基，然而，整體教育是否也為了配合集體化及權威化的價值觀點，而只是將學生生命視同成就社會國家整體發展之陪葬品而已。

1. 傷性以身為殉

　　莊子在繼承老子思想後，以覺者之姿發現人類生命的悲哀，而且更可怕的是從古至今沒有不如此的，並且變本加利地在強化中。

> 自三代以下者，天下莫不以物易其性矣。小人則以身殉利，士則以身殉名，大夫則以身殉家，聖人則以身殉天下。故此數子者，事業不同，名聲異號，其於傷性以身為殉，一也。（〈駢拇〉）

2　卡爾·榮格著，韓翔中譯，《榮格論心理學與宗教》，頁 67。

　　莊子指出自三代以後，天下人沒有不用外在的事物來取代自己的生命本性的，王先謙云「以名利易性」[3]。若是小人則是為了利益而犧牲生命，讀書人則是為了求得美名而犧牲生命，大夫則是為了家國而犧牲生命，至於聖人則是為了天下人而犧牲生命。莊子直言雖然他們各有不同的目的而成就不同名聲，但他們傷害自我的本性、犧牲自己的生命，卻都是一樣的。莊子甚至以「臧與穀，二人相與牧羊，而俱亡其羊」，說明臧與穀兩個人都在放羊，但都把羊遺失了。問臧在做什麼？他是手拿書本在讀書；問穀在做什麼？他是擲骰子在遊玩。二個人雖然所做的事情不一樣，但都同樣把羊弄丟了。「羊」意指「真實的本性」，人們總是會以各種美好的理由，作為扭曲自己、犧牲生命的藉口，以此來誇誇其談自我的主張。在儒家傳統下，華人深受「讀書學習為上」所制約，總是以「讀書」一事作為取代其他一切的可能，當然「博奕」更是等而下之的不在選擇之列。常人對「讀書而遺失羊」與對「博奕而遺失羊」，互相比較下前者是不會受到苛責的，以其「讀書」為美，至於所讀之內容與自身之關係為何則置之不論；如同儒家傳統以伯夷不食周粟之高潔為善，以盜跖率匪為盜之卑劣為惡，但要知兩者雖然各有不同作為，但在殘殺生命與傷害本性的內涵上是一樣的，因此質疑人們何必認為伯夷一定是對的，而盜跖就是錯的呢？可見全天下人都以「生命」為犧牲品，差別只在人們如果是為了「仁義道德」而犧牲就稱之為「君子」，如果是為「財貨權勢」而犧牲就稱之為「小人」。

2. 無為小人或君子

　　雖然有君子和小人的差別，但就其殘殺生命和傷害本性的觀點來看，盜跖和伯夷似乎是一樣的，都是「棄其所為而殉其所不為」，也就是他們都捨棄生命本身而去追逐所不當為的，是以，根本不必再去分別認定君子和小人之間的是與非，他們都是「一也」。

　　子張曰：「子不為行，即將疏戚無倫，貴賤無義，長幼無序，五紀六位將何以為別乎？」滿苟得曰：「堯殺長子，舜流母弟，疏戚有倫乎？湯放桀，武王伐紂，貴賤有義乎？王季為適，周公殺兄，長幼有序乎？儒者偽

---

[3]　清・王先謙著，《莊子集解》，頁51。

辭，墨者兼愛，五紀六位將有別乎？且子正爲名，我正爲利。名利之實，
不順於理，不監於道。吾日與子訟於無約，曰：『小人殉財，君子殉名。
其所以變其情，易其性，則異矣；乃至於棄其所爲而殉其所不爲，則一
也。』故曰：無爲小人，反殉而天；無爲君子，從天之理。」（〈盜跖〉）

　　這裡透過子張和滿苟得的對話，說明子張遵守人我倫常之道，高舉堯舜商
湯武王爲典範，但滿苟得卻提出聖王之人我倫常的惡行。子張追求「名」，滿
苟得追求「利」，不論「名」或「利」二者，在本質上都不能順理明道。因爲
小人爲財犧牲，君子爲名犧牲，他們改變真情本性的目的不同，但相同的是他
們都放棄且犧牲了可以有所作爲的生命本身，卻追逐所不應當追求的，這是完
全一致的。這裡鼓勵人們不要去追求小人之犧牲生命而去追求利益，要遵行實
現天生自然之理；更不要去追求君人之犧牲生命而去追求虛名，而要遵行宇宙
大道運行之理。簡而言之，尊重內在天生本德以順應天道運行之理，是不容被
犧牲的。這裡要提醒的是人類是否陷入「三不朽」之「立德」、「立功」及「立
言」（《左傳·襄公二十四年》）之爲留後世之「名」的價值觀點執著中，而
以「君子」之名爲貴，以「小人」之名爲惡。莊子主張要人「無爲小人」、「無
爲君子」，也就是消解「君子」與「小人」之名，而要回歸天道之理內在於人
之自然本性的實踐中；如同教育在不以功利得失之價值觀點時，方能解開每一
學生藉由教育以成全實現自我的無限可能。

二、天性自然的探索

　　不論「仁義」和「利益」，只能言其所作的事情和所成就的名聲「各有不
同」，但卻無法以價值之善惡是非來論其「高下」。若以君子所成就的結果，
確實能夠影響深遠，小人反是，在此若以「結果」論定義其是非，君子之仁義
確實較小人之利益有價值。然而，若是將「存心」或「過程」放入，那麼爲了
成就君子之名，是否有更多的虛假存心、扭曲本質或忽略過程的可能？無論是
存心或過程均無法顯現出來，而且每個人在實踐行動上的內在存心亦是千差萬
別。仁義的實踐，可以是爲了「君子之名」，而失去成爲一位真正君子的可
能；實踐「生命本身」也可以產生利益的獲得，使小人不再只是平庸者，反而

在自我實現中，開展出自己生命的唯一性與獨特性。雖然以仁愛內在為儒家之道的根源，多少罪惡假「愛」之名以行之。是以，莊子思想中要棄絕的是在分別「君子」和「小人」之名中，是否失去了作為一個人之真正價值意義？是否人們為了看似美好的外在修飾，總是在求得自身以外的他人與他物，以獲得價值認同？

1. 反天命之眞

莊子不斷提醒人們不要以「得」到外在之名而失去了對於生命本身的真實探索。

> （河伯）曰：「何謂天？何謂人？」北海若曰：「牛馬四足，是謂天；落馬首，穿牛鼻，是謂人。故曰：無以人滅天，無以故滅命，無以得殉名。謹守而勿失，是謂反其眞。」（〈秋水〉）

河伯提出什麼是天生自然？什麼是人為造作？北海若說牛馬有四肢，是天生自然；至於把彎頭絡在馬首，韁繩穿過牛鼻，就是人為造作；並且提醒人們不要以人為造作來傷害天生自然，不要以有心有為來傷害氣形物命，不要求得虛假名號而犧牲生命的天真本德，對此要謹慎持守而不要失落生命的真實美好，要回歸人人本有的天真本德。莊子在此提出「天生自然」的美好，而不要被消滅或犧牲了。此「自然」乃是「道生德畜」之性，是自己本性的樣子，並不需要施加以「人」為、「故」意及「求」得什麼來添加其上，反而只要回返至最真實或純然之「天」生、氣「命」或本「性」上。「天」、「命」或「性」是指天地萬物本來所具備之「天道自然」的「無限」，當然不容以人為造作之「有限」強加在人之無限本質中，如此，則將使原有生命的無限可能被限制住了。在此「自然之性」乃超越孟荀之「善惡之性」，為一絕對之善，就天地萬物的存在現象觀照，每一存在都能竭盡所能地活出自己最美好狀態才是。而在各個萬物活出不同實現的過程中，乃超越二元標準之善，成全了自己生命純然的絕對之善。

2.知足故不尙不貴

　　回歸教育的現場，應非以一外在標準為填塞學生的學習教材，反而教材應是多元而可供探索的素材。教育的主體是學生的生命，絕不能以「國家富強」、「社會進步」或「經濟發展」等之美好理由，而把學生生命視為陪葬品，或視為工具價值的存在，形成無止境的「為盜」的可能和「心亂」的現象。

　　不尙賢，使民不爭；不貴難得之貨，使民不為盜；不見可欲，使心不亂。
　　（〈第三章〉）
　　天下有道，卻走馬以糞。天下無道，戎馬生於郊。禍莫大於不知足；咎莫
　　大於欲得。（〈第四十六章〉）
　　以正治國，以奇用兵，以無事取天下。吾何以知其然哉？以此：天下多忌
　　諱，而民彌貧；民多利器，國家滋昏；人多伎巧，奇物滋起；法令滋彰，
　　盜賊多有。故（〈第五十七章〉）

　　從整個社會國家建構一個「可欲」的對象，一者是無形的價值標準，何者為美善賢能？一者是因此價值標準所逐漸成形的貴重財貨。在權力中心的推波助瀾下，使社會全體朝向可欲的「賢」及「難得之貨」的方向進行。人們心中為求得欲望之滿足或害怕失去此欲望之擁有，內心總是無法安定而活在混亂當中；人們在不安混亂中競爭是否成為人群中的賢者，更在不安混亂中追求所謂的貴重財貨。在人們不斷向外求取而無法安頓內心下，總是若有所失而無法感受到真正的滿足。人們於內在的衝突中往往發生過錯而造成災難，甚至戰爭的興起常是有權者在內心無法滿足時，假借國家民族的名號，而啟動戰爭的發生。若是人人都能法天道自然以實踐內在本性，那麼萬物就都能回歸到自己身上，如同馬匹回歸到自然田野一樣，能過一種實現天性自然、美好自在的生活。王弼注「天下有道」云「天下有道，知足知止，無求於外，各修其內而已」[4]，要以「知足知止，各修其內」；若是無法以天道自然實踐內在本性時，那麼天地萬物都只能被犧牲，即使是母馬也只能在戰場上生幼馬而已。這裡提

4　魏·王弼著，《老子註》，頁95。

出，君王不能以一「可欲」的理念或對象來領導天下，因為當特別標舉何者為「正」之治理國家時，就必然產生以「奇」之對應爭戰模式。是以，只能以「自然無為」的方式，作為與天下人之連結關係的可能。老子提出「無事」之無有心知執著之作為，目的在使天地萬物能夠回歸到自然的場域，使其自在成長。若是「有事」，上位者便將制定諸多法條規章，各種禁令就會愈來愈多，而人民為了生存下去，一面將愈來愈無法發揮自己的生命本身，反而在生活上產生更大的困頓而只能為盜賊，一面更是發展出心機算計、聰明巧智，使得國家愈來愈黑暗，奇怪的現象也愈來愈多。

是以，當施行以外在功利價值為取向的教育政策時，就是隱含期待學生符合國家社會經濟整體進步發展之目的，一面將加深學生無法實現自己生命而產生無價值的感受，一面也使得學生均朝向此一致化的標準中，在彼此競爭中陷入只為累積自身好處，而強取他者，甚至豪奪未來資源，此問題不可不謂之大矣。在已然忽略學生生命本身、人性價值意義而成為國家社會目標之大前提下的犧牲品，許多不論成績好以符合標準者，或成績不好而被淘汰者，都對自己的生命意義產生無價值感；前者即使獲得好成績、好工作，依然不知生命將何去何從；後者因未能獲得好成績，若未能自我轉化完成，也將使生命在社會邊緣中流蕩不已。老子言「故知足之足，常足矣」（〈第四十六章〉），提出一種從自己生命而來的滿足，才是真正的滿足，也才是永恆的滿足。若是一位居上位的領導者能夠「體道」，那麼才能對「生命」有真正的認識，才能推動施行一種「無為」、「無欲」且「好靜」的生命存在狀態。在悟道者的帶領下將產生自然的影響力，所謂「輔萬物之自然」（〈第五十七章〉），要創造如同天道自然的場域，使得天下人都能在此自然場域中，活出自我肯定的價值，因為人人都能夠在此場域中「自化」以自己成長變化；在「自正」中引領自己的生命往前，以及在「自樸」中回歸真我而化解自身的心知執著。卡爾·羅哲斯提到「人的本性中、最內在的核心，……在本質上是積極、正面的——它本來就帶有社會性、前進的傾向，有理性、而且很實在」[5]；是以，如何重新回到以「人性」為核心的教育基礎？使每一個學生能夠「做自己」、「認同自己」、

5　卡爾·羅哲斯著，宋文里譯，《成為一個人——一個治療者對心理治療的觀點》，頁 106-107。

「成為自己」以及「活出自己的樣子」，正是莊子思想能夠成為「生命教育」之重要資糧。老莊思想以「道德」為天地宇宙根源與生命的連結關係，正是使教育能夠回到正確的方向的重要參考。

覺察體驗作業：

　　1.反思自己的生命是否被限制了？這個限制可能是什麼？

　　2.若以尊重自然本性的前提下，能夠真正讓自己內心滿足，並且感受到幸福的事情可能是什麼？

第二節　教育的人性基礎：道德論

　　西方基督宗教以人出生即犯罪，有先祖背離神的「罪性」，而唯有倚靠神才能得救；佛教則以眾生的「佛性」，作為修行覺悟的起始點；孔子雖未指出人性為何，但其高舉「仁」為其「道」，就是將「仁愛」視為人類的共同情感，如此才得以化解人際關係的阻礙疏離，及所造成「禮壞樂崩」的解決之道；老子則將人性價值提升至天地萬物之根源處——「道」的高度，將人性本質上溯至萬物存有根源之「道」，而「道」的本質乃內在於人性中為「德」。什麼樣的人性基礎，就有什麼樣的教育理念，儒家透過學習以追求共同情感的仁愛之性，強調「為己之學」（〈憲問〉）、「成人之美」（〈顏淵〉）；道家則要人「絕學」（〈第二十章〉）、「學不學」（〈第六十四章〉），才能發現天道自然內在於人性之德，本節說明儒家的「人性觀點與學習」，在認識「道德的人性本質」中，開展出教育的另一種可能性，意即藉由論述莊子的「道德論」來說明「教育的人性基礎」。

一、人性觀點與學習

　　孔子並未就人性直接提出說明，乃是透過與弟子的對話，重申「仁」的內涵，所謂「人而不仁？如禮何？人而不仁？如樂何？」（〈八佾〉）指出「仁」乃是禮樂的實質，人所形諸於外的禮樂表現，若無有「仁」作為底蘊，那麼禮樂便失去其價值。「克己復禮為仁」、「為仁由己」（〈顏淵〉），「仁」是

一個人內在主動自發的感情，人自己是否是實踐仁愛的主體？所謂「我欲仁，斯仁至矣」（〈述而〉），只要自己想要仁愛，便可發揮主動實踐的能力。

1.以仁愛為人性之道

孔子以仁為「安」（〈陽貨〉），當一個人能夠感同身受別人的感受時，並且願意以同樣的方式待人時，才能撫平「不安」之心。而在親疏有別之差等仁愛中，對於父母應該要服「三年之喪」，因為人在出生三年後才能免於父母之懷，而有此「通喪」之禮的遵循。仁乃是「己所不欲，勿施於人」（〈顏淵〉）、「己欲立而立人，己欲達而達人」（〈雍也〉），人們不會將自己所不願意、不想要的加諸於他者，使其受苦；而且會將自己所欲建立的、所欲成就的，協助他人能夠實踐，這是一種「愛人」（〈顏淵〉）的表現。亦即「愛」是一種在人我間所生發的感同身受，以致透過「給予」或「接受」的行為，完成真正的情感交流。而能將此「與人關係」的感同身受情感加以實踐，才是一位有「仁」的人。

孟子則直接提出「人之所以異於禽獸者幾希」（〈離婁下〉），人類雖然與其他物類都具有共同之生理本能的「物性」需求，但人性與其他物類不同之處在於「不忍人之心」（〈公孫丑上〉），即人類有無法忍受他者受苦的心，不願別人受苦而願意代以承擔，所以孟子主張「性善」（〈滕文公上〉）。亦即只要是「人」都應具有此種異於他種物類的情感，這是人之所以為人的基礎，更是與其他物類不同的「人性」價值。雖說人性有與其他物類不同之「性」，但孟子卻強調此不同之性只是「幾希」而已，也就是說人類僅有一點點與他種物類不同的本性而已；亦即此不同之性雖能夠展現「惻隱」、「羞惡」、「辭讓」及「是非」之心，只是「仁」、「義」、「禮」和「智」德行之「端」（〈公孫丑上〉），也就是人性僅具有人際往來關係和諧之實踐基礎或潛能而已，卻非充分具備。是以，在人性「善」的特質只是「幾希」或「端」而已，則需要加以擴充（〈公孫丑上〉）及存養（〈盡心上〉），在經過長期的修養工夫以完成人性之善。至於荀子則看見人類若順從「物類之性」而為則必為「惡」，所以主張「性惡」，其言「善者偽也」（〈性惡〉），認為「善」是需要透過「人為」之「師法之化」，施以「禮儀法度」，才能「化性起偽」。

從孔子以「仁」為「道」，在《論語》之始〈學而〉，便是透過「學而時習之」，在強調「學習」中以實踐「仁道」；顏回以「不遷怒、不貳過」之修養工夫作為「好學」（〈雍也〉）的代表。孟子言「學問之道無他，求其放心而已矣」（〈告子〉），學習的內涵是將放逸之心收回，因為「心」能夠發揮仁義禮智，而且是「人之所不學而能者」，所謂「良能」（〈盡心上〉）。《荀子》第一篇為〈勸學〉，主張「君子之學也，以美其身」，學習是為了改變生理氣性易流於惡的可能，因為「為之人也，舍之禽獸也」，當人們能夠致力於學習時，就能夠成為一個人，反之則與禽獸沒有區別。是以孔孟荀都是以「學習」作為實踐「人性」的重要方法，定義學習的內涵為「為己」（〈憲問〉）之學，透過學習將自身仁道本性作澈底的實現。至於西方經驗主義哲學家洛克（John Locke，1632-1704）亦主張人類的心靈如同白紙一樣，需要經由後天環境的塑造，依此主張「教育萬能說」。孔孟荀強調「學習」是實踐人性價值、發揮人之所以人的重要方法；其對於人性的認知基礎，是奠立在需要透過後天學習，在累積堆加學習內容中以調整改善或發揮人性之善。那麼要增加什麼內容，便成為教育學習的著力點。「古之學者為己，今之學者為人」（〈憲問〉），孔子提出古人乃是以修養己身為學習重心，當時的人卻為求得自身名貨，投他人之所好加以學習，是孔子所不以為然的。至於現代則以「整體國家發展進步」作為教育的內涵，以功利價值觀點成為教育目標的方向，如今產生人性價值的失落，造成人們的種種痛苦，則是有目共睹的。

2.俗學繕性不見天地之純

莊子提出若要透過「俗學」以回歸原始天性，是愚昧蒙蔽之人。

> 繕性於俗，俗學以求復其初，滑欲於俗，思以求致其明，謂之蔽蒙之民。（〈繕性〉）
>
> 後世之學者，不幸不見天地之純，古人之大體，道術將為天下裂。（〈天下〉）

儒家思想透過「學習」以「輔仁」（〈顏淵〉）、「為己」（〈憲問〉），使自己在社會環境中達到人我往來之和諧關係；莊子則欲回復「人性之初」、

「天地之純」，以達到與天地宇宙的和諧關係，兩者目標不同，造成對「學習」的不同態度。儒家鼓勵學習前人的智慧而得以遵循，走上人生正確的道路，莊子則以學習知識反而造成天性自然的遮蔽，以其不明天道宇宙之整體合一及天性自然之美好自在，讓人陷入人我欲望的爭戰，在各自堅持己見下陷入無止境的混亂。儒家主張「學習」，成為後代正式教育的興起；至於老子主張「棄智」（〈第十九章〉）、「愚之」（〈第六十五章〉），使人以其有「愚民」的主張，其標舉「絕學無憂」更使人認定其為「反教育」。

> 絕學無憂，唯之與阿，相去幾何？善之與惡，相去若何？（〈第二十章〉）
> 爲學日益，爲道日損。損之又損，以至於無爲。無爲而無不爲。（〈第四十八章〉）
> 聖人欲不欲，不貴難得之貨；學不學，復眾人之所過，以輔萬物之自然，而不敢爲。（〈第六十四章〉）

老子觀察天地萬物均以其本性狀態得以自然成長與發展成獨立美好之姿，就人類而言，在與物類不同之人性，亦應有其本性才是。人性在與物類不同之性下，發明了語言文字而得以傳遞歷史文明，後代人以此承襲加以學習之。老子生於春秋戰國，已然見此傳承所形的制約，在此時代中一面絕對無法回復至原始生活，而且原始生活狀態亦非人類享盡文明生活後所願意回歸的；一面在原始生活無法回歸下，老子試圖要提醒的是，能否在人類文明中保全原始天真之美好？亦即「絕學」並不是不要學習，而是能否不被人類所獨特擁有的「學習」所桎梏？王淮言「修道唯是修個虛無之心」[6]，學習並非是為了達成某一個目標的工具而已，反而是「無」與「復」的工夫實踐。所謂「學不學，復眾人之所過」，能否透過學習回復人性本然之初始？學習是發現「人之所過」而得以回復萬物本性自然的過程，在「為」與「學」中能否「無」之，以至於「無為」、「無學」？不必再刻意的去作為與學習，使一切的作為與學習均是「自然無心」，那麼在自然無心的「為」與「學」中，均將達到無不為、無不學的

6　王淮著，《老子探義》，頁 82。

可能。因為沒有一定的目標要達成以得到認同，更沒有需要與人爭競以贏得勝利，人人都在生活的過程中透過「有」的「為」與「學」中，以完成生命的獨立自主。是以，儒道兩家對人性的不同觀點而對「學習」產生絕對不同的觀看視野。

二、道德的人性本質

老子發現當時君王若能體會天道自然之理，便不會造成春秋戰國禮壞樂崩的亂象。孔子則提出將禮儀內化為「仁道」，以道德禮儀來促使人我之和諧，但老子認為孔子的這個解方根本無法處理人類的時代困境，他要從根本上解決問題，主張人類應回歸至與天地宇宙的和諧關係，也就是將人性價值提升至天地萬物之根源處──「道」的高度，才不會使人性逐漸沉淪，最後導致以外在形式來規範人類的生活。在此老子體悟了宇宙運行變化規律的「天道」，但更重要的價值是老子將人性本質，上溯至萬物存有根源之「道」，而「道」的本質乃內在於人性中為「德」。吳怡說明「道是宇宙的法則，德是個人的修養」、「道是宇宙的精神，德是個人的精神」，認為「老莊的道德是道和德，是由德入道，是一種超意識。這種超意識，一方面是挖掉潛意識的根蒂和淨除意識的欲念，另一方面是藉修養的工夫，由德行或智慧，一超直入道的境地」[7]，亦即老子重新賦予人類生命本身的崇高價值，企圖重新建構人類對自我生命本身的認知內涵。

1. 道生德畜之尊貴

老子在首章提出對於「道」之「無」與「有」的體悟，說明「道」與「天地萬物」的生成往來關係；在〈第五十一章〉提出「道生」、「德畜」，說明「道」與「生命」的存有實踐關係。老子將人性根源追溯至天道自然，在「道生德畜」（〈第五十一章〉）之人性建構下，人性的本質本性即具有「道」的內涵，「德是指一種完美功能的氣質」、「德也是某種與道俱來的『gift』」（這個詞具有禮物和天賦雙重含義），德是在遵循著道的事態中獲得的」[8]。是

---

[7]　吳怡著，《生命的哲學》，頁 224-225。

[8]　德‧漢斯─格奧爾格‧梅勒著、劉增光譯，《東西之道：《道德經》與西方哲學》（北京：北京聯合出版公司，2018 年），頁 59。

以，在道之豐富內涵中，人性並不需要外加任何的規範儀則，一面只需體會「道無所不在」（〈知北遊〉）的生命之道，一面要將人性在社會化過程中，逐漸恢復被扭曲的真我、消解被形塑的自我。

> 道生之，德畜之，物形之，勢成之。是以萬物莫不尊道而貴德。道之尊，德之貴，夫莫之命常自然。故道生之，德畜之；長之育之；亭之毒之；養之覆之。生而不有，為而不恃，長而不宰，是謂玄德。（〈第五十一章〉）

　　道生天地萬物，乃以「道」內在於人的「本性」而為「德」，並且以可見之有形具體化此道內在於人之本性而為「物」，物為天道德性實踐之載體，天道不僅生成天地萬物，使其有本性及物形，更以環境勢態來成全萬物，使每一物都得以生長、培育，有時會使其停下腳步，有時將使其調節修正，目的在使萬物都能夠被陶養及庇護。道之生為「有」，但要透過「無」的消解去執，方能實踐「道」生於天地萬物內在之「德」；老子提到「玄德」，言「天道」乃生成萬物卻不占為己有，作用萬物卻不依恃其功績，長養萬物卻不主宰控制，亦突顯道內在於本性之德，乃具有此「生成」、「作用」及「長養」之自然本質，德之性如同天道具有生生不息，主動、自發之動能，不容忽視。在以儒家「仁愛」之性所形成之人我關係之共同情感為內涵下，反而忽略了人之本性具有天道之本性特質；老子以「獨立而不改、周行而不殆」（〈第二十五章〉）來形容此「先天地生」的混成之道，為一永恆無限之道，王淮言「獨立而不改者，喻道體之絕對與永恆也；周行而不殆者，喻道體之廣大而無窮也」[9]，而人類在有限之肉體存在中，如何活出一永恆無限？這才是人類所應實現的。

　　老子不從人際往來訴諸於人性之仁愛，而是將人類本性追根溯源至天道的永恆無限，企圖將終極價值作一真正的釐清。不再從人我關係之有形存在之短暫及有限中追尋，而是要人們以宇宙根源之道作為身體力行的核心底蘊，方足以成為實踐人性價值的重要關鍵。因為「整個存在界其實就是價值世界，而『道』也就規範這一切事物的地位與關係的價值之理」，而且「道使人類理解

9　王淮著，《老子探義》，頁104-105。

自己在存在界中的地位，並決定自己與其關係底意義基礎，或規範一切的價值理序」[10]，所謂「常無欲以觀其妙，常有欲以觀其徼」（〈第一章〉），王淮言「妙為一深度的『質』的概念，徼為一廣度的『量』的概念」，要「常於『無』處以觀道體之深微」、「常於『有』處以觀照道用之廣大」[11]，即道體乃透過生命存在於人間世而得以展現多元的可能，而一切生命在回歸道體的過程中，才能開展天道內在於人之德性的無限妙用。王弼注「道尊德貴」云「道者物之所由也，德者物之所得也，由之乃得」[12]，老子以為當能夠體道悟道時，即能實現真正的人性價值，說明天地萬物都應以「道德」為尊貴，方能認識生命本身存活於世間的意義。而此「天道」的內涵即是「自然」，天道本身即是自然，天道以自己肯定及認同的方式展開其運行的規律，無須「他然」之受制於外物，以尋求外物的肯定及認同。天道「自然」，其以自身之「周行」成為自身「獨立」的內涵，「自然」之周行即是「獨立」，天道以自身之運行不已，成為自身之然。亦即在自然周行中才能獨立，因獨立不改變，方得以周行而不停止。說明道的本身是「自己而然」的活動狀態，而道乃內在於人之性，人之性亦是「自然」，更是「獨立」，天地萬物之性的實踐乃以「完成獨立」為最終價值。是以，若人人能夠真正認識「道生德畜」的人性美好價值，認知產生行動，那麼每個人必將各自回歸到自己的生命本身，不必將生命流放於外在追求，便有機會化解人與人間因貪婪取奪而造成的競爭衝突。

> 吾所謂臧者，非仁義之謂也，臧於其德而已矣；吾所謂臧者，非所謂仁義之謂也，任其性命之情而已矣；吾所謂聰者，非謂其聞彼也，自聞而已矣；吾所謂明者，非謂其見彼也，自見而已矣。夫不自見而見彼，不自得而得彼者，是得人之得而不自得其得者也，適人之適而不自適其適者也。夫適人之適而不自適其適，雖盜跖與伯夷，是同為淫僻也。余愧乎道德，是以上不敢為仁義之操，而下不敢為淫僻之行也。（〈駢拇〉）

---

[10] 袁保新著，《老子哲學之詮釋與重建》（臺北：文津出版社，1997年），頁102。
[11] 王淮著，《老子探義》，頁5。
[12] 魏‧王弼著，《老子註》，頁105。

　　莊子認為的美善並不是以「仁義」來維護「人」與「人」的關係，而真正的美善乃是要回歸至「道」與「生命」的關係，以「道」內在於人之德而為人性基礎；因為內在的天真本德為美善，並且順任此天真本德方能謂為美善。莊子認為的聰慧，並不是得到他人的認同，而是聽見自己天真本德的召喚；所謂的明白，並不是知道他人的狀態，而是發現自己天真本德的美好。若是看不見自己而只看到他人、不認同自己而只得到他人的認同，甚者只認同他人所認同的卻無法認同自己的認同，安適於他人所安適的卻無法安適於自己，那麼無論是盜跖與伯夷，都是不合適的作為。總而言之，莊子以「道」內在於人的天真本德為核心價值時，就不必以仁義來規範人我關係應當如何往來，莊子言「所樂非窮通也，道德於此」（〈讓王〉），無論在際遇的窮困或順遂下，都能夠以「天道德性」為樂，至於窮困或順遂就如同寒暑和風雨之時序變化。

2. 以道德行之

　　莊子在衡量一切的作為時，只以「道德」為依歸。

　　莊子行於山中，見大木，枝葉盛茂，伐木者止其旁而不取也。問其故。曰：「無所可用。」莊子曰：「此木以不材得終其天年。」夫子出於山，舍於故人之家。故人喜，命豎子殺鴈而烹之。豎子請曰：「其一能鳴，其一不能鳴，請奚殺？」主人曰：「殺不能鳴者。」明日，弟子問於莊子曰：「昨日山中之木，以不材得終其天年；今主人之鴈，以不材死。先生將何處？」莊子笑曰：「周將處夫材與不材之間。材與不材之間，似之而非也，故未免乎累。若夫乘道德而浮游則不然。無譽無訾，一龍一蛇，與時俱化，而無肯專為；一上一下，以和為量，浮游乎萬物之祖；物物而不物於物，則胡可得而累邪！……弟子志之，其唯道德之鄉乎！」（〈山木〉）

　　莊子在山中行走，看見一棵大樹枝葉茂盛，但伐木人並未砍伐，伐木人認為這棵大樹沒有什麼用途。莊子說，因為這棵大樹沒有什麼用途，所以才得以終享自然的壽命。莊子離開山林後接受朋友宴請，朋友請童僕宰殺不會叫的鵝。莊子弟子好奇大樹無用卻未被砍伐，鵝因為不會叫反而被宰殺。對此，莊

子提出自己並不以「有用」、「無用」作為自己的行事準則，王先謙云「心乎道德，則不必言材與不材矣」[13]，因為若是在有用與無用之間，總是似是而非，最終總是不能免於遭遇禍患。莊子主張要順應大道自然的規律變化，要悠然處於世間，而不要陷於「用」與「不用」的分別，更要超越美譽與毀辱；因為一切現象有時顯現像龍，有時又隱晦如蛇，所以只能隨著宇宙變化的時序而一同參與變化，絕對不能偏滯在任何一種現象當中。雖然看起來有時前進、有時後退，但只要以天地萬物之自然和諧為中心，遊心於天地萬物之根源，那麼就能夠在與天地萬物的相遇中，不被萬物所奴役，當不被奴役執著時，就不會受到災難禍害。他要弟子記住，凡事只能以「道德」為依歸而順其自然，郭象注「道德之鄉」云「不可必，故待之不可以一方也，唯與時俱化者，為能涉變而常通耳」[14]，說明要能「與時俱化，涉變常通」。然而，莊子也提出在孔子提出以「聖人」治理天下後，人們就「蹩躠為仁，踶跂為義」、「澶漫為樂，摘僻為禮」（〈馬蹄〉），意即聖人勉強力行仁義德行後，天下人因為有標準而產生對生命本身的迷惑，在主張追求繁瑣禮樂中，人我間產生疏離而無所適從。正如同在教育的大光環下，人們用各種制式課程來強化品德教育，但卻是不斷地扭曲學生生命的本來樣貌，使得學生對自己更加迷茫疑惑，不再具有探索生命的熱情與勇氣，感受不到生命的價值與意義。

> 且夫待鉤繩規矩而正者，是削其性；待繩約膠漆而固者，是侵其德也；屈折禮樂，呴俞仁義，以慰天下之心者，此失其常然也。天下有常然。常然者，曲者不以鉤，直者不以繩，圓者不以規，方者不以矩，附離不以膠漆，約束不以纆索。故天下誘然皆生，而不知其所以生；同焉皆得，而不知其所以得。故古今不二，不可虧也。則仁義又奚連連如膠漆纆索，而遊乎道德之間為哉？使天下惑也！夫小惑易方，大惑易性。何以知其然邪？自虞氏招仁義以撓天下也，天下莫不奔命於仁義，是非以仁義易其性與？（〈駢拇〉）

---

[13] 清・王先謙著，《莊子集解》，頁111。
[14] 清・郭慶藩著，《莊子集釋》，頁670。

　　莊子認為若是以標準測量工具來修正使對象符合規矩，就會削弱事物的本性；若是要以繩索膠漆來固著使對象整合，就會侵蝕事物的本質。如同若是以禮樂作為人際往來的方法，以仁義作為人我間愛敬的元素，就必將失去生命的本然真性。因為天地萬物都有其原本的狀態，本是彎曲就不用鉤圓，本是直線就不用繩直，本是方長就不用矩正，本是黏合就不用膠漆，本是綑綁就不用繩索；天地萬物都是自然生長卻不知其所始，也都能夠各得其所卻不知其所終。莊子主張古今的道理都是一樣，根本不用強加刻意調整，更不必以仁義的方式像膠漆繩索般去強加原本就有的道內在於人的本性，因為這會讓天下人感到迷惑。小的迷惑會錯亂方向，大的迷惑會錯亂本性。莊子觀察從虞舜標榜仁義以來，就是不斷地撓擾天下人民，因為天下人民沒有不奔命於仁義的，認為儒家是用仁義來錯亂生命原有的道德本性。在此，老莊真正肯定了「道生德畜」，要人人回以「道德」為人性價值的實踐基礎，雖然有時也無能為力，但莊子以自己的例子說明，認為無法發揮人性自然價值的原因是「處勢不便」，並非人們真的需要以仁義來強加於自然本性。

　　　　莊子衣大布而補之，正緳係履而過魏王。魏王曰：「何先生之憊邪？」莊
　　　　子曰：「貧也，非憊也。士有道德不能行，憊也。衣弊履穿，貧也，非憊
　　　　也，此所謂非遭時也。王獨不見夫騰猿乎？其得柟、梓、豫、章也，攬蔓
　　　　其枝，而王長其間，雖羿、蓬蒙不能眄睨也。及其得柘、棘、枳、枸之間
　　　　也，危行側視，振動悼慄，此筋骨非有加急而不柔也，處勢不便，未足以
　　　　逞其能也。今處昏上亂象之間，而欲無憊，奚可得邪？」（〈山木〉）

　　莊子穿著一件補過破洞的衣服，踩著用麻繩綁著的破鞋去見魏王。魏王問，先生為何那麼疲憊不堪？莊子說，我是貧窮而不是疲憊，說明一個人如果能實踐道生德畜的自然本性就不會疲憊了。莊子很清楚衣服破舊、鞋子破洞，是因為貧窮而不是疲憊，只是因為當下的時間態勢使然。如同一隻猿猴，當牠攀爬在高大樹林中，就能悠然其中而自得其樂；若是爬到多刺的樹叢中，那麼動作就要非常小心，眼目也要專心，此時內心也會戰慄不已。其實這個時候並非猿猴筋骨出了問題而無法靈活，只是因為處於不利的環境當中，所以無法施展原來的本事。正如同整個教育環境是否能讓學生完全發揮自己的本性，還是

處處充滿陷阱與障礙，而使人產生一種無能為力的感受？在無能為力中所感受到的無價感，以及產生對未來的不抱任何希望，造成學生找不到立足之地，陷入黑暗的深淵中，社會問題中之偷、搶、拐、騙等，便是青年學子進入現實生活中不得已的選擇，如同莊子說明自己處在昏君亂象的時代，如果想要不感到疲憊是一件很困難的事；大智慧家莊子是如此，更何況是在學習中失落的青年學子？何能要他們能挺立住人性價值，以追求美好的理想呢？顯然是強人所難。是以，在社會化過程中，學生若受限於教育環境中的各式標準，不斷被要求必須如何發展才是符合社會價值標準，那麼就像猿猴在多刺的樹叢中攀爬一般，當內心在驚恐不安的情形下，又要如何才能發揮人性中的美好價值呢？老莊從天地宇宙根源主張道內在於德的人性價值，完全是一種自己而然，並不需要他然的人性本質；是以，當一個人無法成為自己、無法發揮原有人性價值，就是人們所創造的社會環境產生的問題，並非是自然環境或此人本身的問題。於是，當教師在指責「朽木不可雕也，糞土之牆不可杇也」（〈公冶長〉）時，可以思考「朽木」或「糞土之牆」，是否僅以一種他然的外在標準，使學生沒有機會活出自己的自然本性，而成為「朽」或「糞」，不論是木或牆的本性，只要能夠順應其性，必然能夠活出自己的獨特樣貌。

覺察體驗作業：

1. 在經驗中你對人性有何看法？其次，你對人性的期待是什麼？

2. 試想從他人眼光來看，自己是如何被定義的？自己是否喜歡這種「被定義」的感覺？期待自己如何被看待？

第三節　課程的多元價值：齊物論

以「道根德本」為人性基礎時，每個人都將因「物形勢成」（〈第五十一章〉）之差異，在發揮其內在本質時具有不同的獨特樣貌。然而，若是以社會之特定目標為標準，在趨使人們全都要邁向此標準的情況下，勢必造成每個獨特生命的一致化與平庸化。在尊重萬物齊同平等中，每個生命均以「獨特」的樣貌呈現，在每一人我互動的過程中，均無法以一標準來要求結果達成，反而要透過課程以開展多元的學習歷程及成果表現。本節從目前「價值差異的對

立」，欲以「齊平價值的分別」，藉由論述莊子「齊物論」以展現「課程的多元價值」。

一、價值差異的對立

「道可道，非常道」（〈第一章〉），老子提醒人們自己所體會的「道」，並非可以使用文字符號加以描述，莊子說「可傳而不可受，可得而不可見」（〈大宗師〉），「道」只能心領神會的體悟，卻不能如具體物象般被看見而取得。雖然如此，「道」卻是「有情有信」（〈大宗師〉）之真實存在，而人們只能透過天地萬物來體會「道無所不在」的豐富多元。是以，莊子以「齊物論」說明不同的價值觀點只是一種相對性的不同概念而已，藉此批判儒家主導以禮制文化所導致的善惡高下之價值標準的二元對立；莊子主張「道通為一」，在天地宇宙萬象之差異中，萬物都具有「道」之整體共通核心價值，亦即在「道」的開放性中，蘊涵著一種以尊重與寬容的心態對待每個生命的唯一性，因為萬物均齊平於天道運行之規律，在各有不同變化中而為一個整體。是以，每個生命沒有價值高下之分別，唯一的差異是每個生命皆具有其獨特性。而在實踐每個具有唯一性與獨特性的生命本質中，都同樣展示了在道的整體性中產生了共通性。

1.因知而日以心鬥

莊子看到的人類現象卻不是如此，因為人們總是在塑造價值高下中，自我心知產生了「心鬥」的狀態。

> 大知閑閑，小知閒閒；大言炎炎，小言詹詹。其寐也魂交，其覺也形開，與接爲構，日以心鬥。……樂出虛，蒸成菌。日夜相代乎前，而莫知其所萌。（〈齊物論〉）

莊子提到世界萬象乃是在「大」、「小」現象中，造成價值的判斷分別。大知見聞廣博，小知識見狹隘；大言氣勢旺盛，小言流於瑣碎。然而，無論大小，當人們每以感官耳目與外境接觸時，便將構成心象後的心知產生分別。若心知執著於大小差異，則將造成相對價值觀點的對立，在判斷得失中爭鬥不

已，那麼勢必帶來生命的壓力，王邦雄言「生命的『困』由心知來，生命的『苦』由情識來」[15]，睡時心神不得安寧，醒時執著於現象的幻滅，就如同樂聲一般虛空而不定，如同菌菇一樣蒸熱而無根，在白天或晚上不斷地交替現形，但卻不知道是從何而生，人們只能身陷其中而痛苦不已。莊子要提醒人們的是：現象之差異是否有價值高下之別？他要批判在群體社會中，是否有一種刻意訂立的價值高下，已經完全被塑造成牢不可破的制約？在人們服從社會價值標準中，是否不知不覺地排斥了「差異」與「獨特」，而更樂於趨於「一致」與「正常」，而忽略了其中有更深層的恐懼與怯懦心理。

2.吾惡能知其辯

莊子卻要提出質疑，要人們思考「正」的標準而在？他試圖打破「人類中心主義」，以「道」的視野來待一切的萬物，打破人類自訂為「正」的標準，以達到全視野的觀看境界。

> 齧缺問乎王倪曰：「子知物之所同是乎？」曰……「庸詎知吾所謂知之非不知邪？庸詎知吾所謂不知之非知邪？且吾嘗試問乎女：民溼寢則腰疾偏死，鰌然乎哉？木處則惴慄恂懼，猨猴然乎哉？三者孰知正處？民食芻豢，麋鹿食薦，蝍且甘帶，鴟鴉耆鼠，四者孰知正味？猨，猵狙以為雌，麋與鹿交，鰌與魚游。毛嬙、麗姬，人之所美也，魚見之深入，鳥見之高飛，麋鹿見之決驟。四者孰知天下之正色哉？自我觀之，仁義之端，是非之塗，樊然殽亂，吾惡能知其辯！」（〈齊物論〉）

莊子以齧缺和王倪的對話，展開人類自以為標準的惡例。齧缺問於王倪說，你知道萬物都同樣的自以為是嗎？王倪說，怎麼知道我所謂的「知」不是無知呢？怎麼知道我所謂「不知」不是真正的知呢？王倪質疑人類以自己的認知為標準，難道是正確的嗎？首先是居住環境的不同，說明人類寢臥在溼氣重的地方，就會腰酸背痛半身不遂，那麼泥鰌會嗎？人類若是住在樹上，就會惴惴不安，那麼猿猴會嗎？人類、泥鰌和猿猴三者，哪一個的居住環境才是理想

---

[15] 王邦雄著，《莊子內七篇‧外秋水雜天下的現代解讀》，頁75。

的住處？其次是食物的不同，說明人類以牛羊犬豕為食，麋鹿以草為食，蝍蛆以小蛇為甜美，貓頭鷹好吃腐鼠，四者哪一種才是真正的美食呢？最後是結伴對象的不同，說明雄猵狙喜愛以猨為雌，麋與鹿混交、泥鰍與魚在泥水間共游。至於毛嬙和麗姬是人間的美女，但魚看到了卻往深水裡游，鳥看到了卻往高處飛，麋鹿看到了卻立即逃跑。四者哪一個才是真正的美色呢？是以，就「天地萬物」來看，如何能夠以「人類觀點」為中心，來定義天地萬物何者為「善的」、「是的」、「美的」等，因為萬物殊異；再者以「人類本身」來看，如何能夠以個人的「自我觀點」為中心，來定義所有的人類何者為「善的」、「是的」、「美的」等，因為民族特性、文化形塑、宗教信仰、地理環境、社會習俗等，甚至於個人的出生背景、學習歷程及生命經驗等均完全不同，又何能定義一個標準以為依歸？如此將只會造成關係的對立、衝突、緊張，甚至是疏離。莊子看見此價值差異逐漸形成的對立現象，而試著以齊平「萬物」或「物論」之價值對立，來化解人類困境。

二、齊平價值之分別

當人們以自己為「正」時，便會強加自己的價值主張於他者。莊子藉由王倪說明因為有儒家主張「仁義」，所以才開始產生是非價值對立的紛擾雜亂，天地何其寬廣、萬物何其眾多，到底要如何判定誰是誰非呢？

1. 不分而無有成毀

「彼」與「此」原本只是相對的兩方關係，卻因為心知的介入而有「是」與「非」的分別，將「彼」與「此」之「相對的不同」，轉換為「是」與「非」之「絕對的對錯」；而只要陷入「是」與「非」的對錯，那麼便是遮蔽大道真理的開始。

> 是非之彰也，道之所以虧也。道之所以虧，愛之所以成。果且有成與虧乎哉？果且無成與虧乎哉？有成與虧，故昭氏之鼓琴也；無成與虧，故昭氏之不鼓琴也。……聖人之所圖也。為是不用而寓諸庸，此之謂以明。
> （〈齊物論〉）

　　「是」與「非」的判斷彰顯，正是大道從人間隱退的主要原因，因為是非的心知執著，便開始有情感的偏愛。就像昭氏鼓琴所以有所成全，同時也將有所虧損，成全的是彈奏的樂曲，卻也同時遺失了未彈奏的諸多樂曲，如同「提出的觀念在為自己開闢了一個視角的同時，也關閉了其他可能的視角」[16]；當沒有彈奏某一樂曲，也就不會遺失其他諸多樂曲的可能。是以，當標舉其「一」時，便會失去其他的「非一」，所以「聖人和之以是非，而休乎天鈞，是之謂兩行」（〈齊物論〉），聖人乃是消融人我的是非對立，以天道宇宙之整體觀點來察明，順任彼此不同的所是而是之，此也是彼，彼也是此。因為「彼」與「此」都各自形成一套的是非標準，於是從「是非的和解」而歸於「一體的和諧」，使各家之言論都能在消解自身的執著與分別中，被保存與尊重。

> 其分也，成也；其成也，毀也。凡物無成與毀，復通為一。唯達者知通為一，為是不用而寓諸庸。庸也者，用也；用也者，通也；通也者，得也。適得而幾矣。因是已。已而不知其然，謂之道。（〈齊物論〉）

　　「其分也，成也；其成也，毀也」，若是有所主張則勢必造成與其他主張的緊張關係，有所分別必使所主張者有成全，當然也必造成未被主張的消逝遺落，或其他主張的反擊對抗。所以，當開放一切的可能性而不主張任何相對價值觀點時，才能夠保全一切的可能性，當不以社會價值標準來對待萬物時，只要回歸到每個存在的生命本身，才有機會化解「有成必有毀」的限制。王倪提到「至人」在消解價值二元對立後，而有完全開放的「道視野」、「全視野」或「零視野」，即使是非利害之最大者「死生之痛」，也不能撼動其生命本身，更何況是身外之物的利害呢？莊子以寓言式的描述，說明至人受大澤焚燒也不會有火熱的感受，即使河漢的水結冰也不會有寒冷的感受，在雷霆奮發破山、飄風振盪海浪時，也驚嚇不了他。因為至人的生命狀態乃是隨順雲氣，與日月同在並行，遨遊在人間塵垢之外，他的境界已經到聖而不可知的神妙境界

了。以其至人的境界只是放下以「自我」為「正」的觀點，所以能不被所身處的外在環境所傷害，而竭力活出其內在的生命本質。

2. 天府之不滿不竭

至於在社會群體下的人們，卻已經不知道自己身為人的生命本質與價值意義，莊子提醒人們在未有開始分別之前，生命本身有如天府般豐富是值得去體驗的。

> 夫道未始有封，言未始有常，為是而有畛也。請言其畛：有左，有右，有倫，有義，有分，有辯，有競，有爭，此之謂八德。……故分也者，有不分也；辯也者，有不辯也。……孰知不言之辯，不道之道？若有能知，此之謂天府。注焉而不滿，酌焉而不竭，而不知其所由來，此之謂葆光。（〈齊物論〉）

莊子要化解人們執迷於現象差異所造成的價值分別，使人們將生命的價值核心安置於值得安頓之處，乃是「道未始有封」，亦即所謂「物之初」（〈田子方〉），是「自本自根，未有天地」（〈大宗師〉）之際，因為未有分別就未有限制，莊子提到自然天道從來沒有任何的限制，而且真實言論也從來沒有固定的常態；但因為「名言」而開始有「是」的標準，王弼言「名以定形」，因「定」而開始有界線的分別，如自然方位、人文名分、物言分別、競爭造作等不同功用。然而，在價值高下的區辯上，還有不可分判與不可辯解的「道」，若人能夠體悟「天道」，在天道一體中生命本身將如同天然府庫般，水不斷地注入也不會滿盈，水不斷地倒出也不會竭盡，卻不知其所由來，總是蘊藏光芒而隨意顯露，莊子謂之「葆光」，郭象注云「任其自明，故其光不弊也」[17]，只要順任萬物本性，便能自然展現自身的獨特性，其生命本身所能展現的光芒不會被遮蔽，當然更不會掩蓋他者。莊子指出人們不斷分別甚至爭辯，乃是因為無法體悟天道如同天然府庫般之生生不息與源源不絕，所以才會執著於世界表象的差異。

---

[17] 清‧郭慶藩著，《莊子集釋》，頁89。

　　如同在課程中，人們執著於社會主流價值而劃定單一課程目標，卻忽略課程學習者與教育者的生命，都如同天府般「注焉而不滿，酌焉而不竭」。使得與其他物類不同的人類，至多只能成為物類中的一分子，無法發揮真正的人性價值，而成為一個具有靈性的人；至於多數人只能成為凡俗之人，流於平庸之類。於是，在凡俗平庸的文明社會之國家建構中，人們更需要一個富強的國家來保護，更加依賴一位強力的威權領導者，以帶領整個社會集體前行。因此人們無法體驗如同「天府」般，發揮無限創造之生發可能，在教育上更無法放手讓每個學生依其不同的生命特質，促使課程產生多樣化之想像，而探索其個別的可能性；反而在教育普及化的過程中，使學生愈趨被動無能，生命愈趨沉淪迷失，難道不是整個教育界的最大諷刺嗎？

覺察體驗作業：

　　1.請檢視自己的生活，情緒是否常常起伏？情緒起伏的原因通常是什麼？

　　2.請練習當一件事情來臨時，以「為什麼不可以……？」的心態面對？這件事的積極意義是什麼？

　　如：被拒絕了，練習「我為什麼不可以被拒絕呢？」

第四節　學習的本質意義：心齋論

　　孔子讚譽顏回「不遷怒、不貳過」，所以是「好學」（〈先進〉），孔子主張的學習是「為己」（〈憲問〉）之學，一生的價值核心是「憂道不憂貧」（〈衛靈公〉），目的在促進人我關係中的和諧，使人能安頓於社會生活。老子則言「為學日益，為道日損」（〈第四十八章〉），學習是加法，體道是減法，「體道」是消解在學習過程中所形塑的心知執著：人類一生在社會化的過程中，總是不斷受到社會價值的堆加，使人無法真正認識自己的生命本質與價值，離自己愈來愈遠，迷失了一個人之所以為人的意義，所以在「為道日損」中，透過學習以尋回及實現自己的天真本德，是老莊思想對於教育的重要性所在。是以，儒道兩家的學習，簡而言之，都是一種以「生命」和「實踐」為核心的「為己之道」、「成己之道」，也就是提升自己生命境界以達到安頓自

己，並在關係中實現和諧的學習功課。本節從「學習以轉化自我」至「展現生命的全然」，藉由論述莊子「心齋論」以喚醒「學習的本質意義」。

一、學習以轉化自我

顏回「不貳過」，不會重蹈覆轍將生命浪費在錯誤的選擇上，也「不遷怒」，不會放肆情緒而導致關係的緊張疏離，因為顏回能做正確的價值判斷，不斷在「克己復禮」中實踐仁道（〈顏淵〉）。至於老子要人將學習所固化的心知一一轉化突破，使人不因對於社會價值的「甚愛」、「多藏」，而做了「大費」、「厚亡」（〈第四十四章〉）的錯誤選擇。

1.齋之心虛以待物

如何在社會化的學習歷程中，消解自我所帶來生命成長的限制與阻礙，便成了老莊思想的工夫論。莊子以「心齋」（〈人間世〉）為方法，化解外在的社會價值，並且在不斷地回歸生命本身中，以自己的生命作為一生之滿足與安頓；如此才有可能發揮生命無窮的潛在力，創造生命無限且永恆的價值，並且透顯出學習的真正本質。因為一個人只有在「知足」、「知止」中才能「不辱」、「不殆」（〈第四十四章〉），王淮言「知足是心理上的一種節制，知止是行為上的一種節制。主觀心理有節制，故不辱（辱、指心理上之煩惱與窘困）；客觀行為上有節制，故不殆（殆、指行為上之挫折與打擊）」[18]，如此方足以將重心安置於自己的生命中，展開生命真正價值的追尋。是以，莊子提出的「心齋」工夫，正是作為自我轉化的最佳對策。

> 回曰：「敢問心齋。」仲尼曰：「若一志，無聽之以耳而聽之以心，無聽之以心而聽之以氣。聽止於耳，心止於符。氣也者，虛而待物者也。唯道集虛。虛者，心齋也。」……夫徇耳目內通而外於心知，鬼神將來舍，而況人乎！是萬物之化也。（〈人間世〉）

---

[18] 王淮著，《老子探義》，頁 183。

　　莊子透過顏回與孔子的對話，揭露了學習的真正本質。當顏回想要有用於世而任官時，孔子建議顏回要「心齋」，孔子說要專一心志，首先不要只使用感官耳目來向外追尋，因為感官耳目只能接觸流動變化的萬象；其次也不要用自我心知因感官耳目的向外接觸而作任何的價值定義。成玄英疏云「心有知覺，猶起攀緣，氣無情慮，虛柔任物，故去彼知覺，取此虛柔」[19]，要「去彼知覺」，因為自我心知會進一步攀緣外境，產生判斷以執著分別在萬象上。最後，只要讓生命之氣自然運行，以虛靜的心觀照天地萬物。一面要回歸到氣本身的自然流動，郭象云「符氣性之自得」[20]，一面使天地萬物彼此都能呈現其本然的狀態，所謂「以天合天」（〈達生〉）；如此，在天地萬物一氣中，使自己的生命與對應的萬物達到融合感通，此時宇宙根源之道就在吾心的虛靜觀照中臨現，謂之「唯道集虛」。成玄英疏云「唯此真道，集在虛心，故如虛心者，心齋妙道也」[21]，因為「虛心」才有「真道」的印現，當自我心知主動願意「讓出」、「放下」是非善惡，才能回到天道自然。莊子言「瞻彼闋者，虛室生白」，司馬彪云「闋，空也。室喻心，心能空虛，則純白獨生也」[22]，王淮言「心體虛靈則凡事得其體要而應用無窮矣」[23]，說明心知之「虛」是生命自我轉化之切實工夫。

　　於是，在「耳目內通而外於心知」中，將超越心知執著，不受耳目感官的阻礙，以致斷裂生命與萬物的關係；而能夠在對應萬物時通達於內在心靈，使人們能夠在內心中體會「萬物之化」的宇宙根源之道，當人認識到小我生命與天地宇宙的一體關係時，便能見證到——雖然「生命的有限短暫」，卻能展開「生命的無限美好」。然而這種「消解心知」以「體道」的學習模式，與目前的學習方式完全不同；現代人的學習，乃朝著一個主流價值取向，逐漸將自己塑造成將來能為國家社會所使用、成為他人能夠使用的「為人之學」（〈憲問〉）。如此不僅將人類生命加以「窄化」、「物化」，更是使人在一一達成

---

[19] 清・郭慶藩著，《莊子集釋》，頁147。
[20] 清・郭慶藩著，《莊子集釋》，頁147。
[21] 清・郭慶藩著，《莊子集釋》，頁148。
[22] 清・王先謙著，《莊子集解》，頁23。
[23] 王淮著，《老子探義》，頁94。

社會價值標準後，卻不知生命意義為何，最後對人的一生將產生若有所失的虛無感受。

　　余德慧提到要「把知識與我自身的關係重新改變，知識不是在我自身的前面，而是放在自身的後面，由自身的體會去看知識，而不是由知識來看自身。因此，知識對我不再重要，但是『識知』（動詞）卻變成極端重要。『識知』是從反省的自身去認識自己如何對待他的世界，而不去了解自己如何被對待」[24]。「心齋」是一種「識知」之學，就是一種對自我心知之「返」、「棄」、「絕」等之「無」的學習方式，是一種「無心」之學。「無」絕對不是「沒有」，「無心」並不是不用心，「無為」更不是「沒有作為」。「無」是無掉、消解、突破或放下；「無心」是不由知識來看自己，乃是無掉以社會化所刻意形塑的自我心知，及突破人類中心的思維偏執所建構的心知系統，所以無有任何預設立場或成見、預期目標與成果。「無為」是從反省的自身去認識自己如何看待世界，當自我在沒有任何自己的主觀判斷，並以透明且全視線方式來對應一切現象的模式下，現象本身能全幅展現其原來的狀態，讓生命本身與對應現象都能完全以最純粹的狀態呈現，在此時此處之「獨一無二」的情境中將有最獨特的相遇。是以，顏回是否能以「虛而待物」的「道心」面對將要遭遇的現象？因為沒有一種方式可作為未來的對策，只能以完全開放、全新的方式來接遇新的對象。莊子透過孔子對顏回的告誡，闡明心齋之道的實踐，乃是尊重天地萬物的多元性、獨特性與差異性。在全面開放接納、沒有任何專制與獨斷的視野下，方足以將自己的生命應用於人間世，如此才不會造成自我的扭曲疏離，或與他人產生競爭對立的關係衝突而招致傷害。

2.有蓬之心不識其用

　　如同莊子藉惠施以「大瓠之種」說明，當心知被社會價值所形塑的自我所限制時，那麼不僅自己不得自由，與之對應的他者，也必將同時遭受毀棄。

　　惠子謂莊子曰：「魏王貽我大瓠之種，我樹之成而實五石，以盛水漿，其堅不能自舉也。剖之以為瓢，則瓠落無所容。非不呺然大也，吾為其無用

---

[24] 余德慧著，《中國人的生命轉化──契機與開悟》，頁 10。

而掊之。」莊子曰：「夫子固拙於用大矣。宋人有善爲不龜手之藥者，世世以洴澼絖爲事。客聞之，請買其方百金。聚族而謀曰：『我世世爲洴澼絖，不過數金；今一朝而鬻技百金，請與之。』客得之，以說吳王。越有難，吳王使之將。冬，與越人水戰，大敗越人，裂地而封之。能不龜手一也，或以封，或不免於洴澼絖，則所用之異也。今子有五石之瓠，何不慮以爲大樽而浮乎江湖，而憂其瓠落無所容？則夫子猶有蓬之心也夫！」（〈逍遙遊〉）

　　惠施告訴莊子，說明魏王送自己大葫蘆的種子，長大後結出有五石的重量。惠施把它用來盛水，發現葫蘆不夠堅固而撐不起本身的重量，又把它剖成兩半做為水瓢，卻發現葫蘆太過平淺而容不了水。惠施認為葫蘆本身夠大，但因為它發揮不了任何作用，就把它擊碎了。莊子直接指出惠施只是不會運用「大」的東西！莊子看出惠施對葫蘆的認知有固定的模式——盛水，所以當不符自己的期待時，惠施便認為葫蘆沒有功用，所以想要把它破壞丟棄。然而，要問的是：葫蘆只能從人類的角度來思考其用途嗎？或是說葫蘆只能有一種用途嗎？莊子舉例說明宋國人有善於製作專治肌膚龜裂的藥方，因為能夠免於皮膚龜裂之患，所以世世代代以漂洗絲絮為業。後來有遠方來客知道後，想以百金收購此藥方，而這一戶人家在討論漂洗絲絮的收入不過數金，如果把此藥方賣出去就可以獲得百金，最後都同意賣給遠方來客。在來客取得此藥方後，便去遊說吳國國君，使得吳國士兵在冬天與越人打水戰時，因為肌膚不會龜裂而大獲全勝，來客也因為立下大功而得以受封土地爵位。莊子舉這個寓言，目的就是要讓惠施思考，同樣是擁有治療肌膚龜裂的藥方，但漂洗絲絮為業者和遠方來客兩者所產生或創造的結果卻大大不同：一者作為世世代代為人漂洗絲絮以賺取微薄收入，一者能夠受封土地爵位。

　　人們因為有不同認知，所以發揮了不同的功用，但絕非像惠施將大葫蘆擊碎不用，而更要思考的是能否「順勢應性」而為？在此，莊子要提醒惠施，在已經擁有五石容量的大葫蘆時，與其擔心太大無用而完全受心知成見限制而不知變通時，提出「慮以為大樽」的可能性，司馬彪云「慮猶結綴也，樽如酒

器，縛之於身，浮於江湖，可以自渡」，王先謙云「所謂腰舟」[25]。為什麼不把它繫在腰邊，當作一個大酒器般隨著它浮游在江湖上呢？莊子直接指出惠施的心思就好像塞滿了雜草，所以才無法發揮靈活度，創造出更大的變化性與可能性，於是所能做的就是將五石容量的大葫蘆加以毀壞丟棄。是以，若學習是一場發現生命天真本性之天賦旅程，到底是什麼阻礙了學生，使得學生主動放棄自己，甚至被學校或社會所遺棄呢？以莊子觀點來看，是否因為社會價值觀只將學生設定在只要為國家社會的用途上，而限制了學生自己生命本身能夠全然展現豐富美好的可能性？

二、展現生命的全然

　　心一面有心知、心思之意，一面是心靈、心神之意；前者謂之「成心」，後者謂之「道心」。心知心思因社會化的過程而逐漸一「成心」，往往無法發揮「道心」，以展開心靈力量的無限妙用，甚為可惜，惠施即是如此。莊子謂其為「有逢之心」，莊子在〈齊物論〉中主張「吾喪我」，即是以心靈心神之我，消解心知心思之成心成見所造成的遮蔽。因為在模糊自己與他者的界線分別、化解自貴賤他的價值高下時，才有可能讓對象主動自發，顯露本身原有的狀態，所謂「使其自己，咸其自取」，讓每一個生命都能夠成為自己原來的樣子，而呈現其大用的可能。

1.用心若鏡以應之

　　莊子思想的內涵即是在體道悟道，那麼「使其自己」的過程，便可以解釋為學習的本質在於「讓自己成為自己的歷程」。而如何保存原有心靈、心神之美好？莊子說「不以心捐道，不以人助天」（〈大宗師〉），也就是不以心知執著毀棄天道，更不能以人為造作來助長天道，只能像至人一樣「用心若鏡」。

> 無為名尸，無為謀府，無為事任，無為知主。體盡無窮，而遊無朕，盡其所受於天，而無見得，亦虛而已。至人之用心若鏡，不將不迎，應而不藏，故能勝物而不傷。（〈應帝王〉）

---

[25] 清・王先謙著，《莊子集解》，頁5。

　　在沒有任何的「心知執著」、「人為造作」的前提下，生命在與天地萬物相遇時，便不會犧牲生命本身或內在心靈的豐富而使用謀劃獨斷、強行任事、竭力巧智的作為，來求得名聲。至於生命的核心價值就只在於體現天道自然生發於生命本性，將內在心靈安置於無有價值分別的宇宙原初，體悟稟受於天道自然之天真本德，以虛靜觀照一切萬象而已。這就是人的生命達到極致的至人境界。此境界就有如鏡子一般，任由萬物之來去時，只有如實對應而無所隱藏，在照盡天下萬物而沒有任何遮蔽中，能夠無有損傷。以上指出一面有蓬之心要消解，但另一面心靈心神卻是要守護，〈在宥〉提出「心養」。

> 雲將東遊，過扶搖之枝，而適遭鴻蒙。……鴻蒙曰：「意！心養。汝徒處無為，而物自化。墮爾形體，吐爾聰明；倫與物忘，大同乎涬溟；解心釋神，莫然無魂。萬物云云，各復其根，各復其根而不知。渾渾沌沌，終身不離；若彼知之，乃是離之。無問其名，無闚其情，物故自生。」（〈在宥〉）

　　這裡藉著雲將與鴻蒙的對話，鴻蒙提出「要修養真心」。鼓勵雲將要順任自然無為之道，因為天地萬物都會自己變化生成；而要順任天道自然就要行修養工夫，忘掉對形體的心知執著，也要忘掉聰明才智；要消解自我而相忘於萬物，在大化一氣之流中一體無別，更要釋放心神，而沒有心思計較。因為天地萬物紛紜，都在回歸天道自然，而在回歸天道自然中卻不知其所以然。總而言之，化解二元價值對立才能混沌無別，使終身不遠離天道自然；如果使用心知執著，就會遠離天道自然。所以不必追問與天道自然不相關的名稱，也不必探究本質，相信萬物均能自己而然以變化生成。所以，莊子指出儒家從一開始就錯了，孔子以「仁道」來活化周公的禮樂文化，但卻使得人不知真正的人心，而仍然陷溺於禮義之僵化儀則，並提到溫伯雪子說「吾聞中國之君子，明乎禮義而陋於知人心」（〈田子方〉），宣穎云「習於末學，而昧於本體」[26]。這也

---

[26] 清·王先謙著，《莊子集解》，頁118。

就是莊子提到的，君子往往對於禮義規範很清楚，但卻不知道人的天真本性，這難道不是人類的最大悲哀嗎？

2.遺物離人而立於獨

至於完全不陷於禮義規範的老聃，提出在「遊心於物之初」時，內心將免於患難。

> 孔子見老聃，老聃新沐，方將被髮而乾，慹然似非人。孔子便而待之，少焉見曰：「丘也眩與？其信然與？向者先生形體掘若槁木，似遺物離人而立於獨也。」老聃曰：「吾遊心於物之初。」……孔子曰：「請問遊是。」老聃曰：「夫得是，至美至樂也。得至美而遊乎至樂，謂之至人。」孔子曰：「願聞其方。」曰：「……夫天下也者，萬物之所一也。得其所一而同焉，則四支百體將為塵垢，而死生終始將為晝夜而莫之能滑，而況得喪禍福之所介乎！棄隸者若棄泥塗，知身貴於隸也，貴在於我而不失於變。且萬化而未始有極也，夫孰足以患心！已為道者解乎此。」（〈田子方〉）

藉由孔子看到老聃之情境，說明真心能免於患難的境界。這裡提到老聃剛洗完頭，正披頭散髮等著晾乾，他不動的樣子卻不像一個人，孔子看得眼花，發現老子的形體枯竭好像枯木，似乎完全放下了對形體的執著，也好像超然天地萬物之外，而獨立存有於天地宇宙之間。老聃說自己是內心神遊於天地萬物始源之大道，宣穎云「遊心於無物之際，遇道之真也」[27]。接著孔子問內心遊於此種境界到底是怎麼一回事？老聃說，達到這樣的境界稱為「至人」，是一種最極致的美好與快樂，這個境界是天地萬物都一體無別而被同等對待，所以也會將四肢百體視為塵垢，即使是死生存亡也將如同白天黑夜一般，如此內心不會受到擾亂，也不會有得失禍福的發生。捨棄如同奴隸般的得失禍福就如同捨棄泥土一般，知道生命本身比得失禍福還要尊貴，因為尊貴在於我的生命本身，而且生命本身不會因為變化而失去。況且千變萬化未始有窮盡，所以根本

27　清·王先謙著，《莊子集解》，頁119。

不會有什麼是值得困擾內心的，至於這種境界只有修道人才了解，在此老聃是以一個悟道者呈現其外在狀態及內心體驗。

在〈庚桑楚〉中也提到「兒子」的概念，即回到嬰兒的狀態，嬰兒的行動不知要如何作為，也不知其所以然，「身若槁木之枝而心若死灰」，因此不受任何心知自我的執著影響；在這種情境中，根本沒有所謂的禍福分別，禍不會來，當然福也不會來，而當沒有福禍時，也就沒有任何人為的災害。在整個教育的學習中，人們總是不斷加強禍福的二分價值分別，追求所謂「求福辭禍」的預備，然而人們真正的「求福」是真正的幸福嗎？會不會反而是「求禍辭福」？所謂的「辭禍」是否也將學生帶離了生活的真實情境？因為「人生不如意十之八九」；是否也對學生未能有足夠的信心？在透過學校教育下，能否喚醒學生內在的心靈力量，具備解決問題的能力，以對應未來任何情境的發生，而這才是真正學習的本質及意義。

覺察體驗作業：

　　1.為什麼要學習？學習的理由是什麼？

　　2.「學習」一事在自己的生命經驗中，有過哪些美好？及哪些痛苦？

第五節　教師的人文素養：養生論

　　「教師」與其他職業有極大的差異性，一者師生間為權力不對等關係，二者教師對學生有極大的影響力。是以，教師有什麼樣的價值理念非常重要。所謂「師者，傳道、受業、解惑也」（〈師說〉），為師者乃以傳承人性及生命的核心價值為第一優先，其次是傳遞知識，最後是解決學生的疑惑。而要「傳道」何其困難？若教師僅視「教職」為一個經濟及生活安全之保障，那麼教育的核心精神——啟發學生的生命意義與價值一事，便將只是一個虛無的理想而已，因為「啟發」一事乃超越時間與空間，並且需要具備最大的耐心與勇氣。然而，若是教師本身要能夠發揮傳承人性及生命的核心價值時，不僅本身需要有足夠的價值思辨能力，更要明確認知到生命真正的核心價值為何？不然教師所傳承的價值觀，也必然只是迎合社會世俗之短視近利，只為滿足一己私欲而已，無法培養出具有宏觀遠見的未來人才。本節從「養護心神的迫切」欲使師

生能夠「以自然之性相遇」，藉由論述莊子「養生論」說明「教師的人文素養」。

一、養護心神的迫切

　　教師本身是否就是人性及生命真正價值的體現者？若教師亦僅是一貪求溫飽之人，何來有熱情發揮自身生命的價值？何以能夠站在教育殿堂上影響廣大學子的生命呢？莊子在〈養生主〉中，提出養生最主要在於養「心神」，憨山註〈養生主第三〉云「養性全生，以性乃生之主也」[28]，養天真本性之德即是養心之神，是以「養護真心」正可提供教師在教學實踐過程中的人文素養，亦即教師只能養護自己的「真心」不被短暫的、有限的、混淆的社會價值所沾染，方能在國家社會中留一方淨土，才得以百年樹人的心態來傳遞教育的核心精神。

1.緣督以為經

　　莊子提出「心神」的概念，以「神」來表達「心」可以達到的理想境界，「神」並非指神靈力量，而是指當生命在透過不斷覺悟的過程時，所能開發出來的內在心靈力量，王陽明言此為「虛靈明覺」。當然，教師比其他職業更需要維護此「虛靈明覺之心神」，而非僅是目前我們所看到的教育方式 ── 教導學生以有限的生命追逐無限的自我執著而已。

> 吾生也有涯，而知也無涯。以有涯隨無涯，殆已；已而為知者，殆而已矣。為善無近名，為惡無近刑。緣督以為經，可以保身，可以全生，可以養親，可以盡年。（〈養生主〉）

　　莊子提出當有形體後，生命便開始走向死亡的盡頭，所以生命有時間長短的期限，然而，人們卻往往以此有限的生命陷於心知執著的無限追逐，莊子認為這是非常危險，而且沒有價值。因為當人們執著於自我心知之分別時，便會產生對立爭論，將使生命進入名位與刑罰的種種累患。所以，莊子在此提出養

---

[28] 明・憨山大師著，《老子道德經憨山註：莊子內篇憨山註》，頁278。

護生命、保守心靈的方法，就是要人們不斷化解自我心知執著，回歸到一個人內在的天真本德，憨山註「緣督以為經」云「緣，順也；督，理也；經，常也。言但安心順天理之自然以為常，而無過求馳逐之也」[29]，要「心能順天理之常」，因為在心靈自在的狀態中，才能夠維護外在的形軀、保存生命的真實、養護內在的心靈，最後方得以享有天生本有的年歲。

2. 以神遇不以目視

接下來莊子以「庖丁解牛」之寓意，說明如何消解自我心知以回歸天真本德的過程。

> 庖丁為文惠君解牛，手之所觸，肩之所倚，足之所履，膝之所踦，砉然嚮然，奏刀騞然，莫不中音。合於《桑林》之舞，乃中《經首》之會。文惠君曰：「譆！善哉！技蓋至此乎？」庖丁釋刀對曰：「臣之所好者道也，進乎技矣。始臣之解牛之時，所見無非牛者。三年之後，未嘗見全牛也。方今之時，臣以神遇，而不以目視，官知止而神欲行。依乎天理，批大郤，導大窾，因其固然。技經肯綮之未嘗，而況大軱乎！良庖歲更刀，割也；族庖月更刀，折也。今臣之刀十九年矣，所解數千牛矣，而刀刃若新發於硎。彼節者有間，而刀刃者無厚，以無厚入有間，恢恢乎其於遊刃必有餘地矣，是以十九年而刀刃若新發於硎。雖然，每至於族，吾見其難為，怵然為戒，視為止，行為遲。動刀甚微，謋然已解，如土委地。提刀而立，為之四顧，為之躊躇滿志，善刀而藏之。」文惠君曰：「善哉！吾聞庖丁之言，得養生焉。」（〈養生主〉）

首先，莊子以「解牛」的血腥，示現一場經典樂曲的優雅演出，突破「解牛」與「經典」兩者的對立。在庖丁為文惠君展示的一場解牛技藝，庖丁不論是身體各部位與牛隻碰遇時，或是刀子與牛隻接觸所發出的聲響，都使人陶醉在典雅樂曲的氛圍中。其次，庖丁接著說明這完全是一場實踐「道」的歷程。文惠君非常驚訝問，庖丁為什麼能夠達到這種技巧？庖丁說自己所心喜的是整

29　明·憨山大師著，《老子道德經憨山註：莊子內篇憨山註》，頁279。

個解牛過程中有「道」的體現，是超越一般的技巧。第三，庖丁再論述整個體現「道」的過程，說明在他剛開始解牛時，看到的是完整的一頭牛，在三年後就不再只是看到一隻牛而已；目前的自己，已經完全不以感官眼目來觀看，而是以內在心神來面對眼前的牛隻，更以心神來帶動自己，純然的進入且浸潤在整個解牛的行為。第四，庖丁說明自己如何以心神與牛隻對應的過程，解釋心神是順著牛隻的肌理紋路，並且依循著牛隻的筋、肉與骨節間的縫隙處來解開，完全是照著牛隻的本來結構，所以，刀子根本不會在解開筋與肉時受折損，更不會因接觸到大骨頭而遭毀壞。

　　第五，庖丁將自己的解牛與不同的廚子作比較。庖丁說好廚子一年換一把刀，是用刀子切筋肉；一般廚子則是一個月換一把刀，原因是用刀子砍骨節；至於自己的這把刀子已經使用十九年了，過程中也解開數千牛隻，但這把刀子卻仍然鋒利無比，如同磨刀石剛磨過的。庖丁說明這個關鍵在於筋、肉與骨節之間本來就有間隙，但刀子卻沒有厚度；無厚度的刀子進入有間隙牛隻的筋、肉與骨節間，乃綽綽有餘，所以能夠悠遊自在。在此，莊子藉由庖丁提出「無厚度」的養心法，才能看見牛隻的「有間隙」，在以「無厚度之心」來順應「有間隙之處」時，那麼便能遊刃有餘。因為牛隻的整體結構並沒有改變，在一開始以「目視」見牛隻時，是沒有間隙的；而唯有在以「心神」觀照牛隻時，才能夠看見有間隙而可以進入的可能。莊子要人養心之無「厚」，厚者亦謂人生在社會化的過程中，不斷強加在生命本身的社會價值觀點，而這些價值觀點往往使我們看不見生命有創造及無限的可能性，可能性亦即「有間隙」。正如牛隻意謂著複雜的國家制度、社會結構，甚至整個教育機制，而唯有化解心知的執著，進入心知之「無厚」的狀態，才可能發現教育中有更多的可能性，而使教師在教學上能夠遊刃有餘。

　　第六，庖丁說明自己面對牛隻時不變且持續的心態。在每次面對牛隻筋肉骨節交錯之較難處理的部位時，總是保持著小心翼翼的態度，集中目光、放慢動作、輕柔用刀，接著快速地使牛隻骨肉完全分離，就像土塊自然掉落在地上一樣。「養心」是一個不斷持續的過程，亦即對心知執著的消解，乃是生命必然且重要的積累過程，尤其教師在自身累積的學習與教學歷程中，如何在每一次面對不同學習對象時，不帶任何成見以展開全新的對應關係？最後，庖丁展現以心神體現天道時的滿足自在：在解牛後拿起刀子站立起身，看看四周，令

人想望其內在的充實飽滿，並將刀子擦抹乾淨後收藏起來。文惠君藉由庖丁解牛的過程中而得到養生之心法，說明養生之道從來就不是毫無作為，而是透過與之對應的任何人事物加以琢磨往來的過程。正如莊子在〈人間世〉提出「乘物以遊心，託不得已以養中」，王淮言「無可奈何之謂『命』，不得已之謂『道』，兩者所代表的是一種自然而必然的『理勢』，聖人無心無我，其所服從者，唯是一種自然之『理』與必然之『勢』，所謂因循自然，依乎天理者是也」[30]，要「因循自然之理與必然之勢」，老子說明「有之以為利，無之以為用」（〈第十一章〉），都是要人憑藉著有限的生命，於不得已、有限制的人倫世界中，在養吾心之天真本德中能夠任心遨遊，而開展出無限的心靈境界。養生之「主」就是養「心之神」，王先謙云「牛雖多，不以傷刃；物雖雜，不以累心，皆得養之道也」[31]，在「養神之道」中達到一種「純粹而不雜，靜一而不變，惔而無為，動而以天行」（〈刻意〉）的境界。庖丁能夠運用心神的原因，在於他以多年的時間涵養自己的本性，爾後才能順任牛隻的性情；也就是在養心的過程中，更多的是要順應彼此的本質或本性，以達到最高的價值發揮。

二、以自然之性相遇

目前的教育乃是以「教育內容」為主體，此主體為國家發展所欲建構的未來樣貌，作為取材的標準而定之以「是」、「非」，而以此「是非」為師。所謂「若儒、墨者師，故以是非相螫也」（〈知北遊〉），儒墨二家思想各有其價值主張，符合自身主張者為「是」，不符合者為「非」，而在古今中外以至目前整個「教育」的方式，亦已被架構出一整套價值標準。將此標準放在前方，作為努力的目標，而所有學生即是以達到前方的目標作為學習的唯一任務。是以，身為現代的教師是如何被建構出來，當然也是以如何的方式來回饋學生，亦即教師是帶領著學生前往國家社會所要達到的目的，以完成社會標準下所定義的「幸福人生」。在以一特定價值標準達成的目標下，教師與學生均失去了以自己生命為主體，而加以探索、發現並認識的可能，教師與學生之

---

30 王淮著，《老子探義》，頁 118。

31 清・王先謙著，《莊子集解》，頁 19。

間，一面不容許對自己生命的探索，而失去與自己的連結，一面更失落了雙方的連結關係；學生雖將生命的黃金歲月泰半安置於學校，但師生間的距離卻是最遙遠的，因為在教師牽拉著學生往前跑時，兩者恰似活在各自的時空中，產生了最大的疏離。是以，師生間能否在教學及學習生涯中養心之神，讓教師自己能夠與學生有真正的相遇？

1. 無常心皆孩之

莊子提出以「道」為師，或許能為師生關係的困境提出解方。

> 意而子見許由，許由曰：「堯何以資汝？」意而子曰：「堯謂我：『汝必躬服仁義，而明言是非。』」。……許由曰：「噫！未可知也。我為汝言其大略。吾師乎！吾師乎！齏萬物而不為義，澤及萬世而不為仁，長於上古而不為老，覆載天地、刻彫眾形而不為巧。此所遊已。」（〈大宗師〉）

孔子以堯舜禹湯文武周公之聖王為師，師其仁義是非之道，然而，莊子提出「道通為一」之齊物觀點，發現儒墨思想都只是「是其所非，而非其所是」，憨山註〈齊物論第二〉云「諸子各以小知小見為自是，都是自執一己之我見。故各以己得為必是，既一人以己為是，則天下人人皆非，竟無一人之真是者」[32]，每一種主張都只是站在自己的角度，而以自己的立場去否定他人。何者是真正的「是」？何者是真正的「非」？莊子提出「莫若以明」的方式，讓各自的觀點都能一體呈現。王邦雄說「順任『彼是』之不同觀點之所是而是之，而照現『彼是』雙方之皆『是』而無非」[33]，即是一種「無物不然，無物不可」（〈齊物論〉）的大道整體觀點；天地萬物沒有一物不被肯定，不被允許，所有萬物都有其存在的價值，亦能夠依自己生命樣態去實現。是以，莊子並不陷在「是非仁義」之中，而是師之以「道」，道乃調和萬物卻不以為應該，潤澤萬物卻不以為愛人，先於上古卻不會老舊，承載覆庇及生成養育天地萬物卻不以為工巧，此境界謂之「天樂」（〈天道〉），乃是達到一種「通於

---

[32] 明・憨山大師著，《老子道德經憨山註：莊子內篇憨山註》，頁 189。

[33] 王邦雄著，《莊子內七篇・外秋水雜天下的現代解讀》，頁 88。

萬物」而「無天怨，無人非，無物累，無鬼責」之最和諧的關係狀態。是以，
當教師能以「道」為師時，便超越了是非二元對立，將使所有來到面前的學生
都能夠展現最真實的天真本性。

> 聖人無常心，以百姓心為心。善者，吾善之；不善者，吾亦善之；德善。
> 信者，吾信之；不信者，吾亦信之；德信。聖人在天下，歙歙為天下渾其
> 心，百姓皆注其耳目，聖人皆孩之。（〈第四十九章〉）

　　聖人與百姓關係亦正如師生關係，無有血緣但卻有上下之對應關係，教師
是領導者，學生則是跟隨者。老子提到一位領導者乃「無常心」，是指領導者
在經過化解成心而以真心存心時，便能不以「定常」、「固著」之心知成見為
標準，能夠以每個人之真心為領導者的存心，因為此存心在「道通為一」中，
彼此能夠感通相應。是以，教師不是只看到學生表面上善與不善的差別，乃是
真正理解其內在本性的美好，所以能夠以無心無為之自然方式，來引導學生天
真本德的實現；教師不是只看到學生表面之信實與否，而是能夠真正相信學生
具有天性自然的本質，於是，教師對學生產生最大的信任感，並引導其本性自
然的完成。是以，身為教師何其重要，其真心要能夠無所偏執的模糊價值二元
對立觀點，即便學生只關注在自身感官耳目之追求上，但教師卻要以最純然的
方式來對待學生。田子方提到他的老師東郭順子的形象：

> 田子方侍坐於魏文侯，數稱谿工。文侯曰：「谿工，子之師邪？」……子
> 方曰：「有。」曰：「子之師誰邪？」子方曰：「東郭順子。」文侯曰：
> 「然則夫子何故未嘗稱之？」子方曰：「其為人也真，人貌而天虛，緣而
> 葆真，清而容物。物無道，正容以悟之，使人之意也消。無擇何足以稱
> 之！」子方出，文侯儻然終日不言，召前立臣，而語之曰：「遠矣全德之
> 君子！始吾以聖知之言、仁義之行為至矣，吾聞子方之師，吾形解而不
> 欲動，口鉗而不欲言。吾所學者直土梗耳，夫魏真為我累耳！」（〈田子
> 方〉）

　　田子方雖然不斷稱讚谿工，但當魏文侯提問田子方誰是老師時，田子方提到東郭順子，然而田子方卻沒有稱讚他，原因是東郭順子行事為人真實純正，雖然有人的容貌，卻能夠消解自我而使真心與天道自然契合，在順應萬物變化中能夠保有天真本德，在致虛守靜時卻可以包容天地萬物，而且當萬物迷失無道時，會以適宜的方式使其感悟，使其消解強行意志的行事方式。田子方說像東郭順子這樣的人，並不是住在無擇裡的人可以來稱讚的。魏文侯聽完後被東郭順子的人格形象所震懾，說東郭順子是完全實踐天真本德之人，原本以為聖知仁義為極致，現在才知道有東郭順子這樣的教師，使自己在聽的過程，似乎也放下受身體的制約及外在影響；沒有任何心知執著，就好像嘴巴也失去了功用，不必再透過言說來表達。魏文侯理解自己過往所學習的不過是渣滓，發現自己所擁有的國家，也不過是累贅而已。至於東郭順子以本性之「真」契合天道，能夠包容來到他面前的學生，亦能使學生領會其內在天真，毋須以刻意有為之意志與人一較高下；是以，在無有任何標準之主張下，田子方對於東郭順子，亦無法指出老師的善。因為無有稱讚，便無有批判，東郭順子對應田子方只是全然以生命自然本性展開而已。至於，什麼是人性的本性或本質？老子以道法自然，說明「道」的本質是自然，王淮言「道已是根本，更無所法矣」、「所法者唯是自然之本身 Nature-self 而已」[34]，「道生德畜」，天道乃內在於人的本性之德，所以人之本性亦是自然，至於「自然」之性為何？老子卻沒有像儒家以「仁義禮智」加以定義，反而是透過否定式的語詞，如「無」、「絕」、「棄」及「不」等，試圖展開「自然」的內涵。

　　陶淵明於四十一歲辭官歸隱，於〈歸去來兮辭並序〉中提到自己辭官的原因，從積極面而言體會自己「質性自然」，從消極面發現任官是「違己交病」、「心為形役」；似乎指出「本性自然」是不會受形體之生存需要而消失的，「自然」者「自己而然」似乎有如生命內在的「光」或「方向」，能夠指引著前方的道路，若人們能夠回到天真本性，那麼在面對選擇時，就能夠作真正的價值判斷。然而，卡爾・羅哲斯提到人在生活中「多少是由他認為應該是的所指引，而不是由他真正的所指引」、「好像總是應別人的要求而存在」[35]，

34　王淮著，《老子探義》，頁 107。

35　卡爾・羅哲斯著，宋文里譯，《成為一個人──一個治療者對心理治療的觀點》，頁 130。

說明的是人們呈現一種「身不由己」之身心悖離狀態；因為長期以來社會價值所形構的「指導」，僅是以「社會大眾」所約定成俗，並無法符合所有的人。如陶淵明從二十九歲至四十一歲，將近十三年期間五次進出於官場，在辭官至壽終六十二歲，有二十多年之久；辭官後生活雖然更加貧困，但其生命卻因尊重本性「自然」，而愈加感受其詩文所透顯出生命的自在安適。

2.以鳥養養鳥

因為「自然」無從定義其內容，更不能由「他人之然」來決定生命的自己而然，完全只能由「自己之然」來肯定、認同自己的存在狀態。如同教師對待自己及對待學生一般，能否如同養鳥一般，以鳥的性情來養鳥，而讓海鳥活出自己的樣子，也要讓自己及每一個孩子活出自身的天真本性。

> 昔者海鳥止於魯郊，魯侯御而觴之於廟，奏九韶以為樂，具太牢以為善。鳥乃眩視憂悲，不敢食一臠，不敢飲一杯，三日而死。此以己養養鳥也，非以鳥養養鳥也。夫以鳥養養鳥者，宜棲之深林，遊之壇陸，浮之江湖，食之鰍鰷，隨行列而止，委蛇而處。（〈至樂〉）

這裡提到海鳥棲息在魯國郊外，魯侯把牠迎接至太廟而以酒來侍奉，並且彈奏九韶的音樂供其享受，宰殺牛羊成其食物；但是海鳥卻眼神慌亂、內心憂傷，不敢吃一塊肉，也不敢喝一杯酒，三天後就死了。說明魯侯完全是用對待人的方式來養鳥，並不是以養鳥的方式來養鳥。因為若是以養鳥的方式來養鳥，那麼就應該讓海鳥在深林中棲息，在沙灘上漫遊，在江海中漂浮，吃食小魚，跟隨群鳥止息，自由自在的生活才是；但魯侯反而以人類社會所建構的生活方式來對待海鳥，致使海鳥死亡，魯侯愛之適足以害之。然而，此愛的方式看似魯侯之愛，但此愛的方式是否是海鳥的真正幸福？如同學生被對待的方式乃是一種主流的社會價值，早已扭曲了人性本質。因為若以非人性的方式待人，卻以為是待人的最佳方式，那麼對人們而言是一場災難；再者，若無法以真正人性的方式待每一個人，那麼將無法以符合萬物本性的方式來對待其他萬物。以其天道自然，天道以自己而然的方式呈現時，將鬆開對萬物的控制與占有，而允許萬物以自己的樣子存在並活出。是以，如同教師能夠改變觀點，不

以社會所形塑的價值觀點來對待學生，而需要回到自身真正的本性，以己之本性同理學生之本性，在本性之交流共感中，尊重學生的本性，方能同理學生本性表現多元差異的需求，在拉近彼此之間的距離中，提供學生最合適的教學內容或策略，而不會想要主張何者為善？因為自然本性就是一種「不知其然」的美好。

> 聖人達綢繆，周盡一體矣，而不知其然，性也。復命搖作而以天為師，人則從而命之也。憂乎知而所行恆無幾時，其有止也若之何？生而美者，人與之鑑，不告則不知其美於人也。若知之，若不知之，若聞之，若不聞之，其可喜也終無已，人之好之亦無已，性也。聖人之愛人也，人與之名，不告則不知其愛人也。若知之，若不知之，若聞之，若不聞之，其愛人也終無已，人之安之亦無已，性也。（〈則陽〉）

聖人能夠化解心知的束縛，體悟天地萬物的整體合一，而天道內在於人的天真本德之性卻是不知其所以然，在生成中以天道自然的方式歸根復命，而人只要順應萬物的變化；若是因心知執著而產生恐懼擔心，那麼就無法使自己在變化之流中體驗生命之美，反而使自己不知道要何去何從。其實本性自然美好，如果不主張美好，便不會以美好作為標準加以推動；對於本性自然美好，似乎好像知道又好像不知道，好像聽到又好像沒聽到，但確定的是萬物因本性之不知其然，所生發的喜悅美好，也都將是無有止盡的。就像聖人愛人之事，是人們提出聖人愛人，若沒有宣說聖人愛人就不會知道聖人愛人。是以，本性自然的美好及其喜悅，或愛人之事，並不必要特別主張或宣揚，反而才能夠順應自然而恆常，無有止盡。所謂「飄風不終朝，驟雨不終日」（〈二十三章〉），當刻意有為不自然時，便無法長久；唯有實現自然本性時，人的自在與安頓才能夠沒有限制，因為這完全是出於自身內在的自然本性，不假外求。若是以刻意有為之「機事」來取代人的天真自然時，便為「機心」，機心則使人「純白不備」、「神生不定」，當然「道之所不載也」（〈天地〉）。因此在教師以「天道自然」對待學生時，將不會以二元價值之善來要求學生加以遵循，進而產生更多的對立與反抗；當以無心無為之善來面對學生之本性全然時，將如同伯昏無人一樣無視於申徒嘉的獨足，更不會以全足來取笑獨足的申

徒嘉，師生將相遇於「形骸之內」（〈德充符〉）的天真本德，如此才能展現真正的教育意涵。

覺察體驗作業：

    1. 教師的定位是什麼？就過往的經驗及想像，建構一個理想的教師。

    2. 在理想的教師的帶領下，學生將會是什麼樣子？

Chapter ③

生命的制約與教育

　　「生命」為一抽象的存在，一面就「有形、外在的生命」而言，乃是以「形體」的呈現作為有無生命的判定，然而以此來認識「生命本身」卻是最粗糙的。有人身體存在著卻失去了生命的活潑，有人身體衰殘了卻展現無比的生命熱忱，甚至有人身體亡失了，卻仍舊讓人感受其生命長存；是以，「生命本身」是無法以「形體狀態」或「形體有無」作為定義。另一面就「無形的、內在的生命」而言，「生命」指的是透過形體的存在，在生活中所活出的樣子，從此樣子使人認識其「生命」發揮及實現的狀態或境界。然而，內在的生命要活出什麼樣子？進而影響到外在的樣子？卻是主宰生命活動的「自我意識」在引導著。

　　「自我」是人們從小至當下的發展過程中，被社會環境所逐漸形塑所成，此時的「我」是社會價值所建構的「社會我」，其實已非原本「道生德畜」的「自然我」了。而人類社會化的困境，在於習慣以「社會我」為中心來觀看他者，一者社會我與自然我已經斷裂；再者，社會我更與不符社會我的他者產生衝突。因為「社會我」所形成的社會價值標準，並不具備整體性、永恆性及絕對性，反而受時間及空間限制，僅較具普遍性而已，並無法涵概所有存在的多元差異性，因此總是有不具話語權者的不被尊重，以及被犧牲。首先是「自然我」被「社會我」所消音，其次是「不符社會我之他者」被「社會我」所否定，最後產生了「與自我」，以及「與人我」間的異化。而且若是社會自我的建構以功利結果為內涵時，那麼生命本身則將是「被有系統地整個從自然界裡剝離出來」[1]，人們失去了自然生命的價值感受，失去了原有之創造、想像、感受及思考的能力，甚至失去了否定、批判及超越的可能。這是一種生命失去「希望」與「活力」的無價值感受，莊子謂之「心死」（〈田子方〉），這是人類生命的最大悲哀，因為「無有價值」的感受從來就不是天地萬物的自然本性，以其天地萬物總是在發揮自然本性中，享受其獨有之存在，然而，人類因有「自我」所形成的價值判斷而遭陷溺了。

---

[1]　Theodore Roszak, Mary E, Gomes, and Allen D. Kanner 編，荒野保護協會志工群譯，《生態心理學：復育地球，療癒心靈》（臺北：心靈工坊文化，2011 年），頁 53-54。

　　牟宗三先生曾經提出儒家思想說出了「什麼是好的？什麼是惡的？」這是「實有層上肯定」；但道家提出「如何以最好的方式把它體現出來，這便是 How 的問題」，「但要表現這個好惡，則『無有作好』的好，『無有作惡』的惡，才是好的。……『作』，就是造作，造作就是有意的，不自然的」[2]，亦即道家不說「要做什麼才是好的」、「要做什麼才是惡的」，以其天地萬物各有不同之性，每一物類均依其自然本性，可以各自活出不同的姿態；是以，人類社會如何能夠劃定一個標準，要所有人類齊頭並進呢？何況不同的時空差異，形成不同文化而有多元的族群特色。當儒家文化主張仁義禮樂之際，標舉「什麼是好的？什麼是惡的？」於是，在以中原華夏為上、邊境蠻夷為下之觀念盛行時，是否造成同時代不同種族的疏離，進而在時間的推演中，因獨斷性及狹隘性造成人我間更大的紛爭抗衡？老莊提供了另一種視野，亦即在人類社會的建構中，人類的特性中若一定要有所作為，或不得不作為中，要「怎麼做？」才是符合自然本性，牟宗三稱之為「作用層上保存」。

　　老莊觀察天地萬物，認為天道自然才是天地宇宙生生不息且和諧的原因，人類是萬類之一，若要人我關係和諧，人類的思想及作為就要符合天道自然的運行法則。「自然」就是天地萬物的內在本質、本性，人之所以不能和諧是因為人類比其他萬物多了「自我」，「自我的建構」雖然是人類獨有的本性，但人類卻受制於社會環境及價值觀所逐漸形成「社會化自我」的「標準」所影響並干擾。老莊思想發現人類的痛苦及所形成的困境所在，從觀察天地萬物本性出發作為解決人類問題之所在，也就是人類要從「生命本身」為立基點，以重新「認識生命」的本質；不要再使生命為他者服務或犧牲，而要純然的發揮生命之所以為生命的本質。其主張要修養化解，以突破人類社會化所形成自我中心「造作」的不自然，而並非要消解「自我」，因為作為一個人的存在是無法除去自我的，只要讓人們重新認清「生命」本身的新鮮風貌，突破人們在社會價值觀點的累積下所產生的心死狀態，進而喚醒人性價值的恢復，那麼便能真正發揮人性自然之美好價值。以下將說明「生命的無價值感」，開展從生命為

2　牟宗三著，《中國哲學十九講》，頁 135-137。

核心的四個教育面向，如「理智教育」、「實踐教育」、「情感教育」及「靈性教育」，作為論述的內容。

第一節　生命的無價值感：心死論

「價值」是人類才有的感受，人類因為有「自我意識」才有價值高低的獨特感受。人的一生都想要知道：人為什麼要活著？人的一生有何意義？而在自我一生的追求中，人們總是以「意義的有與無」加以定義「價值的高與低」；而看似有價值的追求中，有時亦感受到對自我的「無價值感」。人既然是「價值判斷」的產物，那麼對人性而言，什麼樣的生命狀態會造成無價值感受？什麼樣的狀態才能感受到生命具有價值？本節從「心死但真心不忘」，說明心死有如「混沌死於七竅開」，藉由論述莊子的「心死論」以說明「生命的無價值感」。

一、心死但真心不忘

人的一生都在過生活，而且多數人會以為當下的生活樣貌是無法改變的，「沒有辦法」成為普遍的認知模式，卻不知目前的生活型態乃是社會文化之逐步被建構的過程；即使充滿著無趣、無聊，沒有意義、沒有價值，卻又無可奈何，以為這是人類原有的狀態，只能接受而無法改變。殊不知人們之初始並非就是如此狀態，而是在以進步的價值思維追求下，人性之心靈本真部分被遺忘了，或是被丟失了，不知生命本來可以開展出殊異於其他物種的差異價值。

1. 吾有不忘者存

莊子要人們徹底覺察，是否過著一種悲哀的生活，而無法活化心靈的價值？

> 仲尼曰：「惡！可不察與！夫哀莫大於心死，而人死亦次之。日出東方而入於西極，萬物莫不比方。有目有趾者，待是而後成功，待晝而作。是出則存，是入則亡。萬物亦然，有待也而死，有待也而生。吾一受其成形，而不化以待盡，效物而動，日夜無隙，而不知其所終，薰然其成形，知命

不能規乎其前，丘以是日徂。吾終身與汝交一臂而失之，可不哀與！女殆
著乎吾所以著也。彼已盡矣，而女求之以為有，是求馬於唐肆也。吾服女
也甚忘，女服吾也亦甚忘。雖然，女奚患焉！雖忘乎故吾，吾有不忘者
存。」（〈田子方〉）

　　莊子藉著孔子與顏回的對話說明，人生最大的悲哀莫過於心死，至於身體
的死亡還是其次的，宣穎云「心死則滯於迹，不能與造化同體，其可哀甚於人
死」[3]，「心死」甚於「人死」。孔子說日出日落從東而西，所有具有感官四肢的
萬物莫不是如此，在日復一日中，都依恃著自身的形體進行著「日出而作、日
入而息」的生活模式，有的趨向於死亡，有的待以降生。萬物在有了形體後，
邁向死亡即是一個必然且無可奈何的持續變化現象；在「弱者道之用」（〈第
四十章〉）中，此變化狀態乃是以最微弱的運行方式持續進展著，往往無法讓
人感受其變化。雖然形體也無時無刻依循著外物而在變化著，不知道一生的盡
頭要歸向何處，但卻有一個不會變化的「真心」，莊子提醒人們不要遺失了
「真心」。要知道生命就在自然的成形中，文中藉由孔子說明自己理解這一切
的發生，卻不能加以規範控制；於是，孔子說明自己只能選擇參與這一切變化
的發生。然而，要問的是什麼是不會變化、不會被遺忘的？孔子舉出即使是自
己最得意的弟子顏回，也無法理解學習的真實意義，因為自己的作為早已經逝
逝了，但顏回還以為一直存在一樣，無法掌握到自己所要啟發學習的真諦實
義，就有如在空市場裡找馬匹一樣，根本是找不到。也就是當顏回在學習的時
候，僅在乎孔子的有限且有形之外顯，卻忽略了孔子生命中有永遠不忘且不亡
的存在。

2. 人有不芒者

　　莊子提出在人們以形體與外物彼此對應時，到底什麼才能成為彼此往來之
永恆存在？雖然，各自形象在彼此的心目中早已被遺忘甚至消失了，但總要回
過頭來看看，到底什麼是不會被遺忘且消失的？

---

[3]　清‧王先謙著，《莊子集解》，頁119。

一受其成形，不亡以待盡。與物相刃相靡，其行盡如馳，而莫之能止，不
亦悲乎！終身役役而不見其成功，苶然疲役而不知其所歸，可不哀邪！人
謂之不死，奚益？其形化，其心與之然，可不謂大哀乎？人之生也，固若
是芒乎！其我獨芒，而人亦有不芒者乎！（〈齊物論〉）

　　這裡提出「心」雖然不會亡失，也不會遺忘，但是人們卻在有了形體與
不斷成長的過程中，真心常常隨著形體的變化而死亡。「心」簡單言之，有
「心情」、「心思」及「心神」的內涵，心因為身體感官而有感受情緒之「心
情」，因為自我能夠思考想法而有「心思」，心也因為能夠發揮無限妙用而謂
之「心神」。心神就是「真君」，真君無形，在天地造化間，心因稟受氣化而
寄託於形體，所謂「假於異物，託於同體」（〈大宗師〉）；生命整體成長爾
後便不斷地面對外在一切人事物的對抗衝擊而無法停止，多數人終其一生被外
物所奴役卻看不到能夠完成什麼，疲累不堪卻不知道人生要歸向何處。莊子提
出「真君」，王先謙云「真君所在，求得不加益，不得不加損」[4]，「真君」之心
不會變化，也不會隨之消失，但總是在生命能量的耗盡中被遺忘了；若是在形
體不斷地老去中，如果真心也跟著形體一樣的老死時，那麼就是生命的最大悲
哀，宣穎言「真君所在……惟人自受形以來，守之待死」。所謂「人之生也，
固若是芒乎」，王船山云「芒，昧也」，莊子反思的是難道生命的真君本來就
是如此的盲昧不明？還是只有自己不盲昧，而希望天下人總有不盲昧的。莊子
說明心死的狀態似乎是一種普遍的現象，牟宗三曾言此「為悟道之契機，存在
的感受非常強列真切」[5]，其試圖要喚醒大家，「心」若是隨著形體的成長變化
後而逐漸死亡，其實那並不是生命本然的狀態，更不是生命應有的價值意義，
簡而言之，若是人們在心死的狀態，那麼才是人類最悲哀的，當然也是最沒有
價值的。

4　清・王先謙著，《莊子集解》，頁8。
5　王邦雄著，《莊子內七篇・外秋水雜天下的現代解讀》，頁80。

二、混沌死於七竅開

　　「心死」其實並非失去，只是無法展現其功能，心未嘗死亡，只是在感官耳目及心知強大的操控下，而無法讓真心得以實現人性之價值。感官只是一向外接觸的工具，在感官向外接應對待的過程中，總是將自我心知強加其中，使人誤解認為是感官的問題。其實當以感官耳目與外在環境接觸時，外境的呈現都只是一種中性的現象；但若再以「社會化的自我」加以比附增添作價值分別判斷，那麼感官對應的現象，都將成為自我取捨的對象，進而使人們執著其中，造成無限的苦難。是以，能否以「自然的自我」取代「社會化的自我」，亦即恢復喚醒原有之心靈、真心或道心，以超越後來的心知、心智或成心呢？莊子將「心」比喻為「真君」、「真宰」（〈齊物論〉），憨山註〈齊物論第二〉云「若不執我見我是，必須了悟自己本有之真宰，脫卻肉質之假我，則自然渾融於大道之鄉」[6]；以「真宰」取代「假我」，「君」、「宰」都具有領導、主宰之意，是生命主體的心靈。

1.七竅日鑿而德失

　　莊子肯定「心」一直都在，只是人們是否能夠體會而已，所謂「如求得其情與不得，無益損乎其真」（〈齊物論〉），說明人們不論是否與內在心靈相遇相應，並無法影響到真心之是否存在。然而，可怕的是人們受限於形體的限制，卻無法開展心的價值認識，而導致內在心靈的死亡，莊子以混沌之死來說明這個現象。

　　　　南海之帝爲儵，北海之帝爲忽，中央之帝爲渾沌。儵與忽時相與遇於渾沌
　　　　之地，混沌待之甚善。儵與忽謀報渾沌之德，曰：「人皆有七竅，以視聽
　　　　食息，此獨無有，嘗試鑿之。」日鑿一竅，七日而渾沌死。（〈應帝王〉）

　　莊子以充滿神話性色彩，闡明混沌之死是因為感官心知的開啟，而產生對生命價值意義的混亂不清。混沌的死亡也意謂著內在純粹真心的死亡，混沌以本性之無心自然對待二帝，並毋須二帝的報答回饋；反而在二帝以刻意的方式

6　明・憨山大師著，《老子道德經憨山註：莊子內篇憨山註》，頁190。

回應混沌之天真本德時，破壞其獨立完整。若混沌亦如常人般，當以感官耳目去接觸外境時，總是易以自我心知去意識外在的一切，而加以分別是非善惡，此時混沌便不再是原始的混沌了，其內在本性在心思不斷向外追逐中，將使內在真實自然之善被遮蓋。如同「道術將為天下裂」（〈天下〉），在日常生活中開始進行「是其所非、非其所是」的爭論與較勁，〈齊物論〉言「日以心鬥」，所以混沌在七竅開鑿完後而死亡，亦謂著真宰、心神將受到心知的完全迫害。

> 大知閑閑，小知閒閒；大言炎炎，小言詹詹。其寐也魂交，其覺也形開，與接為構，日以心鬥。……其發若機栝，其司是非之謂也；其留如詛盟，其守勝之謂也；其殺如秋冬，以言其日消也；其溺之所為之，不可使復之也；其厭也如緘，以言其老洫也；近死之心，莫使復陽也。喜怒哀樂，慮嘆變熱，姚佚啟態；樂出虛，蒸成菌。日夜相代乎前，而莫知其所萌。（〈齊物論〉）

莊子說明心知的思考常常執著於小大之二元對立標準，睡覺時就會心神不寧，醒來時就打開感官與外物接觸，在評估得失的日常生活中爭鬥不已。心知發動快速如同機械操作流程，主導著分別是非對錯；心知還深藏著固執如同盟約般無法變動，一直堅持著獲得勝利成果；心知甚至陷溺在傷害彼此的生命中，就像秋冬凋零沒有活力；而且心知一直執著要有所作為，在生活中不能回歸至生命的平靜；心知更會自我封閉自己，使得生命衰老陷入枯乾死寂。總而言之，自我心知將使得本心失去原有之靈動性，再也恢復不了生機活潑。人們就在喜怒哀樂的情緒變化中，憂慮未來、哀嘆過往、游移當前、恐懼生死；並在人間百態中，以美好、放逸、開放、修飾的各種姿態現身，然而這一切就如同樂音一樣，乃是從虛境中產生而捉摸不定，更像菌菇一般從蒸熱成熟，卻毫無根基所在。於是，不論白天或夜間，自我心知的執著偏狹總是交相出現在每個人的面前，但卻不知道是從那裡開始萌發的。莊子要說的是，人們在心知的各種狀態呈現下，日夜總是毫不止息地隨著外在事物，而陷入各種情緒之變化起伏中，最終將使得心神失去原有的靈活生機。以上就生活的日常，提出人們往往在不知不覺中陷入心知執著，被外境牽引不止。

　　莊子更提出人們即使藉由讀聖人書亦是如此，說明「聖人已死」正如同「真心已死」的狀態；以其常人讀書亦在聖人的文字中咀嚼，而無法覺知聖人之精神早已逝去。因為文字只是承載人類內在心靈活動的工具而已，若只是在文字上閱讀而不去探索體會原有的內在精神，那麼再多的學習經驗累積，都是毫無益處的，莊子說讀這些書只是「糟粕」而已。莊子欲藉著桓公讀聖賢書，說明文字的閱讀，能否保存內在的心神？

　　桓公讀書於堂上，輪扁斲輪於堂下，釋椎鑿而上，問桓公曰：「敢問公之所讀者何言邪？」公曰：「聖人之言也。」曰：「聖人在乎？」公曰：「已死矣。」曰：「然則君之所讀者，古人之糟魄已夫！」桓公曰：「寡人讀書，輪人安得議乎！有說則可，無說則死。」輪扁曰：「臣也，以臣之事觀之。斲輪，徐則甘而不固，疾則苦而不入。不徐不疾，得之於手而應於心，口不能言，有數存焉於其間。臣不能以喻臣之子，臣之子亦不能受之於臣，是以行年七十而老斲輪。古之人與其不可傳也死矣，然則君之所讀者，古人之糟魄已夫。」（〈天道〉）

　　桓公在堂上讀書，輪扁在堂下製作車輪，問桓公讀什麼書？桓公回答說，在讀聖人的言論。輪扁問，聖人還活著嗎？桓公說，已經死了。輪扁直接說，那麼桓公所讀的聖人之言論，也只是聖人的渣滓而已。此時，輪扁以自己製作車輪來說明，在輪輞（車輪的外圓）、輪轂（車輪中心圓木）及輪輻（輪輞和輪轂間的木棍）三者間的銜接處，如果接榫處太寬鬆滑，那麼便不夠牢固，如果太緊滯澀，那麼便無法讓它們鑲嵌在一起。所以，若要不過於寬鬆也不會太緊實，只能夠不斷透過雙手在一次次持續製作車輪的練習中，才能有心領神會的體悟，最後掌握了製作車輪的訣竅。輪扁提出這樣的訣竅是完全無法傳承給自己的孩子的，而且他們也無從體會，如今七十歲了還在製作車輪。也就是說，古人本身以及他們所無法流傳下來的部分，早已經消失結束了；莊子藉由輪扁提出，什麼才是真實的存在？什麼才是可以被流傳下來的？至於桓公目前所讀的書，也只不過是古人的渣滓，是無用之物而已。在此，莊子提出反思，當人們在進行每一件事時，即使是「讀聖人之書」，對於讀者的生命也可能是毫無價值的，甚至於只是徒具形式意義而已。以其人在有形體後，便以身體與

外在事物相對應，若是失去內在主體性的自由靈動，那麼一切的相遇都將疏離異化，無法流動感通，所以並不具有任何的價值意義。此時「自我」與「對象」呈現主客二元、各立一邊，更多的是征服、對抗，甚至是對立的關係狀態；是以，能否緊握住生命的內在心神、心靈或精神，使其「不死」？亦即自我主體與文本客體，產生一交流並融和的境界，方為「讀聖人之書」最重要的價值實踐。

2.吾有身之大患

莊子以實踐內在心靈之天真自然為生命的最高價值，正是生命的理智教育。若非如此，心知便會在衡量高下中作價值判斷，若無法發揮內在心靈的作用，那麼便無法理解生命的終極價值，那麼將時時陷入無價值感受的「患得患失」當中。

> 寵辱若驚，貴大患若身。何謂寵辱若驚？寵為下，得之若驚，失之若驚，是謂寵辱若驚。何謂貴大患若身？吾所以有大患者，為吾有身，及吾無身，吾有何患？故貴以身為天下，若可寄天下；愛以身為天下，若可託天下。（〈第十三章〉）

老子對人們「以身為貴」的價值認定是有疑慮的，因為如此將造成生命的大災難，王弼注云「生之厚，必入死之地，故謂之大患也」[7]，也就是人類為了完成保存形體的目的，而作最大的心知預想，這也是生活中無法安頓自我的關鍵性原因。此「得」與「失」之最大關鍵仍是「為吾有身」，亦即常人意欲得「寵」，但在「求得寵愛」與「保全寵愛」中，總是因為得失不定而造成驚恐。人們以「得」到他人的認同及減損財貨名聲為「寵」，以「失」去他人的認同及獲得財貨名聲為「辱」，不論是為世所用的「寵」，或無法用於世的「辱」，都是想要使形體及自我得到最好的保全與安適，但生命卻往往在寵辱之間周流不已而形成最大的困頓。然而，要釐清的是，並非因「為吾有身」而寵辱若驚，而是人因為有「形體」而執著於「自我」的價值觀點，以致陷入種

---

[7] 魏・王弼著，《老子註》，頁24。

種的擔心害怕中，造成身心失衡的痛苦。是以，「吾無身」王弼注云「歸之自
然也」，若能將形體視為一「不可奈何」之自然存在，而將一生的重心安置於
主宰形體之「生命本身」，才可以「愛以身」，王弼云「無物可以損其身，故
曰愛也」[8]，即視生命本身比天下國家更貴重或寶愛，那麼便不會再對「形體」
產生心知執著，以致作無謂的求寵避辱。只要努力致於實現以形體為載體的生
命本身，那麼每一個生命將再度活出，內在真心將再度甦醒，因為真心之動能
性而使生命重構其價值的可能。

　　從兩千多年前的莊子談「心死」，至如今疫情時代，或更確切的說長期以
來，國家體制所形塑的生命樣態，已經使人們不知要何去何從？更不知人類生
命的本來面目了。而所謂的「躺平」，都是一種在無法逃離，卻又活不出生命
價值意義的樣態。有人看似積極地選擇融入體制中，但卻以扭曲生命本身作為
代價；有人逃離體制，以放棄生命本身，等待未來之渺不可知，都是對人性的
錯誤對待。是以，能否再讓生命有一活化或實踐的可能？能否恢復生命的本質
自然，以完成生命原初的價值內涵？老莊以「自然」的方式，或許有機會帶領
人們領略生命無比豐富的可能。

覺察體驗作業：

　　1.檢視自己是否是一個對生命有熱情的人？若不是，那到底是什麼原因？
　　2.能否將阻礙自己生命發揮熱情的關鍵點，深入思考，是否有轉化的可
能？

第二節　生命的理智教育：自然論

　　天地萬物皆具其「性」，性中各具其「理」，此「性」之「理」是每一物
之存在基礎。至於人之初始乃是從周圍環境，以建立認識自己及理解他者的可
能，在此過程中產生了一個人的「心知」或「心智」，並建構了一個人的「自
我」。「理性」是一個人的「心智能力」，理性主義學者主張透過學習以培
育、發展學生的理性，是整個教育的重要任務。是以，在教育的過程中，應透

---

[8]　魏‧王弼著，《老子註》，頁 25。

過學習而對自我加以啟發、鍛練，以發展學生本性之理，成為一個人的心智能力。牟宗三認為「由人性通神性所定之」為「理性」，至於「儒家的理性為仁」[9]，是人際往來之人性之理，雖為人之道但卻可遙契天道。老子莊子則將此人性之理視為自然天性，在自然天性中自有天道運行之理則；亦即在自然本性中，有一「天道運行」之理，使得「自然本性」能夠發揮使其自己的生命歷程。本節從「生命的自然之道」，得以完成「自然的和諧關係」，藉由論述莊子「自然論」以說明「生命的理智教育」。

一、生命的自然之道

生命的無價值感，是因為以他然、他律的社會價值強加在生命上，使得真君、真宰之心受到自我心知的遮蔽，而無法發揮引領生命的心神功能；在他然的環境中，人們不易實踐自己生命本身的價值意義，更無法持之以恆，所謂「強行者有志」（〈第三十三章〉），在勉強刻意行動中，往往是靠著「意志力」前進，雖然有一股奮進之生命力展現，但往往無法持守長久，如同在長期緊繃中，必將帶來彈性疲乏，或斷裂割傷。

1.信道德以自勝知足

老子「飄風不終朝，驟雨不終日」，說的就是非自然的狀態是無法持之長久的。

> 希言自然，故飄風不終朝，驟雨不終日。孰為此者？天地。天地尚不能久，而況於人乎？故從事於道者，道者，同於道；德者，同於德；失者，同於失。同於道者，道亦樂得之；同於德者，德亦樂得之；同於失者，失亦樂得之。信不足，焉有不信焉。（〈第二十三章〉）

「希言」為「無言」，天道自然而無言，若有「言」則必帶來萬物自然成長的拘限，是以，天道以其運行規律讓天地萬物自主、自發並自行成長，並不加以任何的指示或命令，使其各自都能依循自身的自然本性而生長，在天地所

9　牟宗三著，《道德的理想主義》（臺北：臺灣學生書局，2013 年），頁 10。

讓出的空間中，就有一主動、調節、平衡及和諧之開放的自然場域。即使環境氣候有時出現暴風或急雨，亦不致於一直持續著；亦即「不自然」的現象，在天地之間總無法長久，更何況是人間生活呢？老子主張一種認同、同感或同體於道根德本的主張，道根德本亦樂於回應反饋予人們，若非如此，在失道遺德中，亦將失落及遺忘原有的道根德本。「自然有兩層含義：一是主語的道，那麼『自然』是指道本來如此，獨立自在，不受任何事物影響的特性；二是主語為萬物，那麼，『自然』是指在道的保證下萬物各自展開其本然面目的整體狀態」[10]；老子提出當對道根德本信心不足時，就無從信任道根德本的無限美好；或對道根德本信任不夠時，就沒有信心能依據道根德本之實然以創造生命自然的豐富。「只有完全內在的、自我維持的機制才可以絕對地免予損耗。……它的力量或者德是無滯礙的」[11]；老子主張「道法自然」（〈第二十五章〉），道法自然並非以人的利益為主體，而是指一種天地宇宙運行變化之規律，此規律完全無需刻意造作，它拒絕人為的干涉操控，更排斥任何外在施予的力量，而是一種「完全內在的、自我維持的機制」，在「自己而然」、「自己如此」之運行變化規律中，從根源或自然的場域中所生發的一種自在性和自為性，王淮言「主觀上清虛以自守，客觀上無為而自化」[12]。「道」以「自然」的方式，在運行規律的變化中生成萬物，而人是天地萬物的一分子，亦應效法自然之道，老子提醒人們要回到自主、自發及主動的自然場域中，才能對人性本身產生自信，以及獲得自由的生機活動，亦即當以「自身」為核心時，才有其「然」的可能性。首先是道生天地萬物之生命本身所能展現之原有狀態，乃是「自知」、「自愛」並「自勝」。

> 知人者智，自知者明。勝人者有力，自勝者強。知足者富。強行者有志。不失其所者久。死而不亡者壽。（〈第三十三章〉）
> 是以聖人自知不自見；自愛不自貴。故去彼取此。（〈第七十二章〉）

---

[10] 光華著，《《老子》之道及其當代詮釋》，頁 43。

[11] 德‧漢斯—格奧爾格‧梅勒著、劉增光譯，《東西之道：《道德經》與西方哲學》，頁 69。

[12] 王淮著，《老子探義》，頁 97。

聖人是指能夠體悟天道宇宙運行規律之領導者，與其說老子以「聖人」來說明人性完全實現的真實樣態，倒不如說「聖人」就是一種人性的原形狀態。聖人能夠「自知」，在照現自我的天真本性中認識自己；能夠「自愛」，在朗現生命本身的自在天真中寶愛自己；能夠「自勝」，在消解自我的心知成見中超越自己。王淮言「修道之活動本質上即是一種自我之征服與創造，且其歷程實與自我之生命相終始」[13]；是以，聖人不會再以自我中心來待人，也不必再將自我再顯現於人，更不會以自我為尊貴於他者，不會以勝過別人而視自己是有力量的。反而是在照現自我的天真本性、朗現生命本身的自在天真，以及消解自我的心知成見中，作為人生最大的富足。因為對他人而言不必再刻意「知人」、「勝人」，對自身而言更不用「自見」（自我強加表現）、「自貴」（自我以為尊貴），當然就不必刻意勉強作為，而需要運用極大的「意志力」；反而，老子要人以天生自然之道化解人們的意志力，而主張要「弱其志」（〈第三章〉）。因為唯有照見天性自然者才是真正的明覺，唯有勇於消解心知執著者才是真正的強者；若是能夠以明覺強者之姿活出一生的人，便不會流離失所，即使遭受有形環境的限制，內在真心卻是可以安適滿足的。

2.萬物自均以自化

再者，天地萬物在天道宇宙運行之規律中，或君王體悟天道規律時，將展開一「道」場之自然，而使萬物能「自化」、「自定」、「自正」、「自富」、「自樸」、「自賓」及「自均」。

> 侯王若能守之，萬物將自化。化而欲作，吾將鎮之以無名之樸。無名之樸，夫亦將無欲。不欲以靜，天下將自定。（〈第三十七章〉）
> 故聖人云：我無為，而民自化；我好靜，而民自正；我無事，而民自富；我無欲，而民自樸。（〈第五十七章〉）
> 道常無名。樸雖小，天下莫能臣也。侯王若能守之，萬物將自賓。天地相合，以降甘露，民莫之令而自均。（〈第三十二章〉）

---

[13] 王淮著，《老子探義》，頁 132。

天道自然無為，所以能夠「生而不有」、「為而不恃」及「長而不宰」；聖人或侯王也要能夠如同天道在生成之「為」中「無掉」有為，讓百姓如同萬物般能夠自己成長變化。在此過程中，天地萬物都以「歸根曰靜」（〈第十六章〉）之寂靜方式趨向並回歸於根本，而聖人也要如天道歸根於靜，沒有刻意倡導，在寂靜中使天下萬物都能夠回歸於自己的生命自然之道。因為萬物本身即是豐富的存有，聖人不必多所作為，更不必以欲望作為主張，要使天下萬物都能以樸真之姿，來面對一切的變化現象。是以，天道以無名無形無聲生天地萬物；一面什麼都「不是」，所以是「小」，天地萬物都不必俯首稱臣，而要自己主動去探索生命的任何可能，以體悟天道自然；一面卻是什麼都「是」，所以是「大」，侯王如果能夠持守天道，那麼天下萬物都能賓至如歸，回歸自己的生命之道。而在「什麼都不是」與「什麼都是」中，萬物都在天道宇宙的運行規律中，受到天地宇宙的滋養，所謂「受食於天」（〈德充符〉），在完全不受任何外在命令的干擾，而能安頓在一種平衡的自然均平狀態。

二、自然的和諧關係

當以「自然」為核心之道時，在「道」的場域中，將如同「張弓」般「高者抑之，下者舉之；有餘者損之，不足者補之」（〈第七十七章〉），整個天地宇宙呈現一種生生不息，以及調節平衡的動能；當每個生命能夠回到自己的天真本性，便能在一定的時序過程中，實踐自己生命的樣貌，完成自身的生命意義與價值，這是一種絕對之善，謂之「大用」（〈人間世〉）。「大用」即是自我生命本身的保存與實現。

1.受天之自然為真

在道法自然中生成天地萬物，而萬物的價值就在於自身的存在本身，完全不是他人所能賦予，而是自身所原有的。所以，在生命以「自然」展現其存在時，亦即產生對自己生命價值意義的肯定與認同，不再迫使生命做無意義的追求，在「自然」最真實的生命狀態中，能夠展現神動於外之與他人及他物的連結，以終結所有的疏離關係，達到一種真正的和諧關係。

孔子愀然曰：「請問何謂眞？」客曰：「眞者，精誠之至也。不精不誠，不能動人。故強哭者雖悲不哀，強怒者雖嚴不威，強親者雖笑不和。眞悲無聲而哀，眞怒未發而威，眞親未笑而和。眞在內者，神動於外，是所以貴眞也。其用於人理也，事親則慈孝，事君則忠貞，飲酒則歡樂，處喪則悲哀。……處喪以哀，無問其禮矣。禮者，世俗之所爲也；眞者，所以受於天也，自然不可易也。故聖人法天貴眞，不拘於俗。愚者反此，不能法天而恤於人，不知貴眞，祿祿而受變於俗，故不足。」（〈漁父〉）

　　莊子藉著孔子提問「真」是什麼？來客回答說，「真」是內在真心表現之至極，心靈若不夠純粹真誠便不能感動人，成玄英疏云「真者不偽，精者不雜，誠者不矯也。故矯情偽性者，不能動於人也」[14]，若是「偽」、「雜」、「矯」，則「不能動於人」。如同勉強哭泣的人，雖然悲傷卻不會讓人感到哀慟，因為真正悲傷的人是可以沒有聲音的；勉強生氣的人，雖然嚴厲卻不會讓人感到怒威，因為真正生氣的人是不會受憤怒情緒影響的；勉強親近的人，雖然帶著笑容卻不會讓人感受到親切，因為真正能夠讓人親近的人不必然是因為笑容。是以，當內心體現本真狀態時，心靈才能發揮無限妙用而使人感動；若是把它運用在人事上，事奉親人便能夠仁愛孝順、服事君主則可以忠誠堅貞、喝酒作樂就可以賓主盡歡、處喪作祭便能夠悲悽哀傷。況且處治喪事是以哀傷為主，所以不必講究禮儀；禮儀是世俗價值標準之作為，本真卻是來自於天道自然的不可以改變。「天真」就是「自然」，是生命的核心價值，也是在面對各種關係及事件，能夠發揮感動或力量之根源或泉源。悟道的聖人總是效法天道而保愛天真本性，不被世俗所拘限；但愚昧的人卻是相反，不能效法天道，反而遵守社會價值禮則，更不知道要珍愛內在本真，反而庸庸碌碌的受限於世俗變化，完全不能以生命天真為滿足。是以，莊子提出不管在遭遇任何情境時，只要「常因自然」即可。

---

14 清‧郭慶藩著，《莊子集釋》，頁1032。

惠子謂莊子曰：「人故無情乎？」莊子曰：「然。」惠子曰：「人而無情，何以謂之人？」莊子曰：「道與之貌，天與之形，惡得不謂之人？」惠子曰：「既謂之人，惡得無情？」莊子曰：「是非吾所謂情也。吾所謂無情者，言人之不以好惡內傷其身，常因自然而不益生也。」惠子曰：「不益生，何以有其身？」莊子曰：「道與之貌，天與之形，無以好惡內傷其身。今子外乎子之神，勞乎子之精，倚樹而吟，據槁梧而瞑。天選子之形，子以堅白鳴！」（〈德充符〉）

　　惠施問莊子，人本來就是無情的嗎？當莊子回答「是」時，惠施又問如果人原本就是無情，怎麼可以稱之為「人」呢？莊子以為天地宇宙大道自然賦與人們外貌形體所以是「人」。惠施又問人可以沒有情感嗎？惠施以「情」來定義是否是「人」，然而，莊子惠施倆人所認為的「情」根本不同。惠施的「情」是人性與生俱來的「情感」，莊子的「情」是受環境影響變化所引起的「情緒」，說明只要是「人」就必然有情感，但卻可以不受外在事物牽動而情緒隨之起伏。莊子認為一個人只要順應自然的變化而變化，不在自己的天真本性上添增心知我見，那麼就可以不受到喜怒哀樂的情緒影響，致使自己的身心受到傷害，所以人是可以「無情」的。是以，莊子要說的是人有情感，但卻可以不因為外在環境變化的控制，產生對自己身心的情緒干擾進而受到傷害。因為莊子理解到心知成見並不是自然本性，乃是社會價值所共同形塑的；而個人執著所造成的好惡更不是自然，那只是認知後的情緒反應，而非內在自然之天真本德所呈現。莊子質疑惠施，其長期以來便是不斷透過獲得人為的財貨名利以維護自我，認為惠施只是無端耗費生命的精神氣力，無法真正保存自己的天真本德，此種作為是完全沒有價值。然而，當主張生命應以「自然之道」實踐價值時，往往會誤認為是一種自我中心；要知道莊子提出「順物自然」，乃是一個「無容私」的概念，而非放任自私，「自然」與「自私」完全是不一樣的。

　　天根遊於殷陽，至蓼水之上，適遭無名人而問焉，曰：「請問為天下。」無名人曰：「去！汝鄙人也，何問之不豫也！予方將與造物者為人，厭則又乘夫莽眇之鳥，以出六極之外，而遊無何有之鄉，以處壙埌之野。汝又

何帠以治天下感予之心爲？」又復問。無名人曰：「汝遊心於淡，合氣於漠，順物自然，而無容私焉，而天下治矣。」（〈應帝王〉）

　　這裡提出一種可能性，若是人人法自然的話，那麼「治理天下」便成為一件多餘的事。文中提到天根問無名人如何治理天下？無名人提出自己與宇宙造化當好朋友，而且遨遊在天地大化一氣中，於是，能夠超越人間俗世之塵垢外，而悠遊於絕對混一的境界，他將自己置身於無限寬廣的天地。是以，當天根以治理天下的問題來提問時，對於無名人而言，根本是一種對生命的干擾。無名人給天根的建議是，只要無心以遊，無為而治，順應天下人的自然天真本德，不要讓自我之私有機會出頭，那麼天下根本不用治理，就自然而然的治理了。所謂「道尊德貴」，每個生命都內在於宇宙根源之道而為德，因此每個生命都毋須命令而能夠「常自然」（〈第五十一章〉）；內在之德即含蘊著「道」的自然豐富，天地萬物之間的關係，根本沒有所謂治不治理的問題。若是要勉強談論治理之事，也只能是一種聖人的無為之治，所謂「輔萬物之自然」（〈第六十四章〉）而已。「輔」者，就是站在輔助者的角色，沒有命令或治理的上下關係，只有回歸到每個生命自己的主體去發揮實踐，至於生命以外的一切，都只能是站在其次位置。

2.反復於性情之初

不幸的是生命總是離「自然」愈來愈遠，而走向有為之路。

古之人在混芒之中，與一世而得澹漠焉。當是時也，陰陽和靜，鬼神不擾，四時得節，萬物不傷，群生不夭，人雖有知，無所用之，此之謂至一。當是時也，莫之為而常自然。逮德下衰，及燧人、伏羲始為天下，是故順而不一。德又下衰，及神農、黃帝始為天下，是故安而不順。德又下衰，及唐、虞始為天下，興治化之流，澆淳散朴，離道以善，險德以行，然後去性而從於心。心與心識知而不足以定天下，然後附之以文，益之以博。文滅質，博溺心，然後民始惑亂，無以反其性情而復其初。（〈繕性〉）

　　這裡提到古人存在於混沌芒昧之中，所有的人都是恬淡寡欲的。在那個時候，陰陽之氣和順，鬼神不侵擾人，四時有其次序，天地萬物也不能被傷害。萬物在生成後並不會失去時序而夭折，即使人類創造知識也不必使用，這個時候是完滿純一的境地，沒有刻意作為，只是自然而然的生活。到了德性逐漸衰落後，燧人氏、伏羲氏開啟了治理天下之事，也只是順應民心，卻不能夠回到完滿純一的境地；在德性更加衰落後，神農氏、黃帝治理天下，只是安定天下人卻不能順應民心；後來德性又更衰落後，到了唐堯、虞舜治理天下，開始大興治理教化的風氣，那時本性的淳厚樸實就已經流失了。於是，在以社會價值所標舉的行善來取代天道自然時，便逐漸的隱藏了天真本德，而只能順從心知而捨棄本性。然而，要知道心知與心知的交流並不足以能夠安定天下，後來又再產生人類文明及知識建構，更是破壞了自然本質，也造成真心的陷溺，最後百姓迷惑混亂，完全無法回到最原始的天真本質，這是人類的悲哀。原本只要發揮實現自然的生命價值，最後反而形成人類的困境煩惱。是以，如何再回到生命本身應有之理，依循生命之道而展現天籟之音，是為生命的重要任務。因此，身為國家社會的領導者，則需要「輔萬物之自然」。

> 為無為，事無事，味無味。大小多少，報怨以德。（〈第六十三章〉）
> 為之於未有，治之於未亂。……是以聖人無為故無敗；無執故無失。民之從事，常於幾成而敗之。慎終如始，則無敗事，是以聖人欲不欲，不貴難得之貨；學不學，復眾人之所過，以輔萬物之自然，而不敢為。（〈第六十四章〉）

　　生命之原始是「無為」、「無事」、「無味」，「無」並非「沒有」，而是「行而無迹，事而無傳」（〈天地〉），絕不「以『為』為『為』」、「以『事』為『事』」、「以『味』為『味』」。當「始制有名」（〈第三十二章〉）時，名言符號便打破天地宇宙之原初完整，在分別判斷後便開始留下事迹加以傳承，而人們便依此符號系統傳承，一面有所成就，一面也造成限制，漸漸地天道自然的完整被「割裂」。聖人因體會「天之道，利而不害」（〈第八十一章〉），因而不斷提醒自身握有權力的人要「為而無為」、「事而無事」、「味而無味」，雖然關係中需要以「為」、「事」與「味」來參與人事生活與

作為行事，但卻要留意當心，不陷入割裂天道的自然完整。並且在面對眼前的大小現象變化時，要時時以天真本德來面對常令人陷入因「不同」所造成的是非美醜判斷。於是，在面對現象環境的多元性，聖人總是在尚未刻意造作及混亂不清時，能夠以天道自然持守著自己，要「為而不為」、「治而不治」，亦即「治的根本在不治，為的源頭在無為」[15]，要洞察幾微於萬象之變化，以掌握其原理原則。於是，聖人以此為之，便無有失敗；因為無執，便也無有失去。至於常人則並非如此，乃未能覺察洞悉萬象之理則，往往在將有所成就時便功敗垂成。聖人則能以高度覺知的態度，持續不斷順應天地宇宙未始之天道自然理則，所以無有所謂的失敗。如此，聖人便能夠以「不欲」為欲，以「消解對象預期」為「欲求目標」，所以不會以世間難得財貨為貴重之物；能夠以「不學」為學，以「突破學習框限」為「學習內容」，所以在天下人的生命經驗產生各種問題時，便能夠以回歸生命本身之自然為理性心智的策略。是以，聖人所要做的只是輔助、引導天地萬物，使所有一切都能夠發揮並實現天性自然之德，絕對不以自身之所為所執，而造作妄想要做些什麼才是，這是天地萬物能夠自然和諧的關鍵因素。

覺察體驗作業：

　　1.「自然」是什麼？為何老子以「道法自然」作為人之與天地能並列為三，而成為偉大存在的原因？

　　2. 若是人際關係中，以「自然」之道實行，思考會產生什麼情況？

第三節　生命的實踐教育：天籟論

　　所謂「物形之」（〈第五十一章〉），天地萬物都具有可見的相狀。其他物種總是依其自然本性活出自身的生命狀態，但人類卻與其他物種不同，在人類具有自我意識的前提下，更需要藉由具體人事才能體認到「生命」是怎麼一回事？道是無形的，卻無所不在於萬象中，而要藉此體「道」；生命力量是無形的，亦需透過日常生活加以實踐發揮，以展現自身的生命氣力，並藉由所在

---

[15] 王邦雄著，《莊子內七篇・外秋水雜天下的現代解讀》，頁47。

的時間與空間的範疇，在與之對應的人事物的關係中，活出「道生德畜」之自然天性。本節從「使其自己的歷程」至「全幅生命的展現」，藉由論述莊子「天籟論」以體現「生命的實踐教育」。

一、使其自己的歷程

東郭子問「所謂道，惡乎在？」莊子回答「無所不在」（〈知北遊〉），成玄英疏云「道無不偏，在處有之」[16]；在一切現象中，表相看來是雜亂無序的狀態，卻是有其「道」，亦即有其「理」。老子言「道生一，一生二，二生三，三生萬物」（〈第四十二章〉），在道的運行變化規律中產生了天地萬物；「道生之，德畜之」（〈第五十一章〉），「道」內在於天地萬物之德性而具備了道的本質，說明「道」與「天地萬物」的緊密關係，也就是天地萬物並非無所由來，而是因「道」而生。在道以「自然」為內涵下，「道」的本身即「法自然」（〈第二十五章〉）。因為天道本身之「自然」已經內在於萬物的本性中，所以「萬物莫不尊道而貴德」，亦即萬物均為天道所生而以「道」為尊崇，且天道已內在於萬物之「德性」而為寶貴。說明人的天真本德已內具自然之道，這是人類一生及生命之核心價值所在。是以，「天道」之為「德性」是一生之實踐方向，而且「莫之命常自然」，完全不需要有一外在律令，乃由自己本身之動能所發動、自己而然的狀態；所謂「孔德之容，唯道是從」（〈第二十一章〉），自然之道亦是生命的一條必然之道，「道」已內在於人之德性，內在德性之道是生命得以發揮實踐的最高智慧及原則，也是德性將得以完全發揮實踐的可能。

1.吾喪我而真君存

老子言「萬物得一以生」（〈第三十九章〉），人們只要回來面對生命本身，回頭貼近自己內在的天性之德，便能發現生命應當何去何從的引導，也就是自有其「理」、「律」，自然即是自律，此「自律」是自然的律則、內在真我的律則，絕非人們透過社會化後所形成的自我的律則。莊子提到「天籟」，一面是天地宇宙根源之道，一面又是讓天地萬物能夠「使其自己」的實踐力

---

[16] 清・郭慶藩著，《莊子集釋》，頁749。

量；若要體悟及欣賞天地萬物均在遵循「使其自己」的過程，則需要有「吾喪我」的實踐工夫。

> 南郭子綦隱几而坐，仰天而噓，嗒焉似喪其耦。顏成子游立侍乎前，曰：「何居乎？形固可使如槁木，而心固可使如死灰乎？今之隱几者，非昔之隱几者也。」子綦曰：「偃，不亦善乎而問之也！今者吾喪我，汝知之乎？女聞人籟而未聞地籟，女聞地籟而未聞天籟夫！」子游曰：「敢問其方。」子綦曰：「夫大塊噫氣，其名為風。是唯無作，作則萬竅怒呺。……」子游曰：「地籟則眾竅是已，人籟則比竹是已。敢問天籟。」子綦曰：「夫吹萬不同，而使其自己也，咸其自取，怒者其誰邪！」（〈齊物論〉）

　　南郭子綦靠著茶几靜坐，仰視天空吐氣，如釋重負般的擺脫了形體的限制，像是乾枯的木頭一般，心思也像毫無生機的死灰一般。子綦說自己是「吾喪我」，憨山註云「吾自指真我；喪我，謂長忘其血肉之軀也」[17]，說明以「心靈我」突破化解了「形體我」所造成的「心知我」，才能有這樣的體悟，郭象注云「吾喪我，我自忘矣；我自忘矣，天下有何物足識哉！故都忘外內，然後超然俱得」[18]，王邦雄提出「吾喪我之修養工夫所開顯的生命理境」，不是「魂不附體或心不在焉的衰敗氣象」[19]。子綦告訴子游，其實不只有人間的聲音和大地的聲音，更是有一種自然的無聲之聲。司馬彪云「大塊，謂天也」，子綦以天道自然吐「氣」為「風」作比喻，說明只要風一啟動，在穿過天地萬物中的不同孔竅時，就會發出各種不同的聲音，而且各種不同的孔竅都能發出自己獨特的聲音，謂之「天籟」，宣穎云：「風之使竅自鳴者，即天籟也」[20]。子綦藉由「風」與「孔竅」的關係，一面說明每個孔竅都依著自己不同的形態發出聲音，一面也說明了有一啟動孔竅發出聲音的根源；由此比喻「天地萬物」與

---

[17] 明·憨山大師著，《老子道德經憨山註；莊子內篇憨山註》，頁193。

[18] 清·郭慶藩著，《莊子集釋》，頁45。

[19] 王邦雄著，《莊子內七篇·外秋水雜天下的現代解讀》，頁65。

[20] 清·王先謙著，《莊子集解》，頁7。

「天道」的關係。「孔竅」自身並不會發出聲音，卻透過「風」的流動，而依自身之孔竅特性發出屬於自己的聲音，所謂「使其自己」；王船山謂之「使其自已」，「已」為「止」，指萬物也將自己止息。如同天地萬物之存在，若無「道」之理則在天地萬物本身，而天地萬物藉此「道」之理則而得以成長發揮，那麼便無法展現自身生命的獨特及可能性。是以，「天道」內在於生命的本質本性中稱為「德性」，在教育的過程中，若能實踐順從學生之內在「德性」，便能使其發出自身獨特的聲音，若人人都能夠發出自己的聲音，最後將合而為天地宇宙所共同呈現之自然聲音，是一種大和諧的境界。而此「使其自己」者為天道，在內為「真宰」或「真君」。

> 非彼無我，非我無所取。是亦近矣，而不知其所為使。若有真宰，而特不得其眹。可行已信，而不見其形，有情而無形。百骸、九竅、六藏，賅而存焉，吾誰與為親？汝皆說之乎？其有私焉？如是皆有，為臣妾乎，其臣妾不足以相治乎。其遞相為君臣乎，其有真君存焉。如求得其情與不得，無益損乎其真。（〈齊物論〉）

　　人能夠經驗現象世界，並且有所分別，人們將自身稱為「我」，以我以外的世界稱為「彼」。如果沒有「我以外的世界」就顯現不出「我的存在」，而沒有「我的存在」就無法肯定「我以外的世界」；亦即沒有「我的存在」就顯現不出「我以外的世界」，而沒有「我以外的世界」就無法肯定「我的存在」。然而，卻不知道這一切的主宰為何？然而，如果要說有真正的主宰，也無法知道其端倪；卻只能說這是切實可行而且可以相信的，卻看不到其相狀，真實存在卻無有相狀。在形體內有各式器官和九竅臟腑，看似有上下隸屬關係，恰似有一真實主宰，然而，無論是否能體會其存在，卻無所妨礙其存在與否。是以，在此提到生命中確實有「真宰」、「真君」，憨山註云「真宰乃天機之主，其體自然，而不知其所為使之者」[21]，並不會因為人們是否能夠感知而影響其存在，但卻是生命之「主宰」、「統治」或「引導」。

---

[21] 明・憨山大師著，《老子道德經憨山註：莊子內篇憨山註》，頁205。

仲尼曰：「……氣也者，虛而待物者也。唯道集虛。虛者，心齋也。」
顏回曰：「回之未始得使，實自回也；得使之也，未始有回也。可謂虛
乎？」夫子曰：「盡矣。吾語若！若能入遊其樊而無感其名，入則鳴，不
入則止。無門無毒，一宅而寓於不得已，則幾矣。絕跡易，無行地難。爲
人使，易以偽；爲天使，難以偽。聞以有翼飛者矣，未聞以無翼飛者也；
聞以有知知者矣，未聞以無知知者也。瞻彼闋者，虛室生白，吉祥止止。
夫且不止，是之謂坐馳。夫徇耳目內通而外於心知，鬼神將來舍，而況人
乎！是萬物之化也，禹、舜之所紐也，伏戲、几蘧之所行終，而況散焉者
乎！」（〈人間世〉）

　　莊子透過孔子與顏回的對話中，孔子提出「心齋」，主張在消解心知至極
後，能夠以純然生命之氣對應外在世界，進而體驗天道。顏回說在理解天道
前，以為自己是實在的，但在理解天道後，才認識到自己未曾存在。孔子認為
如果能夠悠遊於世間樊籠，而不再被虛名所干擾時，就能順應自然變化，在有
機會時就好好表現，沒有機會時就先放下。不必再費力使用任何方法技巧，只
要能夠安頓內在真心，以順應任何不得已的現象變化，那麼就近似天道的實踐
了。然而，要將痕跡消除容易，但要走過卻不留下痕跡卻是困難的；要違反真
心以遵循社會價值標準容易，但要違反真心以依止於天道自然律則卻是困難
的。這裡提到，聽過有翅膀飛翔的，卻沒有聽過不用翅膀飛翔的；聽過透過知
識而有所領悟智慧的，卻沒有聽過不經由知識而能有所領悟智慧的。在心齋之
心知成見的消解中，真心就像是能夠看到房間的原有存在狀態一樣，只有在清
空雜物、讓出空間後，才能使房間重見光明，在以此為依歸中，使空間能夠發
揮其本身美好的無限可能。如果並非如此，那麼就是如同坐在原地不動，卻心
猿意馬無法安頓。若是能夠不聽之以耳目感官，也不聽之以心知執著，而能往
內感通於真心，憨山註云「喪耳目之見聞，返見返聞，故云內通。若內通融於
心體，真光發露，則不用其妄心妄知」[22]，通融於真君心體則真光發露，意即以
心神連結相契於天道自然時，那麼不只神鬼能夠相應，更何況是人們本身呢？

---

22 明‧憨山大師著，《老子道德經憨山註：莊子內篇憨山註》，頁 310。

這是順應天地萬物變化的不變原則，更是古代聖哲治理天下的根本之道，何況是一般人？

2. 遊於無有者

如何讓天道自然成為生命真正的主宰引領，使天下人都能「使其自然」便成了一位領導人的重要核心價值。

> 陽子居見老聃曰：「有人於此，嚮疾強梁，物徹疏明，學道不倦。如是者，可比明王乎？」老聃曰：「是於聖人也，胥易技係，勞形怵心者也。且也虎豹之文來田，猿狙之便、執斄之狗來藉。如是者，可比明王乎？」陽子居蹴然曰：「敢問明王之治。」老聃曰：「明王之治，功蓋天下而似不自己，化貸萬物而民弗恃，有莫舉名，使物自喜，立乎不測，而遊於無有者也。」（〈應帝王〉）

在陽子見了老聃後，問到明王之治是否就是以快速敏捷、強硬果斷，通達事理、疏通明白，修道不厭倦的方式治理？老聃卻回答，這種治理方式對於一個悟道的聖人而言，只是如同一般小官吏被技術所束縛的本領而已，反而造成形體的勞累和內心的驚恐，王先謙云「徒役其形心者也」[23]。就像虎豹因為身上的花紋而被獵殺、猿猴因靈巧及獵狗因善於捕獵而被拘限一般，這根本不是明王之治。老聃認為的明王之治，乃是完成事功卻不自以為有功，化育萬物卻不仗恃著本事，有所作為卻無所謂是否有名聲；明王之治反而是讓天地萬物都因為自己的生命本身而喜悅與滿足，成玄英疏云「使物各自得而懽喜適悅者也」[24]。至於君王就如同天道之無形無聲一樣，就是讓天地萬物不覺得有天道的存在，所謂「太上，不知有之」（〈第十七章〉），君王自己則遨遊於未始有物之天道自然中，於是，在明王「不知有之」之「治而不治」的天道自然場域中則「無不治」，因為人人也都能同遊於無有。

---

23 清・王先謙著，《莊子集解》，頁 46。
24 清・郭慶藩著，《莊子集釋》，頁 297。

不尚賢，使民不爭；不貴難得之貨，使民不為盜；不見可欲，使心不亂。
是以聖人之治，虛其心，實其腹，弱其志，強其骨。常使民無知無欲。使
夫知者不敢為也。為無為，則無不治。（〈第三章〉）

　　理想的世界根本是無有治理，當然更是不必、不要且不能有治理，是以，
老子言「將欲取天下而為之，吾見其不得已」（〈第二十九章〉），治理只能
說是「不得已」；在非得治理之無可奈何下，只能以「不治之治」為治。在「以
不治為治」中要「不尚」、「不貴」及「不見」，要消解心知執著的尊崇、尊
貴及識見，要化解意志的勉強造作而無有欲求，在形強體健之基本滿足中，能
實現內在的天真本德，也要使得天下百姓能夠不因為心知欲求，而成就自身的
天性自然，王淮言「德性圓滿」是「實其腹」、「不役於物」則「強其體」、
「清明澹泊」為「虛其心」、「與世無爭」乃「弱其志」[25]。當天下人都能以此
為生命之重要大事時，便能阻斷人們慣常以自我心知來干擾他者的可能；是
以，在以無為而為的治理原則中，將使萬物自身都能得以成全，這完全是一種
使其自己，將生命之責任及主權重新拉回至每一個生命本身的治理方式，如同
教育中之實踐教育，絕非增加多少知識才能，乃是使每一個學生都能夠在日常
的實踐中，開展出引導自己生命之自然理則，都能發出每一個學生自然本性的
聲響，謂之「天籟」。

二、全幅生命的展現

　　孔竅透過氣的流動而發出獨特的聲音，生命經由「道生德畜」的涵蘊而得
以實現自己，天地萬物都在「使其自己」的過程中發揮獨有的特色；然而，人
們在社會生活中往往無法實現人性自然的真實內涵，反而在不斷地壓抑扭曲自
然天性中，造成人性的異化與人際的疏離。

1.莫若以明

　　老莊提出只有在「明」的生命境界中，透過化解外在是非二元價值對立之
控制干擾，才能竭力的去體驗生命自身成為自己的可能；而在使生命邁向天道
自然之理序中，更是理智教育的實踐過程。

---

25 王淮著，《老子探義》，頁 17。

夫言非吹也。言者有言，其所言者特未定也。果有言邪？其未嘗有言邪？
其以爲異於鷇音，亦有辯乎，其無辯乎？道惡乎隱而有眞僞？言惡乎隱而
有是非？道惡乎往而不存？言惡乎存而不可？道隱於小成，言隱於榮華。
故有儒、墨之是非，以是其所非，而非其所是。欲是其所非而非其所是，
則莫若以明。（〈齊物論〉）

　　人間的言語和吹拂不同萬竅的天籟是不同的，憨山註云「世人之言，乃機
心所發，非若風之吹竅也；故所言者，非任眞宰，乃有機心之言」[26]，說明世人
之言都是「機心之言」，說者要有所說，但所說的往往是刻意造作、不具有確
定性；因為不具備確定性，所以到底是有說呢？還是從來就沒有說呢？所說的
原本以為和初生之鳥聲不同，但到底是有分別呢？還是沒有分別？莊子要表達
的是萬物之「德」能夠完全呈現「道」，其中卻受到了「遮蔽」。如同大道遭
受到隱藏，才有了真假之分；言語遭受到限制，才有是非之分；照理講，大道
應該是「無往不存（在）」的，言語應該是「所存（在）皆可」的。但是，大
道卻被偏執之見隱匿了，言語卻受浮誇之說掩藏了，於是，才有儒墨是非二元
對立的形成，莊子言「以是其所非，而非其所是」，即以「是」來對付彼方的
「非」，以「非」來對付彼方的「是」，成玄英疏云「各用己是是彼非，各用
己非非彼是」[27]，彼此造成更多的對立與衝突而已。若想要翻轉此一困境，那麼
就要「明」，宣穎言「『明』正對『惡乎隱』說」，以虛靜觀照之心來超越儒
墨的是非，使儒墨的「是」與「非」都能同時被照見、被呈現，使雙方的道都
能「無往不存（在）」、「所存（在）皆可」，同時保有兩者的優越，更是在
並行中互補彼此的不足。是以，實踐生命的理智教育中，並非只有一言堂式由
上而下的灌輸命令與認同接受，乃是能夠在各自貼近自己的天真本性中提出自
身各具獨特之見解，讓各自的詮釋都能被尊重。而需要被尊重的原因是，並沒
有人可以主張自我之見解乃是唯一且絕對的真理。

---

[26] 明・憨山大師著，《老子道德經憨山註：莊子內篇憨山註》，頁213。
[27] 清・郭慶藩著，《莊子集釋》，頁65。

> 物無非彼，物無非是。自彼則不見，自知則知之。故曰：彼出於是，是亦
> 因彼。彼是，方生之說也。雖然，方生方死，方死方生；方可方不可，方
> 不可方可；因是因非，因非因是。是以聖人不由，而照之于天，亦因是
> 也。是亦彼也，彼亦是也。彼亦一是非，此亦一是非。果且有彼是乎哉？
> 果且無彼是乎哉？彼是莫得其偶，謂之道樞。樞始得其環中，以應無窮。
> 是亦一無窮，非亦一無窮也。故曰「莫若以明」。（〈齊物論〉）

　　莊子指出萬物乃存在於相對關係中而有「彼」與「此」的的分別。若是從「彼」的對方觀點，則看不到「此」的這一面；從「此」的自家觀點，才可以看到「此」的這一面。所以說，「彼」是出於「此」，「此」也是出於「彼」。「彼」與「此」兩方是同時並生。就如同「生」與「死」、「可」與「不可」，都是同時並立而且相互依存；就像「是」與「非」也是彼此相互有對方的原因，才能成立。憨山註云「人苦於不自知，故以己是為必當。若彼此互相易地而觀，則物我兩忘，是非自泯，乃見本來無是非也」[28]。是以，一個悟道者能夠易地而觀，絕對不會將自己的生命陷溺於「是」與「非」的判斷分別以致高舉彰顯，反而是將生命寄託在自家本身的發揮上，不斷使自己的生命能夠虛靜明照，得以映現出自身的天真本德，以致於完全通透朗現。而且當「彼」與「此」得不到自己的對偶時，就回到大道的核心，稱為「道樞」；當回歸至「道樞」時，道的樞紐以三百六十度運轉，將能夠回應所遇到任何現象的無窮變化。是以，在實踐生命的理智教育下，人的一生將不再陷於權力的不對等，在尊重彼此內在「生命之德」的「道」中，回歸至「道」的全體合一時，便有能力去回應所有的一切變化現象，更是能夠回歸至生命本身之大用，亦即當徹底實踐使內在德性發揮至極的生活，就是一種「明」的境界。

2.明內在德性之自然

　　「明」是一種生命的理智教育的實踐結果，「明」有四種情況。

　　首先是「自見者明」。

---

28 明‧憨山大師著，《老子道德經憨山註；莊子內篇憨山註》，頁218。

吾所謂臧者，非仁義之謂也，臧於其德而已矣；吾所謂臧者，非所謂仁義
之謂也，任其性命之情而已矣；吾所謂聰者，非謂其聞彼也，自聞而已
矣；吾所謂明者，非謂其見彼也，自見而已矣。夫不自見而見彼，不自得
而得彼者，是得人之得而不自得其得者也，適人之適而不自適其適者也。
夫適人之適而不自適其適，雖盜跖與伯夷，是同為淫僻也。余愧乎道德，
是以上不敢為仁義之操，而下不敢為淫僻之行也。（〈駢拇〉）

　　這裡提出「臧」、「聰」及「明」，「臧」者善也，說明所謂的「善」並
不是指「仁義」之性，而是指內在天真本性是自然之善，能夠無心無為以順任
天真本性就是善；所謂的「聰」並不是指聽得見別人，而是指能夠聽見並依循
自己的天性自然；所謂的「明」並不是指看得見別人，而是指真正理解自身的
自然本性，不盲目向外追尋。因為如果看不見自己而只是看得見別人，無法掌
握自己而要掌握別人，那麼就是掌握了社會價值所要求的，卻無法掌握自己可
以真正掌握的；合乎常人所認為的合適，卻無法合乎自己所認為的合適；那麼
雖然有盜跖和伯夷的分別，但兩者都同樣是邪惡不正的，若是吾人以天道內在
於本性天真為依歸，那麼就不會只是實踐仁義的操守，更不會做出邪惡的行
為。是以，在以順任天真本德為「明」時，便能夠「自聞」、「自見」，進而
能夠「自得」、「自適」，老子提出「知足者富」的主張，並非就常人所以為
的只要基本生理需求滿足就足夠了，而是要知足於「自知」與「自勝」那麼就
是一種靈明之強者的境界了。

　　知人者智，自知者明。勝人者有力，自勝者強。知足者富。強行者有志。
　　不失其所者久。死而不亡者壽。（〈第三十三章〉）

　　長期以來，社會價值以「知人」為要，目的在以「勝人」為目的。然而，
老子卻以為「自知」與「自勝」超越「知人」與「勝人」。認為知人只是聰明
才智，只有自知才是內在心靈的覺知清明。因為自己並不是他者，並無法真正
理解他者，反而常常陷入表象的迷失；而自身只能掌握自己，若能理解自己生
命本身之天真本德，那麼便能不受外在社會價值觀的影響，而有靈明透亮的內
在心靈。不再陷入以「勝人」之追求他人的認同為目的，反而能夠不斷消解自

己的心知成見執著而「自勝」。自勝並非要超越自身不具有的自然本性，或獲得他人的認同或他物的堆加；反而是要將從小至大所無形附加在自身生命的價值框限，不斷地化解、突破及消融。因為「知人」與「勝人」都是以「他人」為目標，並非本身之天性自然，所以必須立定志向而勉強自己以行；若是天生自然之本性原屬於自身內在所有，那麼便不必控制，更無須費力，而容易實踐，所謂「知足者富」，亦即應理解生命當以「自知」、「自勝」為最大的滿足，若是如此，便是生命一生的富足，王淮言「客觀上無過分之需要，主觀上無過分之欲望，則當下即是，知『足』即『富』矣」[29]。若足於所當足，就永遠不會失去生命自身而成為立足、安頓之所在，當然在此努力不懈中，雖然形體會消失，但卻將留下永遠不化、不亡且不忘之真心存有，是永恆的長存。

其次是「自見者不明」（〈第二十四章〉）、「不自見故明」（〈第二十二章〉）、「聖人自知不自見（〈第七十二章〉），說的是「不要顯現自己」，指的是當一個人能夠真正理解自己者，就不會刻意突顯自己，而造成他人的壓迫，方可謂之「明」。

> 曲則全，枉則直，窪則盈，弊則新，少則得，多則惑。是以聖人抱一為天下式。不自見，故明；不自是，故彰；不自伐，故有功；不自矜，故長。夫唯不爭，故天下莫能與之爭。古之所謂曲則全者，豈虛言哉！誠全而歸之。（〈第二十二章〉）

在以「曲」為「全」，以「枉」為「直」，以「窪」為「盈」，以「弊」為「新」之不斷「為道日損」的消解工夫中，才能「以少為得」、「以多為惑」。從化解二元價值對立中，悟道者能夠持守「道一」為治理天下的原則；「統治就是節制。一個人首先必須在去除自私意圖的層面上節制自己，以讓一切事物自然發生」[30]。聖人在無心無為中，便能不刻意彰顯自身，方得以在面對一切現象時清新明白，在人我間中不自以為中心反而展現了自己，不自以為有

29　王淮著，《老子探義》，頁113。

30　德‧漢斯─格奧爾格‧梅勒著、劉增光譯，《東西之道：《道德經》與西方哲學》，頁68。

功勞反而成全了天下事功，不傲慢矜持而讓萬物得以成長。如此在不突顯自己中，那麼天下人便沒有人能夠與其相爭。是以，在以曲為全的修養中，完成一切，以其這一切都在自然無為中。

> 企者不立；跨者不行；自見者不明；自是者不彰；自伐者無功；自矜者不長。其在道也，曰：餘食贅行。物或惡之，故有道者不處。（〈第二十四章〉）

這裡說明刻意踮起腳跟的人，無法長久站立；拉開大步走路的人，無法行走久遠；突顯自我的人，無法看清一切；自以為是的人，無法彰顯一切的真相；自以為有功的人，反而貶抑別人的功績；驕傲自大的人，就失去了自我成長的可能。就天道自然而言，這些不是自然本真的狀態，卻是「自我」為中心的狀態，就如同膾餘食物和多餘的行為一樣，將為人所厭惡，所以有修行的人是不會如此的。

三者是「知常曰明」，若理解道乃是以萬象之變為不變的規律，就是「明」：

> 致虛極，守靜篤。萬物並作，吾以觀復。夫物芸芸，各復歸其根。歸根曰靜，是謂復命。復命曰常，知常曰明。不知常，妄作凶。知常容，容乃公，公乃王，王乃天，天乃道，道乃久，沒身不殆。（〈第十六章〉）

在致虛守靜達到極致時，便能看見天地萬物在成長過程中，對天道運行而言，都在「回歸其根源」；對天道內在於萬物的天真本德而言，更在「復歸其本性」的過程中，王弼注「復命之常」云「復命則得性命之常」[31]，這是一種常道，若是知道這是一個不變的規律，那麼就能在天地萬象的變化中看得清楚明白。王弼云「與天地合德，乃能包之，如天之道。……無身無私乎自然，然後乃能與天地合德」[32]，能夠知道這一個常道，那麼就能「無私」的涵容一切，而

---

[31] 魏・王弼著，《老子註》，頁31。

[32] 魏・王弼著，《老子註》，頁151。

足以引領天下人走向天道自然，在天道相契中，終其一生將能沒有困境，王淮言「既知循環反復為天道之自然，則於一切事物當下皆必不能執著，是非得失，一任自然」[33]。老子將天道與天地萬物比喻成「母」與「子」的關係。

> 天下有始，以爲天下母。既得其母，以知其子，既知其子，復守其母，沒身不殆。塞其兌，閉其門，終身不勤。開其兌，濟其事，終身不救。見小曰明，守柔曰強。用其光，復歸其明，無遺身殃；是爲習常。（〈第五十二章〉）

天道在天地萬物未有開始以前即存在，更是天地萬物之始，是為生成之母；若知其為生成之母，便得以體會有其所生之子，既然知道其子為天地萬物，便能持守天道生成之母。天道為「無」與萬物為「有」，是天道的雙重性，二者之間乃自由流動往返，終身才能無有危殆。是以，要閉塞外在的形名物象追求，才能免除負累；若是開啟形名物象的競逐，將受驚恐而無救。況且天道隱現在天地萬象中為「小」，若能從天地萬象中看見天道，就是清明之人，如此才能溫柔涵容一切，是真正的強者。要照明世間，但要自我消解，涵藏光明，如此將不會留下災難，也就是要順應因襲天道自然。

四者因襲大道，則為明。

> 善行無轍跡，善言無瑕讁；善數不用籌策；善閉無關楗而不可開，善結無繩約而不可解。是以聖人常善救人，故無棄人；常善救物，故無棄物。是謂襲明。故善人者，不善人之師；不善人者，善人之資。不貴其師，不愛其資，雖智大迷，是謂要妙。（〈第二十七章〉）

要無心無為的自然行動才能不留下軌跡，要無心無為的自然言論才能不被符號遮蔽，更要無心無為的自然算數才能不用工具算計。當無心無為的自然關閉時，即使沒有門栓鎖門也打不開；當無心無為的自然打結時，即使沒有繩

---

33 王淮著，《老子探義》，頁71。

索也解不開。所以，悟道者總是無心無為地自然拯救天下人，沒有人會讓他放棄不顧；總是無心無為的自然拯救天下萬物，沒有任何他物會讓他放棄不顧。因為悟道的領導人承襲天道自然的運行規律，包容一切萬物，任其自在成長，所以沒有一物容許被放棄不顧。自然無心者是非自然無心者的老師，至於非自然無心者更是自然無心者之生命得以成長的資糧。然而要超越老師和資糧的二種分別，更要模糊智者與迷者的界限，這是天道自然包容一切的奧祕原則。是以，能夠明白天道自然，是一位領導者非常重要的核心價值。其能掌握的重要順序原則如下：

是故古之明大道者，先明天而道德次之，道德已明而仁義次之，仁義已明而分守次之，分守已明而形名次之。（〈天道〉）

這裡提到要明「大道」的人，一定是先明白「天道自然」，而後「天真本德」，若能明白兩者，那麼便能明白「仁心義路」，如此才能夠守住內在本分，依此本分而使萬象名號各有定位，這是「天道」與「人道」的自然原理，所謂「無為而尊者，天道也；有為而累者，人道也。主者，天道也；臣者，人道也。」（〈在宥〉）天地萬象應以「天道」為主，「人道」為輔，因為天道無為自然故為尊貴，人道有為造作故為負累，若能明白掌握天道自然的原則，那麼在面對一切現象時，便不會發生任何阻礙。如同明鏡一般照見萬象，而不為萬象所遮蔽，所謂「鑑明則塵垢不止，止則不明也」（〈德充符〉）；不明就如同塵垢在鏡面中，無法照見本來面目。申徒嘉是一個獨腳之人，但其師伯昏無人卻不被申徒嘉之獨腳樣態所限制，反而只看到其「尊足」（〈德充符〉）；也就是人們所具有之內在本性自然，才是最足以為尊貴者，於是，申徒嘉從來不曾感受到因為自己只有一隻腳而被伯昏無人差別對待，反而是子產因為自己是雙足，而以為申徒嘉不足以與之共學。是以，申徒嘉在伯昏無人的面前，伯昏無人只看到自己天真本性的美好，而看不到自己和別人的差異。若是在實踐的學習中，當每個人都能發揮其「靈明覺照」的能力時，將不再有高下之分，一切是自然本性，在尊重理解多元性與包容接納獨特性中，那麼就沒有人會被歧視霸凌，更不會有誰要向誰學習的問題，而是每個人都能實踐自己

之本性，將所有的時間精力運用於活出本身的美好自在，沒有較勁，只有要好好活出自己樣子的生命課題。

覺察體驗作業：

　　1.什麼是自己喜歡的樣子？試著描述出來。

　　2.你認識自己嗎？能看見自己真正的樣子是什麼嗎？

第四節　生命的情感教育：至德論

　　人類本身具有感同身受、將心比心之同理情感，在以感官耳目來接觸外在事物時，總會以自身的認知模式及情感狀態，產生不同的喜怒哀樂等情緒反應。一者情緒與情感一樣嗎？粗略來看，情感是內隱的，情緒是外顯的，有情緒的表現一定有內在情感的感受嗎？至於真實表達的情感一定要透過情緒嗎？困難的是，人們多以「情緒」來認定一個人的「情感」狀態，而造成人我間的錯位與失焦，無法達到理解的可能。如從莊子妻死鼓盆而歌（〈至樂〉）的例子，其所表現的情緒，似乎無法斷言莊子與妻子的情感關係；莊子認定自己是有情感的，只是因為理解了天道變化的規律，所以不會以哀傷的情緒來表達自己的情感，是以，「情緒」與「情感」似乎是可以各自獨立而有不同。二者在具備自我情緒管理的能力中，如何透過情緒以表達自然人性的真實情感？〈漁父〉提到「真在內者，神動於外」，當一個人自然流露內在之真實情感時，是可以讓他人透過外顯情緒而受自己真實情感所感動的，是以，情感與情緒似乎又可以合而為一；內在的真實情感將表現於外在的情緒，此時乃以內在情感為主、外在情緒為從，絕不流於情緒之發用而干擾情感之真實發揮，此真實情感將如同內在德性一樣的純粹，才能成為情緒的主人，此乃情感教育中的重要課題。本節從「內在之德的純粹」，開創「至德的生命境界」，藉由論述莊子「至德論」說明「生命的情感教育」

一、內在之德的純粹

　　「道生之，德畜之」（〈第五十一章〉）「德」乃得於天道自然之性，「德」為「總說」乃承自於「道」，「性」乃「分說」是指每一物類皆有其本

性。人類與其他物類，都為天地萬物；人有與其他物類共同之性，乃為生理存活之性，亦有與其他物類不同之性，稱為「人性」。

1.德因天行以不得已

老子觀察天地萬物皆有其德性，雖言天地萬物，就老子之目的，此學說亦是為人類而有，其以「德」之總說涵蓋人類之性，特別說明人類具有得自於天道自然而有「天真本德」之性，而生命自然的真情實感即是「德」，是一種「動以不得已」的情感狀態。

> 道者，德之欽也；生者，德之光也；性者，生之質也。性之動謂之為，為之偽謂之失。知者，接也；知者，謨也；知者之所不知，猶睨也。動以不得已之謂德，動無非我之謂治，名相反而實相順也。（〈庚桑楚〉）

這裡說明自然本性之「德」乃是遵從「天道自然」，老子言「孔德之容，唯道是從」（〈第二十一章〉），若是要完全彰顯德性，將其發揮極致的作用，一定是以天道作為遵行的原理原則。然而，天道為無形無聲，卻要藉由「道之生」的不生之生，才能有「本性之德」的美好呈現。「本性」則是「生」的本質，亦即生命存在乃是以「本性之德」為其內涵，在本性活動中需要有所作為，但卻也在作為中容易流於巧偽而有偏失。佛洛姆（Erich Fromm 1900-1980）提出「人的德性是人類特有的性質組合，而每個人的德性則是其獨一無二的個體性。如果他能開展『德性』，他就是『有德的』。相反的，現代意義下的『德性』則威權主義倫理學的概念，『有德的』意味著克己和服從，壓抑個體性，而不是盡情地實現它」[34]，這裡的「德」乃是自然本性，而非需要克己與服從之道德。人們慣常透過自我心智與外界接觸，在接觸中展開謀劃；但要知道在運用心智中卻如同斜視一樣，並無法全面觀照萬象的本質。所以，在各種活動中也容易流於偏失，當然本性亦將造成扭曲。是以，若要從天道自然的本性之德作完全實踐，則要以「不得已」之「自然」為行動原則，若有所活

---

[34] 埃里希‧佛洛姆著、林宏濤譯，《自我的追尋：倫理學的心理學探究》（新北：木馬文化，2017 年），頁 36。

動，則無非展現的是自身之天真本性，如此才能在活動中，完成無心自然而與其他關係有一和諧狀態，此和諧乃是與道之實質自然相應，因為「道德之質」本來就是「恬惔寂寞」。

> 故曰：夫恬惔寂寞，虛無無為，此天地之本而道德之質也。……虛無恬惔，乃合天德。故曰：悲樂者，德之邪；喜怒者，道之過；好惡者，德之失。故心不憂樂，德之至也；一而不變，靜之至也；無所於忤，虛之至也；不與物交，惔之至也；無所於逆，粹之至也。……水之性，不雜則清，莫動則平，鬱閉而不流，亦不能清，天德之象也。故曰：純粹而不雜，靜一而不變，惔而無為，動而以天行，此養神之道也。（〈刻意〉）

這裡提出「虛無恬惔」才合乎自然之天真本德。是以，悲樂之情緒表現往往產生德性的扭曲，好惡之判斷更是德性的喪失；若是德性能夠發揮至極，那麼根本不會有憂慮與快樂的心態，而呈現出專一不變的極致安靜、無有扞格的極致虛心、無有執取的極致安然、無所違逆的極致純粹。如同水性一樣，沒有混雜就會清澈，不去攪動就會平靜，但閉塞就無法流通，也不能澄清，這是水性自然的現象。是以，人之天真本性之德，乃是要純粹卻不混雜，虛靜專一卻不因外物而受影響，淡然而自然無為，一切活動要順其自然而行，這是養護天真本性之德，使其發揮心神無限妙用的所在。

2.道德不能行而後仁義

因為若非本性之德，那麼將造成人類的擔憂痛苦。

> 多方乎仁義而用之者，列於五藏哉！而非道德之正也。……枝於仁者，擢德塞性以收名聲，使天下簧鼓以奉不及之法非乎？……故此皆多駢旁枝之道，非天下之至正也。彼正正者，不失其性命之情。故合者不為駢，而枝者不為跂；長者不為有餘，短者不為不足。是故鳧脛雖短，續之則憂；鶴脛雖長，斷之則悲。故性長非所斷，性短非所續，無所去憂也。意仁義其非人情乎！彼仁人何其多憂也？……故意仁義其非人情乎！自三代以下者，天下何其囂囂也？（〈駢拇〉）

　　莊子認為人們以各種方式來實踐仁義之道，並不是天道自然生萬物的自然德性，在標榜仁義的本性中卻蔽塞了原有的天真本德，使天下人喧嚷奉行以求得名聲而已，根本就像是併生的足趾和歧生的手指一樣，都不是自然常道；因為若是合乎事物之本然實質，是不會違反本性的真情實義的。就好像結合的不是併生，分枝的不是歧生，長的不是多餘的，短的也不會不夠；野鴨腿短，若接肢便造成痛苦，野鶴腿長，若截肢便會產生悲哀。是以，物類本性是長的，就不能截斷；物類本性是短的，就不能接肢，根本沒有什麼要憂慮的。莊子以為儒家的「仁義」，並不是人性的共同價值，不然為什麼仁者那麼多的憂慮呢？而且從三代以下，天下就往這樣的方向前進而擾攘不安，只是不斷地傷害天真本德之性而已。

　　　　且夫待鉤繩規矩而正者，是削其性；待繩約膠漆而固者，是侵其德也；屈折禮樂，呴俞仁義，以慰天下之心者，此失其常然也。天下有常然。常然者，曲者不以鉤，直者不以繩，圓者不以規，方者不以矩，附離不以膠漆，約束不以繩索。故天下誘然皆生，而不知其所以生；同焉皆得，而不知其所以得。故古今不二，不可虧也。則仁義又奚連連如膠漆繩索，而遊乎道德之間為哉？使天下惑也！夫小惑易方，大惑易性。何以知其然邪？自虞氏招仁義以撓天下也，天下莫不奔命於仁義，是非以仁義易其性與？（〈駢拇〉）

　　這裡提出用鉤子、繩索、圓規和長尺來修正調整的，總是會削弱自然本性；若是要以繩索膠漆來打結固定，那麼勢必會侵害天真本德。以禮樂仁義為周旋勸勉，只是用來安慰討好人心，但卻失去本性自然常道。因為天下萬物都有其自然之道，原是彎曲的就不必使用鉤子，是筆直的就不必使用墨繩，是圓形的就不必使用圓規，是方形的就不必使用方矩，是黏合的就不必使用膠漆，是綑縛的就不必使用繩索。天下萬物都是自然生養有成，卻不知道是怎麼一回事，但都是自然而得其所在，卻不知道是什麼原因如此，古今道理是一樣的，不能用勉強去實行。至於汲汲於仁義的實踐就好像使用膠漆繩墨一樣，卻以刻意有為的方式想要悠遊於天真自然，那麼天下人不迷惑才怪。小的迷惑只是迷失方向，大的迷惑卻是失去天性本德。莊子知道如此是因為從虞舜以來就是以

仁義之名來干擾天下人，使天下人都競相於仁義之途，均試圖以「仁義」來取代改變天道自然的本性之德，所謂「余愧乎道德，是以上不敢為仁義之操，而下不敢為淫僻之行也」（〈駢拇〉），在此對「道德」有一非常大的違逆之情，是以，莊子並不在乎「貧」，而是「道德不能行」的「憊」。

> 莊子衣大布而補之，正緳係履而過魏王。魏王曰：「何先生之憊邪？」莊子曰：「貧也，非憊也。士有道德不能行，憊也。衣弊履穿，貧也，非憊也，此所謂非遭時也。王獨不見夫騰猿乎？其得柟、梓、豫、章也，攬蔓其枝，而王長其間，雖羿、蓬蒙不能眄睨也。及其得柘、棘、枳、枸之間也，危行側視，振動悼慄，此筋骨非有加急而不柔也，處勢不便，未足以逞其能也。今處昏上亂象之間，而欲無憊，奚可得邪？此比干之見剖心，徵也夫！」（〈山木〉）

　　莊子穿補丁的破衣，用麻繩綁破鞋被魏王看到了。魏王問莊子為何這麼疲困呢？莊子回答說自己是貧窮而不是疲困，因為無法實踐天道自然內在於自己的天真本性。說明自己的外在服儀只是展現貧窮，卻不是內心的疲困，只是因為沒有好的機會，讓自己發揮美好的本質而已。就好像是跳躍的猿猴一樣，當牠在高壯樹林中穿梭時自由自在，能夠表現自己的本事，即使是射箭高手也無可奈何；但若是在小灌林中，就要小心謹慎，內心還要擔心害怕，這個時候並不是筋骨受了束縛而不夠柔軟，而是牠所在的位置不利於自己，無法讓牠自在跳躍、施展長才。如同今日自己正處於昏君亂象的時代中，想要不疲困是困難的，若是要勉強表現，就會像比干一樣，最後遭遇剖心的逼迫殺害，這是一個非常明顯的例子。這裡莊子首先否定魏王從外在看自己的生命，因為一位能夠發揮天真本德的人，根本不會在乎自己是否能得到物質條件的充足與否；其次，雖然認識了自己的天性自然想要加以實踐，但卻要有環境讓自己發揮，這裡要表達的是，人們多以刻意有為的作為或治國方式，取代了原始自然的美好本質，這是天下人的苦難。是以，如何以無心無為之「嗇」的工夫，以早早服從天道自然，才能使之長久。

治人事天莫若嗇。夫唯嗇，是謂早服；早服謂之重積德；重積德則無不克；無不克則莫知其極；莫知其極，可以有國；有國之母，可以長久；是謂深根固柢，長生久視之道。（〈第五十九章〉）

　　人們無論身處何事？或身處何種關係？首要即是以「嗇」之減損涵蘊作為原則，嗇有如損之又損的工作，從「為道日損」（〈第四十八章〉）中早早以「大道」為核心實踐，如同「我獨異於人，而貴食母」（〈第二十章〉），如此才能將生命安置於不斷地累積天性本德，更準確的說法乃是在損之又損之「嗇」的工夫中，使天真本德不會被遮蔽而無從發揮，如此所有的生命困境都能被克服，而達到無有任何限制，在無有限制中才能以開放多元的原則，給出天下萬物生成的空間，如此才能長治久安，這是根本之道，更是天下萬物和諧共榮，能夠在天道永恆運行規律之調節平衡中生成不已的原因。「損之又損」的工夫實踐，是為了在發揮天真本德時，能夠使人不拘限於對德的執著，老子提到「上德不德，是以有德」、「上德無為而無以為」（〈第三十八章〉），主張一種純粹之德，乃是化解對於「有德」的執著；更是一種「為而不為」，沒有任何心中所執著的功用目的性。於是，在消解以「自我中心」的情形下，也將使生命完全合乎「內在之理」，也就是「德」，在「德」毫無遮蔽而全體通透中，是一個人真我的全然呈現，沒有任何心知所造成的內在隱蔽，更是真實情感的全體實現，能夠達到與天地萬物共通共感的境界。莊子在〈德充符〉中提到「才全而德不形」的主張，說明惡人哀駘它使丈夫不願離開、婦人要成其妻子、魯哀公要將君位讓與等，說明哀駘它能夠完全實現天真本德之性，卻不受本真德性的制約，更不會造成他人的不舒服，使人人都喜歡來到他的面前，自然產生了無比巨大的影響力。然而，要如何能去「德之累」？

徹志之勃，解心之繆，去德之累，達道之塞。富、貴、顯、嚴、名、利六者，勃志也；容、動、色、理、氣、意六者，繆心也；惡、欲、喜、怒、哀、樂六者，累德也；去、就、取、與、知、能六者，塞道也。此四六者不盪胸中則正，正則靜，靜則明，明則虛，虛則無為而無不為也。（〈庚桑楚〉）

能夠實踐「天道」內在於人之天真本德，要對付意志的勉強力行，及消解心智的複雜糾結。強行的意志往往來自於「財富」、「貴重」、「顯耀」、「威勢」、「名聲」及「貨利」六者；糾結的心智則來自於「容貌」、「動作」、「氣色」、「辭理」、「氣息」和「情意」；而且由「心智」及「意志」產生了種種情緒，有「厭惡」、「想要」、「喜歡」、「生氣」、「悲傷」和「快樂」，以致形成天真本德的負累；進而產生種種判斷，有「捨去」、「牽就」、「貪取」、「給予」、「認知」和「技能」，影響阻礙了天道自然的運行不已。所謂「心徹為知，知徹為德」（〈外物〉），當心靈通澈時便是智慧，真正的智慧通澈即是天真本德，說明的是一種以「智慧」連結「心靈」與「德性」的關係，「徹」是「明」，是一種狀態，也就是生命的一種境界，如「至人之用心若鏡」（〈應帝王〉），不受任何天地萬物的遮蔽，亦不遮蔽天地萬物的自然生成，老子提到此德乃是「玄德」，王弼注云「凡言玄德，皆有德而不知其主，出乎幽冥」[35]，與天地萬物的關係狀態為「生而不有，為而不恃，長而不宰」（〈第十章〉），以其「不塞其源，則物自生，何功之有？不禁其性，則物自濟，何為之恃？物自長足、不吾宰成、有德無主」[36]；是以，不將他者占為己有、不依賴憑恃他者，更不會掌控宰制他者，老子以天道之德說明此「德」的奧祕，從「無」至「有」，以至「無」的過程，是一種往來反覆，是生命純粹之德的展現。

二、至德的生命境界

天地萬物照理應能活出自己的生命本然，人類在具備選擇的能力中，反而往往不容易活出自己的樣子。

1.含德厚足之赤子

老子觀察天地萬物，主張天道內在於人的天真本德，是生命之意義及價值所在，莊子更指出這是生命的美好境界，更是生命的安頓所在，所謂「德將為汝美，道將為汝居」（〈知北遊〉），就如同「新出之犢」一般。

---

[35] 魏‧王弼著，《老子註》，頁21。
[36] 魏‧王弼著，《老子註》，頁21。

齧缺問道乎被衣，被衣曰：「若正汝形，一汝視，天和將至；攝汝知，一
汝度，神將來舍。德將爲汝美，道將爲汝居，汝瞳焉如新出之犢而無求其
故！」言未卒，齧缺睡寐。被衣大說，行歌而去之，曰：「形若槁骸，心
若死灰，眞其實知，不以故自持。媒媒晦晦，無心而不可與謀。彼何人
哉！」（〈知北遊〉）

　　這裡藉由齧缺與被衣的對話，當被衣在敘說「道」的過程中時，齧缺便自
然而然的睡著了，展現「天道自然」的「德性境界」。達到此境界，一者要
「正汝形」，此「正」爲「乘天地之正」（〈逍遙遊〉），在順應天道而行時，
便能「端正而不知以爲義」（〈天地〉），端正乃是在自然無爲的生發中，不
再受限人際往來之應該規範，二者要「一汝視」，專一在感官之運用中，因爲
感官容易分心於心知的聯想，所謂「無聽之以耳」，三者要「攝汝知」，收攝
自己的心知，所謂「無聽之以心」，四者要專一於生命之氣、純粹真心的發
用，完全消解感官及心知的發散，所謂「聽之以氣」，以「虛而待物」的狀態
來面對一切萬象，最後將呈現自然和諧的狀態，以及心神凝聚的境界，此時天
真本德就是生命美好的展現，天道自然便成爲自己安頓自在的居所，純粹的生
命如同剛出生的小牛而不知其所以然。被衣說齧缺的睡著所展現的就是，在心
知不執著的情況下如同死灰，而形體也將如枯槁樹枝一樣，真正體現天道的真
實。老子也提到當內在之德的飽滿充足時，以「嬰兒」、「赤子」作爲比喻：

知其雄，守其雌，爲天下谿。爲天下谿，常德不離，復歸於嬰兒。知其
白，守其辱，爲天下谷。爲天下谷，常德乃足，復歸於樸。（〈第二十八
章〉）
含德之厚，比於赤子。蜂蠆虺蛇不螫，猛獸不據，攫鳥不搏。（〈第
五十五章〉）

　　知道雄進、光明，卻要雌退、隱藏，如此才能持守住天道自然；一者便能
給出空間如同谿谷般，讓天地萬物能夠自由成長，其次在不斷消解心知造作
中，保有與生俱來的天生本真，就像初生的嬰兒一般。老子以德性之純粹說明
德之豐厚，就好像剛出生的孩子，與天地萬物融合無別，王弼注云「赤子無求

無欲，不犯眾物，故毒蟲之物無犯之人也。含德之厚者，不犯物，故無物以損其全也」[37]，所以，含德之厚的赤子並不會遭受蜂蛇之毒螫傷，也不會受到猛獸之爪抓裂，更不會遭遇飛鳥之翅擊打。正如嬰兒不容易受到傷害，因為其以天真本德來應對外在的一切萬物，便能與天地萬物一體無別而得以和諧。莊子提到中央之帝渾沌亦以「德」來對待南海與北海之帝，使二帝感受到混沌之帝的美好，但卻在「儵與忽謀報混沌之德」（〈應帝王〉）中，混沌於日鑿一竅中而死亡。二帝以開感官的方式報答混沌，意味著感官之開鑿將帶來心知的執著分別，混沌原始之自然天真將從此宣告死亡。是以，若是不以心知分別來對應外在一切，將如同嬰兒般之不被傷害；若是以心知分別來對應現象世界，那麼就如同混沌一般而死亡。於是，聖人在對待天下百姓時，並沒有一套固常的社會價值標準，而是以「皆孩之」的方式來面對，才能彼此「不傷」。

> 聖人無常心，以百姓心為心。善者，吾善之；不善者，吾亦善之；德善。信者，吾信之；不信者，吾亦信之；德信。聖人在天下，歙歙為天下渾其心，百姓皆注其耳目，聖人皆孩之。（〈第四十九章〉）
> 治大國若烹小鮮。以道蒞天下，其鬼不神；非其鬼不神，其神不傷人；非其神不傷人，聖人亦不傷人。夫兩不相傷，故德交歸焉。（〈第六十章〉）

　　聖人乃是以「天道」為治理百姓的原則，所以沒有既定的心知成見，能夠以天下百姓的真心為心，如同烹煮小魚以小火煎煮，不能過多翻攪，而是給予百姓時間和空間生成，耐心等候而不干擾。不論百姓的表現是否符合社會之善惡與信不信之相對價值，聖人總是看見百姓之天真本德，所以待之以無心無為。即使百姓總是以追求感官耳目，但聖人總是以混沌無別之真心，視百姓如同嬰孩之純粹無瑕，沒有任何分別判斷或稱譽定罪。聖人以天道內在於天真本德的方式對應天地萬物時，不只牛鬼蛇神無法發揮威力，身為領導者的聖人也不會因為占居高位而傷害到天下百姓。天地萬物彼此不傷害，是因為其均以「天真本德」作為互動交流的方式，所謂「通於天地者，德也；行於萬物

---

[37] 魏・王弼著，《老子註》，頁112。

者，道也」（〈天地〉），只有以「天真本德」才能與天地萬物相通為一，因
為「天道自然」才能行走於天下，那是一種最真實情感的感通、交流、連結與
和諧，毫無違和與衝突。〈人間世〉提到「若成若不成而後無患者，唯有德者
能之」，唯有持守天真本德者，才能在不論「成」或「不成」，都能夠無有後
來的患難；當然也唯有「德之至」才能「自事其心者，哀樂不易施乎前，知其
不可奈何而安之若命」，「事」者「養」也，自事其心即養心，若能以「心之
虛」為「齋」者，便不受哀樂情緒所牽動，以其知道對於不可奈何之事變或命
行，是無法控制與改變的，當然只能接受並允許，不讓生命陷入驚恐中，這是
將天真本德發揮至極的境界，所謂「游心於德之和」（〈德充符〉），使自己
的內心安頓在天真本德與天地宇宙自然的最和諧狀態，所以，兀者王駘看到天
下萬物乃「視其所一」，卻看不見自己與他者的差異，當然對於自己的獨足，
也「不見其所喪」，他看自己失去的一隻腳，就如同土塊掉落大地一般，都只
是自然的現象而已，其展現對生命的完全自信，也尊重自己的獨特狀態，所謂
「德有所長，而形有所忘」，王駘完全不受自己獨足的形體之異於他人而影響
到自己與他人的關係，當然，他人如何看待自己也無所謂了。

> 齧缺問於王倪，四問而四不知。齧缺因躍而大喜，行以告蒲衣子。蒲衣子
> 曰：「而乃今知之乎？有虞氏不及泰氏。有虞氏，其猶藏仁以要人，亦得
> 人矣，而未始出於非人。泰氏，其臥徐徐，其覺于于，一以己為馬，一以
> 己為牛，其知情信，其德甚真，而未始入於非人。」（〈應帝王〉）

齧缺問王倪四問卻四不知，非常高興的告訴蒲衣子，蒲衣子提到有虞氏和
泰氏的差異。有虞氏仍然以仁愛之心來連結天下人，還沒有超越人與人以外的
往來關係，宣穎解「未始出於非人」云「非人者，物也，有心要人，猶繫於
物，是未能超出於物之外」；至於泰氏則是安頓自在，在睡覺時能夠寬緩而不
會作夢，清醒時也沒有憂慮而自在，宣穎解「未始入於非人」云「渾同自然，
毫無物累，未始陷入於物之中」[38]，是以，不論是他人把自己當成馬匹或是牛

---

[38] 清‧王先謙著，《莊子集解》，頁 45。

隻，其心靈總是能夠虛靜真實，照見天真本性，從來不會掉入人我間之框限與負累中。在〈天地〉提到「聖治」和「德人」：

> 諄芒將東之大壑，適遇苑風於東海之濱。……諄芒曰：「聖治乎，官施而不失其宜，拔舉而不失其能，畢見其情事而行其所爲，行言自爲而天下化，手撓顧指，四方之民莫不俱至，此之謂聖治。」「願聞德人。」曰：「德人者，居無思，行無慮，不藏是非美惡。四海之內，共利之之謂悅，共給之之謂安；怊乎若嬰兒之失其母也，儻乎若行而失其道也。財用有餘而不知其所自來，飲食取足而不知其所從。此謂德人之容。」（〈天地〉）

諄芒與苑風相遇，諄芒提到「聖治」，雖有官職制度卻不失合宜，有選拔標準卻不失才能，能夠洞見實情而行其所當行，所有的言行都能自發主動而為，使天下人都得以化育，所以，只要揮手舉目是沒有人不跟從的，這就是聖人之治。然而，聖人之治並非憑空而生，乃是聖人本身能夠展現天真本性，謂之「德人」。所謂的「德人」是無論是安居或是行動，都沒有複雜的思慮，根本沒有是非美惡的價值判斷。使天下人都能因為共同擁有而產生喜悅，能夠共同享受而美好自在，有時惆悵失意好像嬰兒失去母親一般，有時悵然自失就好像行走失去方向一樣，完全顯現出自然真實之德。此時，日常財貨使用有贍餘卻不知從何而來，飲用食物獲取足夠卻從來不知道要跟從誰，這是德人所展現的樣子，所謂「虛無恬惔，乃合天德」（〈刻意〉），然而，卻要留意對「天德」的傷害。

> 故曰：夫恬惔寂寞，虛無無爲，此天地之平而道德之質也。……虛無恬惔，乃合天德。故曰：悲樂者，德之邪；喜怒者，道之過；好惡者，德之失。故心不憂樂，德之至也；一而不變，靜之至也；無所於忤，虛之至也；不與物交，惔之至也；無所於逆，粹之至也。……故曰：純粹而不雜，靜一而不變，惔而無爲，動而以天行，此養神之道也。（〈刻意〉）

這裡提到「恬惔寂寞，虛無無為」是「道德」的本質，所以「虛無」與「恬惔」才是符合天真本德。所以，當有悲怒哀樂的情緒表現時，往往造成德性無

法自然流露，更是不符合天道自然；因為當有好惡的認知價值批判時，就會虧損天真本德。是以，當內心不再因情緒憂樂而起伏時，就是天道自然於人的內在德性發揮至極；〈讓王〉提到「古之得道者，窮亦樂，通亦樂。所樂非窮通也，道德於此，則窮通為寒暑風雨之序矣」，以窮通為自然變化之序，就不會有憂樂的情緒生發，若說有所樂者，亦是以天道自然內在於人的本性為最大喜樂。因此，若能安靜至極就能夠專一不變，虛損至極就能夠毫無阻礙，清淡至極也就無須往來，純粹至極就能無有違逆，成玄英疏「其神純粹」云「純粹者，不雜也。既無夢無憂，契真合道，故其心神純粹而無閒雜也」[39]。所以，純粹不雜、靜一不變、清淡無為，行動以天道為依止，就是養護內在心神、天真本德的方法，成玄英疏「純素之道，唯神是守；守而勿失，與神為一」（〈繕性〉）云「純精素質之道，雖在守神。守神不喪，則精神凝靜」[40]，守神即精神凝靜，若能守住「心神之德」即是「至德」。

2. 素樸而民性得

莊子建構出「至德之世」的生命境界。

> 吾意善治天下者不然。彼民有常性，織而衣，耕而食，是謂同德；一而不黨，命曰天放。故至德之世，其行填填，其視顛顛。當是時也，山無蹊隧，澤無舟梁；萬物群生，連屬其鄉；禽獸成群，草木遂長。是故禽獸可係羈而遊，鳥鵲之巢可攀援而闚。夫至德之世，同與禽獸居，族與萬物並，惡乎知君子小人哉！同乎無知，其德不離；同乎無欲，是謂素樸。素樸而民性得矣。（〈馬蹄〉）

「至德之世」是莊子治理天下的理想。其中關鍵點在於所有百姓都有「常性」，也就是人人都有真常的本性。因為人人都共有天真本德，若是人人都能展現真常本性，那麼人們將過著紡織而衣、耕種而食的最簡樸生活。在此「常性」之呈現下，人民乃是一體無別，沒有任何的偏私，宣穎云「混一無偏，任

---

[39] 清‧郭慶藩著，《莊子集釋》，頁 542。
[40] 清‧郭慶藩著，《莊子集釋》，頁 546。

天自在」[41]，完全是隨著本性自然放任，能夠將自己的生命安頓好，享受在「甘食」、「美服」、「樂俗」、「安居」的生活中。因為人人都能滿足於自己的生命本身，是一種「至德之世」，老子言「鄰國相望，雞犬之聲相聞，民至老死，不相往來」（〈第八十章〉），人民的腳步踏實而且目光專注，不必向外追求，更不必向他人尋找認同。所以山中不必有路徑通道，水上也沒有船隻橋梁，萬物眾生都能夠比鄰而居，禽獸眾多草木自然滋長。此時，人民對於禽獸可以繫著繩索和他們一同遊玩，至於烏鵲的巢穴也可以攀爬向上窺望。可見，這是一個與禽獸並居，並和萬物同聚的世界，在沒有價值二元對立的世界中，根本不會再去分別誰是君子？誰是小人？成玄英疏「素樸而民性得矣」云「夫蒼生所以失性者，皆由滯欲故也。既而無欲素樸，真性不喪，故稱得也」[42]，在彼此沒有心知成見中，天真本德不離開自身，眾人都是無心於欲望的追求，只有在純真樸實的生活中，保持自身天真本德的實現，以其一切的美德，並不需要特別的強調或主張，卻是完全能夠自然而然的加以體現。

> 至德之世，不尚賢，不使能；上如標枝，民如野鹿；端正而不知以為義，相愛而不知以為仁；實而不知以為忠，當而不知以為信；蠢動而相使，不以為賜。是故行而無迹，事而無傳。（〈天地〉）

在至德的世代，並不標榜賢能也不會使用才能；君王雖然居於高位，卻不必給予特別的尊貴榮耀。人民就如同野鹿一般享受自在，自然而然端正卻不知道什麼是應該的，彼此相愛卻不知道什麼是愛人，真實表現卻也不知道什麼是忠心，合宜恰當更不知什麼是信用，行動單純能夠彼此互助，卻不知道什麼是賜恩。雖然是有所作為卻沒有刻意有為，留下事跡並不加以留傳。而這樣的境界，是因為至人能夠化解自我的執著，而完全體現本身的內在之德。

> 南榮趎曰：「然則是至人之德已乎？」曰：「非也。是乃所謂冰解凍釋者能乎？夫至人者，相與交食乎地而交樂乎天，不以人物利害相攖，不相與

41　清・王先謙著，《莊子集解》，頁 53。
42　清・郭慶藩著，《莊子集釋》，頁 337。

為怪，不相與為謀，不相與為事，翛然而往，侗然而來。是謂衛生之經
已。」曰：「然則是至乎？」曰：「未也。吾固告汝曰：『能兒子乎？』
兒子動不知所為，行不知所之，身若槁木之枝而心若死灰。若是者，禍亦
不至，福亦不來。禍福無有，惡有人災也？」（〈庚桑楚〉）

　　老子向南榮趎提出至人的境界，乃是求食於土地而與天道同樂，不因人物
之利害而受干擾，不彼此標榜怪異，不彼此圖謀思慮，不在乎世界俗務，自由
的來並無知的去，這是養護生命的道理。宣穎解「兒子乎」云「元氣自然」[43]，
老子說明就如同嬰兒一般，嬰兒的行動不知要如何作為，也不知其所以然，形
體好像枯木而心靈像死灰，因為他不受任何心知成見的影響；若是如此，那麼
禍不會來，當然福也不會來，若是福禍都沒有時，那麼怎麼會有人為的災害，
郭象注「禍福無有，惡有人災」云「禍福生於失得，人災由於愛惡」[44]。是以，
若是能夠實現至人之德，則外在所有一切便不能加以損害。

河伯曰：「然則何貴於道邪？」北海若曰：「知道者必達於理，達於理者
必明於權，明於權者不以物害己。至德者，火弗能熱，水弗能溺，寒暑弗
能害，禽獸弗能賊。非謂其薄之也，言察乎安危，寧於禍福，謹於去就，
莫之能害也。故曰：天在內，人在外，德在乎天。知天人之行，本乎天，
位乎得。……」曰：「何謂天？何謂人？」北海若曰：「牛馬四足，是謂
天；落馬首，穿牛鼻，是謂人。故曰：無以人滅天，無以故滅命，無以得
殉名。謹守而勿失，是謂反其真。」（〈秋水〉）

　　天地宇宙之道乃內在於人的天真本德，這裡莊子藉由北海若闡述，認識道
理的人必定通達事理，通達事理的必定明瞭權變，明瞭權變的人就不會以外物
傷害自己，而這樣的人是至德之人。莊子以寓言式的說法，來闡述至德之人所
能達到生命境界，乃是火不能燒他，水不能淹他，寒暑不能損傷他，禽獸也不
能侵害他，如同〈盜跖〉說到「神農之世」乃是「與麋鹿共處，耕而食，織而

[43] 清・王先謙著，《莊子集解》，頁 134。

[44] 清・郭慶藩著，《莊子集釋》，頁 779。

衣，無有相害之心」，然而以上並非指靠近火水、寒暑、禽獸而不會遭受損害，而是指至德之人能夠明察於安全和危險的環境，安心於災禍和幸福的境地，謹慎於離開或接近的選擇，所以沒有任何外物能夠加害於他，成玄英疏言「至德之人，唯變所適，體窮通之有命，達禍福之無門，故所樂非窮通，而所遇常也」[45]。說明至德之人「唯變所適」，能夠體現內在心靈，將人事顯露於外在行為，而天真本德就在自然本性中；若是能夠認識天生自然的人類行為，是源於自然本性時，便能夠處於自得的境地。

至於所謂的自然本性和人為造作，就像牛馬生來有四隻腳，是天生自然；用轡頭絡在馬頭上，用韁繩穿過牛鼻，是人為造作，王先謙云「勿以人事毀天然，勿以造作傷性命，勿以有限之得，殉無窮之名」[46]，亦即千萬不要用人為造作去毀滅自然本性，也不要用刻意作為去毀滅性命本真，更不要犧牲天真本德以獲得名聲。這裡要人謹慎守住這些原則而不要失去自然本性，這就叫做回歸到天真本德，郭象云「真在性分之內」[47]。這裡提醒著人們，在生命的整個養成過程中，需要不斷維護最真實的情感，也就是內在的天真本性，能將此本德天性發揮到最極致時，便能夠使人不受任何傷害，而回到最完全具足的狀態，那就將是一個人能成為自己的最佳狀態。〈達生〉曾以「木雞」說明「德全」的境界，在面對外在一切現象或情境時，都能「無變」時，反而使其他雞隻「無敢應」卻「反走矣」，這是至德者的生命境界，更是情感教育的最高極致，乃是在內在天真本德發揮至極時，便能自然化解任何的衝突，各自回歸自身的生命獨立自主。

覺察體驗作業：

　　1.你曾經體驗過生命美好嗎？那是什麼？

　　2.試想如果天地萬物都有此美好，那麼到底是一個什麼樣的世界？

---

[45] 清・郭慶藩著，《莊子集釋》，頁 589。

[46] 清・王先謙著，《莊子集解》，頁 95。

[47] 清・郭慶藩著，《莊子集釋》，頁 591。

第五節　生命的靈性教育：逍遙論

在現代人均能於物質生活上得到滿足，以致能獲取知識並取得人我之良好關係時，為什麼仍讓人們感受到空虛不足而無法安頓呢？John P. Miller 提到現代教育是「一種把人類箝制到物質主義的死寂力量」，更直言整個教育無論是「從學齡前到研究所，都是在傷害心靈」[48]。靈性因受傷害而無法恢復，是一種人類生命的內在危機，若是人們仍是以求得生存為滿足下，尚不足以為害，然而，若是人們在不論是生存的需求，或是在良好生活品質上均已追求完成時，那麼「生命本身」的問題都將在此時突顯出來，有一種「靈性危機」的感受。而在靈性的呼喚中，人類要回應生命應該何去何從的問題？人生是否有意義？自己的一生創造了何種價值？如何才能在面對死亡時無有遺憾或恐懼？以上問題是人類的終極關懷，亦是生命核心的定位與方針，莊子試圖提出一種能直接回應內在靈性的生命狀態，就是活出一種無待自由的生命狀態。本節從「無待的自由生命」，提出「遊心的工夫修煉」，藉由論述莊子「逍遙論」以說明「生命的靈性教育」。

一、無待的自由生命

「價值感受」是人類生命才有的狀態，若生命的價值是來自於外在的人事物，那麼無價值感受則將是生命所常常會出現的情緒。人類生命有「身體」、「心理」和「心靈」三面來看，一者從最低層次「生存的需求」，人們需要追求身體能夠生存下去的基本滿足，但常人卻往往陷於終身以此為唯一的生活重心；二者再高一點層次為「生活的需求」，人類追求的不只是身體能存活下去而已，甚至要透過外在的各種追求中，滿足內在心理的被認同，但最後往往在追求外在人事認同後，仍是感受到虛無與遺憾的痛悔；三者最高層次是「生命的需求」，這是人類生命的內在真我，為的是「終極價值」或「核心價值」需求被滿足，因為深層靈性會不斷地呼喚每一個人，要回歸到自己生命本身的真正需求，而且也在深層靈性的真實滿足後，才有真正的身心安頓，佛洛姆說「如果一個人覺得他的價值不在於他所擁有的人性特質，而在於他在瞬息萬變

---

[48] John P. Miller 原著，張淑美主譯，《生命教育：推動學校的靈性課程》，頁 5。

競爭市場裡所能達到的成就，那麼他的自尊就很容易動搖，經常需要他人的肯定」[49]，當然意謂著生命將受限制而無法自由自在。

1. 乘天地之正以遊無窮

莊子在〈逍遙遊〉中，提到人類生命可以達到「無待」之無往不遊的境界，所得到的一種心靈安頓。

> 故夫知效一官，行比一鄉，德合一君而徵一國者，其自視也亦若此矣。而宋榮子猶然笑之。且舉世而譽之而不加勸，舉世而非之而不加沮，定乎內外之分，辯乎榮辱之竟，斯已矣。彼其於世，未數數然也。雖然，猶有未樹也。夫列子御風而行，泠然善也，旬有五日而後反。彼於致福者，未數數然也。此雖免乎行，猶有所待者也。若夫乘天地之正，而御六氣之辯，以遊無窮者，彼且惡乎待哉！故曰：至人無己，神人無功，聖人無名。（〈逍遙遊〉）

一般人的生命多以追逐身體的滿足為需求，莊子提出較高的需求滿足者，通常會透過三種方式獲得。第一種人是以人的才智承擔一官之職的責任，或是以行誼符合一鄉之民的標準，或是以德行得到一國之君的賞識，是儒家式的人物，這些作為雖然在人類社會看來是以「知識」、「行為」和「德行」為憑藉，但目的卻是以得到他人的認同與肯定為滿足；他們以此種方式成為自己一生追求的目標，就像斥鴳小鳥之自我滿足一樣，都是一種自我的心理慰藉而已，並非是靈性真實的滿足。第二種人就像宋榮子一樣，即使全世界的人都讚美他，對他並沒有任何的鼓勵效果；即使全世界的人都毀謗他，也不會讓他覺得沮喪。他只是從自身內在與外在作出價值的分別，不受榮辱影響而已，卻仍然還是活在人我的是非之境裡。第三種人就像列子隨風而行，雖然輕妙自得，但在十五天之後卻又因為風的帶動，而回到原本的地方；看來雖免於行動的勞累，但仍然是有所依待於外在自然環境。簡而言之，以上所說的三種人，第一種人完全活在人我的社會價值中，透過自身的品德修養，達到與人和諧的關係

---

[49] 埃里希・佛洛姆著、林宏濤譯，《自我的追尋：倫理學的心理學探究》，頁 100。

狀態；第二種人是能夠超越於人我關係所產生的社會價值對立，但卻仍活在人我的關係糾結中；第三種人是修煉身體使自身不免於行走，但卻是仍然要依恃外在的自然環境，使自己能夠飛翔。以上三種人都各有其著力點，但都是依賴著外在憑藉；第一種人有待於社會價值的認同、第二種人則有待於社會人群、第三種人則有待於自然環境。憨山註云知效一官等「汲汲於浮名」、宋榮子「但能忘名，未忘我」、「列子雖能忘禍福，未能忘死生以形體未脫，故不能與造物遊於無窮」[50]。

王先謙言「無所待而遊於無窮，方是〈逍遙遊〉一篇綱要」[51]，憨山註云「乘天地，則宇宙在手」、「御六氣，則造化生乎身」，所以是「乘大道而遊，與造化混而為一，又何有待於外哉」[52]。莊子不將生命憑靠或安頓在價值高下、社會人群或自然環境中，因為「凡依靠他人的人自己就不再是人，他喪失了自己的獨立，他只是別人的物品，此外一無所是」[53]，而是要順應於天地宇宙無限根源的自然之道，體現天道內在於人的本性之德，達到一種沒有自我心知執著的至人境界、不執著於事功建立的神人境界，和不執著於名聲稱號的聖人境界，這是真正無待的境界，是在「精神的超拔與生命的飛越中開顯」[54]。然而，生命的「無待」境界，絕非是脫離現實環境，更非自高於人，如莊子所言「不敖倪於萬物，不譴是非，以與世俗處」（〈天下〉），莊子主張一面要活在現實環境中，但要順應天地宇宙萬物的一切變化；一面在自己的生命意義中，要以不變的天道自然內在於心靈之德，才能遨遊於無有窮盡的境界，以致全然展現生命的價值。因為在「自然根源之道」與「內在生命之德」的關係與體悟中，是一種沒有憑依任何有形之人事物的生命境界，更是生命真正的獨立自主，這是一種「遊於無待」的生命境界，謂之「逍遙遊」，也是「采真之遊」。

---

50 明・憨山大師著，《老子道德經憨山註：莊子內篇憨山註》，頁 171-172。

51 清・王先謙著，《莊子集解》，頁 1。

52 明・憨山大師著，《老子道德經憨山註：莊子內篇憨山註》，頁 172。

53 卡西勒著，孟祥森譯，《盧梭康德與歌德》，頁 38。

54 王邦雄著，《莊子內七篇・外秋水雜天下的現代解讀》，頁 40。

孔子行年五十有一而不聞道，乃南之沛，見老聃。……老子曰：「然。使
道而可獻，則人莫不獻之於其君；使道而可進，則人莫不進之於其親；
使道而可以告人，則人莫不告其兄弟；使道而可以與人，則人莫不與其子
孫。然而不可者，無佗也，中無主而不止，外無正而不行。由中出者，不
受於外，聖人不出；由外入者，無主於中，聖人不隱。名，公器也，不可
多取。仁義，先王之蘧廬也，止可以一宿而不可以久處，覯而多責。古之
至人，假道於仁，託宿於義，以遊逍遙之虛，食於苟簡之田，立於不貸之
圃。逍遙，無爲也；苟簡，易養也；不貸，無出也。古者謂是采眞之遊。
（〈天運〉）

　　這裡提到孔子到五十歲時，對於「道」的體認仍有未逮之處，於是往見老
子，老子說到天道乃不可獻、不可進、不可告人、不可與人，「不可」乃是因
為它不能以任何有形對象來掌握，天道內在於人之天真本德，所以源源不絕，
可以不受限於外在現象，是以，聖人沒有必要拯救或治理天下；至於外在現象
則要有標準才能行事，但標準卻不能成為核心價值，聖人以無為而治卻也不會
被隱藏。是以，雖然憑藉名言符號以建構整個組織制度，但卻不能受此所限以
加強提升；至於仁義道德雖然是先王治理天下國家的價值所在，只可稍微應用
此道，卻不可以作為長久之道，若以此道治理最終必遭受責難。要知道在古代
實踐天道自然之至極者，便會自然展現內在仁性之德，以其總是悠遊於消解自
我執著之限制中，以照見天道永恆之無限，成玄英疏云「知止知足，食於苟簡
之田；不損己物，立於不貸之圃。而言田圃者，明是聖人養生之理」[55]，當以苟
且簡單的食物作為滿足，安居在無須施予的園田，所謂「夫唯道，善貸且成」
（〈第四十一章〉），那麼便不必再以人為之刻意造作施予，因為天道自然之
生成將得以成全萬物。自由逍遙就能為而不為，苟且簡單才能容易生養，無需
施予就無有損失，老子言「功成事遂，百姓皆謂我自然」（〈第十七章〉），
在天道自然中完成一切事功，王弼注云「百姓不知其所以然也」[56]。古代稱之為
遨遊於天道德性之真實自然，當無待於外在人事時，便能安頓於生命本身。

55　清‧郭慶藩著，《莊子集釋》，頁 520。
56　魏‧王弼著，《老子註》，頁 35。

不出戶知天下；不闚牖見天道。其出彌遠，其知彌少。是以聖人不行而知，不見而名，不為而成。（〈第四十七章〉）

　　人們總是無法肯定認同自己生命的「是」，而是向外追求社會價值的「有」，以「擁有」財貨、權勢、名位及知識等，作為肯定認同自己生命意義價值之所在。然而，老子卻能洞察向外追求以獲得擁有的虛無性，提出不必向外追求，就能掌握天下人事之道；不必經由窗牖孔隙向外偷窺，便能觀照天道自然之理。反而愈是向外追求獲得，愈是無法掌握及觀照天地萬物之道理，王淮言「修道之活動只是復吾智慧之本明。智慧以直覺為性，以反省為用，可以根本不假外求，以其不等於經驗知識故」[57]。是以，一個悟道的聖人，乃是行而不行故有真知，見而不見故有實名，為而不為故無有不成。以其聖人能真正理解，在無法以生命本身為滿足根源時，一切向外追求以獲取擁有將造成種種災禍，所謂「知足之足，常足矣」（〈第四十六章〉），「知足」即是「知以自足」，只有知道以生命本身為滿足，才是恆久的滿足。莊子以「神人」或「至人之神」的形象來呈現，就是這種「常足」的生命境界呈現。

　　蘋姑射之山，有神人居焉，肌膚若冰雪，淖約若處子，不食五穀，吸風飲露。乘雲氣，御飛龍，而遊乎四海之外。其神凝，使物不疵癘而年穀熟。（〈逍遙遊〉）
　　至人神矣：大澤焚而不能熱，河、漢沍而不能寒，疾雷破山、風振海而不能驚。若然者，乘雲氣，騎日月，而遊乎四海之外。死生無變於己，而況利害之端乎！」（〈齊物論〉）

　　莊子的「神人」或「至人之神」均以神話般的描述，來體現生命的境界可以超越一般的認知，成玄英疏云「至者，妙極之體；神者，不測之用」[58]，宣穎曾解「神人」為「身中之神」，「至人神矣」說明的是至人「與道混融」、

---

[57] 王淮著，《老子探義》，頁190。
[58] 清・郭慶藩著，《莊子集釋》，頁96。

「神超物表」、「不與物對」,所以「物不能傷」[59]。一者「不受身體的存在限制」,所以神人的肌膚就像冰雪一樣白,長相像少女一樣美,而且不食五穀粗糧,只有吸取天地靈氣,啜飲自然的甘泉,以最基本的形體需求為滿足。二者「行動的自由自在」,只憑藉著雲氣飛天,駕御六氣的變化,完全能夠超越人間俗世以遨遊在天地宇宙中,指其行動自由完全不受限制。三者「不受他者所傷害撼動」,郭象注「死生無變於己」云「與變為體,故死生若一」[60],從外在的自然環境,至肉體的死亡,神人完全不受有形的自然現象所干擾,所謂「蓋聞善攝生者,陸行不遇兕虎,入軍不被甲兵;兕無所投其角,虎無所措其爪,兵無所容其刃。夫何故?以其無死地」(〈第五十章〉),「善攝生者」乃是「無死地」,王淮言「『死地』,謂禍害可畏之事也」[61],當能夠不以死為死時,便能不以生為生,不在「生」與「死」之間畫分其清楚界線,不執著於生命或死亡,反而能夠完全專注於現時當下的狀態,而置生死於度外。四者「對他者的自然影響」,神人的心神總是完全凝聚專注,讓萬物不會惡疾毀壞,使每年的穀物大豐收,指的是神人能夠產生巨大的影響性,而非活在自己的世界裡,王先謙提出「其神凝」乃「三字吃緊,非遊物外者,不能凝於神」[62]。

2.被褐懷玉不相往來

老子以「聖人被褐懷玉」(〈第七十章〉)來打造如此無待自由的生命境界。

> 吾言甚易知,甚易行。天下莫能知,莫能行。言有宗,事有君。夫唯無知,是以不我知。知我者希,則我者貴。是以聖人被褐懷玉。(〈第七十章〉)
>
> 善為士者,不武;善戰者,不怒;善勝敵者,不與;善用人者,為之下。是謂不爭之德,是謂用人之力,是謂配天古之極。(〈第六十八章〉)

---

[59] 明・憨山大師著,《老子道德經憨山註;莊子內篇憨山註》,頁 255。

[60] 清・郭慶藩著,《莊子集釋》,頁 97。

[61] 王淮著,《老子探義》,頁 201。

[62] 清・王先謙著,《莊子集解》,頁 4。

小國寡民。使有什伯之器而不用；使民重死而不遠徙。雖有舟輿，無所乘之，雖有甲兵，無所陳之。使民復結繩而用之，甘其食，美其服，安其居，樂其俗。鄰國相望，雞犬之聲相聞，民至老死，不相往來。（〈第八十章〉）

老子所說的這種生命境界，一面說是易知易行，但一面卻又說是莫能知莫能行。易知易行的原因是「言有宗、事有君」，一切的現象，及表達現象的符號，都有其核心宗旨及引導原理；莫能知莫能行的原因是「無知，是以不我知」。聖人以「天道自然」為治理之價值策略，「為而不為」故「無為」、「知而不知」故「無知」，總是在消解作為之造作刻意及功成人知，所謂「生而不有，為而不恃，功成而弗居」（〈第二章〉），是以知曉聖人之治者少，常人均無法理解聖人之道，所以「聖人被褐懷玉」，王弼注云「被褐者，同其塵；懷玉者，寶其真也」[63]，「玉」指天道內在於天真本性而得以完全實現，聖人以天道自然為寶貴，亦使天下人均能以天道自然作為自身之行為處事。當以天道自然內在於人的天真本德為尊貴時，即使外在形象有如穿粗布衣一樣，亦不能阻礙實現美好本性的可能。是以，若以內在本真自然為真性的滿足時，人人便不必向外求索，一切滿足均源自於生命本身，即使有各式器物也無須使用，人人在死亡之必然性中，珍惜生命的有限性與短暫性，所以不會將生命本身耗散在向外的追求上，都能安頓於本地居所，當然也就不必遷徙遠方；即使有船隻馬車也不必乘坐，有武力軍備也備而不用。在不必有複雜的人事追求及往來下，所有人都能回歸到結繩記事，以作為日用所需即可，在食用上覺得甘甜，在服飾上表現美好，在居所上有安頓的感受，在習俗上也能無所不樂。住得很近且鄰里相望，雞隻貓狗在巷弄間鳴叫，各自均安頓滿足於生命本身，相互尊重不會干擾及控制他者，直到老死也不會有無謂的往來互動，這是一個人人過著無待於外在人事物的生活，只以「天道已行」（〈庚桑楚〉）之自然本身為生命的依止與安頓所在。老子提出「小國寡民」之理想社會，為一返回自然之生命狀態，王淮言「並非主張應退化到茹毛飲血之野蠻時代」、「它只是

---

63 魏・王弼著，《老子註》，頁 143。

一種清靜自然與單純樸素之人類社會而已，生活能夠免於匱乏而享有安適，精神能夠獲得歡愉而免於緊張」[64]。

二、遊心的工夫修煉

人們因為失道之常然，所以才有「削性侵德」（〈駢拇〉）的情形發生，從古至今莫不如此，其中又以「仁義易其性」、「使天下莫不奔命於仁義」為迷惑天下人的最大罪過，所謂「仁義又奚連連如膠漆纆索，而遊乎道德之間為哉？使天下惑也」，說明仁義亦如同膠漆繩索般使人受其黏著與綑綁，若欲使人能夠悠遊於天道自然本性之中，無疑的那絕對是不可能的事。

1.與世俗處而遊於天地精神

在此提出不能以「仁義」遊於「道德之間」，但卻不是主張要避開遠離人世間，反而是要「能遊於世而不僻」（〈外物〉），而且能夠真正悠遊於人間世，方得謂之「至人」。

> 莊子曰：「人有能遊，且得不遊乎？人而不能遊，且得遊乎？夫流遁之志，決絕之行，噫！其非至知厚德之任與！覆墜而不反，火馳而不顧，雖相與為君臣，時也，易世而無以相賤。」故曰：「至人不留行焉。夫尊古而卑今，學者之流也。且以豨韋氏之流觀今之世，夫孰能不波？唯至人乃能遊於世而不僻，順人而不失己，彼教不學，承意不彼。」（〈外物〉）

在這裡提出人「能遊卻不得遊也」與「不能遊卻得以遊也」的差異。一般人多以如流蕩逃離的意志，來實踐絕對果敢的行動，然而，這並非是真人真知和至德本性要做的事，就如君臣關係也只是一時的不可奈何，時代改變了情勢也就變得不一樣了。至於「至人」的所作所為卻不受拘泥而留下痕跡，但常人總是尊古賤今，成為讀書人的風氣，以古代的觀點來看待當今的現象，怎麼能夠不引起亂象呢？只有至人才能悠遊於世間卻不逃避現實的問題，能夠順應人事變化卻不會迷失掉自己，前人的方法不必學，只要能體會其內涵而不必和前

---

[64] 王淮著，《老子探義》，頁 296。

人一樣。是以，莊子絕非要人逃離世間，乃是即使面對了人性中最「不可奈何」的「命」與「義」的問題，依然能夠安頓其中。

> 天下有大戒二：其一，命也；其一，義也。子之愛親，命也，不可解於心；臣之事君，義也，無適而非君也，無所逃於天地之間。是之謂大戒。是以夫事其親者，不擇地而安之，孝之至也；夫事其君者，不擇事而安之，忠之盛也；自事其心者，哀樂不易施乎前，知其不可奈何而安之若命，德之至也。」（〈人間世〉）

莊子提到人生有兩大難關，一是生命有限的「命」，一是心知無限的「義」，是人生歷程中所不得不承受的。「命」是一個人的生命根源，「義」是要如何活在群己的關係中。子女對父母的愛是「命」，是永遠解不開；臣下事奉君王，是遵循天下理序是「義」，但卻是無處可逃。命是「受之於天」，是天倫；義是「人所當為」，是人倫。這裡提到奉養雙親，不論順逆都需肯認愛親之命，是孝順的極致；事奉君上，不論難易都要盡守君臣之義，是忠君的表現。要知道「命」與「義」是不可奈何，是不能改變的，而且也不能使其消失。於是，在面對兩大無可奈何的難關上，要無掉心知執著、人為造作，才不會牽引哀樂的情緒，干擾生命本身。「命」原是不可奈何，至於「義」雖非天倫之義，但卻是無可逃離，所以，解決之道是讓天下事君之「義」，能夠安之如愛親之情的「命」了，也就是將不可逃的「義」納入不必逃的「命」中，莊子認為這是在不斷放下對自我執著之修養工夫的極致表現。是以，若能接受不可奈何之「命」與「義」，才能得以在現實世界中實現生命，亦即透過「有限之命」以開展出「無限之心」，在不得已的人倫之「義」，展現吾人之天真本德，任此天真本德之心以遨遊於人間世，這是修養的最高境界，宣穎云「事心如事君父之無所擇，雖哀樂之境不同，而不為移易於其前」[65]。莊子指出內在心靈遨遊於「無有」的境界，所謂「無何有之鄉」、「無有者」（〈應帝王〉）；這境界的根源是「物之初」（〈田子方〉），也就是「造物者」（〈天下〉），

65　清・王先謙著，《莊子集解》，頁24。

這裡不是指西方的神，而是「天道自然」，因遊於「道」，所以才能真正在現實世界生活。

> 獨與天地精神往來，而不敖倪於萬物，不譴是非，以與世俗處。……彼其充實不可以已，上與造物者遊，而下與外死生、無終始者爲友。……其應於化而解於物也，其理不竭，其來不蛻，芒乎昧乎，未之盡者。（〈天下〉）

若是與天地精神之道交流連結，也就是體道悟道，那麼天真本德則將自然朗現，不會驕傲睥睨天地萬物，也不會譴責是非善惡，而完全融入人間世中。並且能夠擴充實現不已，上與宇宙變化規律同遊，下與能以死生存亡為一體者為同伴，成玄英疏云「乘變化而遨遊，交自然而為友，故能混同生死，冥一始終」[66]，莊子謂能有此觀照之友伴為「莫逆於心」（〈大宗師〉）。於是，能夠順應物化而消解外物所負累，完全在於因為能夠體悟天地宇宙根源之道，所以能夠不枯竭，在人間遊走卻沒有跡象，芒昧深遠而未能窮盡，在此莊子提出人們能夠在人間世行走卻能夠悠遊自得的關鍵原因。是以，要遊走於人間世，不在於世間萬物要隨順己意，乃是要使心能夠自由自在的遊於人間世，而心要能遊，則需要下實踐的工夫修煉，所謂「心有天遊」，若是「室無空虛，則婦姑勃豀；心無天遊，則六鑿相攘」（〈外物〉），說明的是人為造作、心知執著要消解，不使天道自然內在於本性之德無法實現悠遊，那麼就不會造成眼、耳、鼻、口等孔竅彼此干擾侵害，就如同房子內若沒有足夠的空間，在太擁擠的環境中就會造成婆媳因瑣事而爭吵不止。心有天遊，若真心能夠以天道自然為依歸，所謂「遊方之外者」，即使生活在現實人間世中，也不能為其所限制。

> 子桑戶、孟子反、子琴張三人相與友，曰：「孰能相與於無相與，相為於無相為？孰能登天遊霧，撓挑無極，相忘以生，無所終窮？」三人相視而

66　清・郭慶藩著，《莊子集釋》，頁 1101。

笑，莫逆於心，遂相與友。莫然有間，而子桑戶死，未葬。孔子聞之，使
子貢往侍事焉。或編曲，或鼓琴，相和而歌曰：「嗟來桑戶乎！嗟來桑戶
乎！而已反其眞，而我猶爲人猗！」子貢趨而進，……以告孔子曰：「彼
何人者邪？修行無有，而外其形骸，臨尸而歌，顏色不變，無以命之。彼
何人者邪？」孔子曰：「彼遊方之外者也，而丘游方之內者也。外內不相
及，而丘使女往弔之，丘則陋矣。彼方且與造物者爲人，而遊乎天地之一
氣。」（〈大宗師〉）

這裡提到子桑戶、孟子反和子琴張三個好朋友，他們三人乃是以無相之
相、無為之為作為結交的原則，彼此相忘於生死之限制中，而悠遊於天道永恆
無限，並且心領神會成為不違逆真心的好友。在子桑戶死亡時，好友們有的編
曲、有的鼓琴，相互應和而唱歌，唱著子桑戶已經要返回天道根源之所從出
了，但是自己卻還活著為人。莊子藉由孔子說出這三個人乃是修行「道之無
有」雙重特質的人，已經超越形體的限制，所以面對死屍依然能夠唱歌跳舞，
情緒並不會受到任何的影響，更無法以任何的方式來加以限制他們。孔子說他
們是悠遊於社會禮制之外的人，乃與天道自然為友伴，而乘天地變化之道以遨
遊者，至於自己則是仍然受限於社會價值，這兩者之間有大大的不同。遊方之
外者乃是「遊乎塵垢之外」者，所謂「不從事於務，不就利，不違害，不喜
求，不緣道，無謂有謂，有謂無謂」（〈齊物論〉），塵垢意指社會價值的運
行模式，「遊乎塵垢」之外並非遠離社會結構，而是在社會結構中能夠不將生
命以社會之主流價值作為唯一的標準以行事。因為主流價值往往流於「獨斷」
或「多數」價值，而犧牲了「多元」與「少數」價值，甚至以「多數人」之「多
元價值」只服務於「少數人」之「獨斷價值」。是以，此「遊」乃不是將核心
置放於「事務」、「利害」、「追求」及「方法」上，而是能以「道之有無」
作為可以「遊」於社會結構之可能方法，在「有形」的社會結構中，能夠以
「無」之消解工夫，作為於社會中所產生之價值觀點的固執，「無言」與「有
言」並沒有差別，若不刻意執著於此中，讓生命在「有」與「無」的流動中，
使生命本身能夠悠遊自在於社會結構中運行。

2.虛己以遊世

市南宜僚與魯侯的對話，提供了使生命本身能夠悠遊自在於社會結構中的可能。

> 市南宜僚見魯侯，魯侯有憂色。市南子曰：「君有憂色，何也？」魯侯曰：「吾學先王之道，修先君之業，吾敬鬼尊賢，親而行之，無須臾離居，然不免於患，吾是以憂。」市南子曰：「君之除患之術淺矣。夫豐狐文豹，……然且不免於罔羅機辟之患，是何罪之有哉？其皮為之災也。今魯國獨非君之皮邪？吾願君刳形去皮，洒心去欲，而遊於無人之野。南越有邑焉，名為建德之國。其民愚而朴，少私而寡欲；知作而不知藏，與而不求其報；不知義之所適，不知禮之所將；猖狂妄行，乃蹈乎大方；其生可樂，其死可葬。吾願君去國捐俗，與道相輔而行。」……君曰：「彼其道幽遠而無人，吾誰與為鄰？吾無糧，我無食，安得而至焉？」市南子曰：「少君之費，寡君之欲，雖無糧而乃足。君其涉於江而浮於海，望之而不見其崖，愈往而不知其所窮。……獨與道遊於大莫之國。方舟而濟於河，有虛船來觸舟，雖有惼心之人不怒；有一人在其上，則呼張歙之；一呼而不聞，再呼而不聞，於是三呼邪，則必以惡聲隨之。向也不怒而今也怒，向也虛而今也實。人能虛己以遊世，其孰能害之！」（〈山木〉）

魯侯以「先王之道」及「先君之業」治理天下，甚至以敬重鬼神、尊崇聖賢之法時刻體證，但仍感受到重重的憂慮患難。此時市南子提出要魯侯不要如狐豹一樣，因外形皮毛卻身陷羅網機關中，所以建議魯侯要「刳形去皮、洒心去欲」，也就是若不消解對於形體的自我心知執著，則將會迷失在欲望的追逐中，造成天真本德無法發揮作用，所謂「墮肢體，黜聰明，離形去知」（〈大宗師〉），在突破化解心知執著後，才能超越而悠遊自在於因自我執著所產生的限制現象。這裡提到有一「建德之國」，說明了若能遊此理想境界的實踐，乃是本身單純樸真、少私寡欲、作而不藏、與而不求，就能在自然中合乎應守之道、當行之禮，與天道相符，有生命時安樂，死亡時安然，不受國家制度和習俗的限制，體現天道自然之理。此種生命境界並不需往外追求，更無需預備

有形糧食，市南子說「無糧乃足」，只需與大道同行，以其為自身的核心價值內涵，沒有任何自我心知成見，如此便能真正悠遊於人間世。如同兩木相併的舟在河中，剛好被迎面而來的一艘空船碰撞，因為判斷是空船，所以即使是脾氣暴躁的人也不會發怒；但若是有一個人在船上，那麼在提醒多次後，一定會對著空船喊叫，如果接二連三喊叫而未有回應時，那麼就會以惡語相向。之前不生氣是因為空船上沒有人，現在生氣卻是因為船上有一個人，然而，同樣都是被船碰撞，卻完全呈現不同的態度。

是以，如果人們能夠化解認知的執著偏見，那麼就不會受外在任何現象的影響，如此，便沒有什麼人可以傷害自己。莊子在〈應帝王〉中提到要「順物自然，而無容私焉」，就是「虛己」，如是才能「遊心於淡，合氣於漠」，在真心之純粹中才能自由自在不被任何現象框限，方得以將全然生命之氣專一於道無之實現，在道無之體驗中才能真正的「遊心於無窮」（〈則陽〉）、「汎若不繫之舟，虛而敖遊者也。」（〈列禦寇〉），莊子將無待之遊體現在複雜的人事組織結構中，以「庖丁解牛」的寓言故事，強調說明要達到「遊刃有餘」時的工夫過程。

庖丁爲文惠君解牛，手之所觸，肩之所倚，足之所履，膝之所踦，砉然嚮然，奏刀騞然，莫不中音。合於《桑林》之舞，乃中《經首》之會。文惠君曰：「譆！善哉！技蓋至此乎？」庖丁釋刀對曰：「臣之所好者道也，進乎技矣。始臣之解牛之時，所見無非牛者。三年之後，未嘗見全牛也。方今之時，臣以神遇，而不以目視，官知止而神欲行。依乎天理，批大郤，導大窾，因其固然。技經肯綮之未嘗，而況大軱乎！良庖歲更刀，割也；族庖月更刀，折也。今臣之刀十九年矣，所解數千牛矣，而刀刃若新發於硎。彼節者有間，而刀刃者無厚，以無厚入有間，恢恢乎其於遊刃必有餘地矣，是以十九年而刀刃若新發於硎。雖然，每至於族，吾見其難爲，怵然爲戒，視爲止，行爲遲。動刀甚微，謋然已解，如土委地。提刀而立，爲之四顧，爲之躊躇滿志，善刀而藏之。」文惠君曰：「善哉！吾聞庖丁之言，得養生焉。」（〈養生主〉）

　　莊子舉庖丁為文惠君展示的一場解牛技藝，來說明在複雜的現實社會中如何養心之自在，憨山註云「庖丁喻聖人，牛喻世間之事，大而天下國家，小而日用常行。……刀喻本性，即生之主，率性而行，如以刀解牛也」[67]。這個寓言原本是一場最血腥、最基層的工作內容，在藉由修養心之神後，能夠透視任何環境的本質，展現庖丁、刀子與牛隻合一的「道」境界，莊子形容那個美好的境界，就是不論身體各部位與牛隻碰遇，或是刀子與牛隻接觸所發出的聲響，都與經典樂曲沒什麼差別。文惠君非常的好奇，庖丁說明自己心喜的是「道」，而「道」乃是超越一般的技巧。這個過程是，一開始自己在解牛時，看到的無非是完整的一頭牛，但三年（多）後，就不再只是看到一隻牛而已；此時自己完全不是以眼睛看，而是以心靈之無窮奧祕來面對牛隻；在全然放下感耳目後，乃是純然以心靈之眼的洞見，引導自己身體的動作，而進行整個支解牛隻的過程。此時，庖丁在心神的導引下，能夠完全順著牛隻的肌理紋路，循著牛隻的筋、肉與骨節間的縫隙處解開，全部的過程都是依著牛隻原有的結構來進行。此時，刀子未嘗因為解開筋與肉而受折損，何況是因為大骨頭而損害呢？

　　莊子提到好廚子一年換一把刀，因為用刀子切筋肉；一般廚子則是一個月換一把刀，原因是用刀子砍骨節，而自己的這把刀子使用十九年了，已經支解數千牛隻，但這把刀子卻仍然銳利得如同磨刀石剛磨過的。庖丁掌握的關鍵在於筋、肉與骨節間有縫隙，而自己這把刀子沒有厚度；若是以無厚的刀子進入牛隻有縫隙的筋、肉與骨節間，則綽綽有餘，而且能夠悠遊自在，所以這把刀子即便使用十九年了，也像剛磨過的一樣銳利。此時，庖丁依然保持著完整純粹的心神狀態，而不敢有所忽略；所以，每次在面對牛隻筋肉骨節交錯的地方，看到較難處理的部位，總是保持著小心翼翼的態度，將目光集中、動作放慢、用刀輕柔，一下子牛隻骨肉便完全分離，就像土塊自然掉落在地上一樣。此時庖丁拿起刀子站立起身，看看四周，感受到內在的充實飽滿，把刀子擦抹乾淨後便收藏起來。而文惠君完整地從這個過程中體會到真正的養生關鍵。「遊刃有餘」是以純粹的意識，在最自由的靈性狀態中，能夠與複雜的社會結

---

67 明‧憨山大師著，《老子道德經憨山註：莊子內篇憨山註》，頁285。

構全然契合，進而發揮出最大的生命力。刀子在牛隻的形體中穿梭自如，如同人們若能養心之神時，便能自在於整個複雜的社會結構系統中而無有障礙，此乃完全得自心靈的修煉所生發的美好境界，正是生命之靈性教育的最佳示範。

覺察體驗作業：

　　1.你的生命自由嗎？是什麼原因讓自己自由或不自由？

　　2.你以為的自由是真正的自由嗎？或以為的不自由是真正的自由？若有一種永恆的自由境界，那會是什麼？

關係的探討與重構

　　人是社會性動物，一出生就在一個家庭結構中，若在文明社會中，自我更是形成於社會組織系統中而無法逃離。人與其他動物不同的是，生命的形塑大部分都來自於「家庭關係」，自我的養成過程得自於家庭中的人我關係，而家庭中之各個角色養成，卻來自於傳統社會與文化脈絡的建構。

　　華人文化的起點始於儒家傳統文化，在「君君、臣臣、父父，子子」（〈顏淵〉）之「正名」（〈子路〉）思想中，欲以其內在實質與角色名稱相符應；當是君王時則要有君王的樣子、成為一位臣子則要有臣子的樣子、為人父親的要有父親的樣子、身為兒女的也要有兒女的樣子。此「樣子」乃是「從『親疏』和『尊卑』兩個認知向度來衡量彼此之間的角色關係；前者是指彼此關係的親疏遠近，後者是指雙方地位的尊卑上下」[1]，亦即「名」與「實」之衡量與訂立，乃是根據「親疏遠近」的血緣關係及「尊卑上下」的身分關係，使每一個角色都有其應遵守的道德規範。進而「在人際互動的場合，應當先根據『尊尊』的原則，解決『程序正義』的問題，決定誰是『資源支配者』，有權選擇資源分配或交易的方式；然後再由他根據『親親』的原則，決定資源分配或交易的方式（『分配正義』）」[2]，亦即由居上之尊位者來訂立血緣之親近者，以至關係之遠疏者應當如何往來及表現。

　　然而，在周禮中以「尊卑上下」及「親疏遠近」作為人我往來之道，在已然失去其有效性時，孔子則以「仁道」作為「周禮」之活化策略時，徐復觀認為儒家作為歷代以來中國文化之正統精神，雖然最高的理念是「仁」，但最具「社會生活實踐意義的卻是孝（包括悌）」。在《論語》中有「父母唯其疾之憂」（《論語·為政》）之表達對兒女之「慈愛」外，並未有對父母要如何對待兒女有更多的要求及提醒，反而更多強調的是兒女對於父母的「孝」乃是「仁之本」（〈學而〉）。就此論之，父母對於兒女的慈愛乃是一種自然之情，相較於兒女對父母的孝愛，更多的是需要不斷透過教養的過程。於是，在《論語》文本中發現提出大量的子女應當如何對待父母之「孝愛」內容，如「不遠遊」（〈里仁〉）、「事父母能竭其力」（〈學而〉）、「無違」（〈為

---

[1] 黃光國著，《儒家關係主義：哲學反思、理論建構與實徵研究》（臺北：心理出版社，2009年），頁136。

[2] 黃光國著，《儒家關係主義：哲學反思、理論建構與實徵研究》，頁136。

政〉）、「敬不違」（〈里仁〉）及「無改於父之道」（〈學而〉）等，換言之，在「孝」為仁之根本時，更可見的是「孝」在兒女對於父母之家庭關係時，所運用「仁」之內涵乃是表現在「無違」於「父母之志」中能夠「竭盡己力」。而以「孝」之家庭核心價值來治理國家時，上位者推波助瀾，亦順勢轉換為「無違」於「君王之志」以「竭盡己力」，「孝」已全然形成華人社會中最具特色的關係之道。

　　「孝」來自於兒女對父母的愛，在血緣因素的基礎下又不斷地透過教養過程加以強化擴大。亦即在透過「孝愛」的實踐中以培養「仁愛」的根苗，目的在對於仁義道德有初步的自覺與醒察；以致最終能夠「推己及人」，由家庭關係延展擴充至整個社會政治組織，在「齊家」後得以「治國」、「平天下」。徐復觀提出「孝道和傳子的政治制度，有密切的關係；甚至可以說是起於政治的傳子制度」，也就是說有穩固的家庭，才有安定的社會，是以「孝便是以父權為中心所漸漸形成的鞏固家庭組織、秩序的道德觀念」[3]，可見由親近的鞏固家庭關係之尊卑上下關係，推至疏遠的建構社會秩序之尊卑上下關係，逐漸形成一套制度組織而推動運行著，影響深遠。

　　《論語》主張在不同關係中有不同表現，身為兒女的要對父母「孝」、居上位者要能「正」（〈子路〉），下位者要事之以「忠」（〈八佾〉）等，但「仁」卻是孔子作為人際往來交流之核心價值，乃是作為面對一切人我往來差異對象之一致性內涵，如「不安」、「愛」及「敬」等。亦即若失去「仁」之「不安」、「愛」」及「敬」等之一致性內涵，那麼施行於不同對象之「孝」、「正」與「忠」等，都將失去關係的連結性，以致在關係角色中流於僵化形式，失去關係中所能創造的真正美好；造成對生命之制約，產生人性的扭曲與異化，更是人們一生痛苦與煩惱的來源。王邦雄言「本來，儒家是以父子之親為始基，擴展出去而有君臣之義，以兄弟之情為根本，擴充出去而有朋友之義，未料，三綱說扭轉了五倫的理序，君臣一倫獨大，回過頭來吞蝕了父子與夫婦二倫。倫常禮教就此掉落在非理性之境」[4]。而且在家庭關係中所遭受的傷

3　徐復觀著，《中國思想史論集》（臺北：臺灣學生書局，2022 年），頁 155-156。
4　王邦雄著，《21 世紀的儒道：儒道兩家思想的現代出路》（臺北：立緒出版社，1999 年）。

害，往往成為心理諮商深入探究之根源性病徵的起點。然而，是否可能重新認識與建構人類關係的真正起點，找到一個化解關係的可能性？以下將從「關係的疏離感」現象中，發掘莊子如何提出「與自己」、「與人事」、「與他者」及「與宇宙」的關係，以建立真正美好關係的可能性。

第一節　關係的疏離感：命義論

　　人活在關係中，然關係發生之「必然性」，與關係呈現之「樣態性」，卻是千差萬別。莊子將「關係發生之必然性」稱之為「命」，如血緣之愛與君臣之義，以其不可奈何而無法改變，所以要「安」之，安之乃是「關係呈現之樣態性」；然而，人們卻往往在不可改變的必然關係中，要試圖改變必然的關係結構而無法安之，以致造成關係中的斷裂及陷入無止境的疏離狀態，並在喚不回「愛之至」與無法實行「忠之盛」的對抗中，反而呈現被關係所淹沒的狀態。是以，要「安」於人類從根源起始及在社會系統中有不可奈何之「命」的限制關係，才能真正回歸至天道之常的關係中，稱為「復命」，以其「必然」關係只能在「存而不論」中，而為一「自然」關係；而若知其為「自然」關係時，方能毫不費力於不可奈何之中，能安之於其中而遊刃有餘。本節從「關係的初始連結」提出「關係的自然實現」，藉由論述莊子「命義論」以說明「關係的疏離感」。

一、關係的初始連結

　　莊子提出在家庭結構中產生「命」的問題，以及在社會組織中產生「義」的問題，人受「命」與「義」的限定與形塑，是人類不可逃也不可解，甚至不必解的「無可奈何」之必然現象。若對「命」與「義」的價值觀念混淆不清時，便也往往造成人與自己、與他者，甚至與萬物之種種關係的疏離。

1.性命是天地之委順

　　莊子定義「命」為在未有形體之前即有命之流轉運行，「命」乃具有先驗之存在。

泰初有無，無有無名，一之所起，有一而未形。物得以生，謂之德；未形
者有分，且然無間，謂之命；留動而生物，物成生理，謂之形；形體保
神，各有儀則，謂之性。性修反德，德至同於初。（〈天地〉）

莊子提到宇宙原初原本是「無」，沒有「有」，也沒有名稱；而呈現出混
沌整體的狀態，沒有任何的形體。萬物得到「道」而得以生成，便是「德」；
在沒有形體之前有所分別，其間流行無間，便是「命」；而且道在不停運行中
生天下萬物，萬物生成有其各別樣態，便是「形」；形體內乃保有精神，都各
有其軌則，稱為「性」。然而，道雖然生成天地萬物，但人們卻往往受限於物
形之限制，使得天真本德無法契合於天道自然；是以，人們需要不斷地在修性
中返回「本性之德」，使「德性」能與宇宙原初天道合而為一。可見「命」是
在形體成形以前，在有「德」成為人之本性後，就與他人不同而分別存在，成
為人的「命」。而命如何來呢？〈知北遊〉提到是「天地委順」。

舜問乎丞曰：「道可得而有乎？」曰：「汝身非汝有也，汝何得有夫
道？」舜曰：「吾身非吾有也，孰有之哉？」曰：「是天地之委形也；生
非汝有，是天地之委和也；性命非汝有，是天地之委順也；孫子非汝有，
是天地之委蛻也。故行不知所往，處不知所持，食不知所味。天地之強陽
氣也，又胡可得而有邪？」（〈知北遊〉）

莊子透過舜與丞的對話，提出「身體」是天地所委託的形體，「生命」是
天地所委託的和氣，「性命」是天地所委託自然的，「子孫」是天地所委託蛻
變的。所以，一切的行動、居處、食物等，也只是天地間之氣的運行，又怎麼
能夠永遠保存擁有呢？也就是說人的存在是人所無法持之保有的，因為人類生
命的形成、過程與結束，不論是在「性」、「命」、「形體」，甚至子孫等，
都是天地所委託的，亦即天地宇宙之「氣」之不斷運行變化而已。莊子〈至
樂〉提到「我噭噭然隨而哭之，自以為不通乎命，故止也」，在這裡「命」是
指整個生命狀態只是「氣」在恍惚混沌之間變化聚合而已，莊子因為領悟了
「命」只是氣之聚合而已，所謂「死生，命也」（〈大宗師〉），如同四季之

運行，所以能放下個人的妻死感傷情緒鼓盆而歌。其次，莊子擴大「命」的內容，將之定義為「愛親」，甚至「人倫之義」也是命。

2.不可奈何而安之若命

人類的內在心神需要藉由形體來承載，在文明的社會中形體也需要在社會的大環境中才能生存下去。莊子提到天下有兩個大戒，一是與自己根源關係的「命」，一是與自己在社會關係的「義」。兩者都是一個人在人生中重要的連結關係，由此構成生命的全部樣貌。

> 仲尼曰：「天下有大戒二：其一，命也；其一，義也。子之愛親，命也，不可解於心；臣之事君，義也，無適而非君也，無所逃於天地之間。是之謂大戒。是以夫事其親者，不擇地而安之，孝之至也；夫事其君者，不擇事而安之，忠之盛也；自事其心者，哀樂不易施乎前，知其不可奈何而安之若命，德之至也。」（〈人間世〉）

莊子在〈養生主〉提到人生有兩大難關，一是生命有涯的「命」，一是心知無涯的「義」，是人生歷程中所不得不承受的。命是生命的根源性與形體的有限性，義是活在人間社會的場域中之應該如何。然而，莊子卻強調子女對父母的愛是「命」，是永遠解不開的；臣下事奉君王，是遵循天下理序是「義」，是無處可逃的。命是「受之於天」，是天倫；義是「人所當為」，是人倫，〈天下〉言「以義為理」，也就是以「義」來建立人際往來的方法、理由、道理。莊子將命之限制有涯，從氣形組成之天倫關係，擴大至往來關係之情感實現，說明奉養雙親，不論順逆都要以愛親實踐，這是孝順的極致，是一種命；事奉君上，不論難易都要盡守君臣之義，這是忠君的表現，是一種義。莊子主張在面對兩大難關上，要無掉心知執著、人為造作，才不會牽引哀樂的情緒，干擾命義的必然進行；他把愛親之「命」與忠君之「義」兩者，都視為「不可奈何」，莊子在〈至樂〉中提到「命有所成而形有所適也，夫不可損益」，說明性命各有它形成的道理，而形體各有它適宜的地方，這是不可改變的。劉笑敢提出「自然」乃「自然如此」、「本來如此」、「通常如此」、「勢當如此」，因為天地萬物有其「發展動因的內在性」、「外力作用的間接

性」、「發展軌跡的平穩性」、「總體狀態的和諧性」[5]，莊子認為在天道有其運行的規律中，萬物就活在此規律之中，便形成一種不能改變也不能使其消失之「命」的限制，所以，只能加以「接受」的態度。雖然說愛親為命，然而面對忠君之義卻也不再做無謂的抗爭，乾脆視之「不可奈何」，將忠君之義也安之如愛親之「命」，那麼這就是修養工夫的最極致表現。

二、關係的自然實現

在此莊子把「義」也置於「命」的不可奈何，提出了一種關係化解的可能性，在〈達生〉中提出，「達命之情者，不務知之所無奈何。」亦即通達命運本質的人，並不會執著於要改變不可奈何的事上。

1. 安於不知所以然而然

此種「不可奈何」，又稱之為「不知所以然而然」，是一種「自然」。

> 孔子觀於呂梁，縣水三十仞，流沫四十里，黿鼉魚鱉之所不能游也。見一丈夫游之，以為有苦而欲死也，使弟子並流而拯之。數百步而出，被髮行歌而游於塘下。孔子從而問焉，曰：「吾以子為鬼，察子則人也。請問蹈水有道乎？」曰：「亡，吾無道。吾始乎故，長乎性，成乎命。與齊俱入，與汨偕出，從水之道而不為私焉。此吾所以蹈之也。」孔子曰：「何謂始乎故，長乎性，成乎命？」曰：「吾生於陵而安於陵，故也；長於水而安於水，性也；不知吾所以然而然，命也。」（〈達生〉）

莊子舉了孔子在呂梁觀賞山水，看到河水流洩三十仞，有二十多丈的高度，激流濺發出四十里之遠，即使是鱷魚、魚鱉的爬行類動物也無法在這裡游水。但是孔子卻看到有一位男子沉沒在數百步後的水裡，後來才浮出水面，並且披髮高歌而游到水塘下方。孔子問了他游水的方法。這位男子回答說，自己只是出生在這裡，在順著本性長大的過程中，自然而然就會游水了，而且能夠

5　劉笑敢撰，〈老子之自然與無為──古典意含與現代意義〉（《中國文哲研究集刊》第十期，1997 年 3 月），頁 27。

和漩渦一起沉沒，和湧流一起浮出；郭象注「從水之道，而不為私焉」云「任水而不任己」[6]，在「不任己之私」中，男子說自己完全是順應著水勢去游水的，並不會照著自以為是的方式。也就是說當自己出生在高地時就安於高地，成長在高地所形成的水域時就安於水域中，自己並不知道為什麼會這樣子，只是「順其自然」而已。是以，若能以「順其自然」的態度來面對任何「不可奈何」的一切萬象時，便能化解「命」的限制，使心能悠遊於任何的外在境界。因為在未有形體分別以前為「命」，在形體之分別後依然為「命」，依然是「不可奈何」，所以應該接受之，如同一隻腳的申徒嘉一樣。

> 申徒嘉，兀者也，而與鄭子產同師於伯昏無人。子產謂申徒嘉曰：「我先出，則子止；子先出，則我止。」其明日，又與合堂同席而坐。……申徒嘉曰：……知不可奈何而安之若命，惟有德者能之。遊於羿之彀中，中央者，中地也，然而不中者，命也。人以其全足笑吾不全足者多矣。我怫然而怒，而適先生之所，則廢然而反。不知先生之洗我以善邪！吾與夫子遊十九年矣，而未嘗知吾兀者也。今子與我遊於形骸之內，而子索我於形骸之外，不亦過乎！」（〈德充符〉）

申徒嘉是只有一隻腳的人，和鄭國子產一同在伯昏無人的門下學道，卻被子產歧視。申徒嘉聲明自己雖然只有一隻腳，但當他體認到「一隻腳」是人生中「不可奈何」之事時，自己就安之若「命」了，成玄英疏云「素質形殘，稟之天命，雖有知計，無如之何，唯當安而順之，則所造皆適」[7]，說明「天命不可知計」，因為人活在世間，就如同在神射手后羿的靶心中一樣，靶心是中央的必中之地，而射中受傷為必然的是命，若是不被射中是少數也是命；是以，是否具備雙足，兩者都是「命」。所以，子產怎麼能夠以兩隻腳來嘲笑自己缺一隻腳呢？申徒嘉認為子產與自己共學，理當應與自己共遊於形骸內之天真本德的一體和諧當中才是，王先謙云「以道德相友」[8]，卻沒想到子產卻以形體外

6　清·郭慶藩著，《莊子集釋》，頁 657。
7　清·郭慶藩著，《莊子集釋》，頁 199。
8　清·王先謙著，《莊子集解》，頁 31。

表之是否完整來要求自己。亦即人們若是以形體拼搏於現實政治社會的大環境中，將可能帶來無辜的傷害，但除了外在形體已經被傷害時，是否還要允許人們在內心中傷害自己？也就是說對於外在社會人事變化，所形成的順逆，亦非自己力量所能及之，更是人類所無法主宰掌控的，所以只能把它當成「不可奈何」的命來對待。除此之外，「時間」的不可掌握，亦是「命」的問題。

> 孔子遊於匡，宋人圍之數匝，而弦歌不惙。子路入見，曰：「何夫子之娛也？」孔子曰：「來！吾語女。我諱窮久矣，而不免，命也；求通久矣，而不得，時也。當堯、舜而天下無窮人，非知得也，當桀、紂而天下無通人，非知失也，時勢適然。……知窮之有命，知通之有時，……由處矣！吾命有所制矣。」（〈秋水〉）

這裡提到在孔子周遊到衛國的匡地，宋國人把孔子重重圍住，然而孔子還是沒有停止彈琴唱歌。子路看到孔子還是依然不受影響時，孔子說，自己明白大道不能實行是命運的關係，更是時機的因素。孔子舉出在唐堯虞舜之時，天下沒有不得志的人，並不是因為他們的才智高明；在夏桀商紂之時，天下沒有得志的人，並不是因為他們沒有才智，完全是因為時機情勢的原因造成的。所以，莊子藉由孔子提出「得志」與「不得志」，往往是因為命運，或者說是時機的原因。〈德充符〉提到「死生存亡，窮達貧富，賢與不肖，毀譽、饑渴、寒暑，是事之變，命之行也」，說明死生存亡、賢與不肖及飢渴的官感欲求，是天生之命的運行變化；活在人間則有窮達貧富、毀譽及寒暑的地理環境，是人事條件的變遷。前者是生命本身的「命」關，後者是人間天下的「義」關，提出對於「窮達之義」也要「安之若命」。在此說明「時機」、「時間」或「時序」未到之際，所以為「窮」，指出時間是一種變化的歷程，亦非人類所能掌握，而人只能等待時機、時間或時序的來臨，因為尚未來臨，當然亦不必滯著於當下之困境，此困境必然會過去的，只是仍需等待而已，莊子提出其中並沒有天地私心的運作。

> 子輿與子桑友，而霖雨十日。子輿曰：「子桑殆病矣！」裹飯而往食之。至子桑之門，則若歌若哭，鼓琴曰：「父邪母邪！天乎人乎！」有不任其

聲，而趨舉其詩焉。子輿入，曰：「子之歌詩，何故若是？」曰：「吾思
乎使我至此極者而弗得也。父母豈欲吾貧哉？天無私覆，地無私載，天地
豈私貧我哉？求其為之者而不得也。然而至此極者，命也夫！」（〈大宗
師〉）

　　子桑生病了，子輿前去探病，到了子桑家的門口時，傳來若歌若哭的聲
音，子桑思考造成自己困境的原因，他認為父母絕不會要自己如此貧困，更何
況是天地呢？王弼注云「無私者，無為於身也」[9]，上天並不會自私地覆蓋，大
地也不會自私地承載，所以造成自己貧困的原因是「命」，反而要體會一切現
象的發生，尤其是遭逢窮困，不應以「自我中心」揣摩之，只能是命之自然現
象而已。是以，統合「命」的內容，指出「命」是一種「不可奈何」、「無能
為力」、「自然如此」的內涵，於是只能具備「安之」的「接受」能力，然而，
但人們卻常常將生命的所有的精神氣力，耗費在對抗「命」之事上，莊子舉出
人們八種不能安頓於「命」的錯誤：

　　故舉天下以賞其善者不足，舉天下以罰其惡者不給，故天下之大不足以賞
　　罰。自三代以下者，匈匈焉終以賞罰為事，彼何暇安其性命之情哉！而且
　　說明邪，是淫於色也；說聰邪，是淫於聲也；說仁邪，是亂於德也；說義
　　邪，是悖於理也；說禮邪，是相於技也；說樂邪，是相於淫也；說聖邪，
　　是相於藝也；說知邪，是相於疵也。天下將安其性命之情，之八者，存可
　　也；亡可也；天下將不安其性命之情，之八者，乃始臠卷、獊囊而亂天下
　　也。而天下乃始尊之惜之，甚矣天下之惑也！（〈在宥〉）

　　莊子指出，人們因為無法安頓性命之實情，所以用盡天下人的力量也不足
以獎賞善舉、懲罰惡行。「命」原本是一種「不可奈何」、「自然如此」的狀
態，但人們卻刻意追求原本已經存在之豐富本質以外的事物。首先，人們因為
愛好目明，卻迷惑於顏色；愛好耳聰，卻迷惑於聲音；此兩者說明的是人對於

9　魏・王弼著，《老子註》，頁 16。

「外在物象」的刻意追求而產生迷惑，所以無法與生命本身及環境合一，因而產生了疏離。其次，人們因為愛好仁愛，卻迷惑於道德；愛好德行，卻迷惑於道理；喜愛禮制，卻助長了巧技；喜愛樂章，卻助長了淫聲；喜愛聖跡，卻助長了技藝；喜愛機智，卻助長了吹毛求疵。此六者說明人類對於「內在精神」的刻意定義與追求而產生了迷惑，所以無法與人際關係合而為一，因而產生疏離。最後，人們將特別高舉宣揚一種不論是「外在物象」或「內在精神」之必然存在，爾後產生的造作對抗，最終使得天下人無法安頓性命。

2.歸根復命

「命」看來是一種形成關係的必然前提，莊子在〈天運〉提到聖人「達於情而遂於命也」，也就是聖人乃是通達情理而順任自然之命，無論內外之「命」，都不必張揚，完全是內心喜悅，稱之為天樂，天樂即是一種內外和諧、消解疏離，而無有分別的境界，能夠達到一種與自己關係和諧的「真人」境界。是以，「命」亦是從無可奈何的必然限制中，將「命」轉化成「知常」之命，而為「復命」之生命實現的必然。老子提到「歸根復命」

> 致虛極，守靜篤。萬物並作，吾以觀復。夫物芸芸，各復歸其根。歸根曰靜，是謂復命。復命曰常，知常曰明。不知常，妄作凶。知常容，容乃公，公乃王，王乃天，天乃道，道乃久，沒身不殆。（〈第十六章〉）
> 聖人達綢繆，周盡一體矣，而不知其然，性也。復命搖作而以天為師，人則從而命之也。憂乎知而所行恆無幾時，其有止也若之何？（〈則陽〉）

老子將生命的關係溯於天道之常，說明在致虛守靜的減損自我中心的工夫後，能夠洞察天地萬物有一自然的歸趣，即是「復」，復指「還原如初」，王淮言「修道之人其心靈所呈現之智慧，主要即在於觀照萬物活動之共同法則——復」[10]，說明天地萬物有種種不同的狀態呈現，但都在回歸原初的根本或根源，而且此一過程乃無聲無息，是一種時序的動態推移過程，也是回歸原初，更是生命過程的必然性，而此必然性是「常」。天道之常內在於人之天真

---

[10] 王淮著，《老子探義》，頁69。

本德，如此可見，回歸、恢復或發揮「本性之德」，是一種常道，更是生命的必然之理。若是不知此天真本德為常道，那麼生命過程中便會有妄為凶災。而只要回歸原初之天真自然，才能使生命容受一切現象之發生，才能有一公平無私的對應方式，王弼注云「無私自有」[11]，也才能在關係中產生真正的影響力，在自然而然的影響中符合天道運行之理，而有永恆之關係存在，終身不危殆。是以，在一生實踐的歷程中，乃在不知其然的天真本性中，回歸生命原初，只要能夠遵循天真本性之命定，那麼根本不必擔心而以有心有為來加以控制。而且當老子以天道德性與人的關係來作一連結，認為當人們認同體證道德時，那麼道德也會樂於以其理則來使人們活出自在美好，反之則彼此不相信、無有信心或不信任時，那麼彼此將是呈現出關係疏離的狀態，所謂「信不足焉，有不信焉」（〈第二十三章〉），當人們對道德信心不足時，就無法體會道德之豐富美好，或者說若人們不信任道德時，那麼也很難對道德有信心來持守而加以體證之，王淮言「主觀之誠有所不足，然後客觀之道有所不驗，蓋誠心求道，則必有其驗也」[12]。是以，若能夠接納關係中之「必然」、「自然」，或是「不可奈何」，對此關係中有信心及信任，那麼將必化解「命」之限制與束縛，而將有機會開展、豐富並創造每一種關係的和諧美好。

覺察體驗作業：

　　1. 覺察自己的成長過程中，哪一段關係讓你覺得痛苦？原因是什麼？

　　2. 覺察自己的成長過程中，哪一段關係讓你覺得美好？原因是什麼？

第二節　與自己的關係：真人論

　　人們依照社會價值觀點形塑成一個「自我」，用以觀看自己的存在樣態；然而，若是以社會價值觀點的「人人」來觀看自己時，此「人人」所形成的「自我」能否有其一致性？此社會所形成的自我，若具有「一致性」之標準及「絕對性」之不可改變，方足以成為人之標竿而加以追求才是；但人們所追求

---

11 魏・王弼著，《老子註》，頁156。

12 王淮著，《老子探義》，頁101。

的「社會價值標準」，反而會因時空的推移而改變，若欲使人依此社會價值標準行事，則往往陷入困頓。是以，若是社會自我無法一致性且絕對化，那麼人們何必追求分歧性及相對性的社會自我之理想？且在此追求中，人們一面因追求社會我，而與真實我產生分裂；一面又在追求社會我的過程中，而與他人的社會我產生分裂。那麼倒不如以生命萬象之多元性本質，來面對各自之真實自我，並在各自真實自我的獨特中，均一致性的同於天道宇宙運行之不變規律中，而在不依賴社會價值標準中獨立開展天道內在於本性之德。本節從「面對真實的自己」提出「真人的真知形象」，藉由論述莊子「真人論」說明「與自己的關係」。

一、面對真實的自己

　　人類是天地萬物中唯一會作價值選擇的物類，雖是最脆弱的存在，但也致使人類發展出與其他物類完全不同的生命樣態。理性、想像、創造等為其獨具的特色，亦逐步演變為複雜文明的社會生活，且制度器物之有形價值往往成為人們追求的目標，其中所建構的財貨、權位、名聲等成為比較的標準；由此產生從感官美醜的分別，到認知思考善惡的判斷，致使人們一生參與其中，成為人生之價值意義所在，當然也陷入其中而無法自拔。巴斯卡言「我們的智力在思想世界的地位，正如我們的軀體在大自然之廣袤中的地位，我們在各方面所受的限制，使我們成為兩極的中間項，這在我們一切無能中呈現著。我們的感官不能察知極端之物：太大的音響使我們耳聾，太高的光明使我們目盲，太遠或太近的距離會使我們不能看見，太長或太短的談吐易於曖昧，太真的原理令人困惑」[13]。二千多年前的老子已經觀察人們的普遍病症，提到「五色令人目盲；五音令人耳聾；五味令人口爽；馳騁田獵，令人心發狂；難得之貨，令人行妨」（〈第十二章〉），說的就是人們迷失在無止盡的感官追求上，往往使人目盲、耳聾及口爽，造成人們內心的茫然、聽不見內在的聲音，甚至是真心的麻木；更強烈的是人們在追求外在的娛樂享受中，內心狂亂不安，以其被主流價值制約，在行動上遭受妨礙，而無法活出真正的價值意義，所謂「寵辱若

---

[13] 巴斯卡原著，孟祥森譯，《沉思錄》，頁25。

驚」（〈第十三章〉），總是迷失於外求人事「寵」與「辱」之「得」與「失」中，過著驚慌與恐懼的生活。

1.遠哉其分於道

老子要問的是人們能否真實面對自己的生命狀態呢？但可悲的是常人多不知自身已陷入社會流俗中，總是以「不知」視為「知」，而這才是一個人的最大問題，老子提出只有「聖人」才能「病病」，是以「不病」（〈第七十一章〉），表達一位悟道的人知道自己生活在社會結構中，但總是能夠觀照到自己只要一不留心，就容易迷失在價值系統桎梏中，於是，儆醒自己能以高度的覺察工夫，發現自己可能發生的問題，在時時刻刻覺知自己的存在狀態中，讓自己不致流於問題的發生。儒家以「謀道不謀食」、「憂道不憂貧」（〈衛靈公〉），雖然看來並不迷失在感官的追求與寵辱上，但反而又陷入「另一種迷茫」，即以「仁義禮樂」為己任，看似美好的理念，卻阻礙了面對真實生命的可能。

> 孔子遊乎緇帷之林，休坐乎杏壇之上。弟子讀書，孔子弦歌鼓琴，奏曲未半。有漁父者下船而來，……曲終而招子貢、子路，二人俱對。客指孔子曰：「彼何為者也？」子路對曰：「魯之君子也。」……子貢對曰：「孔氏者，性服忠信，身行仁義，飾禮樂，選人倫，上以忠於世主，下以化於齊民，將以利天下。此孔氏之所治也。」又問曰：「有土之君與？」子貢曰：「非也。」「侯王之佐與？」子貢曰：「非也。」客乃笑而還行，言曰：「仁則仁矣，恐不免其身，苦心勞形以危其真。嗚乎，遠哉其分於道也。」（〈漁父〉）

孔子與弟子一起生活與學習，此時有漁父之人對孔子產生好奇，而與子貢、子路對話。子路說孔子是魯國的君子，子貢說孔子在人倫生活中以忠信仁義禮樂為依歸，並且對君王忠心、化育百姓，以利益天下為己任。但漁父卻提出質疑，反問孔子是國家君王嗎？是輔佐之臣嗎？假如不是，卻還要以仁義為己任，恐怕會讓自己遭致禍害，而且在此汲汲於仁道的推動實行中，一定會勞心勞形以致危害到天真本德發揮的可能，因為刻意有為地推動仁義之道，必

將破壞天道自然的完整性，使得內在德性遭受遮蔽。雖然孔子以「安」（〈陽貨〉）、「愛人」（〈顏淵〉）等詮釋「仁」的內涵，孟子以「人心」來說明「仁」乃內在於人之性，試圖論證「仁道」乃是人性的共同之理，但是在《莊子・天道》卻質疑「仁義」是否是人的真實本性？

> ……孔子曰：「要在仁義。」老聃曰：「請問：仁義，人之性邪？」孔子曰：「然。君子不仁則不成，不義則不生。仁義，真人之性也，又將奚為矣？」老聃曰：「請問何謂仁義？」孔子曰：「中心物愷，兼愛無私，此仁義之情也。」老聃曰：「意！幾乎後言！夫兼愛，不亦迂乎！無私焉，乃私也。夫子若欲使天下無失其牧乎？則天地固有常矣，日月固有明矣，星辰固有列矣，禽獸固有群矣，樹木固有立矣。夫子亦放德而行，循道而趨，已至矣，又何偈偈乎揭仁義，若擊鼓而求亡子焉？意！夫子亂人之性也！」（〈天道〉）

孔子以為「仁義」是人的真實本性，在內在心靈會想要使天地萬物安樂，而有「兼愛」與「無私」的作為；但老子卻以為講「兼愛」太空泛，講「無私」卻是證明人是「自私」的存在，才會刻意強調無私。老子認為孔子試圖想要讓天下人都不失其生成養育，然而，要知道天地宇宙本來就有其常道而不可改變，日月本就明亮而不必高舉光明正義，星辰本就有其排列次序而不用管理，禽獸本就會群聚而不必呼朋引伴，樹木本就有其根本而不必加強鞏固。建議孔子只要依著天道自然的本真德性來成長行動就是最好的方法了，又何必大聲疾呼「仁義」之道，好像在敲鑼打鼓尋找迷途的孩子一樣呢？說明若是仁義在人的本性內，又何必多此一舉去尋找呢？若非人的本性，反而怎麼找也尋不到的。認為推崇仁義之道，反而是破壞內在本性原本可以自然形成的仁義之道，卻使得人們只能不斷地向外求索，迷失了自己所自然本有的天真本性。〈盜跖〉提到唐堯、虞舜、夏禹、商湯、武王和文王六個人「皆以利惑其真而強反其情性」，也就是歷代聖王在以「仁義」內涵為其理想價值之所在時，反而迷失了原有之真實本性，卻又要勉強自己回歸本性，最後造成「價值觀點」與「行為結果」的悖離困境，所謂「堯不慈，舜不孝，禹偏枯，湯放其主，武

王伐紂，文王拘羑里」，他們都堅持「仁義」之人性美好價值，但在作為中卻違背人性美好所能帶來的美好享受，在結果上形成了巨大的落差。

2. 慎守其真

〈山木〉提出人們往往會「忘其真」，也就是人們常常會遺忘了自己所是的本真德性。

> 莊周遊乎雕陵之樊，睹一異鵲自南方來者，翼廣七尺，目大運寸，感周之顙而集於栗林。莊周曰：「此何鳥哉？翼殷不逝，目大不睹。」蹇裳躩步，執彈而留之。睹一蟬方得美蔭而忘其身；螳蜋執翳而搏之，見得而忘其形；異鵲從而利之，見利而忘其真。莊周怵然曰：「噫！物固相累，二類相召也。」捐彈而反走，虞人逐而誶之。莊周反入，三月不庭。藺且從而問之：「夫子何為頃間甚不庭乎？」莊周曰：「吾守形而忘身，觀於濁水而迷於清淵。且吾聞諸夫子曰：『入其俗，從其俗。』今吾遊於雕陵而忘吾身，異鵲感吾顙，遊於栗林而忘真，栗林虞人以吾為戮，吾所以不庭也。」（〈山木〉）

這裡以莊子自身為例，說明莊子在雕陵園遊走時看到一隻奇異的鳥鵲從南方飛來，翅膀寬長有七尺，眼睛巨大有一寸，碰到莊子的額頭後便停在栗樹林。莊周非常訝異，這隻鳥翅膀寬長卻飛不遠，眼睛巨大卻看不清楚；於是自己拉著衣角小心地走路，拿著彈弓專注看著，跟著鳥鵲走後看到有一隻蟬正享受著舒適的遮蔭卻忘了自身，不知正有螳螂眼神專注並準備要抓住蟬，而螳螂因為要捕獲蟬卻忘了自己的形體，身後正好有一隻奇異鳥鵲跟隨在後，並準備獲得眼前的利益，但奇異鳥鵲因為眼前的利益卻忘了真正的自己，不知道有莊周在注視著他。莊周驚覺的說，天地萬物固然有自身的負擔累罪，但物類間也都彼此相互吸引召喚；這時莊周趕緊丟下彈弓轉身就逃，看到園丁追趕在後並碎唸。莊周回家後，多日悶悶不樂，反思自己只在乎自己的形體，卻往往忘了生命本身；只看到汙濁河水，卻忘了清水深淵。雖然入境隨俗，卻因在雕陵園遊走而忘了生命本身，奇異鳥鵲踩到莊周的額頭，在栗樹園遊玩卻忘了真正的自己，至於栗樹園的園丁卻以為莊周要破壞園林；這一連串的事件，發現了鳥

鵲、螳蜋、蟬，甚至是莊周自己，往往只為了獲得眼前看得見的利益，而忘卻且迷失在看不見的，而更重要的是他們都忘了生命本身，亦即都是以原有的生命本身去謀取當前的有形利得。莊子反思了這個現象，感受到自我生命的限制而不開心。簡而言之，人們往往忘了與自己同在的生命，反而去追求有形的他物，這是莊子感受到對萬物的悲哀，〈漁父〉提出要「慎守其真」。

> 孔子愀然而嘆，再拜而起曰：「丘再逐於魯，削跡於衛，伐樹於宋，圍於陳、蔡。丘不知所失，而離此四謗者何也？」客悽然變容曰：「甚矣子之難悟也！人有畏影惡跡而去之走者，舉足愈數而跡愈多，走愈疾而影不離身，自以為尚遲，疾走不休，絕力而死。不知處陰以休影，處靜以息跡，愚亦甚矣！子審仁義之間，察同異之際，觀動靜之變，適受與之度，理好惡之情，和喜怒之節，而幾於不免矣。謹修而身，慎守其真，還以物與人，則無所累矣。今不修之身而求之人，不亦外乎！」（〈漁父〉）

孔子因為四次事件而惆悵哀嘆，一是在魯國兩次被逐出，二是在衛國被迫逃亡，三是在宋國樹下講學的樹也被砍伐，四是被圍困在陳蔡邊境，但卻不知道自己為什麼遭受到如此對待。此時莊子以客人的角色說出孔子是一個不容易領悟的人，就好像有人害怕影子討厭足跡一樣，想要遠離而快步走開，卻發現走得愈多反而足跡愈多，走得愈快反而影子愈不離身，以為自己走太慢了，於是快速行走沒有停止，最後卻氣絕身亡。他不知道只要在陰暗處就沒有影子了，只要停止走動就沒有足跡了，實在太笨了。說到孔子總是在仁義道德之間刻意取捨，在相同與差異之間仔細觀察，在動態與安靜之間觀察變化，在接受與給予之間揣測衡量，在善良與罪惡之間調節情理，在喜愛與憤怒之間節制中和，然而，孔子卻仍然無法避免這四次的災難。客人建議孔子要謹慎修煉生命，守住內在的本真自然，將所有一切的責任還給萬物自己，那麼就不會有對他人的負擔累罪了。是以，若是不從自身的修煉本性，而想要去承擔天下人的責任，難道不是愈走愈遠嗎？〈秋水〉區別「天」與「人」，提出要人「反其真」，不要「以人滅天」、「以故滅命」，也就是不要以「外在」、「有形」、「後天」及「人為」，來取代減損「內在」、「無形」、「先天」及「自然」。老子體悟宇宙自然的天道運行，使得天地萬物能夠生生不息，主張作為

百姓的管理者「聖人」，要能夠體道、悟道，才能成為一位讓百姓生生不息的管理者。然而，當時代已經變遷至混亂不清時，莊子已經無法如同老子再將理想寄託在管理者身上了，於是強調要回到每個人的生命本身，從自己的生命出發以開展出人的理想境界，謂之「真人」，在〈天下〉提到老子本人即是被定義為「真人」的人。

> 老聃曰：「知其雄，守其雌，爲天下谿；知其白，守其辱，爲天下谷。」人皆取先，己獨取後，曰：「受天下之垢。」人皆取實，己獨取虛，無藏也故有餘，巋然而有餘。其行身也，徐而不費，無爲也而笑巧。人皆求福，己獨曲全，曰：「苟免於咎。」以深爲根，以約爲紀，曰：「堅則毀矣，銳則挫矣。」常寬容於物，不削於人，可謂至極。關尹、老聃乎！古之博大眞人哉！（〈天下〉）

說明關尹、老聃是自古以來的博大真人。這個狀態是老子本身能夠實踐其本身的思想，首先是讓出空間讓萬物成長，若要開展英雄事業，卻要守住清靜無為，有如天下谿谷一樣給出包容萬物的空間；要開顯人間的光明，卻要守住陰暗的角落，有如山谷之虛靜給出萬物成長的空間。其次是自我生命的滿足，在人人都搶先時，自己能夠獨取在後，甚至承受天下的汙垢；人人都認取實利，但自己卻獨取虛用，不累積收藏，因為自我生命本身完足、充足有餘，所以在立身處世上，能夠無心從容、內斂涵藏，無心而為不在乎機巧。人們都求福但自己卻獨自化解心知以求得成全，以免於欲得的罪咎。最後，無論是讓出空間或是自我生命的滿足上，都是以「道德」為根本或依歸，以完成人的終極理境，亦即所謂的「真人」。

二、真人之真知形象

莊子以至人、神人、聖人、真人等名來說明其理想境界，「至人」有己，卻以「無己」的方式，將自我心知及生發之功名消解為其內涵，而成就人之至極；「神人」有功，卻以「無功」的方式，功成萬物而不自居功業，以展現人

的奧祕；「聖人」有名，卻以「無名」的方式，實行太上之治而使天下人不知其名，彰顯悟道之治。

1.眞人而後有眞知

「真人」以實現內在天真本德為其內涵，而成為一個真正的人，以其能夠體證天道自然內在於人性而為「真知」。

> 知天之所爲，知人之所爲者，至矣。知天之所爲者，天而生也；知人之所爲者，以其知之所知，以養其知之所不知，……庸詎知吾所謂天之非人乎？所謂人之非天乎？且有眞人，而後有眞知。（〈大宗師〉）

莊子提出「真知」是洞察事理的極致，至於「真人」乃是能夠體現天之所為及體現人之所為者。真人一面從天生萬物的生成作用來體現天道；一面在人的作為中從心之所知，修養心之所不知，即由人的無心天真，以體現天道自然，活出天真本德的人。當真人能夠體悟心之所不知之知的天道自然時，才是真知；也就是從知人之所為的真人，去體認知天之所為的真知。而此真人境界如何？即是道的境界。

> 何謂眞人？古之眞人，不逆寡，不雄成，不謨士。若然者，過而弗悔，當而不自得也。若然者，登高不慄，入水不濡，入火不熱。是知之能登假於道也若此。（〈大宗師〉）

這裡提到「真人」所呈現的生命狀態，首先在面對現象發生時，不抗拒寡少，也不以成功稱雄，更不會以謀略成事；其次在現象發生後，即使犯錯也不會懊悔，得當也不會得意。最後，真人的內在心態是安定自在，絲毫不受任何干擾，莊子以人們可能遭遇的現實傷害來作比喻，成玄英疏云「真人達生死之不二，體安危之為一，故能入水入火」[14]，真人登高也不會恐懼，入水也不會陷溺，火燒也不會灼熱，所謂「免乎外內之刑者，唯真人能之」（〈列禦

---

14 清・郭慶藩著，《莊子集釋》，頁 227。

寇〉），真人能夠完全避免內外刑罰。當真人體道時，其內在飽滿豐富，能以不知之知遊於人世間時，就能完全無所傷害，以其真人將自己的生命安置在天地宇宙，與四時萬物同流，故不受任何的限制。

> 古之真人，不知說生，不知惡死；其出不訢，其入不距；翛然而往，翛然而來而已矣。不忘其所始，不求其所終；受而喜之，忘而復之。是之謂不以心捐道，不以人助天。是之謂真人。若然者，其心志，其容寂，其顙頯，淒然似秋，煖然似春，喜怒通四時，與物有宜，而莫知其極。（〈大宗師〉）

「真人」將自己與天地大化同流，在不以自我為中心之認知下，便能對於生死沒有好惡，自由來去，不刻意追求何來何去，當有了生命就欣然接受，而且總是能夠超越生死而回歸自然。所謂「古之真人，得之也生，失之也死；得之也死，失之也生」（〈徐無鬼〉），說明真人得到生命就是好好的活著，失去生命就是順應自然變化而死去；得到生命就如同死去，失去生命就如同活著。郭象注云「物之感人無窮，人之逐欲無節，則天理滅矣。真人知用心則背道，助天則傷生，故不為也」[15]，真人保有「天理」，是以，真人並不會以自我心知來毀棄真知，更不會以人為造作來助長自然。真人所展現的生命氣象則是心神專一，容貌寂靜，額頭寬實，其形象就好比秋之涼爽、春之溫暖一般，喜怒之情更像是四季運行一樣自然。

2.天與人不相勝之真人

真人與萬物存在同體流行，沒有任何的極限，即使在立身處世之好惡二元價值系統中，也能統而一之。

> 古之真人，其狀義而不朋，若不足而不承，與乎其觚而不堅也，張乎其虛而不華也，邴邴乎其似喜乎！崔乎其不得已乎！滀乎進我色也，與乎止我德也，屬乎其似世乎！謷乎其未可制也，連乎其似好閉也，悗乎忘其言

---

15 清·郭慶藩著，《莊子集釋》，頁36。

也。以刑爲體，以禮爲翼，以知爲時，以德爲循。以刑爲體者，綽乎其殺
也；以禮爲翼者，所以行於世也；以知爲時者，不得已於事也；以德爲循
者，言其與有足者至於丘也，而人眞以爲勤行者也。故其好之也一，其弗
好之也一。其一也一，其不一也一。其一，與天爲徒；其不一，與人爲
徒。天與人不相勝也，是之謂眞人。（〈大宗師〉）

　　首先，真人在立身處世上的表現上，有天道自然內在於本性作為引導，所
以不會結黨營私；看起來像是不足夠的，卻不會奉承阿諛；稜角分明也不會堅
持己見，廣大虛無也不會華而不實；喜歡是自然的熱愛，行動也是自然的動
能；神色自然產生光澤而映照，在閒適自得的行動中天真德性有所安頓，形跡
看似同流合汙實則是宏大高遠而沒有任何限制，看似自我閉塞實則是無有心機
而超越文字符號。其次，真人以形體為載體，所以對於自我心知總是不斷消融
減損；雖然以禮制為通路，所以也與人際交流往來；然而，自然時序的運行乃
不知之知，所以能夠接受不可奈何的現象變化；只以天真本德為依歸，所以能
夠自然無為而不必勞苦。最後，真人之所以能夠如此的原因在於：好與不好都
將歸於一，一是一，不是一也是一。當是一時，就是以天為友伴，顯現天道自
然的純一；不是一，就是以人為友伴，顯現人間天下的複雜性。真人不將天道
與人間視為對立，而是能夠體現「純素」者。

純素之道，惟神是守，守而勿失，與神爲一，一之精通，合於天倫。野語
有之曰：「眾人重利，廉士重名，賢人尚志，聖人貴精。」故素也者，謂
其無所與雜也；純也者，謂其不虧其神也。能體純素，謂之眞人。（〈刻
意〉）

　　這裡提到純精素質之道，所謂「素」，是指天真本性乃不含雜質；所謂
「純」，是指不損耗天真本性，要保守住天真本性而不喪失，發揮其無限妙用
之心神純一。純一的精神，就是合於自然之理，只有悟道的聖人會寶愛純素之
心神，而能夠體現純一不雜者，就是真人，成玄英疏「能體純素，謂之真人」

云「妙契純素之理，則所在皆真道也，故可謂之得真道之人也」[16]，純素之理即是「真道」，此純素之道的修煉，使得真人的生活能夠過一種天機靈動的安定生活，所謂「古之真人，其寢不夢，其覺無憂，其食不甘，其息深深」（〈大宗師〉）；睡眠的時候不做惡夢，醒覺時也不會擔憂，飲食時也不覺甘美，所以呼吸氣息可以悠遠深長。若是「其耆欲深者，其天機淺」，成玄英疏云「天機，自然之樞機」[17]，憨山註云「嗜欲之深，汩昏真性，全不知有天然妙性」[18]，耆欲則使真性泯滅；要在生活中超越情識糾纏，而使天然機神靈動不已。真人以天道內在於本性自然作為一切行止的方向，真實面對自己，而與自己的關係達到和諧一致。在「真人」之修煉中，使人能夠回來面對與自己的真實關係，正是突破儒家思想以「仁愛」之真實人性，活化人我禮樂關係之另一種方式；唯有以生命本身之天真本性為根本，在「獨立」（〈第二十五章〉）、「無待」（〈逍遙遊〉）之工夫實踐中，方能真實面對自己，才有可能與他者有一和諧的關係。

覺察體驗作業：

　　1.請檢視自己的日常想法與作為是自己內在本身所想望的嗎？

　　2 請真正去覺察，「生命」可能是什麼？並從宏觀及未來的角度來檢視所認知之「生命」內涵是否為真？

第三節　與人事的關係：兩忘論

　　對萬物而言，有形的現象世界是一「中性」而無有尊卑上下、是非善惡的分別，但卻因人的自我有分別判斷的能力，而將有形現象世界作二元價值之區別判定，產生了「以我觀物」的觀點；亦即所見的現象世界，並非現象世界之真實相狀，而是自己所建構出來的現象世界。在人與現象世界的對應相遇中，生發出種種的關係狀態，而人們就在此關係狀態產生不同的遭遇。阿德勒

---

[16] 清・郭慶藩著，《莊子集釋》，頁 546。

[17] 清・郭慶藩著，《莊子集釋》，頁 510。

[18] 明・憨山大師著，《老子道德經憨山註：莊子內篇憨山註》，頁 377。

（Alfred Adler，1870-1937）提出人生的煩惱有百分之八十以上，是在人我關係上產生了瓶頸，是以如何才能化解人事上的關係，使人們能夠活在關係中，卻不被關係所羈絆？莊子一面提出萬物之間如何相處的彼此相忘，一面更提出如何面對萬物之自我本身之忘。本節從「道一的彼此相忘」開展出「忘我心知的工夫」，論述「兩忘論」說明「與人事的關係」。

一、道一之彼此相忘

莊子言「物無非彼，物無非是」（〈齊物論〉），「是」者「此」也。人自己認識自身以外的一切現象，與外在一切人事物形成主體與客體的「彼」、「此」相對二元差異；不僅如此，人類以自身理解現象所呈現出「黑白」、「陰陽」等差異，將之歸納為「正反二元」。然而，「正」與「反」兩者只是現象的差異極致的端點，並非現象世界僅有這兩個端點而已，「正」的範圍蘊涵著各式差異的樣貌，只是尚未完全跨至「反」的現象，所以稱為「正」；「反」的範圍也蘊涵著各式差異的樣貌，只是尚未完全跨至「正」的現象，所以稱為「反」。這純然只是「現象世界的相對二元化」，但人類社會卻將之定義為「價值觀點的絕對二元值」，以人類為中心思維，對一切現象世界發生作價值高下的二元判斷，定之為美醜好壞、善惡是非，竭力追求被人類認知局限下所主張的有限價值，而忽略人類以外宇宙或事物的可能無限價值。〈在宥〉提到「萬物云云，各復其根，各復其根而不知。渾渾沌沌，終身不離」，說明萬物都各自歸根復命至混沌狀態，而要以此為終身持守之道。

1.混沌術之識一

莊子藉由子貢主張以「混沌術」忘掉人類維護自我中心的價值，目的都是在建構人與外在事物的和諧關係。

（子貢）曰：「……執道者德全，德全者形全，形全者神全。神全者，聖人之道也。託生與民並行，而不知其所之，氾乎淳備哉！功利、機巧，必忘夫人之心。」……孔子曰：「彼假修渾沌氏之術者也：識其一，不知其二；治其內，而不治其外。夫明白入素，無為復朴，體性抱神，以遊世俗之間者！」（〈天地〉）

　　莊子以孔子和子貢的對話，舉出灌溉老人不使用機械，還是使用傳統的灌溉模式，並不是不會使用，而是為了持守混沌道術，在混沌合一的狀態中乃是明白純素自然樸拙，體現本性心神全備，這是聖人之道，而所有的功利機巧必定與心神相悖離。修行混沌術之人乃寄託於人世間而不知其所往，體現淳和真樸、修養內在而不向外追求，使自己能夠持守道之內在於德的一，而不以心知作二元分別。以其能夠忘死生之年及忘是非之義。

> 既使我與若辯矣，若勝我，我不若勝，若果是也？我果非也邪？我勝若，若不吾勝，我果是也？而果非也邪？其或是也，其或非也邪？其俱是也，其俱非也邪？我與若不能相知也，則人固受其黮闇。吾誰使正之？使同乎若者正之，既與若同矣，惡能正之！使同乎我者正之，既同乎我矣，惡能正之！使異乎我與若者正之，既異乎我與若矣，惡能正之！使同乎我與若者正之，既同乎我與若矣，惡能正之！然則我與若與人俱不能相知也，而待彼也邪？何謂和之以天倪？曰：是不是，然不然。是若果是也，則是之異乎不是也亦無辯；然若果然也，則然之異乎不然也亦無辯。化聲之相待，若其不相待。和之以天倪，因之以曼衍，所以窮年也。忘年忘義，振於無竟，故寓諸無竟。」（〈齊物〉）

　　能「忘」是因為能夠澈底理解「若」（彼）與「我」（是、此）的真實內涵。舉例來說即使兩者進行一場辯論，「勝」的一方真的就「是」了嗎？「輸」的一方真的就「非」了嗎？因為兩者之一可能「是」？也可能「非」？或兩者之間可能都「是」？或二者之間可能都「非」？因為若是兩者處於暗昧不明的狀態時，就不能彼此互相理解。若是要找第三方來作裁定，無論是認同「彼」或「此」的一方，或認同兩者，或不認同兩者，必定有所偏見而無法公平裁定。莊子提出要以天道自然的高度來化解兩者的對立，那麼無論「是」與「不是」或「然」與「不然」也就沒有分別，人們能做的就只是順任無窮盡的變化，要各自回歸到自己的是、自己的然，消解「生死之年」與「是非之義」的分別，只要窮盡有生之年的生機活力，才能重振無窮生命的自在美好。進一步

言之，莊子所謂「和之以天倪」，郭象注云「天倪者，自然之分也」，要能夠「以自然之分，任其無極之化」[19]，方能夠「兩忘而化其道」。

> 死生，命也，其有夜旦之常，天也。人之有所不得與，皆物之情也。……泉涸，魚相與處於陸，相呴以溼，相濡以沫，不如相忘於江湖。與其譽堯而非桀，不如兩忘而化其道。（〈大宗師〉）

莊子提出「是」與「非」、「生」與「死」兩忘，要融入大道變化之流中。因為死生是生命的自然規律，而且天行有常是現象之自然運行，都是人力所不能干預改變的，更是萬物存在的真實處境。莊子要人們不要將有限的生命放在肯定「唐堯之善」而非難「夏桀之惡」的價值二元對立上，要把「堯善」和「桀惡」一併放下，才能融入一體無別的天道自然中。若非如此，那麼就好像是活在枯竭的河水中，魚兒們只能無奈的暴露在陸地上，以口對口的方式相互給對方氣息，以口沫加以潤澤彼此，是如此的窘迫困頓，成玄英疏云「魚失水所以呴濡，人喪道所以親愛」[20]；不必提倡親愛仁道，要各自回歸江湖的自然美好，好好活出生命本然豐富才是生命應當走的方向，成玄英疏云「大道之世，物各逍遙，雞犬聲聞，不相來往」[21]，然而，莊子發現人們走的卻是完全相反的方向。

> 闉跂支離無脤說衛靈公，靈公說之，而視全人，其脰肩肩。甕㼜大癭說齊桓公，桓公說之，而視全人，其脰肩肩。故德有所長，而形有所忘，人不忘其所忘，而忘其所不忘，此謂誠忘。故聖人有所遊，而知為孽，約為膠，德為接，工為商。聖人不謀，惡用知？不斲，惡用膠？無喪，惡用德？不貨，惡用商？四者，天鬻也。天鬻者，天食也。既受食於天，又惡用人？有人之形，無人之情。有人之形，故群於人；無人之情，故是非不得於身。眇乎小哉！所以屬於人也。謷乎大哉！獨成其天。（〈德充符〉）

---

[19] 清·郭慶藩著，《莊子集釋》，頁 109。

[20] 清·郭慶藩著，《莊子集釋》，頁 242。

[21] 清·郭慶藩著，《莊子集釋》，頁 242

　　莊子舉出人們對價值的認識不清，把不能忘的「性」忘了，卻把應當忘的「形」牢牢抓住不忘，莊子在〈養生主〉中提出「忘其所受」，王先謙云「形宜忘，德不宜忘，反是，乃真忘也」[22]；他舉出有一位身體彎曲行走不便、外形不全，而且沒有嘴唇的人，去遊說衛靈公，另有一位脖子長瘤如瓦盆的人，去遊說齊桓公，不論衛靈公或齊桓公都很開心，後來他們看到形體完整的人，反而覺得一般人的脖子又細又長。這裡要強調的是，若是能夠朗現天真本德的人，就能夠擺脫形體的拘限；但是人們卻是不願化解對於形體的心知執著，卻反而失落了原本所有的天真本德，而這就是真正的失去自己，所謂「吾有不忘者存」（〈田子方〉），說的就是其實天真本德一直都存在而不會遺失的。所以，當聖人遊於天道自然時，便能全然專一於天真本德的朗現，那麼心知執著反而是多餘的，規約反而會造成膠著，德性反而成為向外對應的工具，而靈巧卻成了交易的籌碼。是以，根本不必有心知、規約、美德和工巧，只要能夠純任天真本德，就能成為天之所養者，因為這一切美好自在都是來自天生自然，根本不需要人為造作的加油添醋，憨山註「既受食於天，又惡用人」云「天生我性德，自有天然之受用，又何以人偽求之」[23]，王先謙云「既受食於天矣，則當全其自然，不用以人為雜之」[24]，說明天真本德既得自於天道自然，理應加以完全保全才是；然而，卻只有聖人能夠如此，即使聖人有人的形體，也能夠化解心知執著的好惡之情。而聖人一者有人的形體，所以過群體的生活，一者不執著於好惡之情，所以不會因為外在是非而傷害到自身。也就是人類雖然渺小，卻有人類的形體；但人類卻又很偉大，能夠獨立成全內在的天真本德，而成為有真知的真人。

2.齋之以天合天

　　人能夠忘「是非」、「生死」，乃因人有天真本德，而天真本德是人要極力去維護的，才能在凡事上發揮「心神」的無限妙用。

---

[22] 清・王先謙著，《莊子集解》，頁34。
[23] 明・憨山大師著，《老子道德經憨山註：莊子內篇憨山註》，頁364。
[24] 清・王先謙著，《莊子集解》，頁34。

梓慶削木爲鐻，鐻成，見者驚猶鬼神。魯侯見而問焉，曰：「子何術以爲焉？」對曰：「臣工人，何術之有！雖然，有一焉。臣將爲鐻，未嘗敢以耗氣也，必齊以靜心。齊三日，而不敢懷慶賞爵祿；齊五日，不敢懷非譽巧拙；齊七日，輒然忘吾有四枝形體也。當是時也，無公朝，其巧專而外骨消；然後入山林，觀天性；形軀至矣，然後成見鐻，然後加手焉；不然則已。則以天合天，器之所以疑神者，其是與？」（〈達生〉）

這裡說明，當一個人在面對一件事情時，要不斷行「心齋」之「忘」的修養工夫。這裡舉出木匠梓慶如何刻木製作似夾鐘的樂器「鐻」，在鐻完成後，猶如鬼斧神工，令人驚訝不已的過程，郭象注「驚猶鬼神」云「不似人所作也」[25]。魯侯驚訝梓慶到底有何「術」而得以成之？王淮言「『道術』非『陰謀』。凡『術』皆手段與工具，本身實無價值判斷。要在用之者之存心與所用之對象是否得當耳。『術』之本身只是一種『自然之道』」[26]，此術是「自然之道」。梓慶說自己要製作鐻時，一定會作心的齋戒以回歸至自然之道，要收攝感官外求與成見執著，達到完成靜心的狀態，以避免任何精神的耗損，所謂「氣耗則心動，心動則神不專也」[27]。梓慶分享這個過程，宣穎提出「忘利」、「忘名」、「忘我」及「忘勢」[28] 四個階段，一者「忘利」，在心齋三天後，便不再抱著歡慶獎賞、爵位名祿的期望；二者「忘名」，在心齋五天後，便不再懷著受辱稱譽、巧妙笨拙的分別；三者「忘我」，在心齋七天後，則往往不再對自己有形肉體有所負擔依賴了。四者「忘勢」，在這個時候，甚至放下國家朝廷的存在，心神處於專一集中，以至於所有外在有形的干擾全然消失；五者再進入山林中，此時便能夠以心眼透視，洞察出各種樹木的天然性質；最後走著走著，就有狀似鐻的外形隱約自然呈現出來，不久後鐻的樣子就真實浮現出來了。這時，自己才會開始加工製作；若不是這樣的話，就會停止製作。也就是說，梓慶是以自己的天真本性，去配合樹木的天然本質，所以製作出來的

25　清‧郭慶藩著，《莊子集釋》，頁 658。
26　王淮著，《老子探義》，頁 142。
27　清‧王先謙著，《莊子集解》，頁 109。
28　清‧王先謙著，《莊子集解》，頁 109。

鏤才會被認為是鬼斧神工，王先謙云「順其性，則工巧若神」[29]。如同〈達生〉提到「凡外重者內拙」，要不斷消解外物的憑靠，才能發揮內在之神的靈巧，所謂「津人操舟若神」（〈達生〉）。

> 顏淵問仲尼曰：「吾嘗濟乎觴深之淵，津人操舟若神。」……仲尼曰：「善游者數能，忘水也。若乃夫沒人之未嘗見舟而便操之也，彼視淵若陵，視舟之覆猶其車卻也。覆卻萬方陳乎前而不得入其舍，惡往而不暇！以瓦注者巧，以鉤注者憚，以黃金注者殙。其巧一也，而有所矜，則重外也。凡外重者內拙。」（〈達生〉）

顏淵問孔子曾經在觴深之淵過河，發現這裡的擺渡人操控渡船如有神助一般。孔子說，會游泳的人很快就會了，因為不受限於水性。至於潛水夫雖然沒有見過渡船也會操控，在於看見深淵就好像高地，發生渡船翻覆就好像車子倒退一樣；即使各種不同的翻覆情境發生，也不會干擾到他的內心，所以無論去哪兒都能夠從容自在。如同以房舍屋瓦作為賭注的人，心思是靈巧的；以皮帶鉤子作為賭注的人，則會心生怖懼；以高價黃金作為賭注的人，則心智混亂。其實他們的技巧都是一樣的，但因為所在乎的東西不一樣，所以才有不同的表現。總而言之，若是太重視外物的人，內心就會笨拙，而無法發揮最大的效能，若人能夠忘卻一切現象差異及價值分別，就能與相應的對象合而為一個整體。

二、忘我心知的工夫

天地萬物原初為合一無別，至於儒家在人性上主張以人類為中心的「仁義」共同情感，與外在規範的禮樂儀則之別，由此而建立傳統的華人文化，以此為高於他物等級之所在，更是以此為天地萬物之最為尊貴者，如孟子反思若自身有仁義而遭受對方所加害的橫逆時，那麼對方一定是「妄人」或「禽獸」也，因而不必再去非難對方了，所謂「於禽獸又何難焉？」（〈離婁下〉）然

---

[29] 清・王先謙著，《莊子集解》，頁109。

而，其中弔詭的是，在自我反思無所違逆仁義本性時，便會將自己所適逢的苦難視為「妄人」所為，甚至是「禽獸」所為，人與人之間有妄與不妄之別，而人與禽獸之間又更是天差地別。由此可見，此時人我之間已經產生價值高低的二元分別，進而可能產生彼此的對立；因為沒有人希望被指為低劣的一方。是以，原本要透過人性仁義之發揮實踐，最後卻反而與所面對的人事產生對立與疏離，造成更深層的關係斷裂。老子發現這是人類生命的最大困境，需要實踐「損」、「棄」、「絕」、「不」、「無」等消解、放下、超越的工夫，王淮言「修道之要，在『損』不在『益』，故成德之術在『與』不在『取』」[30]。

1. 離形去知以坐忘

莊子直接提出要行「心齋」之「忘」的工夫，層層推進從內在將仁義忘掉，以至在人我之間要忘掉禮樂，終至在「離形去知」中將自我心知完全消解之「忘我」境界，謂之「坐忘」。

> 顏回曰：「回益矣。」仲尼曰：「何謂也？」曰：「回忘仁義矣。」曰：
> 「可矣，猶未也。」他日復見，曰：「回益矣。」曰：「何謂也？」曰：
> 「回忘禮樂矣。」曰：「可矣，猶未也。」他日復見，曰：「回益矣。」
> 曰：「何謂也？」曰：「回坐忘矣。」仲尼蹴然曰：「何謂坐忘？」顏回
> 曰：「墮肢體，黜聰明，離形去知，同於大通，此謂坐忘。」仲尼曰：
> 「同則無好也，化則無常也。而果其賢乎！丘也請從而後也。」（〈大宗
> 師〉）

顏回提到自己從「忘仁義」，至「忘禮樂」，首先可以忘的是「仁義」，仁義由自己而出，所以可以先忘；其次要忘的是「禮樂」，禮樂則是人際往來之應然理則，需要取得社會的集體共識，較為不易；最後才是「坐忘」，司馬彪云「坐而自忘其身」[31]，「坐忘」是指化解對於與自身最親近之肢體的心知執著，以及化解外在於己之現象世界的心知執著，若是能夠超越人類自身對於一

---

[30] 王淮著，《老子探義》，頁 33。
[31] 清·王先謙著，《莊子集解》，頁 45。

切的主觀價值認知，那麼就能夠回歸至原初與天地萬物同源天道自然之無有分別，這種最輕鬆自在的「隱几而坐，仰天而噓，嗒焉似喪其耦」的生命境界，乃是使自己「形如槁木」、「心如死灰」，將身心完全融入整個天地宇宙中，也就是「坐忘」，憨山註「大通」云「身知俱泯，物我兩忘，浩然空洞，內外一如，曰大通」[32]，「身知物我，俱泯兩忘」，才能和大道融通為一體，那麼就無所偏好，讓萬物順應變化而沒有一定要如何執著，達成與人事萬物的合一。以上不論內在之「仁義」情感或人我之「禮樂」往來，都是以「我」為出發點，「坐忘」簡而言之亦即是完全消解「自我中心」的境界。

> 商太宰蕩問仁於莊子。……莊子曰：「至仁無親。」……莊子曰：「……以敬孝易，以愛孝難；以愛孝易，以忘親難；忘親易，使親忘我難；使親忘我易，兼忘天下難；兼忘天下易，使天下兼忘我難。夫德遺堯、舜而不為也，利澤施於萬世，天下莫知也，豈直太息而言仁孝乎哉！夫孝悌仁義，忠信貞廉，此皆自勉以役其德者也，不足多也。故曰：至貴，國爵並焉；至富，國財並焉；至願，名譽並焉。是以道不渝。」（〈天地〉）

商蕩問莊子「仁」，莊子提出極致的仁愛乃如同「天地不仁，以萬物為芻狗」（〈第五章〉）般，當以草編之狗形以祭祀時，在完成其功用後，均將各自歸回天地宇宙；以其就天道自然而言，萬物均來自天地宇宙，最後亦將再「歸回」、「還與」，其中並沒有親疏遠近的差別而需要加以維持或被特別對待。是以「至仁無親」，意謂在天道整體公平對待天地萬物的原則下，乃是無私無別；以其萬物都在天道自然之流中，被賦與在天地宇宙能夠經歷生成養育的過程，其中並無以「人類中心」善惡美醜壽夭的價值認知，每一物的生命自然均得以成全。是以，在天道以整體宇宙為其觀點下，便能夠化解人類生命的困頓，以其在人我關係間之複雜認知，儒家主張子女對待父母以孝敬，在修身後齊家治國平天下，然而，在實行中卻亦流於有孝敬之名卻無實在性，反而受其制約，形成父母與子女之親子關係的斷裂與疏離。

---

32 明・憨山大師著，《老子道德經憨山註：莊子內篇憨山註》，頁 428。

　　《莊子‧天地》首先提出對父母親的「敬孝」是容易，但要以「愛」來實行「孝」卻是困難的，以其「尊敬」乃以下對上之關係，彼此並無如「親愛」之真正情感交流。其次「愛孝」容易，但要「忘記」對象是「至親」卻是困難的，以其愛孝僅以自己的至親為對象，忘親乃忘了與自己關係深切的至親而對所有人有親愛之情。三者「忘親」容易，要使至親忘記此親愛之情是困難的，以其就自我本身而言忘記至親是容易，但要使至親忘了自己的愛、不受限於自己的親愛之情卻是困難的。四者「使親忘我」容易，但要「一同忘了天下人」卻是困難的，以其使至親忘記自己的親愛之情是容易的，但要一同忘記天下人，我與天下人無有分別，更無需親愛之情，使天地萬物均回歸天道之「虛而不屈，動而愈出」（〈第五章〉）是困難的。最後，「一同忘天下人」容易，「使天下一同忘我」難，以其一同忘天下人與我的分別是容易，但要使天下人一同忘了我之親愛是困難的，亦即吾人將完全有無造作，讓天下人均不知吾人之親愛情感，所謂「太上，不知有知」（〈第十七章〉）。

2. 忘己之人乃入於天

　　以其自然場域將源源不絕的自發調節，使天地萬物均能得其所養，如同天道生成以德性具備於唐堯虞舜，均是自然無為的；天道運行使天地萬物都得其利益恩澤，卻是毫無所知的，所以，根本無需大力鼓吹仁愛尊敬。於是，以孝悌仁義、忠信貞廉，勉勵而奴役自身的天真本德，根本是不值得以此為多，所謂「致道者忘心」（〈讓王〉）。所謂的「忘心」則是「忘己之人」，才能將自己完全致力於天道自然的生成養育中，得知生命的價值意義。

　　夫子問於老聃曰：「有人治道若相放，可不可，然不然。辯者有言曰：『離堅白若縣宇。』若是，則可謂聖人乎？」老聃曰：「是胥易技係，勞形怵心者也。執留之狗成思，猿狙之便自山林來。丘！予告若，而所不能聞與而所不能言。凡有首、有趾、無心、無耳者眾，有形者與無形無狀而皆存者盡無。其動，止也；其死，生也；其廢，起也。此又非其所以也。有治在人，忘乎物，忘乎天，其名為忘己。忘己之人，是之謂入於天。」（〈天地〉）

　　在此藉由孔子與老子的對話，提到體道之人乃「無物不可」、「無物不然」（〈齊物論〉），所以「物皆然可」，至於名家辨者則陷於堅白之別，就好像小吏受到自己技能的限制一樣，總是在形體勞碌不堪與內心擔心害怕當中；更像是獵狗受到拘繫而發愁，猿猴因為便捷而被捕一般，總是拘限在自身的框限中。老子提出對於天道自然的體悟乃是無法聽見和言說的，他發現有頭腦四肢卻無知無聞於天道者眾多，至於有頭腦四肢卻能知聞天道者幾乎是沒有的。老子所體悟的天道乃呈現動態、終止、死亡、生存、衰頹和興起之現象，而這些都是出於自己而然卻不能知其所以然的。是以，若是人類有治理天下的需求，那麼則要忘記一切「外物」，甚至忘記所以然的「自然」，也就是將自己融入天道自然中，而完全忘記自己，當能夠忘記自己時，那麼就必然與天地宇宙融而為一了，所謂「無不忘也」，此乃為「聖人之德」。

> 刻意尚行，離世異俗，高論怨誹，爲亢而已矣，此山谷之士，非世之人，枯槁赴淵者之所好也。語仁義忠信，恭儉推讓，爲修而已矣，此平世之士，教誨之人，遊居學者之所好也。語大功，立大名，禮君臣，正上下，爲治而已矣，此朝廷之士，尊主強國之人，致功并兼者之所好也。就藪澤，處閒曠，釣魚閒處，無爲而已矣，此江海之士，避世之人，閒暇者之所好也。吹呴呼吸，吐故納新，熊經鳥申，爲壽而已矣，此道引之士，養形之人，彭祖壽考者之所好也。若夫不刻意而高，無仁義而修，無功名而治，無江海而閒，不道引而壽，無不忘也，無不有也，澹然無極而眾美從之，此天地之道，聖人之德也。（〈刻意〉）

　　以上提出五種人，都非能忘之人。首先是「山谷之人」是「非世之人」，在行為上刻意有為，遠離世俗以標舉奇特行動，言論脫俗以招致怨恨誹謗，這只是自以為的高傲而已，而為形貌枯槁徘徊深淵者所喜愛。其次是「平世之士」是「教誨之人」，言必仁義忠信，行則恭儉禮讓，這只是自以為的修行而已，而為閒居讀書人所喜愛。三者是「朝廷之士」是「尊主強國之人」，言行以立功為志業，禮敬君臣上下，這只是自以為是的治理而已，以完成功名而為兼併天下者所喜愛。四者是「江海之士」是「避世之人」，親近湖泮沼澤，在空曠無人處安居，閒暇時以釣魚自處，這只是無所作為，而為悠閒無事者所喜

愛。最後是「導引之人」是「養形之人」，以吹吐廢氣呼吸新鮮氣息，作熊狀以攀樹懸掛及示鳥態以飛躍伸腳的姿勢，只是為了長年百壽而已，是彭祖長壽者所喜愛的。至於不必刻意有為而自以為高尚，也不必修行仁義道德，亦不用治理來成就功業名聲，更無須求得江海才能閒暇，甚至不再以導引才能長命百歲，要無所不忘，也就無所不有，天地萬物之自然無限的一切美好便會跟從而來，這是天地宇宙自然運行之道，更是聖人所體悟的內在天真本德。是以，在天道自然內在於天地萬物的本真之性中，不得已以文字加以論述，要謹慎「道可道非常道，名可名非常名」（〈第一章〉）、「得魚忘筌」、「得意忘言」（〈外物〉），指涉出天道自然是怎麼一回事，以及藉文字以論述天道自然者，均應一體皆忘，方能真正融入天地物我之無有分別的整體和諧關係，這是使人能夠在任何關係中能夠自由的原因。

覺察筆記作業：

1. 覺察自己之情緒狀態？並檢視情緒起伏之認知模式。
2. 試著體驗對事情不帶任何的評價，以觀察此感受為何。

第四節　與他者的關係：物化論

人類是萬物中之具有靈性者，靈性所建構的自我，是人類所獨具的自然本性；然而，人類能否因具備與其他萬物之不同本性，而自絕於天地宇宙的整體場域之外呢？人類能否停止天道自然之流轉變化？人類能否改變天道之運行規律？人類能否無視於天地宇宙萬物？若是不行，那麼人類認不認識自身所在的位置，而能理解現象之真實面貌？人類能否理解自身亦是平等齊一於天道運行規律之流轉變化現象而已？本節從「觀照現象的真實」提出「萬物彼此的流轉」，藉由論述莊子「物化論」說明「與他者的關係」。

一、觀照現象的真實

不同的視野產生不同的生命樣貌。每一萬物因自身形體的拘限而有不同的觀看角度，尤其人們自身從小得自於學習經驗，而形塑成以自我為中心來觀看我以外的一切萬物，其中所造成的價值高下判斷，及所引起情緒的上下起伏與

愛恨別離，更是折磨人的一生。〈天下〉提到「由天地之道觀惠施之能」，惠施雖然「以善辯為名」，卻無法「自寧」，以其「猶一蚉一虻之勞者也，其於物也佐庸」，說的是惠施，但卻也指出人們的一生總是在名言符號上作各種判斷比較，使人如同蚊虻一般只著眼於當前看得見名號的虛妄追求上，而無法發揮人性本身之大用；期待能否不要再過一種「不反」、「不得」之「形與影競走」的「形」愈走而「影」愈緊隨的茫然與盲從。

1.有爲而累者人道也

若能深刻觀照時，要知道當以「自我」觀照時，則無法知其分別；甚至以自我以為「聖」者，反而是害天下多也。

> 四者孰知天下之正色哉？自我觀之，仁義之端，是非之塗，樊然殽亂，吾惡能知其辯！」（〈齊物論〉）
> 由是觀之，善人不得聖人之道不立，跖不得聖人之道不行；天下之善人少而不善人多，則聖人之利天下也少而害天下也多。（〈胠篋〉）

以自我觀之，常人都以「自我」為正，但若是以天地萬物之多樣性，何能以人類為宇宙中心而自以為正的呢？又人類社會及生活樣態的差異性，如何能以其中一個視角為標準，而定義天下人要何去何從呢？即使儒家主張仁義是非之價值分別，應是就其時空之限制下，所思索定義出來之主張，然又因時空變化，更因人之理解差異，當爭論何者為符合標準之「正」時，反而造成人間更大的混亂而已。是以，當觀照此以「仁義之道」欲達致「聖人」之境時，一面人們因此「道」而得以為善，一面亦因此「道」而得以為惡；以其當觀照以名言所立之主張時，有其善，亦必有其不善；君不見愈主張以仁義為聖人內涵者，反而造成實踐「聖人之道」的可能性想像，甚者假借聖人之名以行惡。是以，如何能夠觀照萬象之真實？老子在〈第一章〉即指出要「常有，欲以觀其妙」、「常無，欲以觀其徼」，只有在觀照現象「有」之有限性，進而以「無」消解價值觀點的單一性與狹隘性時，才能真正觀照萬象之「奧妙」，而不以「毫末」來「定至細之倪」、以「天地」來「窮至大之域」。

　　人類之視野有限，千萬不得以「毫毛之末」認為是最細小的，更不得以「宇宙之大」認為是最廣大的，成玄英疏云「以至小求窮其至大之域」云「至小，智也；至大，境也。夫以有限之小智，求無窮之大境，而無窮之境未周，有限之智已喪，是故終身迷亂，返本無由，喪己企物而不自得也」[33]，以人類有限的生理結構及存活時空，是完全未有能力足以主張絕對論點以推論「至細」和「至大」為何的。亦即人類只能將視野提升、拉高至天道的高度，以整體、全面的視野對待所有一切現象的發生，是以，何者能夠為「常」？〈秋水〉得出即使是「爭讓之禮」、「堯桀之行」，因為「貴賤有時」而「未可以為常也」，所以人們又何能舉堯舜而非桀紂呢？這是以「不常」為「常」，反而造成天下之亂。聖人非為「仁義」之行，而是當如「天道」之「無為而尊」。

> 故聖人觀於天而不助，成於德而不累，出於道而不謀，……不明於天者，不純於德；不通於道者，無自而可。不明於道者，悲夫！何謂道？有天道，有人道。無爲而尊者，天道也；有爲而累者，人道也。（〈在宥〉）天地雖大，其化均也；萬物雖多，其治一也；人卒雖眾，其主君也。君原於德而成於天，故曰：玄古之君天下，無爲也，天德而已矣。以道觀言而天下之君正，以道觀分而君臣之義明，以道觀能而天下之官治，以道汎觀而萬物之應備。」（〈天地〉）

　　聖人善於觀察、觀照天地萬物乃天道自然，而不以己身有限之力助之，成玄英疏云「聖人觀自然妙理，大順群物，而不助其性分」[34]；要成全實現自身之天真本德，而不因自我中心而苦累；一切所為均是得自於天道自然，而無須刻意謀畫或作為。因為若無法理解天道自然者，便無法實現天真本德之純粹；無法通達於天道自然者，便無法順應自然而得以認同。是以，若不明白天道自然是怎麼一回事的，是一件悲哀的事。所謂的「道」有「天道」和「人道」。天道乃自然無為，卻得以尊貴；人道刻意有為，反而勞累。無為得以尊貴的原因是能夠理解天地萬象變化的本質，乃是天道自然運行不變之律則，因為「天地

---

[33] 清・郭慶藩著，《莊子集釋》，頁571。
[34] 清・郭慶藩著，《莊子集釋》，頁399。

雖大，其化均也；萬物雖多，其治一也」，人類並非獨立於天地宇宙之外，然而人們卻常常自以為可以如此。聖人要做的是「原於德而成於天」，也就是恢復天真本德之性，而得以成全於天道自然之生命本質，這裡指出一種玄古君王之治天下之典範，因為「天德」所以「無為」。亦即其乃以天生自然之德為一切的治理原則，在符合天道下便自然的讓天下之君言得以正確、君臣之義分得以顯明、天下之官能得以治理，是以，若是能「以道泛觀」，那麼所有一切無不完備。

2.通天下之一氣

　　老子言「道生之，德畜之」（〈第五十一章〉），在宇宙運行規律中，有了天地萬物的生生不息，整個天地宇宙萬物是一個整體的融合。一面在運行規律變化中，萬物如四時般，在生死中循環反復不已，所謂「萬物之化」（〈人間世〉）以形成整體的動態流轉過程。一面天地萬物本身，甚至與他者的關係，沒有高低價值分別，所謂「天地雖大，其化均也」（〈天地〉），說明天地雖然如此廣大，但運行變化卻是均衡無私的，都是在此大化之流中；而且物與物之間都是動態變化的流轉過程，彼此沒有任何的界限，彼此互相流動，因為天地萬物是合而為一整體。是以，天地宇宙萬物本身就是一個變化的過程。

> 夫大塊載我以形，勞我以生，佚我以老，息我以死。故善吾生者，乃所以善吾死也。今之大冶鑄金，金踊躍曰「我且必為鏌鋣」，大冶必以為不祥之金。今一犯人之形，而曰「人耳人耳」，夫造化者必以為不祥之人。今一以天地為大鑪，以造化為大冶，惡乎往而不可哉！（〈大宗師〉）

　　莊子提到天道自然運行，以形軀來乘載生命，以生活來勞動生活，以老化使生命得以悠閒，以死亡使生命得以安息。是以，整個天地萬物是以一種無心無為的自然狀態，成玄英疏「故善吾生者，乃所以善吾死也」云「夫形生老死，皆我也。故以善吾生為善者，吾死亦可以為善矣」[35]。若要說「善」，那麼無心自然則為「善」，是一種絕對的善。是以，在面對生死時，生是無心自

---

35 清·郭慶藩著，《莊子集釋》，頁 243。

然，死也是無心自然。說明天地宇宙好像一個大熔爐，其中不斷變化之道如同大冶匠一般，至於天地萬物只要順其自然，並不必刻意有為，只要順應自然變化即可，那麼每個生命必將得其所在。反之，若非如此，那麼就好像一位大冶匠正在鎔鑄金器，但鎔金卻在爐裡跳躍說自己要鑄成一把像鎮鋣般的名劍，那麼大冶匠一定會以為這是不吉祥的金，鎔金應順應大冶匠在爐內的作為，而自然產生其原有的質地。這裡大冶匠則如同大化之道，大爐如同天地宇宙，鎔金就如同所有萬物，在面對不可逃之天地宇宙時，則需順應大化之流而與之變化。是以，整個天地萬物，都只是依其大化之道而有其形體，於是，不必大喊大叫，若是在自然變化之流中而試圖以「人為」加以刻意造作或控制，都將是徒勞無功的。要知道變化之道本身乃是永恆無限之運行不已，其以整體和諧為其道，對於人類產生天地造化之破壞者，勢必加以調整平衡。因此，若是能夠理解「大化之道」，那麼不管自然如何變化，也都能夠安然處之，都可以放下安適，憨山云「天地萬物，俱在造化鈞陶之中，何物而非載道成形？何往而非道之所在？如此又何往而不可哉？」[36]，說明萬物乃載道成形，乃道之所在，當然所往皆可。更況且天地宇宙萬物的變化乃是天地造化的推動安排。

> 顏回問仲尼曰：「孟孫才，其母死，哭泣無涕，中心不戚，居喪不哀。無是三者，以善處喪蓋魯國。固有無其實而得其名者乎？回壹怪之。」仲尼曰：「……孟孫氏不知所以生，不知所以死，不知就先，不知就後，若化爲物，以待其所不知之化已乎！……且汝夢爲鳥而厲乎天，夢爲魚而沒於淵，不識今之言者，其覺者乎，夢者乎？造適不及笑，獻笑不及排，安排而去化，乃入於寥天一。」（〈大宗師〉）

莊子透過顏淵與孔子的對話，顏淵提到孟孫才在面對母親死亡時，並沒有哭泣也沒有悲戚，守喪時更毫無哀慟之情，但卻是以善於處理喪事而名聞魯國。孔子則認為孟孫氏對於生死之事，並不做任何的價值判斷分別，如果自身已經化為任何萬物，就是再順應將來不可知的變化而已。任何的變化如同作夢

---

36 明‧憨山大師著，《老子道德經憨山註；莊子內篇憨山註》，頁 411。

一般，有時作夢為鳥而飛上高天，有時作夢為魚而沉入深淵，說明人們對於當下所堅持並認知的，到底是醒覺的還是作夢的狀態？一切只要順乎自然無為，如同最舒適的境界不必以笑容來表達，而最自然的笑容也根本不必刻意安排，只要安然於天地造化變化之流轉運行即可。所謂「其生也天行，其死也物化」，在「天行」、「物化」中自然而然地化解了對生死變化的執著。是以，不論活著或死亡，若是能夠依著宇宙運行變化而生活，就能進入真正體會宇宙根源之道的變化規律中，那麼便是莊子所謂的「天樂」，這是一種真正的快樂，也是一種最自然的悅樂。然而，宇宙運行變化的規律如何變化？莊子認為是「天下一氣」（〈知北遊〉）在天地宇宙間作氣之聚合與散滅之變化。

> 生也死之徒，死也生之始，孰知其紀！人之生，氣之聚也，聚則為生，散則為死。若死生為徒，吾又何患！故萬物一也，是其所美者為神奇，其所惡者為臭腐；臭腐復化為神奇，神奇復化為臭腐。故曰：「通天下一氣耳。」（〈知北遊〉）

這裡提到此規律中有生有死，生是死的連續，死是生的開始，有生命是氣的聚合，當氣的散滅時就是死亡。不論氣的聚合與散滅，都是在天地宇宙之氣中流轉運行，所以說萬物乃是合而為一。但人們卻只把活著的生命認為是美好神奇的，把死亡失去生命認為是醜惡臭腐的；這裡要知道的是，當醜惡臭腐時會再變化為美好神奇，當美好神奇時也會再變化為醜惡臭腐。所以說，整個萬物的生死變化，就是天地宇宙一氣的運行與聚散而已。然而，當氣之聚合成為「人」的生命，就天地宇宙的永恆變化之流而言，不過如「白駒之過郤」。

> 人生天地之間，若白駒之過郤，忽然而已。注然勃然，莫不出焉；油然漻然，莫不入焉。已化而生，又化而死，生物哀之，人類悲之。（〈知北遊〉）

這裡提到萬物的生命沒有不成長的，萬物的變化也沒有不死去的；人生活在天地之間，就好像陽光掠過間隙，只是一下子而已。在變化中有了生命，在變化中有了死亡，但活著的人總是因為不理解生死變化的本質，而對失去生命

時感到悲哀，這也是人類的悲哀。若是人們能夠觀照現象的真實狀態，對天道自然運行有整體的理解，那麼才能解開一切的束縛而能順應一切現象的發生與變化，而不會加以執著判斷好惡，當然便能不受其束縛而得到真正的自由。

二、萬物彼此的流轉

萬物除了在天地宇宙中乃自然變化外，物與物之間亦是如此。

1.莊周或胡蝶之化

莊子提出萬物彼此之間也是一種自然變化，而沒有任何界線的限制，謂之「物化」。

> 昔者莊周夢爲胡蝶，栩栩然胡蝶也，自喻適志與！不知周也。俄然覺，則蘧蘧然周也。不知周之夢爲胡蝶與，胡蝶之夢爲周與？周與胡蝶，則必有分矣。此之謂物化。（〈齊物論〉）

莊子舉自己與蝴蝶兩種完全不同的物種，說明彼此可以自由流動而沒有局限。莊子說到自己曾經在睡夢中，發現自己變成一隻蝴蝶快意自得，卻不知道自己是莊周；清醒後，才赫然發現自己是莊周。他在懷疑是莊周在作夢而有蝴蝶的化身，還是蝴蝶在作夢而有莊周的化身？王先謙云「謂周為蝶可，謂蝶為周亦可，此則一而化矣」，是「齊物極境」[37]，雖然莊周和蝴蝶，一定有所分別，但兩者之間卻沒有以莊周為主體而蝴蝶是客體的思維，莊子並不以我來觀物而高高在上，反倒是化解了物與物的拘限障隔，蝴蝶也可以是主體，而莊周是客體，人類是可以被其他物類所涵攝在內的。「一而化」說明以天道視野觀看而使萬物齊平後，方有物與物之間彼此流轉的可能。莊子啟發人們對於他者的認識，有一種不以「人類」為中心之平等一體的宇宙性思維，天地萬物都可以是「主體」亦可以是「客體」，彼此同時互為主體性，也互為客體性，而將主體與客體的界限化解而為一個整體，以上是就人類與其他有生命物類的流轉變化，以下舉出人類與無生命之物象亦可流轉變化。

---

[37] 清・王先謙著，《莊子集解》，頁18。

> 工倕旋而蓋規矩，指與物化，而不以心稽，故其靈臺一而不桎。忘足，履
> 之適也；忘要，帶之適也；知忘是非，心之適也；不內變，不外從，事會
> 之適也。始乎適而未嘗不適者，忘適之適也。（〈達生〉）

工倕用手旋轉而技藝超越了用規矩工具所畫出來的狀態，因為工倕的手指
與對象之物合一。當不用心知來謀劃時，那麼他的心神就能夠專一而不被限
制，郭象注「靈臺」云「靈臺者，心也，清暢，故憂患不能入」[38]，如同忘了腳
的存在時，就知道鞋子很舒適；當忘了腰的存在時，就知道腰帶非常舒適；當
忘了是非時，就知道心靈非常舒適；當內心不受變動也不跟著向外追逐時，就
知道事件發生的妥適。要從心靈安適開始，就沒有不舒適的可能，這就是忘了
安適的安適。是以，當主客間乃能變化流轉，便能化解主客的僵化界限和模
式，物與物間不固定拘限於某一狀態，物與物乃能彼此流通變化，合而為一，
達到一種最安適的狀態，一切無心自然而為，自由自適、自在不已，是以，憂
患何能侵入？若萬物本身就是一種變化的展示，老子言「萬物將自化」（〈第
三十七章〉）、「民自化」（〈第五十七章〉），莊子言「萬物皆化」，那麼
一切是「未可定也」。

> 天下是非果未可定也。雖然，無為可以定是非。至樂活身，唯無為幾存。
> 請嘗試言之。天無為以之清，地無為以之寧，故兩無為相合，萬物皆化。
> （〈至樂〉）

說明天下的是非確實是不可定論的，然而，只有不刻意作為，以自然而為
才可以有其是非「兩行」（〈齊物論〉）的可能；只有自然無為才能得到真正
的快樂，而極致的快樂才可以養活生命，因為萬物都是自然變化生長，如同天
空因為無為而得以清朗，土地因為無為而得以安寧，天地兩者因為無為而得以
彼此合一。是以，接受自然無為的變化才能真正使人不受任何的變化影響而產
生厭惡之情，於是如何觀照變化而與變化同流，便是重要的生命工夫。

---

[38] 清・郭慶藩著，《莊子集釋》，頁 794。

2.觀化而化及我

莊子舉出一般人所厭惡的「生病」就是「自化」，只是人們的形體變化而已，所以滑介叔即使長瘤卻能夠無有厭惡之感，以其能夠參與變化之流，才有可能化解人的好惡情感所造成對生命的傷害。

> 支離叔與滑介叔觀於冥伯之丘，崑崙之虛，黃帝之所休。俄而柳生其左肘，其意蹶蹶然惡之。支離叔曰：「子惡之乎？」滑介叔曰：「亡。予何惡？生者，假借也；假之而生生者，塵垢也。死生為晝夜。且吾與子觀化而化及我，我又何惡焉？」（〈至樂〉）

這裡提到支離叔和滑介叔一同到荒野遊覽，但過了不久，滑介叔左手臂長了一個瘤，他看起來驚擾不安，好像很厭惡一樣。但支離叔詢問他是否討厭這個瘤？滑介叔反而回答說不會討厭。他認為萬物之所以存活著，是因為假藉外在形體而得以寄託生長，當有生命之時就如同天地的塵垢一般，並沒有特別之處；至於生死就如同有白天夜晚一般，只是兩種現象的變化交替而已。滑介淑以為自己存活在天地宇宙之間，觀察天地之運行乃是無時無刻不在變化之中；至於自己長瘤之事，也只是變化的規律剛好發生在自己身上而已，所以根本沒有什麼好討厭的。是以，在觀照整個天地宇宙變化的過程中，變化只是剛好發生在自己身上而已；即使是一般人以長瘤為生病而有厭惡之情，但自己因為理解長瘤也只是變化的現象之一，所以根本不會有好惡的價值判斷，於是，對於生病長瘤之事，則可以順應轉化其不同形狀，而有無限的想像空間。甚者，當子祀四人直接將「生存」、「死亡」視為宇宙變化的不同現象時，他們彼此就成了莫逆心交的好友。

> 子祀、子輿、子犁、子來四人相與語曰：「孰能以無為首，以生為脊，以死為尻，孰知生死存亡之一體者，吾與之友矣。」四人相視而笑，莫逆於心，遂相與為友。俄而子輿有病，子祀往問之。曰：「偉哉！夫造物者，將以予為此拘拘也！……其心閒而無事，跰𨇤而鑑於井，曰：「嗟乎！夫造物者，又將以予為此拘拘也！」子祀曰：「汝惡之乎？」曰：「亡，予何惡！浸假而化予之左臂以為雞，予因以求時夜；浸假而化予之右臂以為

彈，予因以求鴞炙；浸假而化予之尻以爲輪，以神爲馬，予因以乘之，豈
更駕哉！且夫得者時也，失者順也，安時而處順，哀樂不能入也。此古之
所謂縣解也，而不能自解者，物有結之。且夫物不勝天久矣，吾又何惡
焉？」（〈大宗師〉）

　　子祀、子輿、子犁以及子來四個好朋友，有「生死變化爲一體」的共同價
值觀，彼此間就成了莫逆心知的好友。所以，子輿生病長瘤以致身軀扭曲，反
而認爲這是一件多麼不可思議的變化，因爲這是天地造化正好發生在自己的身
體上。子輿因爲理解這個變化是陰陽之氣失調所造成的，自己雖然拖著兩隻腳
斜行著，也仍舊能夠保有閒適的心境，而完全沒有厭惡的心態。所以，子輿開
始順應著這個變化之氣流運行，想像各種不同的可能性。憨山註云「浸假，造
化也，言從無形造化之中，漸漸而適於有形」[39]，造化使自己的左臂變化成一隻
雞，那麼就用它作爲報時的公雞；造化使自己的右臂變化成一隻彈弓，那麼就
用它射鳥而烤來吃；造化使自己的尾椎變化成一個輪子、心神變成一隻馬匹，
那麼就用它來騎乘，也就不需另外找車來駕駛了。小至身體長瘤的變化，大至
出生到死亡，不論是得到生命或者死亡來臨，都只是天道運行之理序而已。是
以，不論獲得生命，或失去生命，總是能夠安然於宇宙變化規律之流轉，成玄
英疏云「任化而往，所遇皆適也」[40]，那麼對於死生的哀樂情緒就不會侵入內心
而遭受傷害。在此提到這是古人解開人生如倒立懸掛之痛苦的解方，因爲人們
總是陷溺於「好生惡死」的迷惑中，倘若不能將生死視爲宇宙大化之氣的運行
變化，那麼人們便將被一切的事物所束縛制約，而無法好好活出自己的生命本
然，況且天地萬物沒有能夠逃避氣化流行的，當然自己只能全然接受而沒有厭
惡之情，所謂「天地有大美而不言」。

　　天地有大美而不言，四時有明法而不議，萬物有成理而不說。聖人者，原
天地之美而達萬物之理。是故至人無爲，大聖不作，觀於天地之謂也。今
彼神明至精，與彼百化，物已死生方圓，莫知其根也，扁然而萬物自古以

---

[39] 明・憨山大師著，《老子道德經憨山註：莊子內篇憨山註》，頁 407。
[40] 清・郭慶藩著，《莊子集釋》，頁 262。

固存。……惝然若亡而存，油然不形而神，萬物畜而不知。此之謂本根，可以觀於天矣。（〈知北遊〉）

　　若一切的事物只是天地宇宙的現象變化時，那麼便不會再以任何的好惡來作價值判斷，只能全然欣賞此造物大化的可能性。因為天地有其美好偉大卻不言語，四時有其變化規律卻不議論，萬物有其自然理序卻不說明。這裡提出一個悟道者，就是要使天地萬物的大美得以復原，並且達通天地萬物的道理，這一切都是從觀照天地自然而來的。至人體道所以神明純粹，並且參與一切的變化，因為所有天地萬物不論死生方圓，沒有人知道天道根源，只能理解萬物的生生不息乃是從古至今就是如此；大道運行變化好像不存在又存在，自然產生不見形跡卻有無限妙用，天地萬物受其畜養卻不自知。這就稱為根本，如果知道這個道理，就能觀察天道的變化現象了，而使天地萬物之間達到最和諧的關係狀態。

覺察體驗作業：

　　1.請去體驗現象世界的變化？
　　2.在變化的現象世界中，老莊如何應對此變化的現象？

第五節　與宇宙的關係：混沌論

　　萬物自身為「自化」，萬物彼此流轉為「物化」，一切物形之顯現是「氣之聚」，物形之隱沒是「氣之散」，「物形」並未有一種固定及永恆之存在。〈至樂〉提到「雜乎芒芴之間」，在「有一而未形」（〈天地〉）前之宇宙為一混沌狀態，是生命之所根源的「物之初」（〈田子方〉）；然而，此混沌之狀態與生命有何關係？人們能否因理解「混沌」而與天地宇宙產生真正的關係？進而對生命有更深刻的體悟？本節從「混沌之一的運行」提出「混沌之道的修煉」，論述「混沌論」說明「與宇宙的關係」。

一、混沌之一的運行

老子在描述自己所體會的天道時，便以「道可道，非常道。名可名，非常名」（〈第一章〉）來提醒讀者對於「天地宇宙生成之根源」表達的困難度，因為天道乃「視之不見」、「聽之不聞」、「搏之不得」，「此三者不可致詰，故混而為一」（〈第十四章〉）。一面就天道本身而言，天道為「混」，所謂「有物混成」是混沌不明的狀態，完全無法以人類的眼目感官去對應或接觸，更無法以任何名言稱號來加以識別，是為「忽兮恍兮」、「恍兮忽兮」（〈第二十一章〉）、「無狀之狀」、「無物之象」，「歸於無物」（〈第十四章〉）；而且天道在「寂兮寥兮」（〈第二十五章〉）、「窈兮冥兮」（〈第二十一章〉）之寂靜深遠中進行其「獨立不改，周行不殆」（〈第二十五章〉）之運行變化不已。另一面就天道生成而言，天道是「一」，是天地萬物整體合一的狀態，天道運行乃「其中有象」、「其中有物」、「其中有精」、「其精甚真」、「其中有信」（〈第二十一章〉），亦即萬物都能感受天道運行之真實存在，均依天道而自然生成，即使是人們亦以其人性特色，而發展自身獨具的差異性之理，王淮言「道之體性微妙深極，其中涵攝一切生命物質之原理與原質，既具『生』物之『理』，亦有『成』物之『用』。且其『理』真實不虛，其『用』效驗普遍，蓋道必然能生成萬物，萬物亦莫不秉道生成」[41]。〈天下〉提醒人類「無乎不在」的「治方術」，乃「皆原於一」之「道」也（〈天下〉），成玄英疏云「原，本也。一，道。雖復降靈接物，混迹和光，應物不離真常，抱一而歸本者也」[42]，一即本即道。

1.視一而不喪

首先是「德之道一」：

彼之謂不道之道，此之謂不言之辯。故德總乎道之所一，而言休乎知之所不知，至矣。道之所一者，德不能同也；知之所不能知者，辯不能舉也。名若儒、墨而凶矣。故海不辭東流，大之至也。聖人並包天地，澤及天

---

[41] 王淮著，《老子探義》，頁 91。

[42] 清・郭慶藩著，《莊子集釋》，頁 1066。

下，而不知其誰氏。是故生無爵，死無謚，實不聚，名不立，此之謂大人。（〈徐無鬼〉）

「道可道非常道，名可名非常名」（〈第一章〉），天道自然為不可道之常道，乃「不道之道」；為不可名之常名，乃「不言之辯」。天道內在於天地萬物之本性，天真本德皆源於大道自然之運行不已，天道為天下萬物之整體，分殊而為各個萬物之德性，具有其獨特性，故呈現出不相同的差異性；至於名言之知解當止於不能知、不可知之常名，故不陷入常名之知的分別中，更不能以之而區別判斷其高下，如同儒墨各有其主張，若硬是要以此來判斷其是非善惡，則將帶來無窮的災難。如海洋至大時便無東西南北分別，聖人在潤澤天下萬物時便無對象分別。是以，若能理解「德總乎道之所一」時，那麼便將盡其一生之天真本德的實現，不在有生命時堆加無謂的名聲爵位加以尊貴自己，死亡時也不在乎有何謚號加以定位自己，這就是真正活出人性的大氣象，謂之「大人」。其次是「萬物皆一」及「視其所一」

魯有兀者王駘，從之遊者，與仲尼相若。……常季曰：「何謂也？」仲尼曰：「自其異者視之，肝膽楚越也；自其同者視之，萬物皆一也。夫若然者，且不知耳目之所宜，而游心於德之和，物視其所一，而不見其所喪，視喪其足，猶遺土也。」（〈德充符〉）

在魯國與仲尼中分跟隨弟子的王駘，雖然只有一隻腳，卻展現獨具的人格魅力。以其所認知的思維模式與一般人殊異，〈德充符〉展現出當人觀看視野不同時，便有不同的行為方式。若以差異的角度來看待一切現象，從內在臟腑的肝膽和外在環境的楚越是完全不同的；但若是以相同的角度來看，這些現象都是根源於天道運行於宇宙萬物之整體變化現象，王淮言「萬物（宇宙萬象與人生活動）雖然在過程上所呈現的是紛紜與雜多，然而其活動之軌跡卻具有一種普遍而共同的法則」[43]。是以，若以天道自然內在於天真本性而展現運行變化

---

[43] 王淮著，《老子探義》，頁68。

之整體現象，取代感官耳目所接觸的差異現象為觀看視角，那麼將使內在德性悠遊於天道自然的整體和諧，此時在面對所有萬物時，將消解其現象的差異性，而洞察其內在本質之天道本德。如此，王駘並不認為自己的獨足與他人的雙足有何差異性，因為自己另一足的失去，也如同土塊般都將回歸天地宇宙之自然環境，所謂「凡物無成與毀」。

> 物固有所然，物固有所可。無物不然，無物不可。故為是舉莛與楹，厲與西施，恢恑憰怪，道通為一。其分也，成也；其成也，毀也。凡物無成與毀，復通為一。唯達者知通為一，為是不用而寓諸庸。（〈齊物論〉）

天地萬物均為天道自然運行變化的內涵，所有天地萬物均涵蘊在其中。是以，以「道一」之視野觀照「物固有所然」時，意謂著天地萬物各有其存在的理由，「物固有所可」亦指萬物均有其實現的可能；「無物不然」意謂著無有一物能被排除於天地萬物之外，「無物不可」意謂著無有一物能被否定其實現的可能性。即使世人以為無用的雜草或高大的樹木、醜女或美女，萬物各顯其獨特的樣貌，而被人視之為奇異怪誕，然而，就天道運行而言，均是現象之各種不同變化呈現而已。若是人們硬是要以社會價值觀點分別其高下美醜，而形成一特定之趨向，要知道此乃為毀滅此物之始。就天道為一整體的視野而言，天地萬物均有其內在之德足以充分發揮實現天道自然，以成全其獨有之本性，而為生命之意義與價值，無法訂立一個標準來判斷萬物之價值高低，是以，更無法在價值標準下有所謂的成功、失敗或得到、失去的問題。因為「成」與「毀」乃關乎自身之生命能否實踐天道自然於本性，而無關於他人所形成的社會價值標準之實現與否，在天地萬物各自有其實踐本性的可能中，都能夠於天道整體呈現中開展。然而，世人往往無法得知此智慧，只有通達之人能觀照萬物皆同於天道之整體，而不再陷入價值的二元對立，成玄英疏「雖達者知通為一」云「唯當達道之夫，神凝玄鑒，故能去彼二偏，通而為一」[44]；若是能夠如此則將不受死生禍福之擾亂。所謂「夫天下也者，萬物之所一也。得其

---

[44] 清‧郭慶藩著，《莊子集釋》，頁 72。

所一而同焉，則四支百體將為塵垢，而死生終始將為晝夜而莫之能滑，而況得喪禍福之所介乎！」（〈田子方〉）從天地萬物為一，至心領神會萬物為一，已然化解萬物不同所形成的價值高下，萬物雖有殊異不同，但卻同為天道整體之合一。若是如此，人類四肢百體如同塵土汙垢，均含攝於天地宇宙之間，而人類所在乎的生來死去將同一於天道運行規律而有白天夜晚一般，不會遭致混亂，當然從生至死間之無數得失福禍，亦不會受其干擾。甚者由言語文字所指涉的對象，當對象已然是整體時，透過文字符號所指涉的對象將不再具有任何分別，所謂「天地，一指也；萬物，一馬也」（〈齊物論〉），呂惠卿云「天地雖大，無異一指，以其與我並生而同體也，無我則莫知其為天地矣；萬物雖眾，無異一馬，以其與我為一而同類也，無我則莫知其為萬物矣」[45] 在天地萬物與我「並生」且「為一」中，以「無我」化解彼此的差異，而融入天地萬物之整體；當「同體」與「同類」於天道自然時，則莫知其為「天地」或「萬物」。是以，無論是以「指」或「馬」來說明有形之指頭或馬匹，亦可以指涉所有的天地萬物，將不再有任何的名言分別。

2.惡知君子小人

最後，混沌「一」的境界到底是怎麼一回事？

> 古之人在混芒之中，與一世而得澹漠焉。當是時也，陰陽和靜，鬼神不擾，四時得節，萬物不傷，群生不夭，人雖有知，無所用之，此之謂至一。（〈繕性〉）
> 吾意善治天下者不然。彼民有常性，織而衣，耕而食，是謂同德；一而不黨，命曰天放。故至德之世，其行填填，其視顛顛。當是時也，山無蹊隧，澤無舟梁；萬物群生，連屬其鄉；禽獸成群，草木遂長。是故禽獸可係羈而遊，烏鵲之巢可攀援而闚。夫至德之世，同與禽獸居，族與萬物並，惡乎知君子小人哉！（〈馬蹄〉）

---

[45] 宋・呂惠卿撰、湯君集校，《莊子義集校》（北京：中華書局，2020年），頁31。

　　這裡說明古人在混沌芒昧之中，舉世恬淡寡欲，而且陰陽之氣和順，鬼神不侵擾人，四時有其序，天地萬物也不能被傷害，萬物之生能安享天年，人類即使有知識也不必使用，這個時候是「完滿純一」的境地，沒有刻意作為，只是自然而然。人民有真常的本性，紡織而衣，耕種而食，這是共同的天真本德；一體無別無有偏私，名為自然放任。在整體合一的盛德世代中，人人都腳步踏實、目光專注；山中沒有路徑通道，水上也沒有船隻橋梁；萬物眾生，比鄰而居；禽獸眾多，草木滋長。所以可以牽著禽獸的繩索和他們一同遊玩，也可以向上攀爬窺望烏鵲的巢穴，而在與禽獸並居和萬物同聚中，根本不會去分別君子和小人！萬物均在合而為一的境界中，感受到「天地與我並生，而萬物與我為一」（〈齊物論〉）的生命情調，以其「同」於天道宇宙，在天地萬物都是一體無別中，根本不會去分別耳朵與眼睛適宜何種聲色，這樣內在心靈就能悠遊於天真本德所照見天地萬物的一體和諧，所謂「天地樂而萬事銷亡」。

> 諄芒將東之大壑，適遇苑風於東海之濱。……「願聞神人。」曰：「上神乘光，與形滅亡，此謂照曠。天地樂而萬事銷亡，萬物復情，此之謂混冥。」（〈天地〉）
> 古之人在混芒之中，與一世而得澹漠焉。當是時也，陰陽和靜，鬼神不擾，四時得節，萬物不傷，群生不夭，人雖有知，無所用之，此之謂至一。當是時也，莫之為而常自然。（〈繕性〉）

　　這裡提到諄芒與苑風的相遇，提到「神人」是活在「混冥」之混沌不明之合一無別的生命境界中。天道自然有如光亮，使內在天真本性皆能順應其指引，不再受限制於人們所執著的有形相狀，皆能照見生命之無限寬廣。此時天地萬物同樂，所有對萬物執著而產生的困頓和不安全都將隨之消失，天地萬物均回歸其天真本性，人們雖然有其知解，卻不受其制約宰制而能回歸於天道自然之至一，陰陽之氣和諧，鬼神各有其位，四時運行得宜，萬物不受傷害，群聚共生皆得其自然年歲，此時均為自然而然，各得其所在。

二、混沌之道的修煉

　　人們雖然與其他物類同樣在天地宇宙之間，但卻有與其他物種最大的差異，其他物種本身會因環境變化而調整生理狀態，以適應新的環境；然而，人卻會因為環境變化，藉著想像力與創造力的生發而有種種發現、發明與創造，進而產生了文化和文明。人類不必調整自己的生理狀態，卻能夠運用環境資源而使生命得以存活下來，並且活得愈來愈久；但卻似乎忘了自己是來自於天地宇宙，更忘了自己是萬物中的一分子。老子反思人們擁有與其他物類不同的人性存在，雖然人類也一直離不開天地宇宙之自然變化，但老子更試圖要提醒著人類是否能夠「載營魄抱一，能無離乎」（〈第十章〉），也就是要喚醒人類的內在心靈，千萬不要遠離天道自然之運行規律，不然終必陷入人生的困境，甚者將遭致天地宇宙的滅絕。以其當人們高舉著「人類是萬物之靈」、「人定勝天」時，即是以人類為天地宇宙之主宰而能夠滿足自身之無窮欲望，更企圖要以人類的力量控制、改變整個自然環境；在工業革命及資本主義的推進與人類高舉經濟社會的發展成長中，以無限的商品來填滿人類的生活，再刺激人們能夠生產更多，以滿足人類無止境的欲望追求。

1.混沌死而修混沌術

　　人類以「自我」為中心，使得人類脫離天地宇宙，過著生活在天地宇宙、卻與其完全疏離的生活樣態，人類世界與天地宇宙形成一個強大的斷裂，因為人類世界已經全然悖離整個天地宇宙的運行律則，而對自然環境破壞殆盡，莊子在〈應帝王〉提到「渾沌之死」，亦是提醒人類在混沌之「孔竅」完全開鑿後，將造成天地宇宙的散滅、質樸自然的消失。

> 南海之帝為儵，北海之帝為忽，中央之帝為渾沌。儵與忽時相與遇於混沌之地，混沌待之甚善。儵與忽謀報渾沌之德，曰：「人皆有七竅，以視聽食息，此獨無有，嘗試鑿之。」日鑿一竅，七日而渾沌死。（〈應帝王〉）

　　這裡提到南海與北海之帝「儵」與「忽」，與中央之帝「混沌」不期而遇，因為二帝感念混沌之善，所以思以回報。因為只有混沌沒有七竅，於是好心好意為混沌開鑿，在每天開鑿一竅的情況下，七天開完七竅後，混沌就死去。郭

象注云「為者敗之」[46]，因為二帝完全無法理解混沌之善，乃是一種自然生發、無心無為之善，其欲以回報混沌，卻反而促使混沌死去。七竅之開鑿，意謂著人類感官不斷地向外攀緣擴張；「死」意謂著當人類欲望達到極致時，將遠離原初「與自然合而為一」、「如混沌一體無別」的生命狀態，與天地宇宙完全斷裂，在悖離天道自然的不變運行規律中，將承受如「死亡」般的災難。莊子〈在宥〉提醒人們要「心養」，所謂「渾渾沌沌，終身不離」，說的就是修養真心以化解被外物奴役的心知，回歸天道自然，而與天地宇宙形成一種和諧的關係。莊子透過子貢與孔子的對話，說明一種「混沌術」的修煉，而成為人能回歸宇宙天地宇宙的可能方法。

> 子貢南遊於楚，反於晉，過漢陰，見一丈人方將為圃畦，……反於魯，以告孔子。孔子曰：「彼假修渾沌氏之術者也：識其一，不知其二；治其內，而不治其外。夫明白入素，無為復樸，體性抱神，以遊世俗之間者，汝將固驚邪？且渾沌氏之術，予與汝何足以識之哉！」（〈天地〉）

這裡說到子貢看到一個老人在菜園裡，卻不用機械汲水澆灌，反而採用最人工的方式來回取水。孔子告訴子貢說，這個灌溉老人是學習混沌道術的人，所謂「混沌術」就是持守著道之內在於德性的完整，不以心知作價值二元分別而加以破壞；在不斷修養內在真心而不向外追求中，便能明白純素、自然樸拙，體現本性展現心神，使自己悠遊於人世間。然而，混沌術是不容易理解的，混沌之道是「一」，所謂的「混沌術」就是修養觀照天道運行規律的整體視野，〈大宗師〉提到「其一也一，其不一也一。其一，與天為徒；其不一，與人為徒。天與人不相勝也，是之謂真人。」社會價值常分「好」與「不好」，其實好的一是一，不好的一也是一，最後都將歸於整體的一。是以，若是一，就是以天為友伴，顯現天道自然的純一；不是一，就是以人為友伴，顯現人間天下的複雜性。

---

46 清‧郭慶藩著，《莊子集釋》，頁310。

2. 與天爲一而內不化

〈達生〉提到要「形全精復」才能「與天爲一」。

> 達生之情者，不務生之所無以爲；達命之情者，不務知之所無奈何。養形
> 必先之以物，物有餘而形不養者有之矣；有生必先無離形，形不離而生亡
> 者有之矣。生之來不能卻，其去不能止。悲夫！世之人以爲養形足以存
> 生，而養形果不足以存生，則世奚足爲哉！雖不足爲而不可不爲者，其爲
> 不免矣。夫欲免爲形者，莫如棄世。棄世則無累，無累則正平，正平則與
> 彼更生，更生則幾矣。事奚足棄而生奚足遺？棄事則形不勞，遺生則精不
> 虧。夫形全精復，與天爲一。天地者，萬物之父母也，合則成體，散則成
> 始。形精不虧，是謂能移；精而又精，反以相天。（〈達生〉）

要能夠「形全精復」，就必須是通達生命實情的人，一者不要追求生命
中不必要的東西，二者不要改變命運中不可奈何的事情，郭象云「全其自然
而已」[47]。雖然，養護形體要先從外物爲起始點，要擁有生命也不能離開外在形
體；然而，有時外物充餘卻形體不得養護，或一直存有形體卻喪失生命本身
的。因爲生命的到來不能推辭，生命的離去不能阻止；但世俗的人卻在養護形
體時，無法實現生命本身的美好，反而不能免於勞累。是以，若是要免於形體
的勞累，不如消解世俗價值的執著，才能免於疲憊人生，而後能夠心正氣平與
現象變化一起再生，若是如此，便是近於「天道」了。理解世事標準要能夠捨
棄，但生命本身卻是不能夠遺忘的；若是捨棄世事標準，那麼形體就不會勞
累，捨棄養生過度，那麼精神就不會虧損。在形體完全中讓精神完全恢復，能
夠與天道自然合而爲一。至於天地宇宙是萬物的父母，天地之氣聚合就成形
體，天地之氣散滅就成爲另一物象的開始。形體精神其實是沒有虧損的，也就
是隨著自然變化而與之變化；至於精氣聚合與散滅，乃是循環反覆以輔助天道
自然的有與無。以上的「形全精復」重於自身與外在的關係，至於要如何下內
在的工夫？

---

[47] 清·郭慶藩著，《莊子集釋》，頁 125。

> 齧缺問道乎被衣，被衣曰：「若正汝形，一汝視，天和將至；攝汝知，一汝度，神將來舍。德將為汝美，道將為汝居，汝瞳焉如新出之犢而無求其故！」……曰：「形若槁骸，心若死灰，真其實知，不以故自持。媒媒晦晦，無心而不可與謀。」（〈知北遊〉）

此處透過齧缺向被衣問「道」，以說明如何實踐？首先，要端正形體、專一視覺，自然的和氣就會來到；其次收攝聰明、專一思慮，精神就會凝聚。最後，天真本德將成為自身的美好，天道自然將成為自身的安頓處所。心神將如同初生小牛一樣單純而不會謀劃預算，而形體也如同枯槁木頭、心知如同息滅灰燼般，在體驗天真本德之真知中，不會以心知之所是為執著，總是表現出混沌不明，沒有心思而不可謀慮的樣子，這是「與天為一」之「內不化」，此不化之「一」，即是內在的天真本德。

> 顏淵問乎仲尼曰：「回嘗聞諸夫子曰：『無有所將，無有所迎。』回敢問其遊。」仲尼曰：「古之人，外化而內不化；今之人，內化而外不化。與物化者，一不化者也。安化安不化，安與之相靡，必與之莫多。」（〈知北遊〉）

莊子透過孔子提到古人能夠「無所送也無所迎」的原因，是因為古人能夠順應外在環境的變化，但內心安定卻不會隨之變化，成玄英疏云「外形隨物，內化凝神」[48]；至於現今之人，內心在變化不安中卻不能跟著外在環境變化而變化，成玄英疏云「內以緣通，變化無明；外形乖誤，不能順物」[49]。是以，要參與外物的變化而變化，在內心卻要安定沒有變化；若能夠安然於變化與不變化，以內心之安定與之對應順從外在環境，就必然能夠參與變化而不會增加內心的負擔。總而言之，人們若是能夠理解自身與天地宇宙的混沌關係，那麼便能在變化的現象世界中，安頓於內在之德的不變規律中。

---

[48] 清‧郭慶藩著，《莊子集釋》，頁765。

[49] 清‧郭慶藩著，《莊子集釋》，頁765。

覺察體驗作業：

1. 請覺察自己是天地宇宙中的一份子？那到底是怎麼一回事？

2. 人們若是天地宇宙的一份子，那麼如何對應外在環境變化的現象呢？

Chapter ⑤

存在的困境與超越

　　人類因自身存在的生命樣態與他種物類不同，具備複雜的思維結構而能反省自己，並活在社會化所建構的價值世界裡，形成了自我心知，並在維護自我心知中產生了執著。當以自我為中心時，認知裡總是存在著自我之「得」與「失」的思量，所謂「吾所以有大患者，為吾有身」（〈第十三章〉），王弼云「生之厚必入死之地，故謂之大患也」[1]，「有身」就「有己」，就是「心知對自身的執著」[2]。人們無法改變有「形軀」的大患，而是因為生命以形軀為載體，人類害怕失去與無法生存，以及為了尋求認同以獲致安全感受，總是將全部心力用以滿足自身的存活，並且在極盡欲望之求得與想望中，造成自身及他者無窮的災禍與罪過，老子言「禍莫大於不知足，咎莫大於欲得」（〈第四十六章〉），可悲的是天下人均迷失在此欲望的追求滿足上，無法自拔。

　　雖然人類與他種物類皆有滿足形體存活之本能需求，但卻獨具對自身有存在之感受，因此亦較其他物類產生了更大的困境與苦痛。從生命之始，人類除了感受「生命」的存在外，即開始走向死亡的歷程，總是追問著生命存在的價值與意義；在面對無限的選擇中，一生應該要以何種方式來存活？人們一面依賴於社會關係以獲得認同，以確認自己的存在價值；一面卻又只能孤獨的面對自己，以內在的生命真實去經歷外在的現象。然而，人們在面對自己與他人時，卻易流於彼此共生的狀態而無法分化成功，多陷入依賴的人我關係中，使得內外身心無法安頓，不僅無法邁向生命獨立的個體化過程，更是難以活出生命的本然狀態。

　　人活在社會關係中，外在的現象卻是恆常的變化，當人們無法理解現象的本質時，則將之視為苦難，使得生活遭遇受挫打擊而無法安頓；是以若能夠理解現象變化乃是天道自然之不變規律，變化是時序之自然，不可改變之必然，是人類無法控制的；進而掌握現象變化之不變規律的本質，理解天道自然乃內在於生命本身，只能讓現象如實呈現，需要在順應變化現象中掌握自身的內在本性，如此便能化解自身所無法接受現象不能變化的苦難樣貌。亦即苦難並非是現象本身，而是人們欲以控制的對象，不能如自己所想要的樣貌呈現而已，亦即當人們內在失去能夠掌握或控制的可能性，便成為人們苦難的來源。

---

[1]　魏・王弼著，《老子註》，頁 24。

[2]　王邦雄著，《莊子內七篇・外秋水雜天下的現代解讀》，頁 41。

人類活在社會關係中，乃是透過自我表現在關係的言行中，以展現自身的存在狀態，在內在生命無法獨立的關係連結中，往往形成一種控制的關係，當然亦形成一反作用力，即是被控制。在互相控制中，彼此生命產生了糾葛與傷害，亦耗散及限制了生命發揮的可能性，以致人們的煩惱大多數是來自於人我關係中的困頓。至於在人我關係中，若他人的生命走向死亡時，一面為種種的情感不捨，另一面更是同時感受到未來失去生命的威脅與恐懼，而不容易釋懷。

以下將從五個面向加以論述，第一節從「不安論」談生命的恐懼、第二節從「獨立論」談孤獨的意義、第三節從「因是論」談苦難的化解、第四節從「不傷論」談適當的關係，以及第五節從「一條論」談死亡的想像，均說明「存在」感受所造成的困頓，以及超越的可能性。

第一節　存在的恐懼：不安論

人們因自我而產生生命的種種想像，佛教提出「苦」以提點出人生的現象，卻藉由因緣觀而得以離苦得樂；基督宗教以「罪」切入人性限制，要人悔改轉向神而得以復活永生。以上均是發現人類對於生命有一種莫名的缺陷及患難，由此產生恐懼而讓人無法好好過生活。至於，儒道兩家雖然都是從人性著手，儒家賦與人性以仁愛，道家則不對人性加以定義，而直接肯定「道生德畜」，天道乃內在於人的生命本身而為德性，此人性之德並無法定義，就如同天道無法以感官來接觸一般，完全是「自然」的狀態，並不需要刻意造作，因為天道自然乃內在於德性之中，只要順應天性自然，貼近生命本身，本性中已有「天道」的自然引導，若是無法理解及掌握運用時，將使生活無法安頓。本節從「失性則恐懼不安」開展出「無所可用則安之」，藉由論述莊子「不安論」說明「生命的恐懼」。

一、失性則恐懼不安

老子言「寵為下，得之若驚，失之若驚，是謂寵辱若驚」（〈第十三章〉），告誡人們即使是人類所熱愛的得寵，也是有災難的；為了得到而無法

心安於當下，也會因為害怕失去而無法安然於此刻，無論是「因寵而獲得」或「因辱而失去」，皆是不得不使人存在於驚恐不安之中。上位者的影響力大，更因糾結在不知足與欲想獲得中，使得天下人的生活愈加貧苦，國家愈加昏亂，社會愈顯亂象，罰則愈加細瑣，所謂「天下多忌諱，而民彌貧；民多利器，國家滋昏；人多伎巧，奇物滋起；法令滋彰，盜賊多有」（〈第五十七章〉）。老子觀察從三代以後，因為「失道」而後失仁、義、禮，而且可以預期的是要以「法」來制訂人我往來之理則，因為「法令滋彰」、「賞罰為事」，所以造成「盜賊多有」，使得天下人恐懼不安而無法「安其性命」（〈在宥〉）。

1. 失性好知之亂天下

徒「法」實在不足以讓人安定，老子追溯人性之道生德畜，《莊子·胠篋》提到「天下大亂」是因為「上誠好知而無道」。

> 子獨不知至德之世乎？昔者……伏羲氏、神農氏，當是時也，民結繩而用之，甘其食，美其服，樂其俗，安其居，鄰國相望，雞狗之音相聞，民至老死而不相往來。若此之時，則至治已。今遂至使民延頸舉踵曰「某所有賢者」，贏糧而趣之，則內棄其親而外去其主之事，足跡接乎諸侯之境，車軌結乎千里之外，則是上好知之過也。上誠好知而無道，則天下大亂矣。……故天下每每大亂，罪在於好知。故天下皆知求其所不知而莫知求其所已知者，皆知非其所不善而莫知非其所已善者，是以大亂。故上悖日月之明，下爍山川之精，中墮四時之施，惴耎之蟲，肖翹之物，莫不失其性。甚矣夫好知之亂天下也！自三代以下者是已。舍夫種種之民而悅夫役役之佞，釋夫恬淡無為而悅夫啍啍之意，啍啍已亂天下矣。（〈胠篋〉）

這裡提到的「至治」是結繩記事、甘食美服、樂俗安居，呈現自我滿足，不被干擾之天人物我的和諧狀態。然而，若有上位者因其自我認知而主張何為賢者？那麼勢必使人民引領期盼、負糧跟從、車行千里、奔波境外，最後便是遠離家人，以及離開自身生命之安適所在，以為賢者將代為指引，致使人人忘記自身生命的天真本性，只要追隨著上位者的指引加以行動即可；然而，此

認知指引必將形成標準與遵循，在上位者的差異標準下，人人各是其所是，而非大道之多元與自然合一下，必然造成天下大亂。這裡提到「天下每每大亂，罪在於好知」，以其人人都追求其所不知的心知偏見，卻從來不知道要追求本身已具有之天真本性真知；人人都知道不善的要超越，卻不知道自以為善的更要突破，是以天下人不得不亂。因為人人已然悖逆了日月光明、銷融了山川精華、遺失了四時運行，此時天地萬物沒有不失去其本性的。在人類好知執著而惑亂天下時，人們早已經捨棄了天真本性的人性價值，反而奴役於以巧辯為能事；放棄恬淡自然無為的生活模式，卻以多言之刻意造作為喜愛，要知道有心有為是造成天下人混亂而無法安心的主要原因，因為「德自此衰」也。

> 堯治天下，伯成子高立為諸侯。堯授舜，舜授禹，伯成子高辭為諸侯而耕。禹往見之，則耕在野。禹趨就下風，立而問焉，曰：「昔堯治天下，吾子立為諸侯；堯授舜，舜授予，而吾子辭為諸侯而耕。敢問其故何也？」子高曰：「昔堯治天下，不賞而民勸，不罰而民畏。今子賞罰而民且不仁，德自此衰，刑自此立，後世之亂自此始矣。」（〈天地〉）

伯成子高為堯之諸候，在舜授禹政時，子高辭諸侯而為耕。禹問其原因，子高說明，堯治理天下乃天下人不必獎賞也不必懲罰，便自然向善避惡；但此時卻是要透過賞罰治理，反而無法使天下人發揮仁愛之心，內在天真本德開始衰敗後，才需要建立刑罰制度，當然後世的亂象也將從此時開始。

2.不若相忘於江湖

若是仁義內在於心，何必振憤人心以刻意求之，反而只會造成更大的混亂而已。

> 孔子見老聃而語仁義。老聃曰：「夫播穅眯目，則天地四方易位矣；蚊虻噆膚，則通昔不寐矣。夫仁義憯然，乃憤吾心，亂莫大焉。吾子使天下無失其朴，吾子亦放風而動，總德而立矣，又奚傑然若負建鼓而求亡子者邪？夫鵠不日浴而白，烏不日黔而黑。黑白之朴，不足以為辯；名譽之觀，不足以為廣。泉涸，魚相與處於陸，相呴以溼，相濡以沫，不若相忘於江湖。」（〈天運〉）

　　這裡藉由孔子主張仁道而問於老子，老子說若米糠進入眼睛而睜不開，那麼就會失去空間的方向感；若蚊蠅叮咬皮膚，那麼整晚就不能好好安眠。若仁義真正的潛藏於內心，卻不斷地高舉宣揚，那麼就必然造成天下大亂。是以，仁義若為人的內在本性，老子提醒孔子只要使天下人不要失去單純樸拙的本性，順其自然而為，以內在的天真本德為核心，根本不必敲鑼打鼓地大肆宣傳，像要找走失的孩子一樣。就像白天鵝不必天天洗澡就是白色了，烏鴉也不必天天染黑就已經是黑色了，這都是他們的自然本性。是以，黑白若是自然的本性，那麼根本就不必去爭辯美醜，也無需有名聲稱譽的堆加，因為這些作法根本就不足以改變本性自然，而天地萬物只要依其天道自然內在於德性加以成長發揮即可。天地萬物都能夠盡本性，各自完成其天真自然，而無須刻意強調仁心義行；如同當泉水乾涸時，魚群才需要曝露在陸地上呼吸吐氣，彼此以口水滋潤對方，而如此困窘的狀態，倒不如各自在江湖裡好好的遊水而忘了彼此的存在。要知道在刻意主張仁義後的禮，才是真正的「亂之首」。

　　　　知北遊於玄水之上，登隱弅之丘，而適遭無為謂焉。知謂無為謂曰：「予欲有問乎若：何思何慮則知道？何處何服則安道？何從何道則得道？」三問而無為謂不答也，非不答，不知答也。知不得問，反於白水之南，登狐闋之丘，而睹狂屈焉。知以之言也問乎狂屈。狂屈曰：「唉！予知之，將語若，中欲言而忘其所欲言。」知不得問，反於帝宮，見黃帝而問焉。黃帝曰：「無思無慮始知道，無處無服始安道，無從無道始得道。」知問黃帝曰：「我與若知之，彼與彼不知也，其孰是邪？」黃帝曰：「彼無為謂真是也，狂屈似之，我與汝終不近也。夫知者不言，言者不知，故聖人行不言之教。道不可致，德不可至。仁可為也，義可虧也，禮相偽也。故曰：『失道而後德，失德而後仁，失仁而後義，失義而後禮。禮者，道之華而亂之首也。』」（〈知北遊〉）

　　〈知北遊〉問「道」於「無為謂」和「狂屈」不得，最後問於黃帝，黃帝提出知道者乃無有思慮、安道者乃無所不遊、得道者乃無有依循。所以問道於無為謂及狂屈二人皆為得道者，所以不得其問。其主張天道內在於德性乃一無限存有，聖人生命之核心價值，乃終其一生實現天道自然於內在本德天真，所

以在言卻不言、知卻不知的無心無為中，都能夠無所不為的使天下百姓完成其本性自然。若是要不斷地提倡仁義禮行時，那麼仁愛便成了刻意作為，義行反而逐漸失去本性，禮樂規範則變形而產生虛偽巧詐；因為從天道內在於本真自然中，將逐步失去仁心義路，甚至於在人際往來中要以禮儀規範作為道德的要求，這對天道自然而言當然是錦上添花，更是造成人際關係的不明且混亂之最大根源，所謂「亂天之經，逆物之情，玄天弗成；解獸之群，而鳥皆夜鳴；災及草木，禍及止蟲。意！治人之過也！」（〈在宥〉），亦說明以仁義禮行治理天下，則將擾亂天常，違背物性，後患無窮。是以，要如何才能「安」？當無用於世卻發揮及實現生命本身時，才是生命的真正大用。

二、無所可用則安之

　　人們無時無刻在求「安全」，但內心總是無法「安定」，總是以為環境無法安全，所以內心才無法安定。以其人們透過身體感受外在環境，一面除了身體機能是所有生物中最脆弱者，一面更是以身體的感知去面對外在環境。

1. 無所可用而無所困

　　當以脆弱的身體去感受外在的環境變化時，總是有強烈的不安全感，而使生命感受到威脅不安，一生總是不斷受到能否存活下去而心生恐懼，無法達到內心安定，首先，莊子在〈逍遙遊〉提到狸狌的「東西跳梁」，說的是為了「生存」而外求，所造成的不安，最後反而遭致殺害。

　　惠子謂莊子曰：「吾有大樹，人謂之樗。其大本擁腫而不中繩墨，其小枝卷曲而不中規矩，立之塗，匠者不顧。今子之言，大而無用，眾所同去也。」莊子曰：「子獨不見狸狌乎？卑身而伏，以候敖者；東西跳梁，不避高下；中於機辟，死於罔罟。今夫斄牛，其大若垂天之雲。此能為大矣，而不能執鼠。今子有大樹，患其無用，何不樹之於無何有之鄉，廣莫之野，彷徨乎無為其側，逍遙乎寢臥其下？不夭斤斧，物無害者，無所可用，安所困苦哉！」（〈逍遙遊〉）

　　生命能否無求於外、無用於世，而能安於生命本身？當惠施在取笑莊子所談的言論是「無用」時，如同惡臭質地粗鬆的樗樹一樣，擁腫不合繩墨，其小枝亦卷曲不合規矩，即使長成高大的樹而立在路旁時，連木匠路過也不會回頭看。在此惠施完全以能否合乎社會價值功用，而定義樗樹或莊子的言論是否有用，但莊子卻以黃鼠狼的習性來回應惠施。莊子說黃鼠狼總是壓低身子埋伏以等候出遊的小動物，一看見獵物就跳躍歡呼，完全不在乎地勢的高下，最後卻中了敵人所設計的機關，死在陷阱的網羅裡；但再看看犛牛，體形非常巨大就好像是掛在天邊的雲團，但牠這麼大卻不能捕捉老鼠。憨山註云「此篇托惠子以嘲莊子之無用，莊子因嘲惠子以小知求名求利之為害，似狸狌之不免死於罔罟。若至人無求於世，固雖無用，足以道自樂，得以終其天年，豈不為全生養道之大用，是則無用，又何困苦哉」[3]，說明至人無求於世，所以無有困苦。

　　莊子要說的是，即使自己是一棵惡臭樗樹，也根本不必擔心它對人類而言是否有用，此時只要放下對惡臭樗樹既有的被人類使用的認知模式，而將其定位在任何的可能性時，那麼就不必刻意多做些什麼。至於擁有這棵惡臭樗樹的人而言，其實也只要徜徉並自由自在寢倒其中即可；此時，並不會有斧頭柴刀來砍斫它，更沒有任何外物可以傷害它，因為它對世俗而言是沒有什麼用途的，當然其生命本身更不會遭受到任何的困苦。王先謙在解「安所困苦哉」云：「惠以莊言為無用，不知莊之遊於無窮，所謂大知小知之異也」[4]，無用所以能遊於無窮，是以，當人們以是否有用於世而定義現象的價值高下時，那麼內在便將呈現恐懼不安，如同黃鼠狼一樣東西跳梁最後卻死於罔罟；亦即人類若以社會價值標準來衡量自身時，那麼便會陷入比較得失的不安之中。莊子在〈人間世〉中提出「山木自寇也，膏火自煎也。桂可食，故伐之；漆可用，故割之。人皆知有用之用，而莫知無用之用也」（〈人間世〉）。當山中樹木長大成材時，便被拿來當斧柄以砍伐自身；膏油因燃燒得以照明，自身反而遭受煎熬之苦。桂樹皮可以吃，於是招來砍伐；漆樹汁可以使用，反而被割傷。人人都知道能被使用的好，卻沒有人知道無用於世才是真正生命大用的好。

3　明‧憨山大師著，《老子道德經憨山註：莊子內篇憨山註》，頁188。
4　清‧王先謙著，《莊子集解》，頁5。

匠石之齊，至乎曲轅，見櫟社樹。其大蔽數千牛，絜之百圍，其高臨山十
仞而後有枝，其可以為舟者旁十數。觀者如市，匠伯不顧，遂行不輟。弟
子厭觀之，走及匠石，曰：「自吾執斧斤以隨夫子，未嘗見材如此其美
也。先生不肯視，行不輟，何邪？」曰：「已矣，勿言之矣！散木也，以
為舟則沈，以為棺槨則速腐，以為器則速毀，以為門戶則液瞞，以為柱則
蠹。是不材之木也，無所可用，故能若是之壽。」匠石歸，櫟社見夢曰：
「女將惡乎比予哉？若將比予於文木邪？夫柤、梨、橘、柚、果、蓏之
屬，實熟則剝，剝則辱，大枝折，小枝泄。此以其能苦其生者也，故不終
其天年而中道夭，自掊擊於世俗者也。物莫不若是。且予求無所可用久
矣，幾死，乃今得之，為予大用。使予也而有用，且得有此大也邪？且
也，若與予也皆物也，奈何哉其相物也？而幾死之散人，又惡知散木！」
（〈人間世〉）

　　這裡舉出櫟社樹的例子，在祭祀土地神的廟社旁有一棵巨大的櫟社樹。此
樹之大能為數千隻遮蔭，要百人以上才能用手圍住樹幹，並且樹立在七十尺
的高山上，再往上才長了枝條，這棵大樹可以製成數十艘船；然而觀看者人數
眾多，匠石卻沒有停下來而一直往前，弟子飽覽大樹後靠近匠石詢問為什麼理
都不理這棵大樹，工匠說這棵樹是「散木」，乃是鬆散無用之木，製成船隻很
快就會沉沒，製成棺材很快便會腐爛，製成器物也容易毀壞，製成門窗則將流
滿枝液，製成柱子則會被蟲咬，是一棵不成材的樹木，更是一棵不能作為任何
用途的樹木，因為沒有任何用途才能夠活得如此長壽。後來櫟社樹在匠石的夢
中顯現，反問匠石是將自己和什麼的樹木相比呢？不論是木本或草本的果實，
只要結果了便被摘採，無論是粗大的枝條或細小的枝條，總是遭受到折斷拉扯
的屈辱，因為有用於世人，使得自己的一生受苦，不得終其自然壽命而提前夭
折；可悲的是萬物沒有不如此的，自身總是招來因世俗價值的有用無用之分，
而遭受傷害擊毀。並且櫟社樹提到自己渴求無可用於世俗已經很久了，有時幾
乎要死亡了，現在卻能保全自己而成為自己的大用。是以，要問的是若自己有
用於世人，怎麼可能長得如此高大呢？況且不論是匠石和自己都是天地萬物之
一，又何必以自我中心來評斷有用與無用呢？櫟社樹指出匠石自己不也是無用
之人嗎？又怎麼知道自己無用呢？是以，當自己無用於世人時，便不會以世人

所形成的社會價值之有用與無用來定義自己和別人，而造成無法好好活著以實現生命的可能。

2.不能自解物有結之

其次，莊子在〈德充符〉提到以外在的「身體」為安，卻反而遭受生命的不安。

> 魯有兀者叔山無趾，踵見仲尼。仲尼曰：「子不謹，前既犯患若是矣。雖今來，何及矣？」無趾曰：「吾唯不知務而輕用吾身，吾是以亡足。今吾來也，猶有尊足者存，吾是以務全之也！」孔子曰：「丘則陋矣。夫子胡不入乎？請講以所聞！」無趾出。孔子曰：「弟子勉之！夫無趾，兀者也，猶務學以復補前行之惡，而況全德之人乎！」無趾語老聃曰：「孔丘之於至人，其未邪！彼何賓賓以學子為？彼且蘄以諔詭幻怪之名聞，不知至人之以是為己桎梏邪？」老聃曰：「胡不直使彼以死生為一條，以可不可為一貫者，解其桎梏，其可乎？」無趾曰：「天刑之，安可解？」（〈德充符〉）

魯國有一人名叔山無趾，他腳趾殘缺、只有一隻腳，而與孔子相會，孔子卻以指責的方式相待。無趾提出自己有比腳還尊貴的天真本德，所以根本不會覺得自己和一般人有異，成玄英疏云「形雖虧損，其德猶存」、「以德比形，故言尊足者存」[5]，說明最為尊貴的是「形虧而德存」，但孔子反而對無趾身體殘缺而造成內心不安，這裡透露出孔子在內心不安中，一面不斷透過外在的學習修養，一面以外在的聲名來修補自己內在的不安。「不安」是因為對「是非」及「生死」的價值分別，使人在一生中以身體為載體，不斷向外追求德行和聲名的被認同，以社會價值的認同來安定內在的不安；然而，無趾認為孔子如此向外追求就好像天生的，是難以化解的困境。甚者若是以富貴為善樂者，則將不足以活命。

5　清・郭慶藩著，《莊子集釋》，頁 203。

夫天下之所尊者，富貴壽善也；所樂者，身安、厚味、美服、好色、音聲
也；所下者，貧賤夭惡也；所苦者，身不得安逸，口不得厚味，形不得美
服，目不得好色，耳不得音聲；若不得者，則大憂以懼。其為形也亦愚
哉！夫富者，苦身疾作，多積財而不得盡用，其為形也亦外矣。夫貴者，
夜以繼日，思慮善否，其為形也亦疏矣。人之生也，與憂俱生，壽者惛
惛，久憂不死，何苦也！其為形也亦遠矣。烈士為天下見善矣，未足以活
身。吾未知善之誠善邪，誠不善邪？若以為善矣，不足活身；以為不善
矣，足以活人。（〈至樂〉）

這裡提到人們以富有、高貴，長壽的「好」為尊貴者，以身體安適、味道
厚重、服飾華麗、容色美好及聲音悅耳為安樂；以貧窮、卑賤、短命的「惡」
為低下，以身體不得安逸、口味不能厚重、形體不得美服、眼目不得好色、耳
朵不得音聲為痛苦，若是以上無法獲得則是最大的擔憂恐懼。然而，要知道這
卻是對待形體最愚笨的方法。因為要追求富有反而造成勞累、身體疾病發作，
累積了大量財富卻無法享用，總是日以繼夜的思慮謀劃善與不善，是以，無論
是富有和高貴都是將身體外化而產生與生命本身的疏離關係。相反的，郭象注
「其為形也亦外矣」云「內其形者，知足而已」[6]，說明應以內在之尊足為知足
才是。若是以人生為憂苦，即使長壽卻昏昧不明，那麼不死又長期擔憂，又是
何苦呢？只是使身體更加遠離內在心靈而已。人人都像烈士一般追求所謂的美
善，但卻無法好好的活著，莊子懷疑社會價值的善是真的善嗎？或不是善？若
是以為善而追求卻不得活命，而以為的不善卻可以使人活命。是以，社會價值
之有用無用，有用一定是善嗎？無用就一定是不善嗎？莊子主張回到生命本身
的價值來看待善與不善，若是能夠發揮生命天真自然方得謂之為「善」，若是
以社會價值為標準而追求不止，才是世人之痛苦所在，方足以稱為「惡」。甚
至再追求高一層次的「德行」及「聲名」，也都是限制住自己發揮天真本德的
枷鎖；而唯有「全德」的人，才能真正明白這個道理。最後，說明莊子的理想
人物，其本身的「安」在於自己內在的天真本德，由此而去體驗天地宇宙的大

6　清．郭慶藩著，《莊子集釋》，頁 609。

化流行，所以，即使一般人在生病時的不安，都能達到一種「安」的生命境界。

> 子輿有病，子祀往問之。曰：「偉哉！夫造物者，將以予爲此拘拘也！曲
> 僂發背，上有五管，頤隱於齊，肩高於頂，句贅指天。」陰陽之氣有沴，
> 其心閒而無事，跰足而鑒於井，曰：「嗟乎！夫造物者，又將以予爲此拘
> 拘也！」子祀曰：「……且夫得者時也，失者順也，安時而處順，哀樂不
> 能入也。此古之所謂縣解也，而不能自解者，物有結之。且夫物不勝天久
> 矣，吾又何惡焉？」（〈大宗師〉）

子輿生病，身體扭曲、彎曲駝背、背骨外露、臟腑在上、臉頰藏在肚臍、肩膀比頭頂還高，脊骨向上如同贅疣，而且還拖著兩隻腳斜行，但卻仍然能夠保有閒適的心境而毫無厭惡的感受。因為認為生病只是陰陽之氣的調節不順暢，而且得到生命與失去生命都是宇宙規律的流轉運行，所以，不論是活著或者死亡，自己都能夠安然順服於此變化之流行，因為若沒有好惡的價值判斷，就不會有厭惡之心情，當然就不會有哀樂的情緒入侵。所以，在面對生病甚至死亡時，也能夠內在安然以面對。人們往往受生病死亡所束縛綑綁，這種時時刻刻的不安狀態，如同身體被倒掛一樣，是非常痛苦的。當理解天地萬物都無法逃避氣化流行的變化，是一種無可奈何，於是逃不了也不必逃，又何必討厭它而造成不安呢？若是要逃避，那麼就是悖離人間情理之常則，而忘了自己的生命是承受於天地宇宙運行的大道，就是所謂「遁天之刑」，古人說人們往往悖離而無知於生死命限的必然性。天刑為自然死亡，只有自然無心無為，順應「如同刑罰的死亡」，方能安然於生命本身。然而，可惜的是常人往往安住於無法真正安心的人為外物，卻不能安頓於可以真正讓自己安心的天真本德；只有聖人能夠安定於自然的天真本德，而不會安然於無法安心的人為外物，因為「聖人安其所安，不安其所不安」（〈列禦寇〉），成玄英疏云「任群生之性，不引物從己，性之無者，不強安之，故所以為聖人也」[7]，說明聖人絕對不

7　清·郭慶藩著，《莊子集釋》，頁 1045。

會要求自己安頓於本性所沒有的，這也是聖人之所以是聖人的原因。老子言「知足不辱，知止不殆」（〈第四十四章〉），亦是滿足於生命本身、安住於生命本身，以內在的天真本德為安頓生命之所在，才不致於受侮辱危殆所造成之不安所影響。要能安定，則要知道所謂的「不死之道」。

> 任曰：「予嘗言不死之道。東海有鳥焉，其名曰意怠。其為鳥也，翂翂翐翐，而似無能；引援而飛，迫脅而棲；進不敢為前，退不敢為後；食不敢先嘗，必取其緒。是故其行列不斥，而外人卒不得害，是以免於患。直木先伐，甘井先竭。子其意者飾知以驚愚，修身以明汙，昭昭乎若揭日月而行，故不免也。……孰能去功與名而還與眾人！道流而不明居，得行而不名處；純純常常，乃比於狂；削跡捐勢，不為功名。是故無責於人，人亦無責焉。（〈山木〉）

當孔子被圍在陳蔡有七天不入水火時，大公任以意怠鳥說明「不死之道」。這種鳥在飛翔時看似無能，要等待其他鳥來引領而飛，棲息時也要和其他鳥一起，前進時不敢當前，後退時也不敢在後；進食時不敢先吃，一定是吃其他鳥剩餘的。所以在鳥群中生活不會遭受排斥，人類也傷害不了它，因而避免禍患的發生。要知道挺直的樹木反而被先砍伐，甘甜的井水反而最先被喝光。指出孔子總是刻意追求聰明才智，卻使得一般人看起來如此愚昧，透過修身養性，反而彰顯出別人的汙濁，孔子表現出自身的光亮潔白，就好像是舉著日月一般在世間行走，因而總是無法避免災禍。大公任建議孔子要消解自身的功名而讓每個人成就自己，讓天道運行不已而以晦暗自居，實踐本真德行卻無有名聲，只以純真常然展現卻好像狂愚之人，隱藏形跡拋棄地位、功業及名聲，因為不以天下人為自己的責任，天下人也不會反過來責備自己。是以，當無可用於世時，那麼就能安適於生命本身之自然本性，而能實現自身生命的最大可能性。

覺察體驗作業：

1. 反思自己的一生，最大的不安全感來源何在？
2. 覺察自己生命的美好何在？

第二節　孤獨的意義：獨立論

　　莊子說生命是氣聚而生，失去生命是氣散而死，但如何氣聚、或如何氣散？生命是一個有限的存在，但卻沒有人知道生之緣由，只能「存而不論」（〈齊物論〉）。現象世界無時不在變化，生命在氣聚而生之時，是獨自面對生命之初，一生中雖然有種種關係的樣貌，當然亦只能以自身單獨的面對一切現象。亦即每個時空都在變化流轉中，此時此地是一個全新的狀態，而生命本身更是在變化流轉中；是以，從古至今沒有一個生命樣貌是相同的，所有的生命均是以獨特之姿，去面對不斷變化的自己以及變化的對象及環境。所以，每個生命在天地宇宙中，自始至終都只能以自身的生命來面對所有的他者。生命無法複製也無法一致化，各自均是以孤獨的自己來表現自身的獨特性，進而達到在與他者的關係中能夠獨立自主，而得以在關係中分化成功，而成為一個完整的人。本節從「孤獨的生命樣貌」開展出「獨立的生命歷程」，藉由論述莊子「獨立論」說明「孤獨的意義」。

一、孤獨的生命樣貌

　　老子以「自然」描述他所體會之運行不已的天道，並以「獨立不改，周行不殆」（〈第二十五章〉）說明其狀態。「獨立不改」乃就天道本身而言是獨立自主，並不會因為任何情況而改變其運行不已的方式，具有永恆不會改變的特質。「周行不殆」乃就其與萬物的關係而言，遍行不止而無一例外，其影響所致，使天地萬物均在此天道運行中生成養育變化。是以，天道就萬物生成的根源本身而言是不變之道，而與天地萬物的關係則是變化的現象。在萬象變化中有不變之道，在不變之道中使萬象變化不已。天道「既是恆久的，也是變動的，二者並不矛盾。『恆久』是就存在性而言，『變動』是就作用性而言的。前者是說『道』是永恆存在的，不會變為其它東西，也不會消亡；後者是說『道』是運行不止的，在動中才能發揮作用」[8]。天道乃「獨立」且「周行」，亦謂其本身獨立運行不已而展現萬象之變化，是一「自己而然」，並無需「他物而然」，其乃前進至極以至回返的運行方式。

8　林光華著，《《老子》之道及其當代詮釋》，頁32。

1. 獨異於人而貴食母

天道與萬物除了有外在關係，更深的內在關係乃是天道內在於人之本德，人類亦如天道般，乃以自身之「獨立」姿態展現與他人關係之「周行」狀態。老子舉出自己以「獨立」於眾人之中之差異表現，呈現一「孤獨」的生命情調。

> 眾人熙熙，如享太牢，如春登臺。我獨泊兮其未兆；如嬰兒之未孩；儽儽兮若無所歸。眾人皆有餘，而我獨若遺。我愚人之心也哉！俗人昭昭，我獨若昏。俗人察察，我獨悶悶。澹兮其若海，飂兮若無止，眾人皆有以，而我獨頑似鄙。我獨異於人，而貴食母。（〈第二十章〉）

這裡以「我獨」與「眾皆」、「俗人」說明自己如同獨立不改之天道運行般，展現一種獨特的生命樣貌。說明眾人是在熙攘來往的熱鬧中，享受著牲禮的豐盛，展現出春天登上亭臺的愜意；然而自己卻淡泊到一點意圖都沒有，好像嬰兒還不知道如何笑一樣，更像是心無主見般的不知要歸向何處。眾人都追求有所贍餘，而自己卻好像在失落中，恰似愚人般的內心一樣。世俗人是有心有為，而自己卻昏暗悶悶，但內心深廣如同海洋寬闊，自在安適如同順風飛翔。眾人都追求有用於世，但自己卻愚頑無知，好像是鄙陋無用之人。雖然自己與他人完全不同，但卻能夠清楚明白而安然於自己的獨特狀態，因為知道自己的生命乃是得自於天道自然，而為自己所寶愛尊貴，王弼注「我獨異於人而貴食母」云「食母，生之本也；人者，皆棄生民之本，貴末飾之華，故曰，我獨欲異於人」[9]，說的就是人人皆捨棄天真本性，反而追求外在的名位財貨，而只有老子展現獨特性而與他人不同。於是，老子表達我「獨」與眾人或俗人的差異，「獨」有「獨一」、「獨特」、「獨立」的意涵，指的是「一個人」、「與眾不同」而能「不依賴他者而展現自我」的狀態。「孤」則與其他字連結而有「孤單」、「孤寂」、「孤僻」、「孤傲」、「孤苦」、「孤冷」及「孤伶伶」等。以上兩個字都具有負面的價值判斷，而當「獨」與「孤」連結以說明「孤獨」的狀態時，一面將會呈現獨一、獨特、獨立的心情感受；一面也

---

[9] 魏・王弼著，《老子註》，頁 41。

就是當一個人與眾不同，不依賴他者而展現自我時，總是會面臨孤單、孤寂、孤僻、孤傲、孤苦、孤冷及孤伶伶的感受，然而，在此自身與他人不同的狀態中，莊子也覺察到人生若是無所覺知到生命中有「不亡」、「不忘」與「不化」者，就不容易獨立，反而為物所役使，而活出不知其所以然的一生。

> 一受其成形，不亡以待盡。與物相刃相靡，其行盡如馳，而莫之能止，不亦悲乎！終身役役而不見其成功，苶然疲役而不知其所歸，可不哀邪！人謂之不死，奚益？其形化，其心與之然，可不謂大哀乎？人之生也，固若是芒乎！其我獨芒，而人亦有不芒者乎！（〈齊物論〉）

莊子如同劃破天際的亮光，以孤獨之姿而獨自感悟到人們的一生總是迷茫而不知所歸的遊離狀態。然而，人們的內心又不斷且真實的呼喚著或領導著自己，謂之「真君」，要自己能夠認清這種狀態，但一般人則選擇忽略與逃避，至於莊子則正視此內心的呼喚，企圖接應內在「真君」的帶領，而願意活出自己的樣子。君者有領導之意，意謂真心往往能引導人們走向一生之深刻且真實的意義，而當「真君」寄身於形體時，是永遠不會改變、遺忘及亡失的，除非形體耗盡，憨山註「一受其成形，不亡以待盡」云「真君本來無形，自一受軀殼以成形，則不暫亡，只待此形隨化而盡」[10]，真君乃隨化而盡。然而，人們卻往往讓真君無法發揮引導作用，使得一生與所有外在人事物總是產生對立與衝突，如同在路上快速奔馳一樣，根本沒有任何的方式能夠使它停止下來，而在生命不停運行的過程中，真君卻無法發揮它的引導，這是一件令人悲傷的事。因為人們終其一生總被外物所奴役著，卻看不到生命的意義和價值何在，卻只有永無止盡的疲累，更不知道自己最後要歸向何處，這更是使人悲哀。莊子反問若是生命真的有不死，那麼生命真正的意義和價值何在？人們往往在形體日趨衰老而變化之際，真君因為無法發揮作用而跟著一起衰老，這反而是更大的悲痛。

---

10 明·憨山大師著，《老子道德經憨山註：莊子內篇憨山註》，頁209。

2. 天之生是使獨也

莊子試著拋出人生的大哉問，人生難道都是在昏暗中嗎？還是只有自己一個人茫昧，到底有沒有人是不如此的？莊子似乎在眾人皆醉唯我獨醒的生命境界中，向天地宇宙吶喊，這份孤獨感受，前不見古人後不見來者，沒有人能夠理解與認同，而只能回過頭來發現自身是唯一，且獨特存在於天地宇宙的一人，是天道自然賦與自己與眾不同，不必與他人比較，更沒有不好，莊子提出「天生使獨」的說法。

> 公文軒見右師而驚曰：「是何人也？惡乎介也？天與，其人與？」曰：「天也，非人也。天之生是使獨也，人之貌有與也。以是知其天也，非人也。」（〈養生主〉）

「介」是獨足，莊子舉公文軒看到右師只有一隻腳，非常驚訝，詢問右師怎麼只有一隻腳？到底是天生的，還是人為的？這時公文軒反而自己回答說，右師是天生的而不是人為的，因為人的形貌是天生而有的，所以右師一隻腳的樣態，也應當是天生而有。在這裡並未明確澄清「獨」的原因，有學者以為是在刻意為善惡下所帶來的聲名，因而產生刑罰。然而，不論前因，公文軒反而為右師開展了一種新的可能性，在「獨」之「不可奈何」下，要養生之主，即「養心」也。唯有消解常人以「一隻腳」為善惡是非的心知成見下，轉化「獨」的原始意涵，才有可能化解右師對一隻腳的無助懊悔。公文軒言「天之生是使獨也」，亦即天道自然賦與右師一隻腳的獨特樣貌，而在此獨特的樣貌中卻是天生的獨一無二，因為是「唯一」，當然也無法得到他人的同理認同，是以因「獨特」而產生的「孤獨」狀態便成為生命的必然性，畢竟除了獨足與雙足有異外，即使獨足亦與他人之獨足有完全不同的感受，既然不同，人們又何能得到他者的認同與理解呢？是以，只有回到自己本身，去理解孤獨的必然性時，才能認同接受自己的存在樣貌。

二、獨立的生命旅程

在以獨特為生命的本質時，如何活出獨一性？能否將一生的責任回歸至生命本身，不再向外去爭取以尋得認同，而成為安頓自身之所在。孔子所言「不怨天、不尤人」（〈憲問〉），在此體會自己的獨特性中，享受自己的孤獨感受，孔子言「知我者，其天乎」，透過自身實踐仁道以遙契天德。

1.見獨而立於獨

莊子言「獨成其天」，天即天道原本內在於天真本德，萬物以實現天真本德為生命獨立之所在，更是體悟天道自然之所在。

> 闉跂支離無脤說衛靈公，靈公說之，而視全人，其脰肩肩。甕㼜大癭說齊桓公，桓公說之，而視全人，其脰肩肩。故德有所長，而形有所忘，人不忘其所忘，而忘其所不忘，此謂誠忘。……天鬻者，天食也。既受食於天，又惡用人？有人之形，無人之情。有人之形，故群於人；無人之情，故是非不得於身。眇乎小哉！所以屬於人也。謷乎大哉！獨成其天。（〈德充符〉）

莊子舉出非一般人認知的獨特形貌，來說明生命的獨立乃是透過內在的天真本德來實現。如有一位彎著身體、形體殘缺不全，而且嘴巴無唇的人去遊說衛靈公，衛靈公很喜歡他，後來看見形體完整的人，反而覺得他們的脖子又細又長；另外有一位脖子長瘤如瓦盆的人去遊說齊桓公，齊桓公也很喜歡他，後來也覺得一般人的脖子又細又長。莊子要闡述的是，只有能夠展現天真本德的人，才能擺脫形體的拘限。但是常人卻無法化解應當消解之對形體的心知執著，卻反而失落了所不應當失落的天真本德，其實這是真正的失去自己。所以，當聖人全然專一於天真本德之朗現時，那麼心知執著反而是多餘的，只要能夠純任天真本德，就能夠成為天之所養者。若是一切美好自在都是來自天生自然，那麼又何須人為造作呢？聖人雖然有人的形體，但卻能夠解消心知執著的好惡之情。聖人因為有人的形體，所以過著群體的生活；但卻不執著於好惡之情，當然也不會因為外在的是非而傷害到自身。因此，人類雖然很渺小，所以有人的形體；人類也很偉大，所以能夠獨立成全內在的天真本德。是以，若

要保持本身的獨一無二，卻是要保全生命的天真本德，不能夠在向外追求中迷失了。莊子舉「渾沌之死」（〈應帝王〉），說明獨一性的破壞殆盡，說明的是，若是感官完全被開發後，往往容易流於不斷追逐，迷失自己原有天真本性，進而失去自身的獨一性，在獨特性盡失中，亦失去天地宇宙間此獨有所可能創造的價值意義，那麼是否存在於世也就沒有任何差別了。然而，在生命社會化及向外追求的過程中，卻不斷流失生命的「獨一」與「獨特」性，此「獨」反而要經過不斷修養的過程，才能加以體悟，所謂「見獨」。老子言道乃「獨立不改」（〈第二十五章〉），「見獨」即是「見道」，更是修煉生命以達成完全獨立的體驗。

> 南伯子葵問乎女偶曰：「子之年長矣，而色若孺子，何也？」曰：「吾聞道矣。」……「……吾猶守而告之，參日而後能外天下；已外天下矣，吾又守之，七日而後能外物；已外物矣，吾又守之，九日而後能外生；已外生矣，而後能朝徹；朝徹，而後能見獨；見獨，而後能無古今；無古今，而後能入於不死不生。殺生者不死，生生者不生。其為物，無不將也，無不迎也；無不毀也，無不成也。其名為攖寧。攖寧也者，攖而後成者也。」（〈大宗師〉）

這裡說明女偶得道的過程。南伯子葵問女偶說，為什麼看起來如此年少；女偶說自己聽聞了道。目前自己仍然持守著修道的實踐方法，首先是三天之後就能擺脫天下的名利權勢，其次是在七天之後就能遺忘了外在的財貨器物，再來是在九天之後就能放下對自己形體的執著，最後如同朝陽初啟徹照萬物一樣，能看見自己內在的天真本德，此時便沒有任何時間的分別，而進入不生不死的境界。且在道通為一中，道的運行生生不息，即使失去生命卻也是生命的開始，所以根本沒有死亡；有了生命卻是死亡的開始，所以根本沒有生命。體道之人就是道的呈現者，沒有什麼要送往或迎來的，也沒有什麼會毀壞或成全的，任何的現象是並存接續，若能掌握在變化現象世界中的不變之道，就能在變化萬象中有一種安頓，即所謂的「攖寧」，指的是在雜多困擾中仍然能夠保有生命的寧靜，郭嵩燾云「物我生死之見迫於中，將迎成毀之機迫於外，而

一無所動其心，乃謂之攖寧」[11]，說明了在內外交迫中的寧靜安頓。「見獨」即「見一」[12]之道，憨山註云「獨，謂悟一真之性，不屬形骸，故曰見獨」[13]，見道的獨立不改，道乃獨立自主運行不變，卻不會在「周行不殆」中迷失自己，如同展現內在天真本德的人，能夠在眾多差異與標準一致中，依然能夠保有自己獨一與獨特本質，如此才能有機會邁向生命的獨立自主。而老子就是一位「立於獨」的榜樣，完全不受干擾而成為生命獨立的最佳典範。

> 孔子見老聃，老聃新沐，方將被髮而乾，慹然似非人。孔子便而待之，少焉見曰：「丘也眩與？其信然與？向者先生形體掘若槁木，似遺物離人而立於獨也。」老聃曰：「吾遊心於物之初。」（〈田子方〉）

　　孔子看到老聃，老聃剛洗完頭正披頭散髮等著晾乾，不動的樣子不像是一個人。成玄英疏「遊心於物之初」云「道通生萬物，故名道為物之初也。遊心物初，則是凝神妙本，所以形同槁木，心若死灰」[14]，孔子看到的老聃樣貌，形體枯竭好像枯木一般，似乎完全放下了對形體的執著，更像是超然於天地萬物之外，而獨立存在於天地宇宙之間。老聃說明自己能夠如此，是因為自己的心神完全與無有分別的天道自然共遊。是以，可以發現，老子在孤獨的狀態中，雖然無法得到他人的相伴同遊，但卻一點也不寂寞孤單，以其能與天道同遊，此天道乃是內在的天真本德。在〈天下〉提到老子「澹然獨與神明居」及市南宜僚建議魯侯要「獨與道遊於大莫之國」（〈山木〉），說的就是與內在的天真本德同行，所以能夠完全滿足於生命本身；〈天下〉也提到莊子「獨與天地精神往來」，此天地精神即是「見獨」後天真本德的朗現，在與大道同行時便不會驕傲睥睨於天地萬物，也不會譴責人間的是非善惡，但卻能夠完全融入人間世中，所謂「不敖倪於萬物，不譴是非，以與世俗處」。

---

11 清．王先謙著，《莊子集解》，頁 40。
12 清．王先謙著，《莊子集解》，頁 40。
13 明．憨山大師著，《老子道德經憨山註：莊子內篇憨山註》，頁 399。
14 清．郭慶藩著，《莊子集釋》，頁 712。

2. 獨往獨來之獨有

當能夠在獨立自主而完全無待於外在一切時，便能夠「獨往獨來」，而活出與人不同的作為，老子也感受到與常人的作為完全不同。

> 老聃曰：「知其雄，守其雌，爲天下谿；知其白，守其辱，爲天下谷。」人皆取先，己獨取後，曰：「受天下之垢。」人皆取實，己獨取虛，無藏也故有餘，巋然而有餘。其行身也，徐而不費，無爲也而笑巧。人皆求福，己獨曲全，曰：「苟免於咎。」以深爲根，以約爲紀，曰：「堅則毀矣，銳則拙矣。」常寬容於物，不削於人，可謂至極。（〈天下〉）

老子知道若要保全雄健陽剛的往前，就要具備柔弱陰虛的覺知態度，要持守潔白無瑕，就要預備侮辱低下的可能發生，要如同天地宇宙的溪谷一般，讓出最大的空間，使萬物得以滋養而自由的成長，更要願意接受人事的所有汙垢，使天下人得以自在的活出自己的樣子。這裡老子說到常人乃不斷往前邁進，追求有形的擁有，但自身卻持守孤獨，而以一逆反的覺察工夫，使自己在道之「有」與「無」的雙重特質中保持彈性流動，在消解自我心知執著中體驗自身的真實存有，看似無有所藏，但卻最為豐富而有餘裕，而成一屹立不動的獨特存在。在立身行事上，總是舒緩不費力，在順應自然無為之道中，滿懷喜悅歡笑。眾人都追求有形的幸福，而自己卻是獨自在不可奈何中求得成全之道，只要苟且免於過錯即可，深刻的理解以天道之「無」的豐富性為根本，並簡單的掌握以天道之「有」的多元性為原則；因為若是以常人之剛堅鋒銳為方式，那麼必將走向毀滅與拙劣的方向。當以天道自然之整體為核心，便能容受所有萬物，而不會刻薄待人，這是修養的極致，而當他人有欲望堅持時，自己卻是一個「獨不欲」者。

> 堯觀乎華。華封人曰：「嘻！聖人！請祝聖人：使聖人壽。」堯曰：「辭。」「使聖人富」。堯曰：「辭。」「使聖人多男子」。堯曰：「辭。」封人曰：「壽、富、多男子，人之所欲也。女獨不欲，何邪？」堯曰：「多男子則多懼，富則多事，壽則多辱。是三者，非所以養德也，

故辭。」封人曰：「始也我以女爲聖人邪，今然君子也。天生萬民，必授
之職，多男子而授之職，則何懼之有！富而使人分之，則何事之有！夫聖
人鶉居而鷇食，鳥行而無彰；天下有道則與物皆昌，天下無道則修德就
閒；千歲厭世，去而上僊，乘彼白雲，至於帝鄉。三患莫至，身常無殃，
則何辱之有！」（〈天地〉）

華封人稱堯爲聖人，在堯與華封人相見時，在華封人祝福堯長壽、富貴，
並且生養男丁時，都被堯拒絕了。華封人認爲長壽、富貴及生養眾多男丁都是
一般人所喜愛的，但卻不是堯所想要，覺得非常新奇。堯說若是期待生養眾多
男丁，那麼便會有很多擔心恐懼；若是期待富貴，那麼便會受到很多事情干
擾；若是期待長壽，那麼便會遭受眾多羞辱。而這三樣都不是養護自己天真本
德的方法，所以自己並不對此有所期待。然而，華封人反而回答說，原本以爲
堯是聖人，看來只能說是君子而已。因爲天道自然生成宇宙萬物，每一物都有
其本性而需要時間以等待實現完成。若是生養眾多男丁而能使其實現天真本
德，那麼又何必擔心害怕呢？若是擁有財富而能與眾人分享，那麼怎麼會有事
情干擾呢？聖人之居食簡單如鶉鶉之居無定所、幼雛之飢不擇食，動作如鳥行
而無足跡，均是自然無爲；天下有道則和萬物一樣同得昌順，天下無道則修養
己身以閒適。不以現實生活爲滿足，而能活出生命的永恆，內心超越世俗而如
神人，順應天地自然以回歸天道根源。如此一來這三樣祝福就不會產生禍害，
形體也不會遭受迫害，那麼怎麼會有受辱的事情發生呢？這裡提到堯以「獨以
不欲」爲欲，反而不夠圓融，若是「自然道有」卻不受其害，方爲一獨立自主
的生命境界，〈在宥〉提到這是「獨有之人」。

世俗之人，皆喜人之同乎己，而惡人之異於己也。同於己而欲之、異於己
而不欲者，以出乎眾爲心也。夫以出於眾爲心者，曷嘗出乎眾哉！因眾以
寧所聞，不如眾技眾矣。而欲爲人之國者，此攬乎三王之利，而不見其患
者也。此以人之國僥倖也，幾何僥倖而不喪人之國乎！……夫有土者，有
大物也。有大物者，不可以物物；而不物，故能物物。明乎物物者之非物
也，豈獨治天下百姓而已哉！出入六合，遊乎九州，獨往獨來，是謂獨
有。獨有之人，是謂至貴。（〈在宥〉）

　　這裡提到一般的人都喜歡他人與自己相同，卻討厭與自己不同者；想要和自己相同者，卻不想要和自己不相同者，內心總是以出乎眾人為想要。然而這何嘗是出乎眾人，若是順應眾人所以為的唯一標準，那麼一定不如眾人所整體成全的。而想要治理國家者，若只是照著三王所得之利益，卻看不到其失敗者，這只是以僥倖的心態來治理國家，若是如此則沒有不喪失國家的。擁有土地者，是擁有國家的人，擁有國家的人，不可以因為國家而為國家所奴役，老子言「聖人為腹不為目」，王弼注云「為腹者以物養己，為目者以物役己」[15]，只有不被奴役者才能運用天下萬物，甚至於治理天下百姓。即使治理天下百姓，也能自在於天地宇宙各方以遊動，總是獨自來往，以活出生命的天真本然，而成為天地宇宙的獨特存有，成玄英疏「獨有之人，是謂至貴」云「人欲出眾而己獨遊，眾無此能，是名獨有。獨有之人，蒼生樂推，百姓荷戴。以斯為主，可謂至尊至貴也」[16]，唯有成為一獨特存有，才是至貴至貴者，是真正成熟獨立之人。

覺察體驗作業：

　　1. 你認識自己嗎？覺察自己與他人不同之處？
　　2. 你夠獨立嗎？若答案為否，可能的原因是什麼？

第三節　苦難的化解：因是論

　　「苦難」是人們在面對現象世界時的存在感受，是常人最不樂意遭遇者，然而，卻往往是人性發揮的機會。人們透過藝術人文之「想像」表達，以文字、圖像、音樂等創作方式來化解苦難之覺受；也藉由宗教之「信仰」模式，建構「離苦得樂」之彼岸、「救贖蒙福」之天堂；人們更是以「理性」去思辨苦難之所緣由？質疑苦難之是否成立？因為若是初始未設定幸福的標準樣貌，那麼就沒有苦難的特定樣貌才是。是以，雖然在苦難中，人們較易於發揮人性價值，然而，發揮人性一定要有苦難嗎？苦難是為了發揮人性嗎？有了苦難就

---

15 魏·王弼著，《老子註》，頁 23。
16 清·郭慶藩著，《莊子集釋》，頁 395。

一定能發揮人性價值嗎？從「發揮人性價值」至「化解苦難」，若將兩件事劃清，其實發揮人性價值並非只能從「現象世界」為出發點，更無須是「苦難的現象世界」。老子莊子提出「道」之有無雙重內涵，藉由「有形存在」為載體，「生命本身」為主體，透過「現象世界」以發揮「人性價值」；因此，重點在天道自然內在於生命中，人性價值之無限可能，如天道運行之「獨立不改」、「周行不殆」，天道運行並不會依恃著天地萬物而存在，如同人性價值並不需依恃著苦難而存在才是。至於思想家及宗教為解決人生的「苦難」，以提供各種解方，都是一種後設的思維，並非要鼓勵「苦難」；若人們只耽溺苦難中，反而失去了正常發揮人性價值的可能。本節從「苦難的生成順應」提出「通達生命的開展」，藉由論述莊子「因是論」說明「苦難的化解」。

一、苦難生成與順應

生命有求生存的本能，但人類有更深的渴望，乃是希望一生可以活得幸福自在，無論古今中外的哲學家或宗教家，都試圖以各種方式想為人們尋找一條人生幸福之道。中國思想儒釋道三家亦各自提出解決人生困境的「和諧」、「解脫」或是「自由」之道。周朝禮壞樂崩、天下大亂，百姓痛苦不堪，孔子試圖活化禮樂制度，提出恢復內在仁性之道，以解決當時的時代困境。佛陀以「苦業意識」說明人類生來是苦，若是能以「無我」、「無常」之道修行，便能解脫人生的痛苦，免於輪迴之樂。

1. 無為誠樂

老莊思想，並不似孔子將人安置在人際往來的關係中，而是將人類重新定位在與天地宇宙的關係；也不似佛教以人生現象之痛苦作為立論的起始點，而是將人類的視野提升至天地萬物的根源、宇宙運行的規律，主張以「天地宇宙之道」的高度來觀看世界現象，以其萬象本身具有差異性及變化性，若人類以自我為中心，總是以「是非善惡」的價值觀點來判斷分別現象世界，那麼就會造成人與人間的對立與痛苦，所謂「人之生也，與憂俱生」的苦難。

> 夫天下之所尊者，富貴壽善也；所樂者，身安、厚味、美服、好色、音聲也；所下者，貧賤夭惡也；所苦者，身不得安逸，口不得厚味，形不得美

服，目不得好色，耳不得音聲；若不得者，則大憂以懼。其爲形也亦愚哉！夫富者，苦身疾作，多積財而不得盡用，其爲形也亦外矣。夫貴者，夜以繼日，思慮善否，其爲形也亦疏矣。人之生也，與憂俱生，壽者惛惛，久憂不死，何苦也！其爲形也亦遠矣。烈士爲天下見善矣，未足以活身。吾未知善之誠善邪，誠不善邪？若以爲善矣，不足活身；以爲不善矣，足以活人。……吾觀夫俗之所樂，舉群趣者，誙誙然如將不得已，而皆曰樂者，吾未之樂也，亦未之不樂也。果有樂無有哉？吾以無爲誠樂矣，又俗之所大苦也。故曰：「至樂無樂，至譽無譽。」（〈至樂〉）

這裡提出人類判斷現象世界的價值標準，認爲所謂的尊貴，就是富有、高貴、長壽和善名；所謂的享樂，就是身體的安適、豐盛的飲食、華美的服飾、美好的顏色和悅耳的聲音；所謂的厭棄，就是貧窮、卑賤、夭折和惡名；所謂的苦惱，就是身體不得安逸、口腹不得美味、外表不得美服、眼睛不得美色、耳朵不得悅音；如果得不到這些，就大爲擔心恐懼。至於富有的人，勞苦身體汲汲營營，累積充分財物卻不能完全享用；至於高貴的人，日以繼夜，以心思算計是否完善。看來人的一生，似乎和憂愁同生，即使長壽的人也過著昏昏沉沉的生活，陷入長久的憂愁卻不得其所；如同烈士因天下人所推舉而擁有美名，卻不足以保全自己的生命。莊子提出質疑，人們所以爲的美名真的是所謂的美好嗎？若是美好的，卻無法保全自己的生命；如果是不美好的，卻可以保全他人的生命，如同那些愛國志士。再者人們以爲的快樂是真的快樂嗎？因爲世俗的快樂，總是一窩蜂的追逐，專心一致好像逼不得已一樣，反而招來更大的痛苦。最後，莊子提出不刻意的作爲才是真正的快樂，因爲刻意造作鑄成人類最大的苦惱。所以說，最極致的快樂就是超越快樂的快樂，最高尚的稱譽就是超越稱譽的稱譽。老莊以「無爲」作爲化解對於世界萬象之價值觀點，是真正長久美好和快樂的關鍵點，無爲即是自然，要在面對任何萬象時以「爲」而「不」的消解工夫，去化解人我間種種分別所造成的價值得失判斷而產生的痛苦。亦即莊子試圖要人們能夠掌握「道」之「未始有封」，乃是「道惡乎往而不存，言惡乎存而不可」，但其深刻明白，人們的苦難就是將原本「無物不然，無物不可」之現象的多元且變化的狀態，認爲是「有常」，進而「爲是而有畛也」。

夫道未始有封，言未始有常，爲是而有畛也。請言其畛：有左，有右，有倫，有義，有分，有辯，有競，有爭，此之謂八德。……故分也者，有不分也；辯也者，有不辯也。曰：何也？聖人懷之，眾人辯之以相示也。故曰：辯也者，有不見也。……故知止其所不知，至矣。孰知不言之辯，不道之道？若有能知，此之謂天府。注焉而不滿，酌焉而不竭，而不知其所由來，此之謂葆光。（〈齊物論〉）

　　人們為了證明自己的「是」而有了「畛」域，即明確訂立出界線。區別方位為「左邊」與「右邊」、分別名分的「人倫」及「義理」，作「言語辯解」及「分別物象」，以及在人類世界中進行爭奪與較勁。雖然，人們是活在現實世界中有種種分別，但卻隱藏著不可分別的；有可以辯解的，但有的卻是不可辯解的。然而，只有聖人知道其中隱藏不顯之「不分」與「不辯」的奧祕，而不會執著其中的「分」與「辯」，至於天下人卻追求種種的分別與辯解作為向對方誇耀的本事。莊子提醒人們要知道當有分別辯解時，就無法洞察萬象之天道宇宙整體的本質。是以，若是能真實面對人類本身對於「不分」及「不辯」的無知時，才是一位真知者。因為天道乃不能以言語來辯解及說明道是什麼，若是對此有所體認，那麼生命本身就會像是擁有無限供應的糧倉一樣，能夠不斷地注入也不會盈滿，不斷地流出也不會竭盡，但卻不知道此滋養是從何而來，使生命隱藏光芒而不顯露，謂之「葆光」，使得生命力量得以展現，進而化解對苦難的認知模式。

2.無適焉因是已

　　在「道未始有封」時，就是天地萬物與我並生為一的境界，不將生命陷溺在既有「是」的現象中時，若以「因是已」的方式來面對天地萬象，才有可能化解所認知的苦難。

天下莫大於秋豪之末，而大山爲小；莫壽乎殤子，而彭祖爲夭。天地與我並生，而萬物與我爲一。……自此以往，巧歷不能得，而況其凡乎！故自無適有，以至於三，而況自有適有乎！無適焉，因是已。（〈齊物論〉）

　　老子言「常無欲，以觀其妙；常有欲，以觀其徼」（〈第一章〉），宇宙運行規律無形無聲無臭，卻透過天地萬物以呈現其無限妙用；天道是「無」亦是「有」，無而不無是「有」，有而不有是「無」，具有「無」與「有」的雙重性。天地萬象是「有」，顯現各自的差異性；又是「無」，都是天道運行變化的整體呈現，沒有任何價值分別。若要以人類的視野來看得天地萬物，就會開始區分大小、壽夭，由此而定其價值好壞高下。然而，每一萬物都具有唯一性與獨特性，根本無法訂立一個標準加以比較，每一物對自身而言是自己，對他物而言是他者，每一物都同時是「自己」與所有物的「他者」。然而，卻沒有一物可以是他者的標準，即使秋天時動物身上的毫毛末端也可以說是大的，而泰山也可以說是小；至於夭折的孩子可以說是長壽的，而高壽的彭祖也可以說是夭折的。亦即以「道通為一」的觀點來說，要怎麼判斷萬物的本身也都是被允許的，因為根本沒有空間大小的分別，也沒有時間夭壽的差異，大小夭壽都只是以人類所看得見的標準加以比較，至於無法透過以人類為中心來定標準的其他萬物呢？因為人類是有限的存在，要理解每一物都是天地宇宙的一分子，無論是有生命或沒有生命，總是在天地宇宙萬象的變化之流中，人類有限的生命也是與天地生死同在、與萬物合而為一的。然而，人們卻往往透過言說論道，展開無窮的價值分別判斷與追求，造成自身的繁瑣糾結，即使是巧善的數算者也不能窮盡，何況是一般的人呢？其實從「無」至「有」，再加上「一」的言說，已經到了「三」，何況是從一家的物論到另一家的物論呢？莊子要人們化解這些種種的分別，不要再論辯其是非善惡了，每一種主張不同，都各有其獨特性，只要順應各家所認同主張的而加以肯定，所謂「因是已」，成玄英疏云「故無所措意於往來，因循物性而已矣」，即順應萬象本身自然本性之「是」，郭象云「各止於其所能，乃最是也」[17]。

　　河伯曰：「若物之外，若物之內，惡至而倪貴賤？惡至而倪小大？」北海若曰：「以道觀之，物無貴賤；以物觀之，自貴而相賤；以俗觀之，貴賤不在己。以差觀之，因其所大而大之，則萬物莫不大；因其所小而小之，

---

[17] 清・郭慶藩著，《莊子集釋》，頁 82。

則萬物莫不小。……以功觀之，因其所有而有之，則萬物莫不有；因其所無而無之，則萬物莫不無。……以趣觀之，因其所然而然之，則萬物莫不然；因其所非而非之，則萬物莫不非。（〈秋水〉）

　　河伯提到人們對於萬象的認識，一者是表象可以使用言語來表達，一者是內涵只能以內心來體驗，但河伯在此卻要問有否超越貴賤大小的可能？北海提出若是以「天道」的觀點來洞察萬物，那麼根本沒有所謂的貴賤，若是以人類觀點來看，就會以自己為尊貴而以他者為卑賤；若是以世俗的各種不同觀點來看，那麼就知道尊貴與卑賤也不是自己說了算數。是以，若是以「物無貴賤」的天道觀點來察看時，便不會作任何的價值判斷，只會因順其各種樣態而已。從差異的觀點來看，若是順任萬物為大，那麼萬物沒有不是大的；若是順任萬物為小，那麼萬物沒有不是小的。從功用的觀點來看，若是順任萬物為「有」，那麼萬物沒有不有的；若是順任萬物為「無」，那麼萬物沒有不無的。從方向的觀點來看，若是順任萬物為「然」，那麼萬物沒有不然的；若要順任萬物為「非」，那麼萬物沒有不非的。是以，能否「因是已」，即順應聽從自然的各種不同現象，如庖丁解牛要順應牛之「固然」，就牛而言為固然，然而就庖丁而言能否調整校正自我，以隨牛隻形體之「固然」變化以對應，產生一種共通並連結，進而完成解牛之養生體悟。莊子告訴惠子自己能夠不受外界干擾，而給人以「無情」（〈德充符〉）的感受，是因為自己並不會改變生命的自然本質，總是以「自然」的天真本性來對應一切外在現象狀態，故能體悟現象中之天道運行不已。是以，當在面對生病之身體的變化時，便能將此視為「自然變化」而已，其以「因是矣」的方式作為「化解」之道，〈大宗師〉提到當「化予之右臂以為雞」時，能夠「因以求時夜」；當「化予之右臂以為彈」時，能夠「予因以求鴞炙」；當「化予之尻以為輪，以神為馬」時，能夠「因以乘之，豈更駕哉」，在「因是已」之順應一切現象中，能夠欣賞並想像任何的可能性發生。

二、通達生命的開展

莊子主張「因是已」，因為明白萬象本身本來就無一刻不在變化，故要超離以現象為「常」而加以「是」的方式，便是真正理解「道生德畜」在「物形」（〈第五十一章〉）中，天真本德以形體為載體並拘限於有限的空間，在時間或時序的流轉機制中，而不得不有變化。

1.遊於物之所不得遯

〈秋水〉提到「時無止」、「無時而不移」，時間沒有一刻不在推移的，而且每一個生命「其生之時，不若未生之時」，指的是生命短暫，沒有活著的時間總是比活著的時間長多了。以此來觀看世界萬象，任何時刻都在變化中，在生命短暫的情況下，人們如何以自己為標準，而去推論「毫末」足以為「至細之倪」呢？以及怎麼能夠知道「天地」足以為「至大之域」呢？是以，人們能夠以萬象變化及自我的有限為標準加以定奪嗎？由此看來，以自我為宇宙的中心的觀點，將被推翻，證明了人類以自我為中心的狹隘性。所謂「貴賤有時，未可以為常也」（〈秋水〉），主張不要將一生浪費在追求變動、不確定的價值系統中，因為變化的現象乃是絕對永恆的不變常道，萬象的發生是「時勢適然」，而非在我也。

> 孔子遊於匡，宋人圍之數匝，而弦歌不惙。子路入見，曰：「何夫子之娛也？」孔子曰：「來！吾語女。我諱窮久矣，而不免，命也；求通久矣，而不得，時也。當堯、舜而天下無窮人，非知得也，當桀、紂而天下無通人，非知失也，時勢適然。……知窮之有命，知通之有時，臨大難而不懼者，聖人之勇也。由處矣！吾命有所制矣。」（〈秋水〉）

這裡提到孔子從魯國適衛國，衛國誤以為孔子為陽虎而重重圍之，但孔子仍然講學不停，子路看不慣，認為孔子到現在還沉溺在講學的愉悅中。莊子藉由孔子說出，自己長期以致力於道的實踐卻不得完成其志，這就是自然的時序運行。要知道在唐堯虞舜時期，天下沒有不實踐道者，賢者沒有不被賞識的，商紂時期，天下沒有通達者，賢者無法受禮敬重用，並不是因為他們的才知，而是時機及情勢的關係。莊子藉此主張困窮通達都是自然的運行規律，本身並

無有善惡之分，若能以此觀之，才能在面臨大難時也將毫無畏懼，而這才是聖人的勇敢。孔子進而勉勵子路要安處於此時此刻，因為自己亦將在此自然規律的運行中，而受其不可奈何之限制，若是如此，則無處而不可遊，此亦將是最佳因應苦難的方式，使生命得以通達開展。

> 莊子曰：「人有能游，且得不游乎？人而不能游，且得游乎？……雖相與為君臣，時也，易世而無以相賤。故曰：至人不留行焉。夫尊古而卑今，學者之流也。且以豨韋氏之流觀今之世，夫孰能不波？唯至人乃能遊於世而不僻，順人而不失己，彼教不學，承意不彼。」（〈外物〉）

莊子提到人們若能悠遊自得，那有不遊的？如果不能悠遊自得，那麼怎麼能夠遊呢？要知道有時為君王，有時為臣子，都只是一時之爭，如果時代變易了就不會再互為貴賤了。是以，至人行事絕對不會執著其所作為。這裡提到當今的學者之輩，總是以古代為尊貴，卻是輕視當代；但若是以古代豨韋氏之輩來觀察當代，怎麼可能不會有任何的偏頗或差距呢？只有至人能夠悠遊於現實世界，卻不會逃避現實世界，順應人們的作為卻不會喪失自己，即使有豨韋氏的地方卻也不必一定要學，承襲古人的真意卻也不必要全部接受，老子提到要「動善時」（〈第八章〉），也就是要因應時序之推移變動而改變，所謂「與時俱化」（〈山木〉），雖然不要執著於「用」，莊子言「無用」，但卻更不能執著於「用」與「無用」，只能順任天道自然的運行規律而變化而已。而此變化顯現在世事萬象，包括「禮義法度」者，都需要「應時而變」。

> 故禮義法度者，應時而變者也。今取猨狙而衣以周公之服，彼必齕齧挽裂，盡去而後慊。觀古今之異，猶猨狙之異乎周公也。故西施病心而矉其里，其里之醜人見而美之，歸亦捧心而矉其里。其里之富人見之，堅閉門而不出；貧人見之，挈妻子而去之走。彼知矉美而不知矉之所以美。惜乎！而夫子其窮哉！（〈天運〉）

一切禮義法度要因應時間的推移而改變。不然就會像將周公的服裝穿在猿猴身上，一定會被撕咬破裂，並將全身衣服剝光才會開心。周公和猿猴的差

別，就像古代與當代的不同；如同西施因心痛而皺著眉頭走在鄉里，同里的醜女看見西施皺眉很美，回家也捧著胸口並且皺著眉頭。鄉里的富有人家看了，緊閉家門不出；窮苦人家看了，也帶著妻兒遠遠的就跑開了。原因就是醜女只知道西施皺著眉頭很美卻不知美在那裡；若是如此，一個人只是學了表面形式，那麼無法被賞識也是理所當然的。若是真正的隱士，乃是「時命大謬」的原因使然。

> 古之所謂隱士者，非伏其身而弗見也，非閉其言而不出也，非藏其知而不發也，時命大謬也。當時命而大行乎天下，則反一無跡；不當時命而大窮乎天下，則深根寧極而待。此存身之道也。古之行身者，不以辯飾知，不以知窮天下，不以知窮德，危然處其所而反其性，己又何為哉！道固不小行，德固不小識。小識傷德，小行傷道。故曰：正己而已矣。（〈繕性〉）

　　這裡提到隱士並不是隱藏起來而看不到，也不是閉上嘴巴而不出聲，更不是懷抱才能而無法展現，只是還不到自然規律的運行變化而已。如果規律變化的時序到了而能夠大行於天下，那麼就會回到整體宇宙的大化之中，毫無任何刻意的行跡；若非如此，規律變化的時序未到，亦未能實踐於天下，則要回到並守住最深的根本與極致的寧靜，這是修養身心的方法。因為古代人的所作所為，乃是不以分別來加強其心知，不以知解來窮盡天下事，更不以知解失去天真本德，反而謹慎所處而回到本真天性，那麼自我的功用就顯得不重要了。因為天道乃萬物所共同的遵循，不是有為的行動，乃是自然變化的不變規律之道；德性乃萬物各自內在的引導，卻不是自我主張的見解。因為自我的見解會傷害天真本性，有為的行動則會傷害天道的運行。是以，若要「當時命」而「大行乎天下」，只有回到自己生命本身，去順應天道宇宙運行之規律，才是最好的方式，並且讓各家所肯定的都得以朗現在天地宇宙中，那麼便能夠解決人們在分別中所造成的苦樂情緒，因為這一切現象都是「事之變」」、「命之行」也。

> 仲尼曰：「死生存亡，窮達貧富，賢與不肖，毀譽、饑渴、寒暑，是事之變，命之行也；日夜相代乎前，而知不能規乎其始者也。故不足以滑和，

不可入於靈府。使之和豫通而不失於兌，使日夜無郤而與物爲春，是接而
生時於心者也。是之謂才全。」（〈德充符〉）

莊子透過孔子指出人本身的死生存亡、賢與不肖、本能的飢渴，是天生的
氣命流行，自我的命關；人事所形成的窮達貧富、外在毀譽、自然寒暑，是天
道運行與人爲的事件變遷，是人間的義關。此二者不分日夜的在我們面前交替
發生變化，但人們的心智卻無法支配。是以，不能夠讓「命之行」與「事之
變」的無可奈何擾亂生命的和諧，進而闖入自己的內在心靈，郭象注「靈府」
爲「精神之宅」，宣穎云「故當任其自然，不足以滑吾之天和，不可以擾吾之
靈府」[18]；反而要讓內在心靈能夠愉悅通達而不失去原有的自在美好。即使在日
夜無間斷的運行變化，與天地萬物之萬象照面下，心中也應湧現春意生機，保
有原有的天真本德才是，而以「無心無爲」來對人的一生。

夫大塊載我以形，勞我以生，佚我以老，息我以死。故善吾生者，乃所以
善吾死也。夫藏舟於壑，藏山於澤，謂之固矣。然而夜半有力者負之而
走，昧者不知也。藏大小有宜，猶有所遯。若夫藏天下於天下，而不得
所遯，是恆物之大情也。……故聖人將遊於物之所不得遯而皆存。善夭善
老，善始善終！（〈大宗師〉）

莊子指出人們從生至死的過程，乃是天道自然以形體來乘載自己的天真本
德，以活著來勞累自己的天真本德，以老化來讓自己的天真本德得以閒暇，以
死亡讓自己的天真本德能夠安息。宣穎云「純任自然，所以善吾生也，如是，
則死亦不苦矣」[19]，純任自然才能生死不苦，是以，若是能夠自然無心於生的
善，就能夠自然無心於死的善。莊子的「善」爲「無心無爲」，乃是將形化的
一生放置在整個天地宇宙中，而不刻意造作形體將如何呈現。當把舟船藏在深
谷中，或把山頭藏在水澤中，自以爲穩固妥當而不會失去，卻沒想到夜半時造
化遷移，有如被大力士背負而去，但盲昧的人卻渾然不知，雖然藏小於大是最

18　清・王先謙著，《莊子集解》，頁33。
19　清・王先謙著，《莊子集解》，頁38。

合宜的，但最終總是會消失不見的。倘若把天下藏在它的自身中，那麼在不藏中就不會消失不見，這是將生命深刻的安置在天道運行中，以達成永恆存在的最真實處境。於是，聖人將無心無為遊心於必然的形體老死中，而與它同在共存；也就是自然無心於夭折或老化，自然無心於開始或結束。

2. 是之謂兩行

若是能夠無心無為的對待人生的一切經驗，也就不會浪費生命在無可奈何的變化現象世界中，更能接納所有迎面而來的任何現象產生，在與之「同在」或「臨在」中方能有「豁達的生活」、「通達的生命」。

> 達生之情者，不務生之所無以為；達命之情者，不務知之所無奈何。養形必先之以物，物有餘而形不養者有之矣；有生必先無離形，形不離而生亡者有之矣。生之來不能卻，其去不能止。悲夫！世之人以為養形足以存生，而養形果不足以存生，則世奚足為哉！雖不足為而不可不為者，其為不免矣。夫欲免為形者，莫如棄世。棄世則無累，無累則正平，正平則與彼更生，更生則幾矣。事奚足棄而生奚足遺？棄事則形不勞，遺生則精不虧。夫形全精復，與天為一。天地者，萬物之父母也，合則成體，散則成始。形精不虧，是謂能移；精而又精，反以相天。（〈達生〉）

郭象注云「生之所無以為者，分外物也；知之所無奈何者，命表事也」[20]，這裡提出擁有豁達生活的人，不會追求生活中不必要的東西；有通達生命的人，不必追求生命中無可奈何的事情。雖然養護形體一定先從外物，但外物充餘而形體不得養護的人也是有的；擁有生命一定先不離開形體，但形體不離而生命喪失的也是有的。因為生命的到來不能推辭，生命的離去不能阻止，但世俗的人卻以為養護形體就足以保全生命，但是養護形體卻不足以保存生命，此時雖然不足以作為但卻不可不去為，於是帶來一生的勞累。是以，如果要免於形體的勞累，不如放下世俗價值中之不必要的東西，因為放下世俗價值就沒有勞累，沒有勞累就能夠心正氣平，心正氣平就能與現象變化一起重生，一起重

20　清・郭慶藩著，《莊子集釋》，頁630。

生則近於道了。總而言之，放下世事標準，形體就不會勞累；放下過度養生，那麼精神就不會虧損。所以，要使形體完全、精神恢復，與自然合而為一。至於天地宇宙是萬物的父母，天地之氣聚合就成形體，天地之氣散滅就成另一物體的開始，是以，若要形體精神沒有虧損，就是隨自然變化而與之變化；在生命精神之聚合與散滅中，循環反覆以符應天道自然。所謂的「棄世」、「遺生」是指「生之所無以為」與「知之所無奈何」，只能「不務」即「不必須」、「不必要」，不必要於生活中無價值之追求，與生命中無可奈何之抗拒，亦即通達者才能知「道通為一」而「因是已」。

> 道通爲一。其分也，成也；其成也，毀也。凡物無成與毀，復通爲一。唯達者知通爲一，爲是不用而寓諸庸。庸也者，用也；用也者，通也；通也者，得也。適得而幾矣。因是已。已而不知其然，謂之道。勞神明爲一，而不知其同也，謂之朝三。何謂朝三？曰狙公賦芋，曰：「朝三而莫四。」眾狙皆怒。曰：「然則朝四而莫三。」眾狙皆悅。名實未虧，而喜怒爲用，亦因是也。是以聖人和之以是非，而休乎天鈞，是之謂兩行。（〈齊物論〉）

天道自然之不變運行規律，使萬象變化不已而為一整體無別。當將其中作一區別時，必然帶來高下美醜之成見，當有所成見時，就必然毀壞整體的一體無別。要消解萬物因區別造成的成見和毀壞，以回歸至天地萬物整體的無有分別。然而，只有通達的人才知道天地萬物是一個整體而無有分別，憨山註云「以道眼觀之，自然絕無是非之相，是非絕，則道通為一矣」[21]，自然則無是非；雖然有認知分別卻不會加以運用，只有把存在價值寄託在生命本身，如此才是真正的大用，生命真正的大用才是生命價值的通透朗現，更是活出來自於天道自然的天真本德，如此便是近於天道根源。莊子主張要順任各種萬物的不同樣貌，物皆然可，卻不知道為什麼會這樣，這是天道使每一萬物有其存在的根據及允許。但常人卻以各種現象之不同而有利害得失的比較，傷害心神，

---

21 明‧憨山大師著，《老子道德經憨山註：莊子內篇憨山註》，頁225。

卻不知道天地萬物同樣存在於天道整體之中。如同養猴子的主人把果實給猴群時，不接受早上三顆下午四顆，卻歡喜於早上四顆下午三顆。其中只有名稱的差異，果實數量是一樣的，但卻造成開心與憤怒的不同情緒表現，也就是因為人們受限於心知而加以分別不同現象之成見影響。只有聖人能夠讓一切萬象都得以完全的呈現，以天道均平的方式來對待天地萬象，使其中不同的相對現象，都能夠化解彼此對立而一體實現，〈天地〉提到一丈人如何保守存全「純神之道」：

> 子貢南遊於楚，反於晉，過漢陰，見一丈人方將爲圃畦，鑿隧而入井，抱甕而出灌，搰搰然用力甚多而見功寡。子貢曰：「有械於此，一日浸百畦，用力甚寡而見功多，夫子不欲乎？」爲圃者卬而視之曰：「奈何？」曰：「鑿木爲機，後重前輕，挈水若抽，數如泆湯，其名爲槔。」爲圃者忿然作色而笑曰：「吾聞之吾師：『有機械者必有機事，有機事者必有機心。』機心存於胸中，則純白不備；純白不備，則神生不定；神生不定者，道之所不載也。吾非不知，羞而不爲也。」（〈天地〉）

這裡舉出子貢看到一個老人在菜園裡挖地道到井中，抱著甕取水灌溉，非常費力而且成效不彰；子貢建議說，有一種稱為「槔」的汲水工具，一天可以灌溉百區的田地，不必費力卻成效顯著，這種機械是鑿取木頭為機械，後重前輕可以自由抽引，非常快速如同沸湯湧出一般。但灌溉的老人卻抬起頭看著子貢反問說，那又怎麼樣？後又帶著怒氣笑著提出自己的經歷，說明開始使用機械設備後就會將全部的心思完全投入，而無法讓內在心靈自由；所謂「機心」是也，憨山註云「人人各執己見，言出於機心，不是無心，故有是非」[22]，在各執己之是非中，若是胸中被心機算計所充滿，便不能保存純粹清明，那麼就會心神不定，便會失去體悟天道自然之無限可能。老人說明其實自己並非不知道這種汲水工具，而是以使用這種工具為羞恥。是以，如何能夠保持內在的天真本性，才是能免於萬物生發時，而受其干擾的苦難呢？〈達生〉提出要守住

---

22 明‧憨山大師著，《老子道德經憨山註；莊子內篇憨山註》，頁 197。

「純氣」才能使心神保全，才能不會因為「死生驚懼」入乎其胸中，而使生命傷之。

> 子列子問關尹曰：「至人潛行不窒，蹈火不熱，行乎萬物之上而不慄。請問何以至於此？」關尹曰：「是純氣之守也，非知巧果敢之列。居！吾語女。凡有貌象聲色者，皆物也，物與物何以相遠？夫奚足以至乎先？是色而已。則物之造乎不形，而止乎無所化，夫得是而窮之者，物焉得而止焉！彼將處乎不淫之度，而藏乎無端之紀，遊乎萬物之所終始，壹其性，養其氣，合其德，以通乎物之所造。夫若是者，其天守全，其神無郤，物奚自入焉！夫醉者之墜車，雖疾不死。骨節與人同，而犯害與人異，其神全也，乘亦不知也，墜亦不知也，死生驚懼不入乎其胷中，是故遻物而不慴。彼得全於酒而猶若是，而況得全於天乎！聖人藏於天，故莫之能傷也。」（〈達生〉）

這裡透過列子與關尹的對話提到免於苦難而不受到傷害的境界呈現，至人潛行水中不受阻礙，腳踏火中不覺炎熱，行走在萬物之上也不畏懼。關尹說是因為保全純粹之氣，卻不是心知巧詐、果決勇敢所能做到的，成玄英疏云「不為外物侵傷者，乃是保守純和之氣，養於恬淡之心而致之也，非關運役心智，分別巧詐，勇決果敢而得之」[23]；尤其是至人能夠不受形色的限制而阻礙純粹之氣，能夠不因為現象的變化而影響自己。至人總是將自己安定在沒有分別中，內心悠遊在萬物的根源之中，而且在本性上能夠完全專一，並且涵養精氣，使內在之天真本性自然和諧，而通達於宇宙根源，不會使其他外物入侵。就像喝醉酒的人從車上掉下來，雖然受傷卻不會摔死，他的筋骨與一般人一樣，但受到的傷害卻和一般人不一樣，因為他的心神凝聚保全無缺，當他乘車時不知道，摔車時也不知道，因為死生的驚慌恐懼不會入侵他的內心，所以遭受惡事也不會害怕。這個醉酒摔車的人，因為酒精麻醉而不受自我意識的制約得以保

全者是如此，更何況是天真本德得到保全的人呢？至於聖人因涵藏保全天道自然，所以外物完全傷害不了他。

　　莊子在〈人間世〉提出孔子乃是「福輕乎羽，莫之知載；禍重乎地，莫之知避」，指出人們要「求福避禍」其實是非常容易的，就像無用於世的幸福快樂，比羽毛還輕，卻不知道要擁有；致力仕道的危險禍害，比大地還重，但卻不知道要避免。莊子提出要孔子「已乎」，也就是要停下畫地自限而要強力施行道德於天下人的刻意作為。因為莊子認為即使遍地荊棘，也不能傷到自己的生命之道；雖然實踐生命之道有時不順利，但卻不會損失自己的生命，所謂「迷陽迷陽，無傷吾行！吾行卻曲，無傷吾足！」，成玄英疏云「虛空其心，隨順物性，則凡稱吾者自足也」[24]，說的就是以天道自然生命本身作為每個生命的核心價值，而不會將自我的主張強加在他人身上。因為在「因是已」的實踐上，「道術」乃「無乎不在」，天地萬物乃根源於天道而沒有任何的價值分別差異；在「和之以是非」之「兩行」中，當然能夠化解一切的苦難。

覺察體驗作業：

　　1.檢視自己面對事件的態度如何？
　　2.試著以順任一切現象的發生，以不排斥的態度來面對，是否會發生什麼事？

第四節　適當的關係：不傷論

　　人我關係是一生中之重大課題，人活在關係中，人生的初始是來自於家庭關係，但卻也陷溺家庭關係中，由家庭以至社會，乃是以家庭養成面對家庭以外的人事物。余德慧提到「在人際間的愛，由於愛的對象是有限的圈內人，所以工具性很強，往往把『愛』與『操控』混雜起來」[25]，是以，在家庭關係中所長成的姿態，若未經過檢視及修正，亦往往複製成為在社會關係上的應對模式。若是家庭關係是人類成長的必經歷程，那麼能否有其他的可能性？有一種

---

[24] 清・郭慶藩著，《莊子集釋》，頁185。
[25] 余德慧著，《中國人的生命轉化──契機與開悟》，頁212。

更為適當的關係模式，在儒家講究親疏尊卑的關係中，更多的是執著於關係中遠近與上下的價值分別。因無法推己及人，或由上而下以實現人性共同的仁愛本質，反而造成人我之間的疏離，原本感通連結的親密關係，在無法尊重彼此的差異性中，造成更多的傷害。余英時提到「自我修養的最後目的仍是自我求取在人倫秩序宙秩序中的和諧。這是中國思想的重大特色」[26]，「和諧」與否正是透過「關係」狀態以檢視生命轉化是否成功的試金石。本節從「物累相召卻不傷」提出「德交而皆孩之」，藉由論述莊子「不傷論」說明「合適的關係」。

一、物累相召卻不傷

　　道生天地萬物，「生物之以息相吹」（〈逍遙遊〉）有生命即有氣息，生命的氣息在彼此之間吹動供應，每個生命都靠著他者的生命而存活下去，在天地宇宙中生成變化。

1.物莫之傷

　　生命即活在與他者的關係當中，老子從「道生」的角度為出發點，將人安置在與天地萬物的關係中。至於儒家則將人放在人與人的互動關係中，莊子提到人的一生乃是「與物相刃相靡」（〈齊物論〉）、「效物而動」（〈田子方〉），此「物」是以「人」為中心所建立的物質文明世界，而人的生命往往只是依著外物活動而受宰制，在此與之對抗對決而耗損殆盡，有如奔馳一般而無法停止。〈山木〉提出「物固相累，二類相召也」說明萬物之間彼此牽累的始末。

> 莊周遊乎雕陵之樊，睹一異鵲自南方來者，翼廣七尺，目大運寸，感周之顙而集於栗林。莊周曰：「此何鳥哉？翼殷不逝，目大不睹。」蹇裳躩步，執彈而留之。睹一蟬方得美蔭而忘其身；螳蜋執翳而搏之，見得而忘其形；異鵲從而利之，見利而忘其真。莊周怵然曰：「噫！物固相累，二類相召也。」（〈山木〉）

---

[26] 余英時著，《中國思想傳統的現代詮釋》（臺北：聯經出版公司，2018年），頁39。

　　這裡提出莊子身陷於如五里霧的不明關係中，舉出莊周到雕陵的栗園遊玩，看到一隻怪異的烏鵲從南方飛來，翅膀有七尺寬，眼睛直徑有一寸長，碰到莊周的額頭而停在栗樹林中，莊子驚訝這隻鳥翅膀寬大卻不能飛遠，眼睛巨大卻看不清楚。於是莊周提起衣裳快步走近，拿著彈弓要埋伏這隻怪異的烏鵲。但這時卻看到有一隻蟬因為有大樹遮蔭而忘了自身，剛好有一隻螳螂以隱蔽的方式抓住了蟬，卻為了捕獲蟬而忘了自己的形體；此時怪異烏鵲乘機得到機會抓住了螳螂，但怪異烏鵲也為了得到螳螂而忘了自己正處於什麼樣的狀態。莊子看了有所警覺，說萬物之間互相牽累，是因為本身有所需求，想要從對方取得所需要，以致彼此陷入各自貪圖眷戀的模式。萬物似乎都活在一個有生存壓力的環境中，然而，莊子要說的是萬物往往只沉溺於自身的欲望需求，而忽略外在形體與內在的天真本德。莊子不會忽略承載生命的有形身體，然而，更在乎的卻是天真本性，但萬物往往只看到外在有形可見的標的物，而忘了更重要的生命整體。當無法看見生命是一個整體的展現時，則將使生命破碎斷裂，總是因為種種的恐懼所造成的不安全感，而想要向外抓獲奪取，但向外在求得的卻是暫時、變化，而且是無法掌握的，以致在關係中彼此召喚著更多的「不安」與「恐懼」，成為彼此的負累傷害，令人不勝唏噓！然而，如何才能夠彼此不傷害？一者不被傷害，二者不傷害他者。先談不被傷害：

> 藐姑射之山，有神人居焉，肌膚若冰雪，淖約若處子，不食五穀，吸風飲露。乘雲氣，御飛龍，而遊乎四海之外。其神凝，使物不疵癘而年穀熟。……之人也，物莫之傷，大浸稽天而不溺，大旱、金石流、土山焦而不熱。是其塵垢粃糠，將猶陶鑄堯、舜者也，孰肯以物為事！（〈逍遙遊〉）

　　能夠「不被傷害」，在於能否超越關係中之心知偏見所造成對自己的傷害。莊子建構一個超越世俗的神話世界，使人能夠超離社會的相對價值所造成的負擔傷害；這裡以神人居住在遙遠姑射的山頭上，肌膚像冰雪一樣白，長相像少女一樣美，不食五穀粗糧，僅吸取天地靈氣，啜飲自然的甘泉，而憑藉雲氣飛天，駕御六氣變化如飛龍，超越人間俗世以遨遊。這裡指出神人是在一種純粹心靈時所開顯的生命境界，這是一種非現實世界所認可的樣態。在社會化

的現實世界中，是「相利」且「相累」的關係，但神人卻先回到與自己的關係，因為當他心神凝聚專注、尊重實現自身的天性自然時，便不會讓萬物傷害毀壞自身，反而能尊重其他萬物，任其成長而使其結實豐收，郭象注「之人也，物莫之傷」云「夫安於所傷，則傷不能傷；傷不能傷，而物亦不傷之也」[27]，安於所傷則不能傷，當自身「神凝」時，就能夠不受外在環境影響，即使受傷也能安於所傷；其只在乎熱愛自己生命的成長實現，於是，便能夠容許及尊重其他萬物的生命，而不會使他者成為自己生命的負累傷害。即使大水像天那麼高也不會受它陷溺，大旱時節、金石融解、土山燒焦，也不會被灼熱燒傷，說的就是神人在關係中絕對不會因為關係中的事物而煩累自己，所謂物而無物才能無事，無事即彼此達到一種和諧的關係而不會被關係所傷，王邦雄提到「神人的生命人格，沒有物會成為他的負累，也沒有任何物可以傷害他」[28]。

2.勝物而不傷

再者談如何能夠在自我完整中，不傷害別人，而達到一種真正的一體無別，彼此無傷的和諧關係？

> 魯哀公問於仲尼曰：「衛有惡人焉，曰哀駘它。丈夫與之處者，思而不能去也。婦人見之，請於父母曰『與為人妻，寧為夫子妾』者，十數而未止也。未嘗有聞其唱者也，常和而已矣。無君人之位以濟乎人之死，無聚祿以望人之腹。又以惡駭天下，和而不唱，知不出乎四域，且而雌雄合乎前。是必有異乎人者也。……仲尼曰：「死生存亡，窮達貧富，賢與不肖，毀譽、饑渴、寒暑，是事之變，命之行也；日夜相代乎前，而知不能規乎其始者也。故不足以滑和，不可入於靈府。……是之謂才全。」「何謂德不形？」曰：「……內保之而外不蕩也。德者，成和之修也。德不形者，物不能離也。」（〈德充符〉）

27　清‧郭慶藩著，《莊子集釋》，頁 32。
28　王邦雄著，《莊子內七篇‧外秋水雜天下的現代解讀》，頁 50。

　　在這裡提到「德不形」所以能夠「物不能離也」，當能夠展現天真本德而非人我間「應該之理」的刻意德行時，才能不造成對他者的壓迫，就是「至德之世」。王淮言「使天下皆不知美善之為物，則無是非，亦無所愛取，如混沌之不識不知，順帝之則，便是德性之圓滿無虧，而天下復歸於至德之世矣」[29]，此時「同與禽獸居，族與萬物並，惡乎知君子小人哉！」（〈馬蹄〉），這是一種沒有人與其他物種、沒有小人與君子的分別對立。莊子舉哀駘它為例，眾人都想要親近他，而他並沒有說什麼話就能取得君王的信任，也沒立什麼功就獲致君王的賞識，更使得君王想要將國家君位讓與給他，還擔心他不願接受。老子言「上德不德，是以有德」（〈第三十八章〉），「不德」是「德不形」，「有德」是「才全」，「才」是天生本真的「德」，「才全」是保有天真本性，「才全」即「德全」。哀公問什麼是「才全」？孔子說生命本身有死生存亡、賢與不肖，及飢渴的官感欲求，是天生的命之行；活在人間則有窮達貧富、毀譽及寒暑的地理環境，是人事條件的變遷。前者是生命本身的「命」關，後者是人間天下的「義」關，這兩者都日夜不斷地在我們面前交替出現，但人們心智卻無法測度其究竟，所以要能夠不讓它擾亂人們生命之氣的平和，也不能闖入心靈之府的虛靜才是，憨山註「不可入於靈府」云「靈府所謂靈臺，言諸變不可以搖動其性也」[30]，靈臺乃任何變化均不可以搖動其性，所謂「才全」是使內在心靈和諧一體，開顯天真本德流通無礙的境界。所謂的「德不形」，是德充於內、內保和諧而德不形於外，當德不形於外時則不會壓迫他人，便能打破人我間的界線隔閡而融合為一，使他人均喜歡與之同在，如同哀駘它使眾人都想與之親近，並且讓眾人都能如實呈現生命之本然，而不會在關係中有所損傷。所謂「勝物而不傷」，哀駘它在超越現象世界的種種限制中，卻也不會傷害他人，使所有與他親近者，均感受其人性的美好與獨特。

> 無為名尸，無為謀府，無為事任，無為知主。體盡無窮，而遊無朕，盡其所受於天，而無見得，亦虛而已。至人之用心若鏡，不將不迎，應而不藏，故能勝物而不傷。（〈應帝王〉）

---

[29] 王淮著，《老子探義》，頁10。

[30] 明．憨山大師著，《老子道德經憨山註；莊子內篇憨山註》，頁359。

彼此互為主體，不以彼此為工具價值，才能不犧牲生命本身。所以，在關
係中不會求得名號稱謂，也不會謀劃獨斷、強行任事、竭力巧智，反而轉向自
我生命主體，將天道體現在自己的生命本身，以內在心靈遨遊於天地宇宙根
源，竭盡實現來自於天道自然的天真本性。所以，不必在關係中刻意表現，如
同至人的用心就是虛靜觀照有如鏡子，任物之來去而不必刻意送往迎來，只要
如實對應而無所隱藏，就能照盡天下萬物之真實美好，沒有任何遮蔽而使自己
或他者因而遭致損傷的。〈達生〉藉由關尹提到「醉者之墜車，雖疾不死」，
是因為「神全」的原因，亦即能夠持守住「純氣」時，那麼外物則不能「自
入」。

> 子列子問關尹曰：「至人潛行不窒，蹈火不熱，行乎萬物之上而不慄。
> 請問何以至於此？」關尹曰：「是純氣之守也，非知巧果敢之列。……彼
> 將處乎不淫之度，而藏乎無端之紀，遊乎萬物之所終始，壹其性，養其
> 氣，合其德，以通乎物之所造。夫若是者，其天守全，其神無郤，物奚自
> 入焉！夫醉者之墜車，雖疾不死。骨節與人同，而犯害與人異，其神全
> 也，乘亦不知也，墜亦不知也，死生驚懼不入乎其胷中，是故遻物而不
> 慴。彼得全於酒而猶若是，而況得全於天乎！聖人藏於天，故莫之能傷
> 也。」……不開人之天，而開天之天，開天者德生，開人者賊生。不厭其
> 天，不忽於人，民幾乎以其真。（〈達生〉）

這裡提到「至人」潛水而不窒息，踏火而不被焚燒，行走在萬物之間卻不
會害怕，原因是至人的生命氣息純粹清明，而無有任何的巧智好勇的成分，總
是以不過度為處事原則，將自己隱蔽於未始有物之天道律則，與萬物同遊其過
程，致力於人性的實現，養護純然的生命氣息，以內在的天真本德，與天道自
然之生成萬物相通。如果是這樣的話，就能守住自然整體，心神就不會外洩，
那麼外物就不會入侵，如同醉酒者墜車，身體機能與常人相同，受到的傷害卻
和一般人不一樣，即使受到傷害也不會死亡，因為他的心神是完整全然的，不
只是不知道乘車，更不知道墜車，即使面對死生驚嚇恐懼之事，也不會受到影
響或干擾，與外物碰撞卻不會震怖屈服。因喝醉之人的心神是如此，何況是保
全天道自然者？就像聖人消解自我，將自身融入天道宇宙之間，所以外物沒有

能夠傷害他的，也就是能夠與外物合而為一。郭象注「不開人之天，而開天之天」云「不慮而知，開天也；知而後感，開人也。然則開天者性之動，開人者知之用」[31]，說明不要開發人為造成的心智我，而要開啟天道自然的真性我；前者將限制人們的心思，後者則是天真本德的生成。是以，絕對不要滿足於人為造成的自我開發，而不能忽略人性本身的實現，那麼人人就幾乎可以回到最真實本然的狀態，保全住天道自然內在於本性的「不化」。所謂「外化而內不化」，在「一不化」之天真本德中，亦能行走於天地宇宙中而「與物化」。因為「內不化」才能「不傷物」且「物亦不能傷也」，「外化」而可以「處物」；在身心內外及人我彼此均能夠「無所傷者」，才能夠在「與人相將迎」中，而「無有所將，無有所迎」（〈知北遊〉），不會產生彼此的壓迫負累與困境傷害。

二、德交而皆孩之

　　萬物乃在天地宇宙中自然生成，人們亦生活在天地宇宙之間，人因有別於其他物類而形成一獨特的生命樣態。其他萬物乃不知其然、更不知其所以然，在天地宇宙中自然經歷生命的生成；而人類雖然生存其中，卻因人性的獨特本性，在不斷脫離天真本性中，反而需要回歸天道之自然運行。當老子發現人類生命因另闢新路、獨樹一格，致使傷害自己、毀滅他者而受盡苦難時；其自身所觀察的天地自然現象，以及如何再融入天地宇宙的方法提供給人們，要人們不應以自我為中心，以其當自我有別其他萬物時，將造成種種的傷害苦難。

1.天地不仁
老子點出了天地與萬物的真實關係乃是「天地不仁」。

　　天地不仁，以萬物為芻狗；聖人不仁，以百姓為芻狗。天地之間，其猶橐籥乎？虛而不屈，動而愈出。多言數窮，不如守中。（〈第五章〉）

---

[31] 清·郭慶藩著，《莊子集釋》，頁638。

　　常人多以「天地不仁」指出天道的無情，然而這裡更要強調的是天道運行有其不變的律則，乃一視同仁並不會特別偏愛人類。人類如同以草編製的狗形以作為祭祠之物，說明萬物都是天地宇宙中的其中一物，同樣來自於天地宇宙，萬物都能發揮其本性的獨特可能性，然而，最後仍是要回到其所來自的天地宇宙。亦即萬物並不會因為自身的任何狀態，而改變其為天地宇宙運行時序之變化現象，而人類是萬物之一，亦是如此，此為真實之現象而無一例外，王弼注云「仁者必造立施化，有恩有為。造立施化，則物失其真，有恩有為，列物不具存，物不具存，則不足以備載矣」[32]，仁者失真而本性不存，當然生命便呈現一種匱乏的狀態；在不願面對天地不仁的真實現象變化中，往往更需要被天道以例外待之，在關係中產生扭曲的狀態。

　　是以，悟道的聖人不以「仁道」處之，要如同天道待萬物一樣，普遍平等的對待天下百姓，並無需如同儒家在關係中分別親疏遠近，反而造成關係推展的滯溺限制，以致以自我之私為中心，鎖死於家庭關係，甚至國族主義。老子將人視之為「宇宙人」，而天地宇宙是一個大空間，如同風箱以及吹奏樂器，裡面呈現一中空狀態，在氣的流動中並不會枯竭，而且氣的供應更是源源不絕，王弼注云「地不為獸生芻而獸食芻，不為人生狗而人食狗；無為於萬物而萬物各適其所，用則莫不贍矣」[33]，「不為」任何目的以自然無為才能各適其所。是以，更強調聖人應似天道一樣，要讓出空間與時間，使百姓能夠在天地宇宙的自然場域中生長成熟；不應該以過多的語言符號作為主張命令，那麼便將限制百姓的成長。當如同天道般「希言自然」（〈第二十三章〉），天道無言，聖人雖不得不言，但卻要「少言」，甚至「無言」；不能不言，所以在言語中要消解對名號的執著，只要持守天道自然對待萬物的方式，所謂「虛而不屈，動而愈出」，在「動」之「有」中，要「虛」之以「無」之，亦即要體道之「有」與「無」之雙重內涵，才能產生「不屈」與「愈出」的功效，所謂「無不為」也，如此才能「成其私」，如同天道不以「生」為「生」，才能「長生」（〈第七章〉），聖人若要長治久安，勢必體道悟道方得以實踐。而老子之所以體會

---

[32] 魏・王弼著，《老子註》，頁 13。

[33] 魏・王弼著，《老子註》，頁 13。

出在天地萬物的關係中只有「虛」才能「不傷」，以其天地萬物都是完全俱足「自己而然」之動能。

> 道常無為而無不為。侯王若能守之，萬物將自化。化而欲作，吾將鎮之以無名之樸。無名之樸，夫亦將無欲。不欲以靜，天下將自定。（〈第三十七章〉）
> 故聖人云：我無為，而民自化；我好靜，而民自正；我無事，而民自富；我無欲，而民自樸。（〈第五十七章〉）

老子並非憑空依己主張，其乃深刻體會到天地宇宙萬物之現象中有一天道運行的模式，乃是「無為而無不為」，在生成萬物之「為」中，卻讓出「為」之後的「控制權」或「依賴關係」，謂之「無為」，使萬物能依自己所得自天道自然的天真本德去發展實現，才能「無不為」也。老子體悟天道能夠與天地萬物有一「和諧」並「永恆」的原因，就是讓萬物能夠依「自然之性」去「作為」與「成為」，才能使每一物都能無不完成並實現其天性自然。老子提醒聖人只要守住這個原理原則，那麼萬物都能夠自己長成變化；若是有刻意情事而逐漸脫離自然本性之發生時，聖人要做的便是引導萬物恢復自然本性，使百姓不因自我之執著而有非本性之欲求，要回歸至天性之自然樸素，謂之「自樸」；而且天下人都能安定自在，並找到自身的定位，謂之「自正」；當人人都回歸自己時，不再向外追求滿足，或不以外在來規範為標準時，便得以發現生命的富足，謂之「自富」。是以，悟得天道自然的聖人，便能夠以不干擾、不控制的方式，來對待天下百姓，所謂「處無為之事，行不言之教」（〈第二章〉），王弼注云「自然已足，為則敗也；智慧自備，為則偽也」[34]，聖人不會樹立以「正常」之心知為標準要百姓遵守，卻只有以「百姓心為心」的開放多元與信任尊重。

---

34 魏・王弼著，《老子註》，頁8。

聖人無常心，以百姓心為心。善者，吾善之；不善者，吾亦善之；德善。
信者，吾信之；不信者，吾亦信之；德信。聖人在天下，歙歙為天下渾其
心，百姓皆注其耳目，聖人皆孩之。（〈第四十九章〉）

當聖人不以社會價值形塑的「自我之常」來看待百姓時，便能夠以天地萬
物原初的天真之性，來化解物類之差異性，而回歸至天道自然之整體，體悟百
姓的自然本性，並以此為連結而形塑與百姓的關係。至於百姓所表現來的善惡
價值，在此都將失去分別性，因為聖人只以自然天性來對待天下百姓。以其天
真本德乃超越善惡價值之二元分別，是無心無為的善。同樣的，百姓雖然表現
有社會價值之誠信與否，但聖人仍是相信其天道自然內在於其本性之德，是一
種對天下百姓之天真本德的信任。聖人無所偏執，在消解自我中心之二元對立
後混沌無別；雖然百姓將自身放在耳目感官的追求上，但聖人卻是視其為嬰
孩之單純樸拙，而不以社會化的分別來定義其狀態。於是，在聖人無有分別
下，不僅是「善救人」、「善救物」，更是「無棄人」，也「無棄物」（〈第
二十七章〉）。不論「善救」或「無棄」，非如儒家仁愛以內在「不安」之心
為度，此「善救」與「無棄」，乃如同天道自然之運行規律，為使宇宙萬物達
到一個平衡和諧的狀態而已，此為天道自然調節平衡的自由流動，所謂「損有
餘而補不足」，正是此調節的方式。

天之道，其猶張弓與？高者抑之，下者舉之；有餘者損之，不足者補之。
天之道，損有餘而補不足。人之道，則不然，損不足以奉有餘。孰能有餘
以奉天下，唯有道者。是以聖人為而不恃，功成而不處，其不欲見賢。
（〈第七十七章〉）

天道並不刻意造作，更非放任隨意，而是有一種自然流動且調整平衡的運
行模式。就像拉弓箭一般，太高了就要下降，太低了就要舉起，力道太大了就
要放輕，力道不夠的就要加把勁。至於天道也是如此，在生成萬物上，對於有
餘者加以減損，不足者加以增補，以動態的調節方式，達成天地宇宙整體的和
諧平衡；但是人類世界卻非如此，對待不足者反而加以減損，有餘者加以增
補。只有聖人才能如同天道自然一般能對有餘者加以減損而敬奉天下百姓。況

且聖人有所作為卻不自恃己身所作為，達成功效卻不自居為功，更不將自己的賢能顯現出來；其待天下百姓如同天道對待萬物般，除了不仁無私無別外，更是不以自我為中心來分別親疏遠近，所謂的「無親」總是如天道流動調節般，一體無別、無心無為的對待百姓；所謂「常與善人」（〈第七十九章〉），此「善人」乃是聖人所見百姓之「德善」，而非「善」與「不善」之別的「善人」，所謂「善者，吾善之；不善者，吾亦善之；德善」（〈第四十九章〉）。

2.兩不相傷而德交歸

當聖人對待百姓自然無有分別時，其間便達到一種和諧的關係，所謂「兩不相傷」，以其彼此以「德交歸焉」。

> 治大國若烹小鮮。以道蒞天下，其鬼不神；非其鬼不神，其神不傷人；非其神不傷人，聖人亦不傷人。夫兩不相傷，故德交歸焉。（〈第六十章〉）小國寡民。使有什伯之器而不用；使民重死而不遠徙。雖有舟輿，無所乘之，雖有甲兵，無所陳之。使民復結繩而用之，甘其食，美其服，安其居，樂其俗。鄰國相望，雞犬之聲相聞，民至老死，不相往來。（〈第八十章〉）

能「不傷」是因為聖人以「烹煮小鮮」的方式，不過度翻攪而是花時間以小火烹煮。就如同「天道自然」對待「天地萬物」的方式，聖人對待天下百姓，讓出最大的空間並給予時間，以其天道內在於人之德性為核心，順任其生成而活出自身的美好自在。在人人都能如此時，鬼神、聖人便無有發揮的餘地，也不會侵犯及危害到百姓自己。當各自都能實現自身的天真本德時，一者不必與人較量爭競以傷及他人，二者自己亦能充分發揮自己時，亦無有餘裕可以干擾控制他人。所有萬物都是以「天真本德」為關係的連結點，彼此都能夠安於本身之自在美好，而不必向外追求奔波。是以，老子提出「小國寡民」就是一種在「德交歸焉」的前提下，彼此往來的關係狀態。「重死」所以珍惜生命本身，不耗生命精力於「遠徙」，當將一生重心安置於「生命」自身時，便將開始思考真正有價值之事？於是，向外追逐便成了不甚重要之事；雖有「什伯之器」卻不必使用，雖有「舟輿」也無須搭乘，雖有「甲兵」亦不必陳列，

在生命以外的事都不會刻意追求下，在回憶記錄的使用上能夠回歸使用「結繩記事」、在基本需求的滿足上能夠「甘於所食」、「美於所服」，在社會生活的營造上能夠「安其居所」、「樂其風俗」。雖然彼此關係很親近，但又不干擾限制他人，將一生花費於自我的認識成長與自然實現，完全不耗損時間精力於無有助益的人際社交往來。是以，當哀駘它與一群人形成一個關係時，那亦是「自然」的連結成果，以其只是「和而不唱」、「常和而已」（〈德充符〉），並不主張什麼或提倡什麼，所以並不會折損自身或傷害他人。哀駘它不僅使來到面前者都是能夠喜愛其「天真自然」，所謂「愛使其形者」，更是讓出空間使所有人都能夠實現自身的本性之德；不僅哀駘它忘了自身有「形體之惡」，更讓所有的人都忘了自己與他人的形體之惡。他們的關係均是以「天真本德」作為彼此互動往來之連結點，所以，不論丈夫、婦人或魯哀公，都喜歡與哀駘它為友伴，願意以自己的真實自然，與人交流往來。更如同「兀者王駘」，其所形成的是一種「無形而心成」（〈德充符〉）之優質關係，是以「德」相交的最佳典範。所以，與其同遊者皆忘其為「兀者」，以其「視喪其足，猶遺土也」，在不以「外形」相交時，那麼人與人的關係是自由，是開放的，不將因形體的差異性，而阻礙認識彼此天真本性的可能性。是以，若能夠「反其性情而復其初」（〈繕性〉）之天道自然內在於人的德性時，才能化解關係中的傷害，而「以道觀之」，便是消解自我中心以是「反性復初」的最佳方式。

> 北海若曰：「以道觀之，物無貴賤；以物觀之，自貴而相賤；以俗觀之，貴賤不在己。以差觀之，因其所大而大之，則萬物莫不大；因其所小而小之，則萬物莫不小。……以功觀之，因其所有而有之，則萬物莫不有；因其所無而無之，則萬物莫不無。……以趣觀之，因其所然而然之，則萬物莫不然；因其所非而非之，則萬物莫不非。」（〈秋水〉）

莊子透過北海神和河神的對話，舉出各種不同的關係狀態。一、從大道的觀點來看，萬物沒有貴賤之分；二、從萬物本身來看，萬物都是以自我為貴而彼此相賤；三、從世俗來看，貴賤都由外而來卻不在自己；四、從差別來看，順著萬物大的一面說大，那麼萬物沒有不大的；順著萬物小的一面說小，那麼

萬物沒有不小的。五、從功能來看，順著有的功能來看有的功能，那麼萬物都有功能；順著沒有的功能來看沒有的功能，那麼萬物都沒有功能。六、從取向來看，順著萬物所肯定的來肯定，那麼萬物都可以被肯定；順著萬物所否定的來否定，那麼萬物都可以被否定。若從各個不同的角度來看，那麼都有其可能建構的關係狀態，並為其所限；只有以道觀之，才能化解以人類或自我為中心，所造成各種疏離狀態。是以，態度上只能回到專一於「天真本性」來面對眼前的現象。

> 仲尼適楚，出於林中，見痀僂者承蜩，猶掇之也。仲尼曰：「子巧乎？有道邪？」曰：「我有道也。五六月累丸，二而不墜，則失者錙銖；累三而不墜，則失者十一；累五而不墜，猶掇之也。吾處身也若橛株拘，吾執臂也若槁木之枝，雖天地之大，萬物之多，而唯蜩翼之知。吾不反不側，不以萬物易蜩之翼，何為而不得！」孔子顧謂弟子曰：「用志不分，乃凝於神，其痀僂丈人之謂乎！」（〈達生〉）

這裡提到孔子要到楚國，當走至樹林中時，看見一位駝背者在黏蟬時就如同拾取一樣容易。孔子問駝背者有何祕訣？駝背者說自己在竿子上訓練堆疊丸子，經過五、六個月的訓練後，就可以放兩顆丸子在上面而不會掉下來時，失手的機率就很少了；當放三顆丸子在上面而不會掉下來時，失手的機率大約就只占十分之一；當放五顆丸子在上面而不會掉下來時，那麼黏蟬一事就好像能夠自由拾取一般容易。這個時候，自己的身體好像木樁、用手臂拿著竿子就好像枯槁的樹枝一樣，雖然面對天地宇宙的浩瀚，萬物品類的眾多，這個時候只有感知到蟬的翅膀。而當自己內心毫無變動而且寧靜安然時，就不會因為天地萬物的紛亂而取代自己對蟬翼的專注，所以，拾取蟬是容易可行的。關鍵在於消解所有心思的向外追求，只要專注凝聚在心神上，即內在天真本性的澈底實踐。這時乃是超然天地萬物之外，看似孤獨而獨立存有於天地宇宙之間，所謂「形體掘若槁木，似遺物離人而立於獨也」（〈田子方〉），也就是將心神悠遊於天地萬物始源之無分別狀態，所謂「遊心於物之初」，如此才能恢復真正的關係。是以，在取得「天人關係」和諧後，才有「人我關係」和諧的保障，進而達到一種「樂物保己」的適當關係。

故聖人，其窮也使家人忘其貧，其達也使王公忘爵祿而化卑。其於物也，與之為娛矣；其於人也，樂物之通而保己焉。故或不言而飲人以和，與人並立而使人化。父子之宜，彼其乎歸居，而一閒其所施。其於人心者，若是其遠也。」（〈則陽〉）

聖人與人有一種合適的關係，當他貧窮時可以讓家人忘其貧困，當他通達時可以讓王公忘其爵祿而化為謙卑。他在對待萬物時，和諧共處；與人相處時，一同與萬物為樂卻不失去自己。所以有時以不言之教而予人以心靈的和諧，與人並立而使人感化。即使是父子的關係亦均能各得其所，而以自然無為的方式待之。至於與人的關係，絕不以心知成見作為彼此的關係阻礙，莊子提到「生死存亡一體」之「莫逆於心」（〈大宗師〉），憨山註云「心同道合，遂為友也」[35]，心同於合一之道，是人我間最深刻關係的實現，以其不僅以德交相，更是能將自身融入天道自然，而與天地萬物完成最和諧關係，所謂「以天合天」（〈達生〉），不僅「不傷」，而且完全達到整體的合一境界。

覺察體驗作業：

1.檢視自己在關係中是通常是什麼狀態？情緒如何？

2.覺察自己是否是一個尊重自己、愛惜自己的人？以及是否能夠尊重他人、愛惜他人？

第五節　死亡的想像：一條論

死亡是生命中獨一無二的經驗，是存在方式的最大改變，只能自己孤獨的去經歷，而且與他人絕對不同，是生命中最獨特的經驗。人們因為對未知的「死亡世界」產生種種的恐懼和好奇，它是如此的幽微與神祕，當然也顯得無比的奧祕與深刻。柏拉圖（Plato，429B.C.-347B.C.）認為哲學是一種「練習死亡」，因為死亡乃脫離了肉體的限制，但死亡後並無法練習，所以練習死亡意指在活著的時候，就要練習能夠超越形體的限制，而要思考形而上的永恆意

---

35 明・憨山大師著，《老子道德經憨山註：莊子內篇憨山註》，頁405。

義。是以，既然死亡是必然的存在，是不可逃避的自然現象，那麼對死亡有什麼樣的認知，便會影響著一個人要如何活著？老莊以天道自然乃運行不已，生與死都是規律運行之現象「變化」；是以，若是「天道運行」，那麼人們如何能夠控制？若是「變化現象」，那麼人們為什麼要如此不安？死亡為現象變化的概念，似乎無情的將人類安置於天地宇宙之一物而已。然而，重要的是，一個人是否能夠真正逼視死亡，藉由觀察天道運行，及對死亡的想像，而足以超越死亡的幽微與神祕，使人們能夠發現生命之奧祕與深刻。本節從「生死並存以變化」開展出「大化一氣以物化」，藉由論述莊子「一條論」說明「死亡的想像」。

一、生死並存以變化

孔子言「未知生，焉知死」（〈先進〉），看似主張「以生為大」之積極有為思想，也產生了長期以來傳統文化對於談論死亡無益的認知，華人不去談也不去想有關「死」的任何相關現象及物相，以避免遭致不測的風險。然而，無可避免的是死亡必將來臨，然而，也因為沒有太多預備，所以當死亡發生時，對於活人來說更將面臨一件身心受到具大影響的巨變，相較於十六世紀法國哲學家蒙田（Montaigne，1533-1592）選擇面對墓園居住，為了提醒自己「人終必一死」的生活方式是難以想像的。華人更多的是因為對於死亡的未知，產生對死亡及死後世界的恐懼，以及在無法理解死亡究竟是怎麼一回事，反而以為自己可以不接受死亡，甚至死亡是無關乎己的，認為只要努力就可以長生不死，似乎「死亡」一事對自己而言，是可以選擇的，而非必然的現象。

1. 通天下一氣

莊子提到萬物的生死乃是「有待」的，受道生德畜而「成形」，老子言「物形之」（〈第五十一章〉），無庸置疑的，有「生命」這個現象，其維持乃是需要依恃於有形肉體的存在。

> 仲尼曰：「惡！可不察與！夫哀莫大於心死，而人死亦次之。日出東方而入於西極，萬物莫不比方。有目有趾者，待是而後成功，待晝而作。是出則存，是入則亡。萬物亦然，有待也而死，有待也而生。吾一受其成形，而不化以待盡，效物而動，日夜無隙，而不知其所終。（〈田子方〉）

　　莊子藉由孔子提出人生最大的悲哀莫過於「心死」，至於身體的死亡還是其次的。因為生命從稟受形體的開始，就會在每一時刻的流變中逐漸邁向死亡；在死亡後，也會在每一時刻的流變中逐漸邁向存活。在一生的流轉變化，內在天真本德雖然寄託在形體中，雖然不會改變也不會亡失，但往往也在生命的耗盡中消亡。而人的一生則在與外物的交流中日夜沒有間斷的活動著，卻不知道自己最終將歸向何處，直至死亡的來臨。然而，對於存活與死亡兩者，並非是斷裂的兩個完全不同現象發生，要知道生與死乃是共生並存的，所謂「方生方死，方死方生」。

> 物無非彼，物無非是。……故曰：彼出於是，是亦因彼。彼是，方生之說也。雖然，方生方死，方死方生；方可方不可，方不可方可；因是因非，因非因是。（〈齊物論〉）
> 生也死之徒，死也生之始，孰知其紀！人之生，氣之聚也，聚則為生，散則為死。若死生為徒，吾又何患！故萬物一也，是其所美者為神奇，其所惡者為臭腐；臭腐復化為神奇，神奇復化為臭腐。故曰：「通天下一氣耳。」聖人故貴一。（〈知北遊〉）

　　莊子藉由萬物存在世界中說明，只要有其「徼」（〈第一章〉）之範圍邊際，就有方向性的產生，所有萬物一面被他人指稱為「彼」，一面也自稱為「此」；而且「彼」是出於「此」，「此」也是出於「彼」。「彼」與「此」是兩個相對概念的同時並生。就像「生」與「死」、「可」與「不可」，也都是同時並立而相互依存，而且是接續而生。這裡提到「生」是「死」的連續，「死」是「生」的開始，其規律是人類無法知道的，當然不必也無法擔心其如何。而且生命的產生是氣的聚合，聚合就有生命，散滅就是死亡。萬物總是在天地宇宙之氣中聚散變化與分合，在此現象中，人們卻以自身的價值觀點認為生命是美的、是神奇的，死亡是惡的、是臭腐；然而，要知道死亡之臭腐又會變化為生命之神奇，生命之神奇又會再變化為死亡之臭腐。

2.善始善終

　　「生」與「死」兩者若是並存接續的現象，那麼就沒有清楚的界限分別，所謂「死生為一條」（〈德充符〉），「生死存亡之一體者」（〈大宗

師〉），就是把死生看作本來就是生命的整體；所謂「不以生生死，不以死死生。死生有待邪？皆有所一體也」（〈知北遊〉），亦即有生命並不是為了產生死亡，也不會因為死亡就結束了生命的可能，死亡與生命是同一個整體的。而且天道在生天地萬物之始，就一直生生不息，所謂「猶其有物也，無已」，而此生生不息，並非人類能夠控制主導，而是天地宇宙大化之規律序則。

> 老聃死，秦失弔之，三號而出。弟子曰：「非夫子之友邪？」曰：「然。」「然則弔焉若此，可乎？」曰：「然。始也，吾以為其人也，而今非也。向吾入而弔焉，有老者哭之，如哭其子；少者哭之，如哭其母。彼其所以會之，必有不蘄言而言，不蘄哭而哭者。是遁天倍情，忘其所受，古者謂之遁天之刑。適來，夫子時也；適去，夫子順也。安時而處順，哀樂不能入也，古者謂是帝之縣解。」（〈養生主〉）

　　莊子藉由老聃的死亡來說明，生死變化乃是大化之氣變化的理則。因為秦失在喪禮中乾哭三聲就出來了，而引起老聃弟子的質疑。奏失看到老聃的親友們，老年人哭的樣子就好像在哭自己的兒子，年輕人在哭的樣子就好像在哭自己的母親。他認為如此方式的告別，根本就是悖離天道自然，因為大家都已經忘了自己的生命是承受於天地宇宙運行的天道，郭象注「忘其所受」云「天性所受，各有本分，不可逃，亦不可加」[36]，人們都忘了「生」與「死」都是天道自然的整體現象，是不可逃避，更是不可改變的，所以才會因為死亡而痛苦不堪。秦失指出老聃來到人間和離開人間，都正是大化運行理則而自然有了生命和失去生命而已。因為天道運行是不變的規律，至於「生」與「死」乃是變化的現象而已，是以，人們只能安然接受生命乃是天道自然的來到人間，失去生命只是天道自然的離開人間，謂之「帝之縣解」，成玄英疏云「帝，天也」，郭象注云「天生人而情賦焉，縣也；冥情任運，是天之縣解也。言夫子已死，吾又何哀」[37]，人生有如倒懸的痛苦在於情識的執著，如果能夠以天道自然來理解生與死的現象發生，那麼哀樂的情緒就不會干擾到生命本身，才能解開被繩

---

[36] 清・郭慶藩著，《莊子集釋》，頁 128。

[37] 清・王先謙著，《莊子集解》，頁 20。

索倒掛的生死痛苦。莊子在〈德充符〉說「死生存亡」是天生的「命之行」，是必然的現象發生，完全非人自身之能力所能夠轉變的。整個天下就是一氣的運行變化、聚散接續不已，如四時行也。

> 莊子妻死，惠子弔之，莊子則方箕踞鼓盆而歌。惠子曰：「與人居長子，老身死，不哭亦足矣，又鼓盆而歌，不亦甚乎！」莊子曰：「不然。是其始死也，我獨何能無概然！察其始而本無生，非徒無生也，而本無形，非徒無形也，而本無氣。雜乎芒芴之間，變而有氣，氣變而有形，形變而有生，今又變而之死，是相與為春秋冬夏四時行也。人且偃然寢於巨室，而我噭噭然隨而哭之，自以為不通乎命，故止也。」（〈至樂〉）

莊子的妻子死了，惠施去弔喪，莊子則兩腳張開兩膝微曲地坐著，並且敲打著盆子在唱歌。惠施認為莊子的妻子陪伴莊子一生，也為莊子生兒育女到老死，不應該如此對待妻子的死亡才是。莊子回答在妻子剛死亡的時候，也感受到慨嘆悲傷，但當自己仔細觀察整個生命的狀態時，發現生命本來就沒有生命，也沒有形體，更沒有氣的聚合；只是因為在恍惚混沌的不斷變化中，爾後有氣的聚合而產生形體，後來才有了生命的開始，現在則變化為死亡，這整個過程就如同春夏秋冬四時的運行一般。生死是因為氣的聚散，都是在這大化的一氣運行不已中，而萬物的生成在天地宇宙之間，死亡就如同躺臥在天地之間安息一樣，若自己還在哀傷痛苦，就是不理解天道運行的規律，而當自己理解明白了就停止哭泣，而不再拒絕這必然的天道運行，只能順應此變化而已。

> 夫大塊載我以形，勞我以生，佚我以老，息我以死。故善吾生者，乃所以善吾死也。夫藏舟於壑，藏山於澤，謂之固矣。然而夜半有力者負之而走，昧者不知也。藏大小有宜，猶有所遯。若夫藏天下於天下，而不得所遯，……故聖人將遊於物之所不得遯而皆存。善妖善老，善始善終，人猶效之，又況萬物之所係，而一化之所待乎！（〈大宗師〉）

莊子認為天地自然以形體來乘載天真本德，以活著來勞累天真本德，以老化來讓天真本德得以閒暇，以死亡讓天真本德能夠安息。無心無為是善，若是

能夠自然無心無為於生，就能夠自然無心無為於死。若是有心有為，就如同把舟船藏在深谷中，把山頭藏在水澤中，自以為穩固妥當，卻沒想到夜半時造化遷移，有如被大力士背負而去，而盲昧的人卻渾然不知。雖然藏小於大看來是最合宜的，但卻還是會消失不見。只能無心無為，天下就在天下當中，要把天下藏在它自身中，那麼就不會消失不見。就像聖人要遊心於天道自然之萬物生死變化中，才能不再受夭折、老化、生成或死亡的重大影響，兀者王駘就是如此的而能呈現生命的安定自在，所謂「死生亦大矣，而不得與之變」（〈德充符〉），即是死生大事亦能不妨礙王駘的日常行事為人，除去對死亡的恐懼，怪不得能夠與孔子中分魯國的學生們，而展現出一種最自然的師生關係。

二、大化一氣以物化

　　《說文解字》言「死」者為「从歺从人」，指形體與魂魄相離；「亡」者為「从入乚」，「入」是「人」字，「乚」為「隱蔽」，意指人至隱蔽處，本義為「逃」，引申義為「失」，「失」為「亡」，「死」亦為「亡」。是以，不論「死」與「亡」，都有「相離」、「逃亡」、「隱蔽」之意，是一種從「有形」、「可見」至「無形」、「不可見」的狀態變化。若是如此，人類因為有自我意識，當遠離宇宙自然的關係時，相較於其他物種，對於「無形」與「不可見」是難以接受的。人們對於從「有」至「無」的現象謂之「失去」、「沒有」與「不可知」等，深深對此感受到「遺憾」與「難解」。是以，宗教並不將此「有」之變化，只停留在「無」的現象而已，反而對「無」之後創造出「天堂」、「極樂世界」、「地獄」或「輪迴」的教義，以解決人們對死亡後的恐懼害怕。至於老子亦是如此，但非採宗教路線，而是以萬物乃從天道運行生成與回歸天地宇宙，來說明此「有」與「無」的關係。一者從生命是從「道無」的根源至「有」形體的過程，所謂「無名天地之始，有名萬物之母」（〈第一章〉）；二者從生命是從「有」的現象追溯至「無」的根源，所謂「天下萬物生於有，有生於無」（〈第四十章〉）；三者「無」與「有」，「有」與「無」二者乃並存、回返與交流的關係，所謂「同出而異名，同謂之玄」，目的在「常無，欲以觀其妙；常有，欲以觀其徼」（〈第一章〉），從「萬物現象」觀照天道運行變化不已之多元豐富，從「天道本身」觀照自身之獨立不改與周

行不怠之奧妙神奇。因此，萬物一面是「有現象」的成形，一面是內涵於天道自然「無限」之運行規律，「死亡」並非「沒有」或「失去」，而是涵藏於天道運行變化之中。是以，莊子常以「變化」來取代人們對於「死亡」之失去恐懼。根本沒有所謂的「擁有」與「失去」的分別，只是不同的現象變化而已，而此「變化」都是天道運行之不變規律，變化現象有所差異，但其律則卻是從古至今不會改變的。

1. 生也天行死也物化

「亡」，就大化之一氣的運行來對應於萬物而言，乃是一種氣的流轉變化，莊子謂之「物化」。

> 莊子曰：「吾師乎！吾師乎！齏萬物而不爲戾，澤及萬世而不爲仁，長於上古而不爲壽，覆載天地、刻雕眾形而不爲巧，此之謂天樂。故曰：知天樂者，其生也天行，其死也物化。」（〈天道〉）
>
> 支離叔與滑介叔觀於冥伯之丘，崑崙之虛，黃帝之所休。俄而柳生其左肘，其意蹶蹶然惡之。支離叔曰：「子惡之乎？」滑介叔曰：「亡。予何惡？生者，假借也；假之而生生者，塵垢也。死生爲晝夜。且吾與子觀化而化及我，我又何惡焉？」（〈至樂〉）

莊子以「師」稱之，說明以「道」作為生命的方向與指引者。描述天道不變的運行規律，對於整個天地萬物的變化現象而言乃是無心無為，所以天道對於萬物的散滅並不是出於暴戾殘忍，對於萬物的恩澤也不是出於仁愛親近；因為天道運行恆長亙古，長於上古年代卻不算老態，覆蓋承載天地萬物、刻雕各種物形卻不顯露工巧，完全是一種經歷自然無心無為的快樂。成玄英疏「其生也天行，其死也物化」云「其生也同天道之四時，其死也混萬物之變化」[38]，說明生死同於四時變化，若是人們能夠真正理解天道自然無為，那麼內在生命將產生最本質的安頓自在；於是活著時就能夠依循宇宙運行變化而作豐富的體驗，死亡時也能夠在萬物之間流轉變化，不會有任何恐懼害怕。然而，變化

38　清‧郭慶藩著，《莊子集釋》，頁464。

要何時開始？變化成什麼樣子？人類完全是沒有任何主宰及支配的可能，只能是接受此天地宇宙之變，因為變化剛好「化及我」（〈至樂〉）而已。支離叔和滑介叔一同到黃帝所休息的地方遊覽，不久，滑介叔左手臂長了一個瘤，他看起來驚慌不安，好像很厭惡一樣，但支離叔問滑介叔是否厭惡，滑介叔卻又說不會。因為他知道有生命是因為假藉外在物質而寄生，所假藉者來自天地宇宙，就如同天地的塵垢一樣，並不會有特別之處；而且死與生更如同白天夜晚一般，每一個人都活在天地宇宙大化運行流轉的過程中，而剛好變化的規律剛生在自己的身上而已，因此，自己根本沒有什麼好厭惡的。至於形體會變化成什麼樣子，則保持最大的開放性，如同陶淵明所謂「縱浪大化中，不喜亦不懼」，而不會有任何的厭惡之情。

> 俄而子輿有病，子祀往問之。曰：「偉哉！夫造物者，將以予爲此拘拘也！曲僂發背，上有五管，頤隱於齊，肩高於頂，句贅指天。」陰陽之氣有沴，其心閒而無事，跰𨇨而鑒於井，曰：「嗟乎！夫造物者，又將以予爲此拘拘也！」子祀曰：「汝惡之乎？」曰：「亡，予何惡！浸假而化予之左臂以爲雞，予因以求時夜；浸假而化予之右臂以爲彈，予因以求鴞炙；浸假而化予之尻以爲輪，以神爲馬，予因以乘之，豈更駕哉！且夫得者時也，失者順也，安時而處順，哀樂不能入也。此古之所謂縣解也，而不能自解者，物有結之。且夫物不勝天久矣，吾又何惡焉？」（〈大宗師〉）

　　子祀、子輿、子犁以及子來四個好朋友，因為體會生死存亡本來就是一體不可分的而成為心意契合的好友。在子輿生病而子祀前往慰問時，子輿對於自己的生命，認為是天地造化的不可思議，竟然使自己有了一副扭曲的身軀形象，彎曲駝背、背骨外露、臟腑在上、臉頰藏在肚臍，肩膀比頭頂還高，而且脊骨向上如同贅疣；子輿自己認為是陰陽之氣失調混亂而已，所以即使是拖著兩隻腳斜行，依然能夠保有閒逸的心境，一點也不會討厭。認為在大氣變化流轉運行中，造化使自己的左臂變化成一隻雞，那麼就順任它作為報時的公雞；造化使自己的右臂變化成一隻彈弓，那麼就順任它射鳥烤來吃；造化使自己的尾椎變化成一個輪子、心神變成一隻馬匹，那麼就順著它來騎乘，不必另外再

找車來駕駛。因為得到生命與失去生命都是天地宇宙運行規律的現象變化，所以要安然於此必然變化之大化運行秩序，如果能夠真正理解了，那麼哀樂的情緒就不會傷害到自己，能夠解開人間一切煩惱與困境。然而，這一切都需要自我消解，不被外物所束縛，因為所有的天地萬物都無法逃避氣化流行，所以根本不必有無謂的厭惡，生命在天地宇宙之間，莊子言「以天地為大鑪，以造化為大冶」（〈大宗師〉），也就是以天地宇宙為一座熔鑄金屬的火爐，以大化之氣為一個提煉金屬的工匠，若依此而順其自然，那麼沒有不可以接受的，也就是沒有什麼地方是不可以去的，所謂「惡乎往而不可哉！」當然生與死都在天地宇宙之間，那麼就應面對真實死亡的狀態，讓死亡現象回到原有天地宇宙的生成變化之中。

> 莊子將死，弟子欲厚葬之。莊子曰：「吾以天地為棺槨，以日月為連璧，星辰為珠璣，萬物為齎送。吾葬具豈不備邪？何以加此！」弟子曰：「吾恐烏鳶之食夫子也。」莊子曰：「在上為烏鳶食，在下為螻蟻食，奪彼與此，何其偏也！」（〈列禦寇〉）

莊子以自己的死亡現身說明，當自己快要死時，弟子卻想要厚葬他。莊子不同意，認為自己以天地為棺槨，以日月為璧玉，以星辰為珠璣，以萬物為陪葬品，認為葬禮已經完全具備了。此時弟子又擔心沒有埋葬老師會被烏鴉、老鷹吃掉，但莊子認為埋葬也會被螻蛄及螞蟻吃掉；兩者同樣的都會被吃掉，於是根本不必奪取烏鴉老鷹的食物而給予螻蛄螞蟻吃，如此白費功夫，只要將一切回歸自然，並不必刻意偏私，將生命專注遊心於氣之聚合即可，當然更不必在乎世俗的禮俗。

> 子桑戶死，未葬。孔子聞之，使子貢往侍事焉。或編曲，或鼓琴，相和而歌曰：「嗟來桑戶乎！嗟來桑戶乎！而已反其真，而我猶為人猗！」子貢趨而進曰：「敢問臨尸而歌，禮乎？」二人相視而笑，曰：「是惡知禮意！」子貢反，以告孔子曰：「彼何人者邪？修行無有，而外其形骸，臨尸而歌，顏色不變，無以命之。彼何人者邪？」孔子曰：「……彼方且與

造物者爲人，而遊乎天地之一氣。彼以生爲附贅縣疣，以死爲決疣潰癰。
夫若然者，又惡知死生先後之所在！假於異物，託於同體，忘其肝膽，遺
其耳目，反覆終始，不知端倪，芒然彷徨乎塵垢之外，逍遙乎無爲之業。
彼又惡能憒憒然爲世俗之禮，以觀眾人之耳目哉！」……孔子曰：「魚相
造乎水，人相造乎道。相造乎水者，穿池而養給；相造乎道者，無事而生
定。故曰：魚相忘乎江湖，人相忘乎道術。」子貢曰：「敢問畸人。」曰：
「畸人者，畸於人而侔於天。故曰：天之小人，人之君子；人之君子，天
之小人也。」（〈大宗師〉）

　　子桑戶死亡還未下葬前，孔子派子貢前往慰唁，結果發現有人在作曲彈
琴，並且高歌唱和。子貢對於在屍體前高聲歡唱的現象，開始質疑是否合乎
禮？然而，莊子卻藉由孔子說出，子桑戶等人所修行的工夫，是把形骸當成是
生命之外的存在，而且是與宇宙大道結伴為友的一班人，總是能夠悠遊於自然
宇宙大化之氣中。所以，一點都不會執著於生死，反而把活著當成是像長贅瘤
一樣的多餘無用，把死亡當成是瘡瘤潰破而病痛得以醫治的樣子，成玄英疏云
「氣聚而生，譬疣贅附縣，非所樂也；氣散而死，若疣癰決潰，非所惜」[39]，當
自然無所執著於生與死時，那麼就能生不足樂、死亦不足惜。因為天道自然而
有的生命，是藉由不同的外形而存在，都同樣的寄託在大道整體當中。雖然生
命的外形有各種不同形態的差異，但生命就只是不斷地在開始與結束之循環反
覆而已，因此並不會因而歡樂或惋惜。是以，對待生命的方式，若能夠保持開
放多元而不執著於有所作為的社會價值時，才能夠悠遊於世俗禮制之外，無待
於無有作為的境界。子桑戶等人並不會為了做個樣子給世俗人看，而去勉強自
己以符合世俗禮節而起煩惱。孔子說如同魚在江海裡相遇，人在天道中相遇；
魚只要在江海裡游來游去就能得到充足的養分，人只要在天道中無心無為，就
可以從生命本身得到安定。於是，魚在江湖裡放下彼此的干擾，人在天道中放
下一切的是非美醜；若人能夠放下則稱為「畸人」，也就是特立獨行者，乃是
異於一般人而同於天道的人。

---

[39] 清‧郭慶藩著，《莊子集釋》，頁269。

當失落天真的人，從天道來看是小人，從人倫來看卻是合乎禮俗的君子；另王先謙以為「天之小人，人之君子」複語無義，所以「當作天之君子，人之小人也」[40]，亦即若能保全天真之人，從天道來看是才是真正的君子，而從人倫來看卻像是不合乎禮俗的小人。雖然天道不以「君子」與「小人」來作區別人之差異性，此言「小」亦如同「道常無名，樸雖小」（〈第三十二章〉），因天道無名素樸，使人不知其存在，故名為「小」，所謂「弱者，道之動」（〈第四十五章〉），天道運行完全不是以社會價值的方式在主張倡議，反而是一直持續的以自然、寂靜及循環的方式在推動著。

2.入於不死不生

對於死亡之變化亦是天道運行之自然變化而已，不能將生死作二元分別之價值對立，莊子試圖透過夢境來描述可能的死後世界，提出死亡世界乃如「南面王樂」。

> 莊子之楚，見空髑髏，髐然有形，撽以馬捶，因而問之曰：「夫子貪生失理，而為此乎？將子有亡國之事，斧鉞之誅，而為此乎？將子有不善之行，愧遺父母妻子之醜，而為此乎？將子有凍餒之患，而為此乎？將子之春秋故及此乎？」於是語卒，援髑髏枕而臥。夜半，髑髏見夢曰：「子之談者似辯士。視子所言，皆生人之累也，死則無此矣。子欲聞死之說乎？」莊子曰：「然。」髑髏曰：「死，無君於上，無臣於下，亦無四時之事，從然以天地為春秋，雖南面王樂，不能過也。」莊子不信，曰：「吾使司命復生子形，為子骨肉肌膚，反子父母妻子、閭里、知識，子欲之乎？」髑髏深矉蹙頞曰：「吾安能棄南面王樂而復為人間之勞乎？」（〈至樂〉）

莊子藉由與骷髏對話，試著消解人們對於死後慣性、單一且是悲慘的認知模式。從莊子到楚國看見一個骷髏空枯有形，就拿馬鞭去敲打並與骷髏有一對話，質問骷髏是否因貪愛生命、違背天理才會落得如此下場？或是因為國家敗

---

40 清・王先謙著，《莊子集解》，頁43。

亡、遭受斧鉞砍殺所以才發生此狀況？還是行為不善、愧對父母妻子而險致如此地步？或者凍餓災患、年壽已到而流落到此境地？說完後，莊子就拿著骷髏當枕頭睡著了。半夜的時候，骷髏現身於莊子夢中，並沒有告訴莊子到底是什麼原因死亡，但可以確定的是骷髏告訴莊子，其所說的死亡原因對於生者而言都是負擔累贅，其實死亡後就沒有這些情形發生了。骷髏指出死亡後，上則無有君王、下則無有臣子，更不會有四時的變化之事，並且和天地共生共存，現在所享受的快活，是即使擁有君王之位的快樂也比不上的。莊子一點都不相信，試著和骷髏談交換條件，要讓骷髏恢復生命，使掌管生命的神來恢復其形體，並且長出骨肉肌膚，再回到擁有父母妻子、鄰里、朋友的生活中，但是骷髏卻眉頭深鎖的說，自己一點也不願意放棄這種超越君王的快樂，當然更不願再重返人間的勞苦。這裡莊子拋出一個大膽的假設，就是不以死亡為悲慘痛苦的認知模式，其想像死亡後可以是一個更自在快樂的場域。若是人們能夠修養自身以體道，那麼更能消解對生與死的心知執著，可以體悟不生不死之道的境界。

> 南伯子葵問乎女偊曰：「子之年長矣，而色若孺子，何也？」曰：「吾聞道矣。」南伯子葵曰：「道可得學邪？」曰：「惡！惡可！子非其人也。夫卜梁倚有聖人之才，而無聖人之道，我有聖人之道，而無聖人之才，吾欲以教之，庶幾其果為聖人乎！不然，以聖人之道告聖人之才，亦易矣。吾猶守而告之，參日而後能外天下；已外天下矣，吾又守之，七日而後能外物；已外物矣，吾又守之，九日而後能外生；已外生矣，而後能朝徹；朝徹，而後能見獨；見獨，而後能無古今；無古今，而後能入於不死不生。殺生者不死，生生者不生。其為物，無不將也，無不迎也；無不毀也，無不成也。其名為攖寧。攖寧也者，攖而後成者也。」（〈大宗師〉）

這裡以南伯子葵與女偊對話，說明體道的過程及其所達到境界。女偊年長但看起來如此年少，原因是女偊聽聞了道，女偊持守著修道的實踐方法，在三天之後就能擺脫天下的名利權勢，在七天之後就能遺忘了切身的生活器物，在九天之後就能放下對自己形體的執著分別；在放下種種心知執著所造成的迷惑後，就能夠如同朝陽初啟般澈照萬物，而後能體悟內在的天真本德。在內在之

德的純粹朗現後就能與天道自然合一，因為天道無古今之分，如此便能進入不生不死的境界。因為在「道通為一」中，道之運行，殺生為死，卻是生之始，所以不死；生生即活，卻是死之始，所以不生。體道者在人間世並沒有要刻意送往或迎來的作為，也沒有什麼失敗或成全的認知，所以在一切現象變化的雜多紛擾中，仍然能夠保有生命的寧靜，稱為「攖寧」，因為這一切都在天道運行變化現象的整體之中而無有善惡好壞，如此就不會像一般人把「活著」當成真實、不可變化的存在，而是能夠以「作夢」作為化解人們對活著的執著，至於「死亡」則是「夢醒」，是真正的回到自己的家鄉。

> 予惡乎知說生之非惑邪！予惡乎知惡死之非弱喪而不知歸者邪！麗之姬，艾封人之子也。晉國之始得之也，涕泣沾襟；及其至於王所，與王同筐床，食芻豢，而後悔其泣也。予惡乎知夫死者不悔其始之蘄生乎！夢飲酒者，旦而哭泣；夢哭泣者，旦而田獵。方其夢也，不知其夢也。夢之中又占其夢焉，覺而後知其夢也。且有大覺而後知此其大夢也，而愚者自以為覺，竊竊然知之。君乎，牧乎，固哉！丘也，與女皆夢也；予謂女夢，亦夢也。（〈齊物論〉）

莊子懷疑人們「以生為樂」可能是一種困惑，而「以死為惡」更可能是從小走失不知道要回家。麗姬是艾地封人的女兒，晉國剛娶她來時，傷心流淚沾溼了衣襟；等她到了王宮後，與君王高枕安眠，享用美食，才後悔當時的哭泣。所以，莊子思考的是人們在死亡後會不會後悔當初一直想要存活萬代呢？如同在睡夢中享受品酒的人，早上夢醒不免哭泣，因為好夢已經不在了；在睡夢中哭泣的人，早上夢醒歡樂打獵，慶幸原來只是一場夢而已。要知道當在夢中栩栩如生時，人們常常誤以為是真實的，因為正在做夢的人，往往不知道自己正在做夢，有的甚至於在夢中又在占卜夢境的吉凶，所以，只有醒覺後才知道之前認為真實的只是一場夢境而已。是以，只有人生澈底覺悟的人，才知道人們比較是非生死、利害得失的種種分別，不過是一場人生大夢，但愚昧的人卻自以為醒覺，以為自己清楚的知道要什麼，但卻不斷執著於君王或領導人的權名，真是愚蠢。莊子以「夢」為喻，表達出「這是一個在生理水平上象徵更高水平的心靈覺醒的比喻。當做夢者醒來時，夢見的主體消失並融進覺醒的意

識之中」[41]。雖然莊子指出人生可能是一場大夢，但又指出其實自己與眾人也都同樣的在做夢，而且連自己指說做夢的這件事，其實也是一場夢而已，所謂「吾特與汝其夢未始覺者邪」！

> 顏回問仲尼曰：「孟孫才，其母死，哭泣無涕，中心不戚，居喪不哀。無是三者，以善處喪蓋魯國。固有無其實而得其名者乎？回壹怪之。」仲尼曰：「……孟孫氏不知所以生，不知所以死，不知就先，不知就後，若化爲物，以待其所不知之化已乎！……吾特與汝其夢未始覺者邪！且彼有駭形而無損心，有旦宅而無情死。孟孫氏特覺，人哭亦哭，是自其所以乃。且也，相與吾之耳矣，庸詎知吾所謂吾之乎？且汝夢爲鳥而厲乎天，夢爲魚而沒於淵，不識今之言者，其覺者乎，夢者乎？造適不及笑，獻笑不及排，安排而去化，乃入於寥天一。」（〈大宗師〉）

　　顏淵問孔子說，孟孫才的母親死亡，哭泣卻沒有眼淚，內心也不會悲戚，守喪也不感覺哀傷，但卻以善於處理喪事名聞魯國。孔子說孟孫氏這個人不知道為什麼要生，不知道為什麼要死，不知道什麼是先，不知道什麼是後，如果化而為萬物，就是依待將來不可知的變化而已。孔子自言和顏淵還在夢境中尚未醒覺，至於孟孫氏即使面對讓人驚駭的形體變化，也不會傷害到內心，因為他理解形體如同寄居的暫時處所，其實並沒有真實的死亡。所以，孟孫氏異於常人的醒覺，人哭跟著哭，肯定自己之如此呈現。然而，孔子自言和顏回雖然互為彼此而稱呼自己為我，那麼真正的我是什麼？當作夢為鳥而飛上天，作夢為魚而沉入深淵，在夢中時栩栩如生，就如同不知道現在所說的，到底是醒覺的還是作夢的？要知道最舒適的狀態，是在還沒有發笑時就已經感受到了；在發笑的狀態，是在不必刻意安排時就已經感受到了，宣穎云「天機自動，亦不及推排而為之」[42]，人們若是能夠安頓自在於天地造化自然，而化解對於任何變化現象的執著時，就能夠證入「道的境界」。是以，道本身乃是超越生命變化之二元對立，若是能夠不以「生時」為清醒真實並且執著，而視之為夢中之境

---

[41] 美・愛蓮心著、周熾成譯，2004 年，頁 164。
[42] 清・王先謙著，《莊子集解》，頁 44。

時，就不會將「死亡」視為失去擁有、戀戀不捨，這是一種真正的醒覺，是最真實的生命境界。

覺察體驗作業：

1.你害怕死亡嗎？害怕或不害怕的原因是什麼？

2.「死亡」這件事沒有人可以說準是怎麼一回事，是不是有其他的可能性？試著發揮想像力。

Chapter **6**

反思及結論

　　《莊子》三十三篇內容龐大，本書以「生命」及「教育」所能構思的面向，以五個主題呈現，將莊子相關思想以及搜尋「關鍵字」，作為文本收集的方法加以引用詮釋。然而，「其分也，成也；其成也，毀也」（〈齊物論〉），一面因筆者的主觀喜好，有些文本內容深刻豐富，不斷地將其運用在不同的主題上；是以，在論述上犯了重覆引證的毛病。一面因筆者的能力有限，無法將所有文本納入，使得更多的文本被遺落而不用。書中雖然分為五個主題，然其中思想內涵乃互相交錯流動而成為一個整體，正如「言有宗，事有君」（〈第七十章〉），老莊的思想脈絡裡，總是不斷地在重覆申述其所體悟的「道」，可以作為春秋戰國時代根源性問題的解決方法。同為人類且心同此理，老子莊子更指出了人類千古的問題及解方，即痛苦的原因在於人類的自我心知。因為人類的自我被遮蔽而產生了錯誤認知，以為自己可以例外於天道不變運行的規律變化，誤認為自己所在乎的「我」及「我的一切」，不必依循天道變化之理序。於是，人類多迷茫於自身的得失中，以為得失是真實且可持之永久。因此，要消融、突破、化解自我遮蔽，回歸至天道自然，並融入天地宇宙整體，方能認識、恢復並活出人類生命本來該有的樣子，如此，才得以化解自我認知所形成的痛苦。

　　老子思想由「天道」啟發「人道」的聖人要回歸「天道」，莊子則從「人間世」為起始點，透過回歸「天道」以實踐於「人道」中的芸芸眾生，兩者論述的切入點及對象明顯不同，但均為一流動往來、循環不已的過程。《老子》共有八十一章，天道因「無」、「有」的雙重內涵，所以「玄之又玄」（〈第一章〉）；天道本身為「無」，乃惚恍混沌、無形無聲，具有無限性，透過道的「有」以展開萬物生命「自然」的歷程，其間要透過「無為」的消解工夫，歸根復命至天道本身的「無」，才得以「獨立不改，周行而不殆」（〈第二十五章〉）。《莊子》三十三篇，承自老子思想的核心精神發揮之，以作為所有人生命轉化的方式；他從現實生活萬象的「有」為出發點，使自我生命作「大而化之」的「無」之工夫歷程，以至於能夠「遊心」於「物之初」（〈田子方〉）、「未始有物」（〈齊物論〉）之道「無」時，便可以好好地「遊於世」（〈外物〉）。本書以莊子思想為主，老子思想為輔，並依此思想核心就「價值」、「教育」、「生命教育」、「關係」及「存在」五個面向加以論述

「莊子思想的生命教育與價值實踐」，以下分三點總結本書論述之脈絡、架構與內容。

一、以「生命主體性」為起始點，建構「價值實踐」的意義

杜保瑞《中國哲學方法論》[1] 以「實踐哲學的解釋架構」為核心，提出「四方架構」的文本詮釋進路，就「本體論」、「宇宙論」、「工夫論」和「境界論」四部分來研究中國哲學。其中「本體論」是對價值的討論，「宇宙論」是對世界觀之知識體系；因為中國哲學具有「實踐」的特色，認為中國哲學應有獨立的實踐哲學，也就是「工夫理論」與「境界哲學」。筆者亦嘗試以此具有中國哲學特色之文本解析方法論融入本研究，以「價值的框限與實踐」的五個面向對應此「四方架構」，以論述「生命主體性」在「存在感受」、「主體挺立」、「生活開展」、「生命轉化」及「超越理境」五個面向的脈絡開展。

（一）「價值的僵化」：以人之「存在感受」為立論的開始。

（二）「價值的復原」：呼應「本體論」的價值問題探討。生命的價值意義需要復原，目的在為人的存在找到合理的根源、根據，「道」內在於人性之「德」，使生命具有無限與永恆的價值，使人的「主體」性得以「挺立」。

（三）「價值的澄清」：呼應「宇宙論」對於世界觀之知識體系探討。人在價值世界中，常常混亂不清，價值觀點是自我認知系統以認識世界的準則。在道通為一的認識思維中，才能作真正的價值澄清，有正確的「生活開展」。

（四）「價值的選擇」：呼應「工夫論」的內涵。實踐內在的修養工夫，在生命的情境中，可以作真正有價值的判斷，亦即在任何選擇中都有機會達到「生命轉化」的可能性。

（五）「價值的提升」：呼應「境界論」的內涵。在生命價值的復原，及價值的正確選擇後，人的生命價值將不斷地提升，而達到一種心靈超昇的境界；在心靈的「超越理境」中，將突破所有的二元對立，使天地萬物都被提升，而完成生命價值的真正實踐。

---

[1] 杜保瑞著，《中國哲學方法論》（臺北：臺灣商務印書館，2013 年。）

二、以「生命」及「存在」為核心，探索「教育」及「關係」的可能

　　從「生命的主體性」感受到「價值的框限與實踐」，論述「教育的省思與可能」、「生命教育的制約與教育」、「關係的探討與重構」及「存在的困境與超越」面向。各章第一節從「價值僵化」的「存在感受」，而有「教育的功利結果」、「生命的無價值感」、「關係的疏離感」及「存在的恐懼」；各章第二節從「價值復原」的「主體挺立」，而有「教育的人性基礎」、「生命的理智教育」、「與自己的關係」及「孤獨的意義」；各章第三節從「價值澄清」的「生活開展」，而有「課程的多元價值」、「生命的實踐教育」、「與事物的關係」及「苦難的化解」；各章第四節從「價值選擇」的「生命轉化」，而有「學習的本質意義」、「生命的情感教育」、「與他者的關係」及「適當的關係」；最後各章第五節從「價值提升」的「超越理境」，而有「教師的人文素養」、「生命的靈性教育」、「與宇宙的關係」及「死亡的想像」，作為本書的架構。

（一）存在的感受

　　人體會到生命的困境，反思自身「我怎麼會活成這樣？」

　　在現實社會中的是非對立，因「價值的僵化」而造成生命的扭曲，在「教育的功利結果」中，人們多以形體作為各種功名利祿的陪葬品而被宰制，喪失主體性，在人心已死中產生「生命的無價值感」。一面陷於自身「命」及關係「義」的糾葛中，造成人與自己、社會及環境的異化。一面在「關係的疏離感」中，以他物為面具而驕傲於人，掩飾生命中最大的不安全感，而「存在的恐懼」是人類最大的存在感受。

（二）主體的挺立

　　生命失去價值感，需要重新回到根源的連結，說明「我為什麼要活？」

　　以形上天道作為「價值的復原」探討，是「教育的人性基礎」。重新解讀「道德」並非儒家在人倫關係中的道德仁義，而是形上之「道」為人內在本性之「德」，人人均具有無限的價值潛能，無需以社會價值之「有用」觀點。一面在「生命的理智教育」上，只要順應生命之理以自然而然成長，便足以發揮

自己生命的大用。一面在「與自己的關係」中，要不斷地貼近自己，成為一個真正的人；於內在真心與天道彼此往來交流中，邁向獨立的過程中發現「孤獨的意義」，使主體能夠挺立。

（三）生活的開展

　　價值的僵化需要上溯於價值的根源之道，在「價值的澄清」中，看見「我怎麼看世界？」

　　人的思維多為習慣制約而限制了「物皆然可」的可能性，若在萬物齊平的思維中，便能容許不同的現象產生，設計「課程的多元價值」以模糊是非二元的價值對立；在「生命的實踐教育」中，使所有的學生均能一體呈現其天真本德，以完成使其自己的天籟境界。一面在「與事物的關係」中，能夠消融在大道齊一的兩忘境界中。一面又以「因是已」的新視野，作為「苦難的化解」以達到「生活的開展」。

（四）生命的轉化

　　在價值澄清後有輕重的價值判斷以作「價值的選擇」，於生命上便產生「我應該如何活？」之課題。

　　透過「學習的本質意義」，學而不學、不學為學，自我在不斷地行心齋的實踐工夫後，能夠修煉內在之德，體悟自然天道以達至德境界，完成「生命的情感教育」。當至德者內在生命成長獨立時，一面在「與他者的關係」時，便能模糊主客對立，兩者是主亦是客，無有高下，物與物彼此流動不已。一面與人之間更產生一種成熟的「適當的關係」，不再被不明之愛所轄制，在各種人事關係中，完成「生命的轉化」。

（五）超越的理境

　　經過對真正的價值選擇後，到底「我要活出什麼樣的境界？」

　　生命的超越境界乃是主體生命經過修煉後，所能提升至道通為一的狀態。教育以學生為主體，教師要如何引導學生進入深刻的學習？在「教師的素養」上，要從教學歷程中深化教育內涵，修煉內在精神，以超越觀點對待每一位學

生，實現真正的教育之道。使學生透過學習提升生命的境界，實踐「生命的靈性教育」，達到生命的逍遙境界。一面在心靈的自由中，感通「與宇宙的關係」乃是混沌為一個整體，不再以「自我」或「人類」為中心，一切皆源於自然造化，最終也將回歸於自然造化。一面生死不再只是單一的現象，乃是超越生死的分別界限，有更多對「死亡的想像」，最終完成「超越的理境」。

三、以天道自然內在於人性之德，尊重涵容生命的獨立周行

　　本書從「價值」、「教育」、「生命教育」、「關係」及「存在」五個面向著手，以其生命之始即是從自我「價值」的建立開始，人們從家庭以至學校，甚至整個社會作為學習教育的場域。然而，所有的「教育」核心，應是以人為中心的「生命教育」，在與他者的連結「關係」中，呈現出一生的「存在」樣態。本書即是在每一個面向的內涵上，依莊子的思想智慧一一對應五個面向，每一個面向均由「問題意識」至提出「解決方法」，至達到「境界合一」，作為本書的內容。

（一）價值的框限與實踐

　　人類社會因「是」與「非」的價值框限，無法發揮人性的真正價值。需使「天道」內在於人性之德以得到真正的復原，方可涵容萬物及物論皆「然可」的可能。在復原及澄清生命本身才是真正價值時，一生得以作真正「輕重」的價值選擇，當以「道一」的視角深刻觀看所有萬物的存在狀態時，必將超越社會價值框限，而得以實踐生命的價值意義。

（二）教育的省思與可能

　　教育學習場域是未來邁向社會的實驗場地，教育學習也一直符應著傳統文化及國家社會的主流價值系統，均是在逃離人性自然以邁向發展進步的歷程。「殉身」是文明社會進步化的代價，學子失去認識自己生命的最大可能性；若是能夠認識萬物自然，均以「道根德本」為基礎，那麼在課程設計上則要提供學子任何可以探索自然本性的多元可能；而教師是實踐人性價值的榜樣，透過自身生命以修煉內在心神，達致修「養生」命之主，並藉由「心齋」的學習工

夫，使學子能夠逐步消解社會化對自我產生的制約，而以「齊物」觀點包容及尊重天下萬物及所有論點的多元差異，成為一位具有現代公民素養之人。

（三）生命的制約與教育

只要有形體存在，必然就是活著，但莊子卻提出人類在形體存活的狀態下，可以有「心死」的無價值感受；莊子試圖引導人們都能夠走向生命「自然」之理的心智道路。在透過不斷將天道自然實踐於生命的歷程中，人人都能在使其自己中成為自己，而有一「天籟」的展現。「至德」即是將天真本性之情感作最極致的發揮，在身心合一的狀態中，內在心靈乃自在自得於無有所待的「逍遙」境界。

（四）關係的探討與重構

天倫與人倫所構成的「命義」限制，生發在所有關係的困境中，此乃不可奈何的考驗。在面對自己時，要發揮人性的真正價值，成為一個「真人」；在面對現象世界中要尊重萬物均同遊於天道自然中，要彼此「兩忘」；在面對天地萬物時，沒有以自我或人類為高大，齊等均平，萬物在流轉變化中「物化」不已。雖然萬物各具其性，但在面對整個天地宇宙時，同為天道自然的整體，沒有任何的界線與分別，均在此「混沌」大化之流中。

（五）存在的困境與超越

「不安」是擁有自我的人類所普遍存在的狀態，是人類對自身脆弱以存活於世的恐懼感受，又不得不獨自面對邁向「獨立」的過程。然而，在同時感受到我以外的他者時，往往產生他人所無法理解的孤獨感受。一生中與人世間的種種衝突產生了苦難，要以「因是」的工夫順勢而為；並保持在適當的關係中，使彼此能夠「不傷」。在面對最大的苦難中，「死亡」是所有關係的集中處、交會點，在理解死與生同為天道運行之變化現象時，便能化解人生最極致的苦難。

本書「莊子思想的生命教育與價值實踐」以「價值實踐」為始，透過「文本分析」的研究方法及「覺察體驗」的實踐精神，將「莊子思想」運用於「教

育」、「生命教育」、「關係」及「存在」中，省思這五個面向所遭受的制約，以探討人生困境的解決之道，目的在提出教育的可能性，而對生命本身施以教育，以重構合適的關係，並在超越存在的限制中，賦與生命真正的價值意義。總而言之，本書乃是以人的「生命」本身為核心，在與他者關係的「存在」感受中，期許透過回歸以生命為核心的「生命教育」，反思及建構真正的「教育」想像；開展出內在自我及與他者的和諧「關係」，並且在天人物我交流共感中，定位人生的「價值」意義。亦即《老子‧第一章》所言「常無，欲以觀其妙」，在化解現象世界的種種遮蔽中，要「歸根復命」（〈第十六章〉）於天道自然內在於人的天真本性，方為人類面對任何現象發生的最佳對應之道。

參考文獻

一、傳統文獻（依時代順序由古至今）

魏・王弼著，《老子註》（臺北：藝文印書館，1996 年。）

宋・呂惠卿撰，湯君集校，《莊子義集校》（北京：中華書局，2020 年。）

明・憨山大師著，《老子道德經憨山註；莊子內篇憨山註》（臺北：新文豐出版公司，2004 年。）

清・郭慶藩著，《莊子集釋》（新北：頂淵文化事業有限公司，2005 年。）

清・王先謙著，《莊子集解》（臺北：三民書局，1999 年。）

二、近人論著（依姓氏筆畫由少至多）

巴斯卡原著，孟祥森譯，《沉思錄》（臺北：水牛出版社，1987 年。）

方迪啟（Fisieri Frondizi）等著，黃藿譯，《價值是什麼？》（臺北：聯經出版公司，1984 年。）

方勇著，《莊學史略》（四川：巴蜀書社，2008 年。）

毛禮銳、邵鶴亭、瞿菊農合著，《中國教育史》（臺北：五南圖書，1989 年。）

王淮著，《老子探義》（臺北：臺灣商務印書館，1990 年。）

王淮著，《郭象之莊學：儒釋道之相與訾應》（新北：印刻文學，2012 年。）

王志楣著，《莊子生命情調的哲學詮釋》（臺北：里仁書局，2008 年。）

王邦雄著，《21 世紀的儒道：儒道兩家思想的現代出路》（臺北：立緒文化事業有限公司，1999 年。）

王邦雄著，《中國哲學論集》（臺北：臺灣學生書局，1983 年。）

王邦雄著，《老子的哲學》（臺北：東大圖書股份有限公司，1999 年。）

王邦雄著，《老子道德經的現代解讀》（臺北：遠流出版社，2011 年。）

王邦雄著，《道家經典文論：當代新道家的生命進路》（新北：立緒文化事業有限公司，2013 年。）

王邦雄著，《莊子內七篇・外秋水雜天下的現代解讀》（臺北：遠流出版社，2019 年。）

王增勇著，《大專校院生命教育學術與教學研討會》（臺北：臺灣生命教育學會，2007 年。）

正正著，《先秦儒家工夫論研究》（北京：知識產權，2015 年。）

卡西勒著，孟祥森譯，《盧梭康德與歌德》（臺北：龍田出版社，1978 年。）

卡爾‧榮格著，韓翔中譯，《榮格論心理學與宗教》（臺北：商周出版，2020 年。）

卡爾‧羅哲斯著，宋文里譯，《成為一個人 —— 一個治療者對心理治療的觀點》（臺北：左岸文化，2018 年。）

史文鴻著，《馬庫色—馬庫色及其批判理論》（臺北：東大圖書股份有限公司，1992 年。）

牟宗三著，《中國哲學的特質》（臺北：臺灣學生書局，1990 年。）

牟宗三著，《才性與玄理》（臺北：臺灣學生書局，1993 年。）

牟宗三著，《中國哲學十九講》（臺北：臺灣學生書局，1993 年。）

牟宗三著，《莊子齊物論義理演析》（臺北：書林出版有限公司，1999 年。）

牟宗三著，《道德的理想主義》（臺北：臺灣學生書局，2013 年。）

朱維煥著，《新老子道德經闡釋》（臺北：臺灣學生書局，2019 年。）

何福田、吳榮鎮、鄭石岩、孫效智、陳浙雲、丘愛鈴等著，《生命教育》（臺北：心理出版社，2006 年。）

余秉頤著，《認識新儒家：以價值觀為核心的文化哲學》（臺北：臺灣學生書局，2011 年。）

余英時著，《論天人之際：中國古代思想起源試探》（臺北：聯經出版公司，2014 年。）

余英時著，《中國思想傳統的現代詮釋》（臺北：聯經出版公司，2018 年。）

余書麟著，《老子的教育觀》（臺北：復旦出版社，1953 年。）

余德慧著，《中國人的生命轉化 —— 契機與開悟》（臺北：張老師文化，1992 年。）

余德慧著，《觀山觀雲觀生死》（臺北：張老師文化，2010 年。）

吳光明著，《莊子》（臺北：東大圖書股份有限公司，2015 年。）

吳怡著，《生命的哲學》（臺北：三民書局，2004 年。）

吳怡著，《新譯莊子內篇解義》（臺北：三民書局，2019 年。）

吳靖國著，《教育理論》（臺北：師大書苑，1990 年。）

吳靖國著，《生命教育：視域交融的自覺與實踐》（臺北：五南圖書，2006
　　年。）

李美燕著，《《老子》人本思想的教育意義》（屏東市：國立屏東師範學院，
　　2000 年。）

杜保瑞著，《中國哲學方法論》（臺北：臺灣商務印書館，2013 年。）

杜維明著，《儒家思想 —— 以創造轉化為自我認同》（臺北：東大圖書股份有
　　限公司，2020 年。）

杜麗燕著，《尼采：重估一切價值的哲學家》（新北：水星文化事業出版社，
　　2002 年。）

林玉体著，《教育價值論》（臺北：文景書局，1993 年。）

林玉体著，《教育概論》（臺北：師大書苑，1998 年。）

林安梧著，《中國人文詮釋學》（臺北：臺灣學生書局，2009 年。）

林安梧著，《新道家與治療學 —— 老子的智慧》（臺北：臺灣商務印書館，
　　2010 年。）

林光華著，《《老子》之道及其當代詮釋》（北京：中國人民大學出版社，
　　2015 年。）

林秀珍著，《老子哲學與教育》（臺北：師大書苑，2015 年。）

林治平著，《現代人的憂鬱：學術研討會論文集》（臺北：宇宙光出版社，
　　1991 年。）

林治平等著，《生命教育之理論與實踐》（新北：心理出版社，2016 年。）

袁保新著，《老子哲學之詮釋與重建》（臺北：文津出版社，1997 年。）

胡美琦著，《中國教育史》（臺北：三民書局，1978 年。）

唐君毅著，《中國哲學原論・原道篇・卷一：中國哲學中之「道」之建立及其
　　發展》（臺北：臺灣學生書局，1992 年。）

埃里希・佛洛姆著、林宏濤譯，《自我的追尋：倫理學的心理學探究》（新
　　北：木馬文化，2017 年。）

孫吉志著，《《莊子》的生命體驗與倫理實踐》（新北：花木蘭文化事業有限
　　公司，2012 年。）

孫效智撰，〈生命教育的哲學基礎〉「教育部生命教育全球資訊網」https://life.edu.tw/zhTW2/node/435（2019 年。）

孫效智等著，林思伶主編，《生命教育的理論與實務：生命教育——教改不能遺漏的一環》（臺北：寰宇出版社，2000 年。）

徐復觀著，《中國人性論史：先秦篇》（臺北：臺灣商務印書印書館，1994 年。）

徐復觀著，《中國藝術精神》（臺北：臺灣學生書局，2013 年。）

徐復觀著，《中國思想史論集》（臺北：臺灣學生書局，2022 年。）

崔大華著，《莊學研究》（北京：人民出版社，1992 年。）

張峻源著，《老子《道德經》與《論語》教育思想之比較》（新北：花木蘭文化事業有限公司，2011 年。）

畢誠、程方平合著，《中國教育史》（臺北：文津出版社，1996 年。）

章太炎著，《國學概論》（臺北：五南圖書，2014 年。）

章念馳編訂，《章太炎演講集》（上海：上海人民出版社，2011 年。）

郭靜晃著，《生命教育》（臺北：揚智文化，2002 年。）

陳谷嘉、朱漢民合著，《中國德育思想研究》（杭州：浙江教育出版社，1998 年。）

陳鼓應著，《莊子今註今譯》（上下冊）（臺北：臺灣商務印書館，1994 年。）

陳榮華著，《高達美詮釋學：《真理與方法》導讀》（臺北：三民書局，2011 年。）

傅偉勳著，《從創造性的詮釋學到大乘佛學》（臺北：東大圖書股份有限公司，1990 年。）

程發軔著，《六十年來之國學・第四冊子學之部》（臺北：正中書局，1975-1977 年。）

黃光國著，《儒家關係主義：哲學反思、理論建構與實徵研究》（臺北：心理出版社，2009 年。）

黃光雄著，《教育概論》（臺北：師大書苑，1998 年。）

塞利格曼（Martin E. P. Seligman）著、洪蘭譯，《真實的快樂》（臺北：遠流出版社，2011 年。）

楊儒賓著，《莊周風貌》（臺北：黎明文化，1991 年。）

楊儒賓著，《儒門內的莊子》（臺北：聯經出版公司，2016 年。）

葉海煙著，《莊子的生命哲學》（臺北：東大圖書股份有限公司，1999 年。）

賈馥茗著，《教育的本質》（臺北：五南圖書，2006 年。）

趙馥潔著，《中國傳統哲學價值論》（北京：人民出版社，2009 年。）

劉燁著，《你馬斯洛系的？跟著馬期洛看自我實現》（臺北：崧燁文化，2019 年。）

劉笑敢著，《兩種自由的追求：莊子與沙特》（臺北：正中書局，1994 年。）

劉笑敢著，《莊子哲學及其演變》（北京：中國人民大學，2016 年。）

歐陽教著，《教育哲學》（高雄：麗文文化事業機構，1999 年。）

蔡仁厚著，《中國哲學史》上冊（臺北：臺灣學生書局，2011 年。）

錢穆著，《莊子纂箋》（臺北：東大圖書股份有限公司，1993 年。）

藍海正、劉彩梅合著，《中國教育史》（臺北：崧博出版事業有限公司，2018 年。）

法‧弗朗索瓦‧于連著、閆素偉譯，《聖人無意：或哲學的他者》（北京：商務印書館，2006 年。）

美‧愛蓮心著、周熾成譯，《嚮往心靈轉化的莊子：內篇分析》（南京：江蘇人民出版社，2004 年。）

德‧漢斯—格奧爾格‧梅勒著、劉增光譯，《東西之道：《道德經》與西方哲學》（北京：北京聯合出版公司，2018 年。）

奧‧弗蘭克（Viktor E. Frankl，1905-1997）著、趙可式（1948-）、沈錦惠（1956-2015）合譯，《活出意義來——從集中營說到存在主義》（臺中：光啟出版社，2001 年。）

John P. Miller 原著、張淑美主譯，《生命教育：推動學校的靈性課程》（臺北：心理出版社，2011 年。）

Theodore Roszak, Mary E, Gomes, and Allen D. Kanner 編，荒野保護協會志工群譯，《生態心理學：復育地球，療癒心靈》（臺北：心靈工坊文化，2011 年。）

W.D. 拉蒙特著、馬俊峰等譯，《價值判斷》（北京：中國人民大學出版社，1992 年。）

三、期刊及學位論文

楊智惠著，《《莊子》的生命哲學與生命教育》（中國文化大學文學院哲學系，博士論文，2015 年。）

廖士程撰，〈校園精神健康促進與自殺防治〉，引見「109 年度全國大專校院學生事務工作研討會報告摘要」（2020 年）。

廖宣怡著，《《莊子》至德之人的教育觀》（中國文化大學文學院哲學系，博士論文，2014 年。）

劉笑敢撰，〈老子之自然與無為——古典意含與現代意義〉（《中國文哲研究集刊》第十期，1997 年 3 月。）

國家圖書館出版品預行編目資料

莊子思想的生命教育與價值實踐／蕭麗芬著.
ーー初版.ーー臺北市：五南圖書出版股份
有限公司, 2024.09
面；　公分
ISBN 978-626-393-686-7（平裝）

1.CST:（周）莊周　2.CST: 莊子　3.CST: 學
術思想

121.33　　　　　　　　　113012136

4BOL

莊子思想的生命教育與價值實踐

作　　　者：蕭麗芬

企劃主編：蔡宗沂

特約編輯：龍品涵

封面設計：封怡彤

出 版 者：五南圖書出版股份有限公司

發 行 人：楊榮川

總 經 理：楊士清

總 編 輯：楊秀麗

地　　　址：106臺北市大安區和平東路二段339號4樓

電　　　話：(02)2705-5066　　傳　　　真：(02)2706-6100

網　　　址：https://www.wunan.com.tw

電子郵件：wunan@wunan.com.tw

劃撥帳號：01068953

戶　　　名：五南圖書出版股份有限公司

法律顧問：林勝安律師

出版日期：2024年9月初版一刷

定　　　價：新臺幣480元

經典永恆・名著常在

五十週年的獻禮——經典名著文庫

五南，五十年了，半個世紀，人生旅程的一大半，走過來了。

思索著，邁向百年的未來歷程，能為知識界、文化學術界作些什麼？

在速食文化的生態下，有什麼值得讓人雋永品味的？

歷代經典・當今名著，經過時間的洗禮，千錘百鍊，流傳至今，光芒耀人；

不僅使我們能領悟前人的智慧，同時也增深加廣我們思考的深度與視野。

我們決心投入巨資，有計畫的系統梳選，成立「經典名著文庫」，

希望收入古今中外思想性的、充滿睿智與獨見的經典、名著。

這是一項理想性的、永續性的巨大出版工程。

不在意讀者的眾寡，只考慮它的學術價值，力求完整展現先哲思想的軌跡；

為知識界開啟一片智慧之窗，營造一座百花綻放的世界文明公園，

任君遨遊、取菁吸蜜、嘉惠學子！